国际金融新趋势

New Trends in
the International Finance

国家社科重大项目"互利共赢的开放战略"资助

# 全球不平衡发展模式：困境与出路

戴金平 著

厦门大学出版社 国家一级出版社
XIAMEN UNIVERSITY PRESS 全国百佳图书出版单位

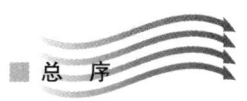

　　2007年美国爆发次贷危机,危机迅速演化为一场全球性的经济和金融危机。世界经济复苏的道路艰难曲折,2010年欧洲主权债务危机爆发,美国债务危机警钟拉响,世界粮食危机再现,世界经济再次陷入衰退。国际金融体系风雨飘摇,国际政治秩序一片混乱,国际经济前景日趋悲观。正确认识当前复杂而多变的国际经济金融环境,深刻反思世界经济发展的内在矛盾,探寻一条更加持续、更加均衡、更加健康的全球经济发展之路,是经济学人的使命。为此,我们推出"国际金融新趋势"系列研究成果。

　　全球不平衡发展是20世纪90年代以来世界经济发展的基本特征。2007年全球经济金融危机是全球不平衡发展模式的危机,是全球不平衡发展规模积累到一定程度的必然产物。

　　20世纪90年代,在第三次科技革命的带动下,美国经济走出80年代后期的泥潭,步入平稳高速增长的新经济时代。美国独特的负债式的经济发展模式也在延续和固化:经常项目逆差迅速扩张,资本项目顺差呈现不可遏制之势。1992年邓小平南行,将中国经济改革与发展推向一个新的时代,这是一个中国外向型经济发展模式最终形成和固化的时代——中国经常项目顺差进入一个持续扩张的时代。与此同时,世界第二大经济体日本,正在经历90年代泡沫经济破裂的炼狱。源源不断的资本从日本本土流出,到美国和欧洲国家去寻求更好的投资出路,60年代业已形成和固化的出口导向型的经济模式在国内需求持续疲软的背景下,经常项目顺差不断上升。世界经济呈现出这样一幅画面:世界经济增

长速度平稳高企,美国与日本和中国以及一些石油输出国家之间的经常项目逆差迅速扩张,国际债务规模突飞猛进。

全球不平衡发展模式的强化引爆了2007年以来的全球经济和金融危机。当危机之火已经悄悄点燃的时候,世界各国领导人都低估了这束火苗的力量,世界经济和政治领域的精英都对此表现出了过于漠然的态度！2008年9月,美国第四大投行——雷曼兄弟轰然倒下,向世人宣布:这场危机刚刚开始！

2008年金融危机首先表现为流动性危机。针对2005年以来石油价格上涨和通货膨胀的流动性泛滥的抨击声还没有消失,流动性危机就来临了！

流动性失衡是一种常态,是流动性供给与流动性需求之间的动态失衡,表现为流动性供给大于流动性需求,或者是流动性需求大于流动性供给。前者持续到一定程度表现为流动性泛滥,体现为资产价格和商品价格的持续和大幅度上扬;后者持续到一定程度表现为流动性危机,体现为资产价格剧烈下跌,融资需求难以满足,投资活动因流动性严重不足而停滞。流动性失衡是流动性供给与流动性需求动态异常波动的结果。货币当局大规模的基础货币投放、商业银行激进的放贷倾向、个人与非银行类机构的持现比例下降和投资需求旺盛,都会带来流动性的扩张,并进一步带来流动性过剩。而货币当局紧缩基础货币投放、商业银行对放贷抱持保守态度、个人与非银行机构的持现比例上升以及货币需求上升,都会带来流动性不足,进一步演化为流动性危机。流动性扩张和收缩的过程在资产价格放大器、杠杆加速器和会计催化器的作用下呈现乘数扩张或收缩。2007年美国次贷危机爆发,房地产价格急速下跌,MBS与CDS资产价格迅速下跌,并使房地产价格进一步恶化,资产价格放大器和杠杆加速器发生作用;金融机构资产负债表遭到破坏,会计催化器发生作用;商业银行放贷意愿下降、非银行金融机构投资欲望不足,流动性供给极度萎缩;与此同时,流动性需求无限放大,流动性危机瞬间爆发。世界流动性

管理的混乱,使一场流动性危机迅速演化为全面的金融危机和经济危机。

危机后各国央行大规模发放流动性的行为受到微观主体审慎行为的制约,流动性的扩张机制遭到破坏。流动性危机与经济危机交融在一起,相互强化。为了走出这一困境,量化宽松货币政策出世。量化宽松货币政策的实施给流动性周期带来新的问题,流动性波动周期变短,波动幅度加大,这就是我们看到的2008年后,伴随着世界经济的艰难复苏,石油价格、粮食价格和世界大宗商品价格的几起几伏。

危机救助的措施之一是全球性的量化宽松货币政策。

量化宽松货币政策是一种非传统的货币政策操作,是在常规货币政策传导机制丧失功能之后的一种不得已的选择,旨在修复常规货币政策传导机制,使货币经济摆脱流动性陷阱。量化宽松货币政策以零基准利率、央行资产负债表规模急速扩张、直接购买长期债券及不良资产为特征,反映了中央银行面对这场前所未有的金融危机的激进态度。量化宽松货币政策有效摆脱了货币危机,却迟迟不能达到修复传统货币政策传导机制的目标,更不能实现对经济的根本性刺激作用,但却带来了全球性的大宗商品价格的快速上扬和新兴国家的资产泡沫以及遍及美国、欧洲和日本的主权债务危机。

量化宽松货币政策的作用尚难正确评估。日本实施了长达十几年的量化宽松货币政策都未能使其真正走出流动性陷阱。在美国、欧洲乃至新兴国家复制的量化宽松货币政策是否能够真正发挥效能呢?对此,众说纷纭。尽管对量化宽松货币政策的成效存在争议,但无论是美国,还是欧洲和日本,在财政政策空间受债务规模约束越来越狭小的状况下,继续量化宽松货币政策操作是唯一出路。这便最终出现了美国的QE3和欧洲央行无限制购买主权债务危机国债务的法案。各国央行的姿态表明:金融危机的阴霾不散,量化宽松货币政策不会消失。

全球经济危机阴魂不散,危机后的财政和货币救助又将危机推入一个新的深渊——主权债务危机。欧洲主权债务危机标志着全球金融危机进入一个新的阶段。

主权债务危机早已有之。20世纪70年代的美元危机事实上是一次美国主权债务危机,是美国政府变相拖欠和违约其他国家对美国的美元债权。80年代的拉美债务危机、90年代的阿根廷金融危机、俄罗斯金融危机,都是典型的主权债务危机。2010年爆发的主权债务危机在规模、持续时间、覆盖范围、影响程度等方面都堪称历史之最。

2010年的主权债务危机是危机国长期以来的债务依赖型、政府赤字型经济发展模式使然,更是2008年金融和经济危机后大规模的财政扩张和救助的必然结果,是危机后凯恩斯主义和新凯恩斯主义复活的产物。主权债务危机的爆发和蔓延严重损害了世界金融信用。主权信用作为顶级信用,一直以来是世界经济和国际金融顺利发展的信用基础。主权信用缺失使国际金融体系陷入混乱。资本大规模逃离欧洲,评级机构不断调低债务国信用级别,使欧洲债务危机陷入恶性循环。

短期来看,欧洲主权债务危机最便捷也是最有效的一个出路,就是发行欧元来(直接或间接)购买危机国政府债务。欧元区成员国经济的非对称性决定了通过发行欧元向世界转嫁欧债危机的做法遭遇到核心国家的强烈反对。发行欧元在解决债务国家债务的同时,也必然向债权国转移债务负担和通货膨胀。在欧债危机解决的过程中,欧元区成员国需要在两个方向上寻求平衡和一致:一方面欧元区通过救助基金和欧元发行集体救助债务国,另一方面债务国强化财政纪律约束、转变债务依赖型发展模式。前者是短期解决危机、缓解危机蔓延和恶化的重要途径;而后者是解决危机的根本。

美国债务危机已然一触即发。2011年8月,虽然民主党和共和党在提高债务限额上达成一致,将债务限额从14.3万亿美元提高到16万亿美元,但两党对财政赤字和政府债务缩减计划尚未达成一致,这便带来2013年自动减赤风险。2013年的"财政悬崖"(税收减免到期和自动减赤)使美国经济复苏再次蒙上阴影,也使世界经济复苏蒙上阴影。

总　序

后布雷顿森林货币体系是全球不平衡发展的基础,也是2008年国际经济和金融危机爆发和持续的基础。危机后的国际货币体系风雨飘摇,面临重大变革。

如果说布雷顿森林体系是美元体系形成和发展的制度基础,那么牙买加体系中的美元地位则是市场自由选择的结果。布雷顿森林体系之后的国际货币体系是一个多元化的、无制度的体系。美元、德国马克、法国法郎、瑞士法郎、英镑、日元等货币共同承担世界货币的功能。美国强大的政治经济实力,加之布雷顿森林体系下形成的世界对于美元的惯性依赖,成就了美元世界第一货币的地位。

美元的国际地位使得美国从容不迫地向世界征收铸币税,使美国通过印制钞票就可以从世界其他国家购买任何产品和服务、偿还任何国际债务;美元在国际货币体系中的地位越高,世界经济对美元的需求就越大,内在的特里芬难题就越强化。结果是,美国经常项目逆差持续扩张,对外负债规模日益扩大,一个债务严重依赖型的、储蓄投资缺口持续扩张的、虚拟经济控制的美国经济模式形成并强化。

世界上没有免费的午餐。2007年美国爆发了次贷危机,这是一场美元危机,是美国经济发展模式的危机。金融经济危机使世界人民意识到当今国际货币体系的矛盾。危机后的救援政策,无论是美国的积极财政救助,还是量化宽松货币政策,对国际货币体系都是重大冲击:美元指数一路下滑,美元岌岌可危。2010年欧洲主权债务危机爆发又引发了一场欧元危机。改革国际货币体系的呼声日益高涨,国际货币体系何去何从?

国际货币体系改革的设计多种多样,有回归黄金本位的建议,也有建立世界统一货币的意愿,美元、欧元、人民币三足鼎立也是方案之一,更有人坚持维持美元本位,如此等等。当世界各国就国际货币体系改革争论不休之时,中国确立了人民币国际化的基本战略。

人民币国际化是中国大国崛起的必由之路。中国已经超过日本成为世界第二经济强国、第二贸易大国、第一出口大国,中国经济在过去30多

年保持了年均10%的增长速度。中国的金融市场也在日益成熟,股票市场总市值全球第二,商品期货市场成交量世界第一,黄金产量自2007年以来一直是世界第一。中国已经具备了推进人民币国际化的基础和条件;要摆脱长期依赖美元、并被美元绑架的局面,中国的唯一出路就是人民币国际化。

人民币国际化,可以成功摆脱我国人民币汇率长期钉住美元、货币政策自主、资本项目开放和资本流动日趋自由化之间的"三难冲突",可以扭转我国外汇储备刚性增长尤其是美元储备刚性增长的局面,可以使人民币价值充分体现我国经济的快速发展和经济地位的提升,真正使所有中国人享受改革开放以来我国经济快速成长的成果。

人民币国际化是一个长期而渐进的过程。鉴于存在着资本项目尚未完全开放、利率尚未市场化、人民币尚未自由兑换等人民币国际化的障碍,我们应该采取动态渐进性的人民币国际化道路:分阶段地推进人民币成为国际结算货币、国际投资货币和国际储备货币;采取先周边化,再区域化,最后国际化的道路。渐进性国际化的道路选择决定了香港是人民币国际化的实验场。在人民币国际化的过程中,加快人民币汇率形成机制市场化改革、利率市场化改革、资本市场开放改革、人民币自由兑换等都是十分重要的。

要真正走出流动性危机,走出金融和经济危机,走出主权债务危机,世界需要进行一场真正的变革。

全球不平衡的发展模式需要变革。美国需要改变债务依赖型的、经常项目逆差扩张型的经济发展模式,加快再工业化进程,加速去债务化和去杠杆化,逐步形成内外部平衡的经济发展模式。中国需要变革外向型经济发展模式,加快经济市场化改革,进一步推进经济开放,加快经济增长模式的转换,向一个可持续的,消费主导型且消费、投资与出口相协调的,集约式环保型的经济发展模式转换。欧洲内部各国,也需要向更加平衡的经济发展模式转换。

国际货币体系需要变革。要强化20国集团国际金融和货币的协调作用,加强国际货币体系的纪律约束,进一步推动发展多元化的国际货币体系。欧洲货币体系需要进一步改革和深化,加强经济货币一体化基础建设,尤其是推动财政一体化和政治一体化改革,逐步消除内部的非对称性。人民币需要加快人民币汇率形成机制改革,加快人民币国际化改革。人民币加入国际货币体系将会使未来的国际货币体系更加稳定。

量化宽松货币政策需要择机退出。量化宽松货币政策不能解决经济发展的结构性障碍和制度性障碍,相反会强化固有的结构性矛盾和制度性矛盾。美联储和欧洲央行向世界输出美元和欧元,在转嫁债务危机的同时,也在侵蚀美元和欧元作为世界货币的基础,加剧国际货币体系的动荡,推动国际货币体系的变革。量化宽松货币政策本质上是一个短期的、临时的刺激和救助政策,一个短期临时政策常态化、长期化必然带来市场经济扭曲,加剧经济发展的长期性和结构性矛盾。

世界经济正面临着前所未有的复杂局面,主流经济学正在饱受挑战和诟病,我们尝试着去剖析、去拨开重重迷雾、去探索光明之路。我们谨以此套丛书献给所有关注和忧虑世界经济发展前途的人们。

戴金平

2012年10月

# 目 录

绪 言 ·················································································· 1

**第一章　全球不平衡发展模式：本质与现象** ························· 7

　第一节　聚焦全球不平衡 ················································· 9
　　一、从漠视走向共识 ···················································· 9
　　二、20国集团浮出水面 ············································· 12
　　三、中国焦点 ··························································· 14

　第二节　全球失衡的规模：脱缰的发展模式 ······················· 16
　　一、全球经常账户差额 ·············································· 16
　　二、全球债务规模 ···················································· 17
　　三、政府债务危机 ···················································· 19

　第三节　全球不平衡的实质——债务关系视角 ·················· 20
　　一、简单的宏观经济平衡 ··········································· 20
　　二、一些典型事实 ···················································· 22

　第四节　当代全球不平衡发展模式内涵的基本界定 ············ 26

　第五节　全球不平衡的动因 ············································ 29
　　一、失衡的国家经济发展模式 ····································· 30
　　二、失衡的金融发展水平 ··········································· 35
　　三、失衡的经济周期 ················································· 37
　　四、失衡的劳动生产率 ·············································· 37
　　五、脱缰的财政赤字 ················································· 38

## 第二章 全球失衡的历史演进：1870—1979 ································ 47

### 第一节 1914年之前 ···················································· 49
一、全球失衡的结构与规模 ·············································· 49
二、金本位下的自动调节机制 ············································ 51
三、与当代失衡的比较 ·················································· 53
四、金本位的变形与解体 ················································ 54
五、1914年之前全球不平衡透视 ·········································· 56

### 第二节 布雷顿森林体系下的全球失衡 ··································· 57
一、布雷顿森林体系 ···················································· 57
二、布雷顿森林体系下的国际收支 ········································ 57
三、布雷顿森林体系下全球失衡的动态调整 ································ 61

### 第三节 1977年至1979年 ················································ 63
一、世界通货膨胀 ······················································ 63
二、美元贬值与逆差调整 ················································ 64

## 第三章 当代全球失衡：全球金融危机之源 ································ 71

### 第一节 20世纪80年代：美国成为最大的债务国 ··························· 74
一、世界经济复苏 ······················································ 74
二、全球不平衡 ························································ 75
三、80年代世界经济不平衡发展的特征 ···································· 78

### 第二节 1992—2007年：全球不平衡发展中的乱象 ························· 79
一、新经济革命：美国与中国成为世界经济引擎 ···························· 79
二、全球不平衡加剧 ···················································· 80
三、全球不平衡的基本特征 ·············································· 84

## 第四章 次贷危机后的全球不平衡发展 ···································· 87

### 第一节 金融危机爆发与救助 ··········································· 89
一、次贷危机：全球失衡加剧使然 ········································ 89
二、金融危机演绎的路径 ················································ 91

  三、危机救助与经济复苏 …………………………………… 95

第二节　金融经济危机的深化 ………………………………… 99
  一、新兴工业化国家：投资泡沫和通货膨胀 ………………… 100
  二、欧债危机 ……………………………………………… 103
  三、美债危机 ……………………………………………… 104
  四、第二次世界经济调整 ………………………………… 106

第三节　金融危机后全球不平衡的演化 ……………………… 109
  一、全球不平衡调整的趋势 ……………………………… 109
  二、美国与中国的调整 …………………………………… 111
  三、欧洲的调整 …………………………………………… 114

第四节　次贷危机后各主要国家发展战略的调整 …………… 116
  一、美国的反思 …………………………………………… 117
  二、日本的调整 …………………………………………… 118
  三、中国的觉醒 …………………………………………… 120

第五章　美国经常账户逆差的微观透视 ……………………… 123
第一节　美国经常项目逆差的微观结构 ……………………… 125
  一、经常项目逆差结构 …………………………………… 125
  二、贸易逆差的商品结构 ………………………………… 128
  三、贸易逆差的国别结构 ………………………………… 131
  四、高端产品 ……………………………………………… 133

第二节　美国经常项目逆差的成因：文献综述 ……………… 137
  一、储蓄—投资缺口论 …………………………………… 137
  二、贸易供求论 …………………………………………… 138
  三、直接投资论 …………………………………………… 140

第三节　美国贸易逆差的成因：实证检验 …………………… 142
  一、实证检验 ……………………………………………… 142
  二、美国贸易逆差成因：汇率调整效应很弱 ………………… 144

三、国民收入与贸易收支的关系——对H-M效应的解读 …………… 148
　　四、对外直接投资与贸易逆差 …………………………………………… 151

第六章　美国经济增长的双循环机制 ………………………………………… 155
　第一节　美国债务依赖型的经济发展模式 ………………………………… 157
　　一、金融创新与货币政策 ………………………………………………… 157
　　二、经济发展模式 ………………………………………………………… 159
　第二节　外国资本流入的结构及效率分析 ………………………………… 161
　　一、其他国家资本流入的结构及效率分析 ……………………………… 162
　　二、外部资金供给的国别结构及效率分析 ……………………………… 165
　第三节　美国在全球范围的资本配置结构及效率分析 …………………… 168
　　一、廉价资本在国内的有效配置 ………………………………………… 168
　　二、廉价资本在其他国家的有效配置 …………………………………… 170

第七章　美国的金融发展与金融创新：不平衡发展的动力 ………………… 177
　第一节　美国的金融创新 …………………………………………………… 179
　　一、美国金融创新的动因 ………………………………………………… 180
　　二、美国金融创新类型 …………………………………………………… 183
　第二节　美国的金融发展 …………………………………………………… 191
　　一、美国金融工具结构分析 ……………………………………………… 191
　　二、美国金融机构结构分析 ……………………………………………… 198
　第三节　金融创新和发展与美国的经济成长 ……………………………… 202
　　一、金融创新和发展、科技革命与美国经济成长 ……………………… 202
　　二、金融发展、金融创新与美国的经济发展模式 ……………………… 208

第八章　国际货币体系与特里芬难题 ………………………………………… 213
　第一节　国际金本位的建立和崩溃 ………………………………………… 216
　　一、黄金本位制度的确立 ………………………………………………… 216
　　二、金本位制度的优势 …………………………………………………… 217
　　三、金本位的崩溃 ………………………………………………………… 220

第二节　二战后的布雷顿森林体系 ……………………………… 221
　　一、布雷顿森林体系的设计理念 …………………………… 221
　　二、固定汇率美元本位制的形成 …………………………… 223
　　三、"特里芬难题"与固定汇率美元本位制的崩溃 ………… 225

第三节　布雷顿森林体系崩溃后的牙买加体系 ………………… 226
　　一、牙买加体系的形成 ……………………………………… 226
　　二、美元本位制的延续 ……………………………………… 227

第四节　牙买加体系与21世纪以来的全球不平衡现象 ………… 230
　　一、全球不平衡与"复活的布雷顿森林体系说" …………… 230
　　二、美元本位支撑的全球不平衡是否可以持续？ ………… 234

# 第九章　可持续与不可持续之争 …………………………………… 237

第一节　可持续论的思辨 ………………………………………… 239
　　一、蒙代尔的国际货币体系论：美元作为太阳的体系 …… 240
　　二、麦金农的美元本位制：美国的预算软约束 …………… 242
　　三、中心—外围论：后布雷顿森林体系 …………………… 244
　　四、"暗物质"论：神奇的力量 ……………………………… 246
　　五、其他观点 ………………………………………………… 247
　　六、可持续论的思辨 ………………………………………… 248

第二节　不可持续论的逻辑 ……………………………………… 250
　　一、净债务规模约束论 ……………………………………… 250
　　二、经常账户赤字比率约束论 ……………………………… 252
　　三、批判逻辑 ………………………………………………… 253

第三节　可持续条件分析 ………………………………………… 254
　　一、一个简单描述 …………………………………………… 254
　　二、描述性统计——净外债余额比率 ……………………… 257

第四节　美国外债依赖型经济增长可持续的基础：
　　　　 一般均衡分析 …………………………………………… 260

一、三部门均衡模型 …………………………………………… 260
　　二、模型计算过程 ……………………………………………… 264
　　三、模型均衡点的特征 ………………………………………… 267
　　四、债务增长率对各均衡变量的影响 ………………………… 268
　第五节　可持续条件的进一步分析：内生经济增长模型 ………… 270

第十章　不平衡调整：美国变革进行时 ……………………………… 275
　第一节　华尔街革命：重塑金融体系 ………………………………… 277
　第二节　工业与贸易复兴之路：再工业化 …………………………… 279
　　一、先进制造业振兴 …………………………………………… 280
　　二、贸易保护主义 ……………………………………………… 282
　第三节　政府去债务化 ………………………………………………… 284
　　一、美国政府去债务化的路径 ………………………………… 285
　　二、美国政府去债务化的困境 ………………………………… 286
　第四节　科技创新：可持续经济成长之路 …………………………… 287
　　一、奥巴马的科技创新战略 …………………………………… 288
　　二、美国能否引领新一轮世界科技革命？ …………………… 289

第十一章　全球不平衡调整中的中国战略 ………………………… 295
　第一节　发展模式转换：从外向型走向内生增长型 ……………… 297
　　一、外向型战略的终结 ………………………………………… 297
　　二、区域平衡战略：内部循环的建设 ………………………… 300
　　三、从投资型增长向消费型增长转换 ………………………… 303
　第二节　理解中国经济增长减速 ……………………………………… 307
　　一、经济增长模式调整 ………………………………………… 308
　　二、人口红利与资源优势枯竭 ………………………………… 309
　　三、体制变革红利消失 ………………………………………… 309

第十二章　欧洲内部再平衡——欧元生存的基础 ………………… 313
　第一节　福利制度变革 ………………………………………………… 315

  一、福利制度改革内容 ⋯⋯⋯⋯⋯⋯⋯⋯⋯⋯⋯⋯⋯⋯⋯ 315

  二、福利制度改革困境 ⋯⋯⋯⋯⋯⋯⋯⋯⋯⋯⋯⋯⋯⋯⋯ 316

 第二节 财政一体化改革 ⋯⋯⋯⋯⋯⋯⋯⋯⋯⋯⋯⋯⋯⋯⋯ 317

  一、统一财政机构的建立 ⋯⋯⋯⋯⋯⋯⋯⋯⋯⋯⋯⋯⋯⋯ 318

  二、财政一体化路径 ⋯⋯⋯⋯⋯⋯⋯⋯⋯⋯⋯⋯⋯⋯⋯⋯ 319

  三、强化财政纪律 ⋯⋯⋯⋯⋯⋯⋯⋯⋯⋯⋯⋯⋯⋯⋯⋯⋯ 320

 第三节 货币政策：兼顾成员国间的差异 ⋯⋯⋯⋯⋯⋯⋯⋯ 321

  一、统一货币之困境 ⋯⋯⋯⋯⋯⋯⋯⋯⋯⋯⋯⋯⋯⋯⋯⋯ 321

  二、统一货币政策与成员国冲击的非对称性 ⋯⋯⋯⋯⋯⋯ 322

  三、兼顾二元国家的统一货币政策 ⋯⋯⋯⋯⋯⋯⋯⋯⋯⋯ 323

第十三章 走出全球不平衡 ⋯⋯⋯⋯⋯⋯⋯⋯⋯⋯⋯⋯⋯⋯⋯ 325

 第一节 美国变革的未来：突破财政悬崖 ⋯⋯⋯⋯⋯⋯⋯⋯ 328

  一、走向平衡发展模式的成就 ⋯⋯⋯⋯⋯⋯⋯⋯⋯⋯⋯⋯ 328

  二、困境与出路 ⋯⋯⋯⋯⋯⋯⋯⋯⋯⋯⋯⋯⋯⋯⋯⋯⋯⋯ 330

 第二节 中国大国经济平衡成长之路：跨越"经济减速" ⋯⋯ 332

  一、坚定不移地进行经济增长模式转换 ⋯⋯⋯⋯⋯⋯⋯⋯ 332

  二、中速高质经济发展 ⋯⋯⋯⋯⋯⋯⋯⋯⋯⋯⋯⋯⋯⋯⋯ 334

  三、中国"十二五"发展规划：稳健而现实 ⋯⋯⋯⋯⋯⋯⋯ 337

  四、人民币国际化：中国走向平衡发展的真正之路 ⋯⋯⋯ 338

 第三节 欧洲复兴之路：实现大同 ⋯⋯⋯⋯⋯⋯⋯⋯⋯⋯⋯ 340

  一、欧元的信用基础 ⋯⋯⋯⋯⋯⋯⋯⋯⋯⋯⋯⋯⋯⋯⋯⋯ 340

  二、欧洲统一的未来：困境与希望 ⋯⋯⋯⋯⋯⋯⋯⋯⋯⋯ 343

参考文献 ⋯⋯⋯⋯⋯⋯⋯⋯⋯⋯⋯⋯⋯⋯⋯⋯⋯⋯⋯⋯⋯⋯⋯⋯ 347

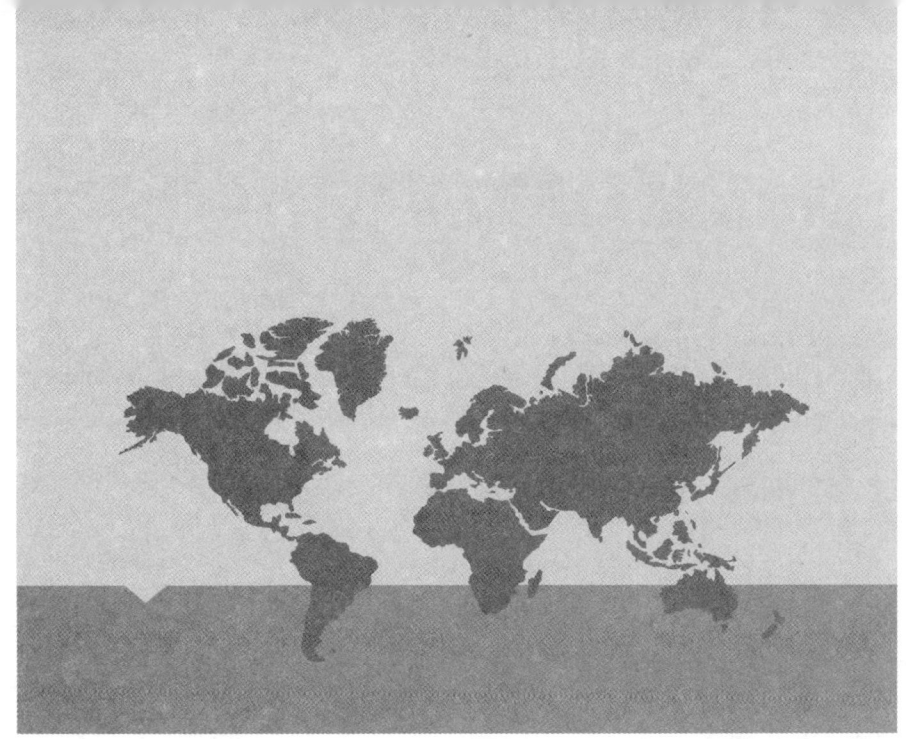

绪 言

绪 言

当代全球不平衡发展模式的固化导致2008年全球金融危机。全球不平衡发展,伴随着全球经济发展的历史,成为世界经济发展的常态,也带来了世界经济与政治格局的演变。20世纪80年代以前的全球不平衡发展,或者直接引致后进国家的兴起,最终导致强权经济体的更迭;或者扶植了后进国家的复苏和发展,使全球不均衡发展的规模缩小;或者市场经济中的自动调节机制发挥作用,主要是汇率调节机制,使全球不平衡规模控制在一定的限度内。从这个意义上来说,20世纪80年代之前全球不平衡发展虽然是一种常态,但总是处于向均衡发展的过程中。然而,进入上个世纪80年代之后的全球不平衡发展,则体现出日益强化、发展格局日益固化的特征,这给世界经济的健康和持续发展带来一系列重大问题和挑战。对这种模式危害的长期漠视导致了2008年美国金融危机的爆发,并迅速形成全球金融危机,给世界经济带来重创,很多国家和经济体陷入危机和萧条。作为世界中的任何一个国家,任何一个子民,都不能漠视这种极具危害力的不平衡发展模式了,只有变革全球不平衡的发展模式,走向一种更加健康、更加持续和更加均衡的发展模式,全球经济才能从根本上摆脱当前危机和萧条的困境。

全球政府债务危机是全球不平衡发展模式矛盾的进一步深化。当代全球不平衡有别于历史上的不平衡现象,我们认为,当代全球不平衡表现为规模大、单一方向固化、缺乏自动调节功能、危害大等特征,最重要的是,不平衡发展成为当代世界经济的核心特征,主宰了世界经济发展的主旋律。全球不平衡的深化表现为全球债务规模的迅速扩张与债务链条的日益脆弱。全球债务链条的单向性与不可逆转使全球债务规模持续性扩张，直至2008年全球金融危机的爆发，债务链条断裂。金融危机救援的过程，就是全球债务链条修复的过程，也就是全球金融市场趋于稳定的过程。遗憾的是，金融危机的救援，各国政府购买大量不良资产的同时，也在积累着越来越庞大的政府债务。债务向拥有顶级信用的政府转移，各国政府在全球债务链条中发挥了越来越大的作用。如同人们忽略全球不平衡发展模式的不可持续性，人们也忽略了政府信用的局限和约束，直至2010年希腊危机和欧洲主权债务危机全面爆发。欧债危机终结了全球经济复苏，世界经济笼罩在一片悲观情绪之中。美国应付突如其来的欧债危机的打击，重启量化宽松货币操作时，也迎来突破政府债务限额的挑战，美国经济也面临政府债务危机！与此同时，日本拯救被金融危机和大地震破坏得奄奄一息的经济，政府债务和财政赤字越来越大，也面临信用降级的命运和挑战。政府财政十分健康的中国，也出现了地方政府债务累积风险积聚的重大难题。一句话，全球债务向各个政府积聚，挑战摇摇欲坠的政府信用！全球政府债务危机是金融危机的深化和延伸，是全球不平衡发展模式矛盾的进一步体现。

作为世界上最强大的政治经济体，美国负债式的经济发展模式直接形成全球不平衡发展模式。美国20世纪80年代以来就进入了经常项目逆差和债务经济的时代，债务驱动的经济发展模式就在美国形成，在1990年以后日益强化并成为引领美国进入新经济时代的关键。美国的贸易逆差来源于长期以来美国较低的储蓄率和过高的消费和投资率，高需求、低储蓄已经成为美国的经济增长模式。总需求持续地超过总供给成为美国经济发展模式的常态。总需求与总供给之间的缺口只能靠外部供给来满足，支撑美国经济的持续发展。是什么因素推动美国出现这样一种发展模式呢？是金融发展和金融创新。

金融发展和金融创新是美国负债式发展模式的基础和保障。金融发展和金融创新极大地满足了美国人这种超前消费的需求，并且还在不断

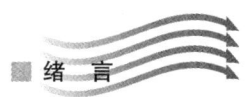

强化着美国人的超前消费。而美元作为世界货币和美国作为世界金融最发达的国家,支持了美国长期作为债务国、依靠输入资本为经常项目逆差融资的现实。同时源源流入的外部资金涌向金融部门,推动金融体系的加速发展和膨胀。因此,全球不平衡从内在的推动因素来说,主要归结为货币和金融发展的因素:一是美元在国际货币体系中的核心地位;二是美国发达的金融市场和金融创新能力,这二者正是美国总需求不断膨胀的推动力。

"特里芬难题"是当代国际货币体系中的根本矛盾,也造就了全球不平衡的经济发展模式。当我们正视美元在全球不平衡发展模式中的作用时,我们依然会想起"特里芬难题"。1960年,美国经济学家罗伯特·特里芬在其著作《黄金与美元危机——自由兑换的未来》提出了布雷顿森林体系的两难——"特里芬难题":美元作为世界货币,必须满足世界各国对美元的流动性和投机性需求,美国必须向世界提供充足的美元,并造成美元在美国以外的长期沉淀,结果是美国经常项目长期逆差。美元作为世界货币的地位要保持,就必须保持美元的坚挺,坚挺的美元则需要美国顺差国和债权国的地位来保障。美元作为世界货币的内在矛盾性就出现了:世界对美元的功能需求与对美元的信用需求出现了矛盾! 美元危机与布雷顿森林体系的崩溃应验了美元的特里芬魔咒。牙买加协议之后,世界进入了多元化的国际货币体系时代,各国自由选择汇率制度,市场自由选择国际货币。市场自由选择的结果是,美元依然是世界上最强大的国际货币,稳居世界货币老大的宝座——故而称之为后布雷顿森林体系。美元虽然不是唯一的世界货币,但是作为世界上最强的国际货币,占据了国际货币功能的60%以上,特立芬难题的魔咒依然存在! 世界经济高速发展对美元产生越来越大的需求,美国在持续向世界提供美元的同时,产生越来越大的经常项目逆差,积累着越来越大的债务规模,刺激了美国债务式的经济发展模式的形成。一些新兴国家,诸如中国,强烈的积累美元的欲望便直接导致了这些国家的经常项目顺差,培育了这些国家债权式的经济发展模式。全球不平衡发展模式就在提供美元和积累美元之中形成了。

全球不平衡发展模式是不可持续的。尽管持续论者提出很多证据和理论，但是所有这些证据和理论都是在探讨不平衡发展可以持续的时期和基础。毫无疑问，由于一些固化的基础，全球不平衡发展模式可以持续很长一段时期；但全球不平衡的扩张每时每刻都在侵蚀这些固化的基础条件，动摇全球不平衡发展模式的基础。2008年的金融危机和2010年的全球政府债务危机证明了这一点。

走出全球不平衡的根本出路在于各国变革不平衡的经济发展模式。美国需要变革，希腊需要变革，日本需要变革，德国需要变革，中国更需要变革。这是一场全球性的变革运动。我们欣喜地发现，所有这些国家，都在主动性地进行经济发展模式的变革。美国金融危机后的贸易与工业振兴法案、科技振兴法案、华尔街革命、政府减债运动，等等，所有这些都表明，美国正在努力提高美国居民的储蓄率、降低债务规模、重建美国的产业竞争力、变革无序发展的金融体系。中国正在主动进行经济增长方式调整，通过了刺激国内消费、振兴内需的各项政策，扩大进口，推进贸易自由化，追求内外部更加均衡的经济发展模式。希腊也已经通过了各项改善债务环境、提高债务支付能力的政策措施，正在努力实现债务缩减式的经济增长。

任何一种变革都是痛苦和艰难的，这样一场世界性的变革运动必然伴随着一系列的冲突和摩擦，也必然伴随╳╳╳经济增长减速。但我们只要坚定信心，坚定方向╳╳╳╳╳╳╳╳╳更加公平的、更加稳定的全球经济增长

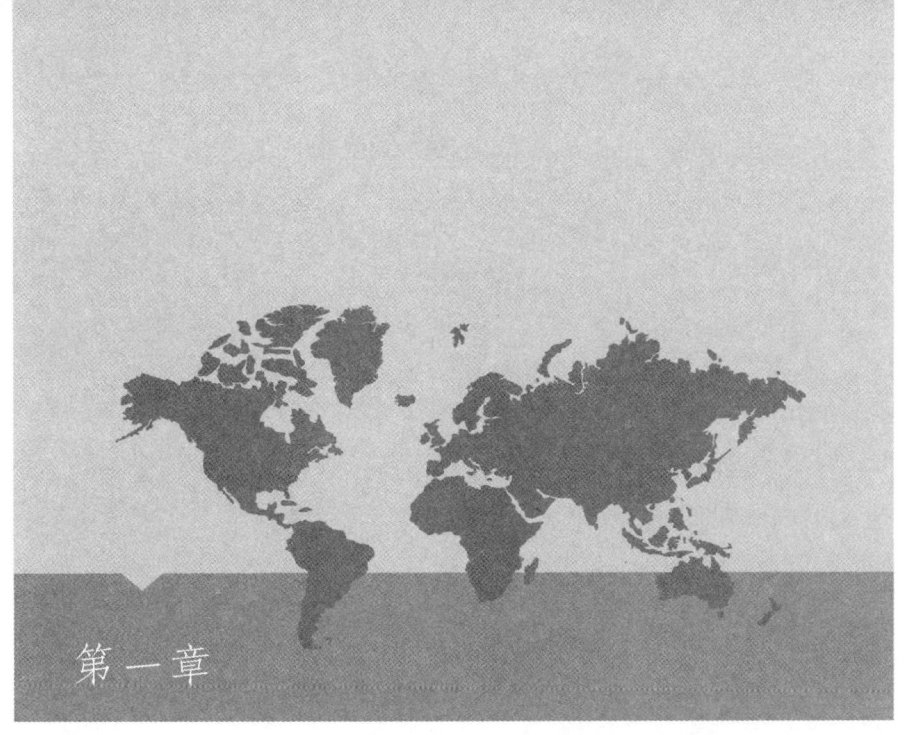

第一章

# 全球不平衡发展模式：
# 本质与现象

# 第一章 全球不平衡发展模式：本质与现象

## 第一节 聚焦全球不平衡

全球不平衡发展是当代全球经济发展的一个基本特征。对全球不平衡发展模式的认识，在世界经济和政治领域中经历了一个接受——质疑——危机——反思——思变这样一个发展过程。

### 一、从漠视走向共识

2002年国际货币基金组织第一次提出全球失衡的概念，同时警示世界经济失衡的潜在危害。[①] 之后虽然有一些著名经济学家撰文指出全球不平衡发展的潜在危害，并论证不平衡的不可持续性，但没有引起足够广泛的关注。全球不平衡的规模和水平进一步扩大。基于此，国际货币基金组织多次发出警示报告。2005年国际货币基金组织时任总裁拉托第一次正式定义了全球失衡的概念[②]，并再次强调全球失衡模式的潜在危害。之后在世界经济理论与实务界爆发了关于不平衡发展是否可持续的争论。很多经济学家试图从理论上探讨不平衡的发展模式可持续的论据，这种意图基于当时世界经济发展异常良好的状态，全球稳定高速的经

---

① 国际货币基金组织：《世界经济展望》2002年版。
② 罗德里戈·拉托：《纠正全球经济失衡——避免相互指责》，美国外交协会会议演讲稿2005年2月23日。

济增长与全球不平衡规模的稳定增长相对应。2004年国际货币基金组织在组织重构的过程中,成立了国际货币与金融委员会,负责国际货币基金组织的改革工作。2006年该机构提出了国际货币基金组织改革的中期战略,着重提出强化国际货币基金组织的救援功能,同时重视多边咨询机构的建设。根据该要求,2006年国际货币基金组织成立由美国、日本、欧盟、中国和沙特阿拉伯组成的特别咨询机构研究解决全球不平衡的对策,将全球失衡作为国际协调的主要项目。由于当时相关国家并没有深刻认识到全球不平衡的潜在危害,国际协调没有取得有效的成果,该工作小组没有取得显著的成绩,国际社会没有推出十分有效的促进平衡发展的策略。2007年4月该咨询小组提交一份政策报告,被认为是该机构的标志性成果。但从该报告的内容上看,都是一些口号式的政策方案(见专栏1),在之后各国的具体政策上,也没有什么根本性的进展。美国、中国、日本、石油输出国、欧盟各国依然在既定的经济发展战略和路径上前进。

2007年美国次贷危机突然爆发并迅速演化为一场规模庞大、影响深远、前所未有、至今余孽尚在的全球性金融危机。金融危机以残酷的事实向世人证明了全球不平衡发展的不可持续性,证明了各国都欣欣然的全球不平衡发展战略的巨大危害。对于这次金融和经济危机,大多数学者认为,是一场上个世纪30年代以来最严重的金融和经济危机,也有学者坚持是历史上最严重的一次经济和金融危机。对于危机爆发的根源,虽然有很多理论解析,但多数学者认为这是全球不平衡发展到一定程度的必然结果[①]。面对金融和经济危机,各国政府都采取了一致性的救援政策,美国总统奥巴马则强调指出,实现世界经济均衡发展是解决危机的重要路径。全球不平衡问题已经成为全球经济是否可持续发展的一个关键问题。在这一点上全球不平衡的主要涉事国和贡献国——美国和中国国

---

① 戴金平、江向阳、靳晓婷:《从全球不平衡走向全球金融危机——金融发展驱动力视角的分析》,《证券市场导报》2009年第3期。

家领导人达成高度共识。奥巴马2009年9月表示,"我们无法回到中国或德国或其他国家卖给我们所有商品的年代,我们承担了许多的信用卡债务或房屋净值贷款,但我们却无法向他们卖出任何东西。"与美国国家领导人的言论相对应,中国国家领导人胡锦涛也在多个场合提出,我们要寻求更加均衡的世界经济增长模式。

2010年冬季的世界经济达沃斯论坛上,各国领导人就全球经济发展问题各抒己见。法国总统萨科奇在演说中,明确表示如果全球经济的失衡问题无法得到解决,那么"走出金融危机的阴影"以及"保护未来的全球经济"都将无从谈起。萨科奇的预言不幸言中,2010年之后轮番登场的主权债务危机使国际金融危机的余孽久久不能消除。从根本上来说,主权债务危机是一国不平衡发展长期持续、对外负债规模持续扩张、国家信用严重下降、国际债务链条无法支撑的集中表现。

英国中央银行行长金恩(Mervyn King)也在2010年1月表示,如果亚洲国家保持产生大量经常账户盈余的政策不变,低储蓄的西方国家将不得不保持高赤字运行,带来全球经济不稳定或贸易保护主义加剧的风险。金恩认为应当通过G20集团与国际货币基金组织(IMF)进行更多的合作。金恩认为,发达国家无法应对来自中国、印度和其他地区的巨额资本流动,同时英国和美国等低储蓄国家鼓励资产通胀和冒险的货币政策导致了金融危机。金恩的观点直白一些表达,就是顺差国的政策与逆差国的政策共同造成了目前的全球经济不稳定和危机,不平衡不只是逆差国的责任,可能更多的是顺差国的责任。顺差国和逆差国一方不调整政策,不平衡的危机就无法根本消除,世界经济就无法走出经济和金融危机。金恩的言论将世界舆论对危机引爆国——主要是美国和英国的指责和愤怒部分地转移到了高储蓄的亚洲新兴工业国——主要是中国和印度身上。针对这些言论,中国国家领导人和一些学者指出,以美国为首的发达国家长期居民高消费、低储蓄、政府高赤字、滥发货币、依赖外债实现经济增长的发展模式是金融危机的祸根。

逆差国和顺差国,谁是谁非,功与过如何评价,这场争论尚无结论;但是,不平衡发展模式不可持续的共识已经达成了。重要的问题是,如何走出全球不平衡发展模式?

## 二、20国集团浮出水面

无论如何,全球不平衡模式的形成不是一个国家发展模式的问题,而是债务国和债权国、顺差国和逆差国、资源输出国和资源输入国不同类型国家发展战略和模式的问题,国际协调是全球走出不平衡的唯一路径。拯救金融危机国际协调的一个重要成果是20集团成为国际经济协调的主导机构。2007年11月20国集团会议集中研究了如何调整全球经济失衡问题。会议的主要成果之一是提出应对全球失衡的五点建议。这五点建议在2007年国际货币与金融委员会全球不平衡协调咨询小组的报告的基础上产生。五点建议包括:采取各种措施提高美国国民储蓄率;在欧洲推动能促进经济增长的改革;在日本推动结构性改革,改善政府财政状况;亚洲各新兴经济体实施改革,拉动内需;经常项目顺差国增强货币汇率的灵活性,产油国增加支出。五点建议的基本精神是,逆差国提高储蓄率、顺差国通过拉动内需和货币汇率改革降低顺差、顺差国和逆差国都要通过改革调整经济增长模式。由于当时主权债务危机尚未爆发,财政刺激和政府支出是挽救金融危机的重要手段,财政赤字和政府债务问题没有在五点建议中体现。而这个问题,作为全球不平衡发展模式形成的主要动力,之后便成为世界经济复苏的主要障碍。

在达成了应对不平衡的基本原则和方案的一致意见之后,在具体执行和操作上,一个很关键的问题是,如何估测全球不平衡的规模,或者更确切地说是,如何估测每一个相关国家的不平衡规模,为相关国家的对策制定提供依据和参考。为了更进一步推动全球经济更加均衡地复苏和发展,2011年2月20国集团财长会议在巴黎就全球不平衡的指标衡量体系达成一致。在此基础上,2011年4月的华盛顿20国财长会议则就推动全

## 第一章 全球不平衡发展模式：本质与现象

球平衡发展提出具体对策，制定了推进全球平衡发展的"两步走"战略。

20国集团巴黎会议确定了一组指标来衡量不平衡的规模。这些指标包括政府债务和财政赤字；私人储蓄率和私人债务；贸易账户和净投资收益与转移账户；汇率、财政、货币和其他政策。在此基础上，华盛顿会议提出了四种度量失衡的方法：(1)根据经济理论和模型，在考虑国别特殊情形下(例如人口变化趋势、增长趋势和石油平衡等)，用结构方法度量一国的失衡水平；(2)根据一国历史数据，用统计计量方法度量失衡；(3)和其他一组国家同等发展水平时的指标比较，用统计方法度量失衡；(4)和G20国家的总体数据比较，用统计方法度量失衡。前两种方法是基于本国经济结构和历史水平的测度，后两者是基于其他国家水平比较的测度。

评估第一阶段——筛选失衡国家。华盛顿会议在确定了具体指标和方法的基础上，对不平衡规模进行了测度。以1990—2004年(全球失衡加剧的关键时期)数据为基础，同时参考1990—2010年数据，G20授权国际货币基金组织对2013—2015年的各国经济数据进行预测，与根据一定标准设定的"均衡数据"进行比较。在上述四种方法中，如果至少有两种方法的结论显示一国出现了持续而大额的失衡，这个国家将进入评估的"第二阶段"——深入评估失衡的本质、根源以及调整的掣肘因素，此时汇率和货币政策都将被纳入评估框架。

华盛顿会议同时规定，不是所有出现持续而大额的失衡的国家都进入第二阶段，要看该国的经济规模。只有超过G20 GDP总量5%的国家才可能进入评估第二阶段。超过20国集团GDP总量5%的国家有七个，即美国、中国、日本、德国、法国、英国和印度。结合上文的四种分析法，美国、中国、日本、德国和印度都可能进入第二阶段。而如若标准较严且考虑其他因素，最后进入深度评估的可能只有美、德、中三家。如果进入深度评估的国家只有美、中、德的话，这三个国家进行推动全球平衡增长的变革就会成为全球经济协调的焦点。美国和中国是全球不平衡发展的主要贡献国，而德国则主要促成了欧洲的不平衡发展，德国在欧洲主权

13

债务危机的解决中发挥着关键作用。

根据现有的一系列咨询和研究成果,这三个国家改革和调整的方向应该是:美国的改革方向主要是提高居民储蓄,改善政府债务;中国的改革方向将会是刺激居民消费,增强汇率灵活性;而德国的中心则会是推动可持续的增长。

### 三、中国焦点

在全球不平衡的三个核心国家中,中国是经济发展结构和政策被诟病较多的一个国家。在谈及危机后的世界经济复苏问题时,发达国家几乎一致地认为,人民币价值低估是导致全球失衡的重要原因,要解决全球失衡,关键是中国要尽快实行人民币升值。事实上,金融危机后将20国集团突出为国际协调的主要机构,目的也在于将中国纳入国际协调的框架,使中国成为国际协调的核心国家,重点解决全球失衡问题。这在"七国首脑会议"或者"八国首脑会议"框架中是无法实现的。与此同时,伴随着人民币升值压力的加大,全球针对中国的贸易保护主义则越演越烈。

在中国对外贸易日益自由化的背景下,针对中国的贸易保护主义措施转变为反倾销和反补贴等非关税贸易保护措施。伴随着中国贸易顺差规模的扩张,2000年后国际上对中国发起贸易救济调查的案件开始迅速增加。2005年,国际上对中国共启动92起贸易救济案件。其中,反倾销49起,反补贴0起,涉华保障措施7起,特别保障措施36起。2006年,贸易保护事件进一步增加,国际上对中国启动81起贸易救济案件。其中,反倾销65起,反补贴2起,涉华保障措施11起,特别保障措施3起。2007年,贸易救济案件进一步增加为77起。其中,反倾销60起,反补贴8起,涉华保障措施9起。2008年,108起贸易救济案件,反倾销80起;反补贴11起,涉华保障措施14起,特别保障措施3起。2009年,119起贸易救济案件,反倾销76起,反补贴13起,涉华保障措施23起,特别保障措施7起。贸易救济案件从2005年的92起增加到2009年的119起。

之后,贸易救济案件增加速度提高,贸易摩擦加剧。美国是实施针对中国贸易保护措施最积极的国家。美国20世纪80年代和90年代对中国的贸易救济调查事件分别是8项和17项,2000年后,截至2010年7月,发起对中国的贸易救济调查78项,且涉及的贸易金额大幅度提高,商品和行业种类迅速增长,从早期的纺织业、化学制品、轻工制品,发展到重化产品、金属制品、农副产品、家用电器,到最近几年的家具产品、纸业、钢铁和化工,几乎遍布了所有的重要产业。欧盟对华的贸易救济调查主要发生在20世纪90年代之后,截至2010年底,共发生贸易救济调查160多起,近年来数量和规模都在急剧增大。加拿大也加入了对华贸易救济调查的队伍。刚进入2012年,加拿大已经发起了对原产于中国的半导体冷热箱、弹簧床垫组件、不锈钢手盆等3类产品的反倾销和反补贴调查。除了日本,韩国和其他一些亚洲国家也对中国启动了贸易救济调查措施。全球性的针对中国的贸易保护主义正在形成和发展。

与此同时,中国国家领导人在多处都强调指出,美国的经常项目逆差根源于美国的经济增长模式,而不是由于中国的人民币汇率制度。要实现更加均衡的世界经济发展,美国需要首先进行国内的结构改革。同时,中国也实施了一系列促进内需、加速汇率制度改革的措施,推进经济增长方式的变革,以实现更加均衡和可持续的经济增长。

客观地说,在全球不平衡问题上,中国是核心国家之一。为了促进更加均衡的世界经济发展,摆在中国决策者面前的问题是:如何加速汇率制度改革,实现更加灵活的人民币汇率制度;如何加速人民币国际化的进程,摆脱对美元的依赖;如何加速经济增长模式的调整,刺激内部消费,摆脱对外部经济的过度依赖,实现内源性的、可持续的、科学的经济发展。

关于全球不平衡发展模式形成中的责任,尽管争议很大,但无论是美国、中国还是日本,抑或是在水深火热中的欧洲各国,甚至连石油输出国家,都在调整内部的经济发展模式,试图寻求一个更加可持续的、更加有利于本国和全球的经济发展模式。

## 第二节　全球失衡的规模：脱缰的发展模式

全球不平衡发展进入了20世纪90年代之后，便犹如一匹脱缰的野马，向金融和经济危机的悬崖奔去。

### 一、全球经常账户差额

2006年全球的经常项目逆差与90年代总额相比翻了2倍，而逆差高度集中于一个国家——美国，美国占有了全球逆差的75%。经常账户的不均衡在经济全球化下应该是一种正常现象，它表明国家之间消费和储蓄相互融通的一种一体化发展状态。而当代全球失衡规模增长如此之快，则是历史罕见。整个20世纪80年代全球经常账户逆差的规模基本上保持在全球GDP的2%左右，20世纪90年代前半期基本上维持在4%左右，而到了2000年则提高到5%，之后的5年以很高的速度持续增长。全球迅速增长的经常账户差额并不是分散在所有国家和经济体中，而是集中在少数一些国家，在这些国家，体现出沿着一个方向扩张的趋势。美国一直是全球最大的逆差国，到了2006年美国的经常账户逆差已经占到其国内生产总值的6%以上。美国经常账户的巨大赤字表明，美国在不断积累着当期的债务，当期的消费和投资乃至经济增长都越来越多地依赖世界其他国家，也就是那些以日本、石油输出国和中国为代表的顺差国；也同时表明，这些顺差国不断地、规模越来越大地将当期本国的增长资源输送给美国，促进美国的经济增长。

从图1.1可以看出，如果说，20世纪80年代美国的贸易逆差曾一度有过一定程度的调整，扭转了持续扩张的趋势，那么20世纪90年代之后美国的贸易逆差和经常项目赤字则一发不可收拾，呈现出持续的、加速度的扩张态势，直至发生了2007年金融危机。

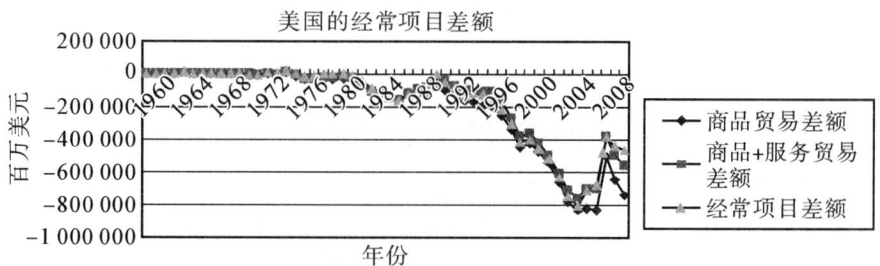

**图 1.1　美国的经常项目差额**

数据来源:美国经济分析局,BEA

## 二、全球债务规模

全球经常账户逆差的扩大和积累必然伴随着金融账户的巨大不平衡,全球外部金融资产和负债快速积聚,反映着全球债权和债务关系的扩大,意味着全球的债权和债务关系将世界各国连接在一起,任何一个国家的动荡和危机都会通过这种复杂的债权债务关系传递出来,迅速形成全球性的动荡和危机。

2005 年全球最大的 3 个债务方分别是美国、欧元区和澳大利亚,其债务额分别占其国内生产总值的 20%,10% 和 55%;与此同时,最大的债权国分别是日本、瑞士和中国,其债权规模分别占其国内生产总值的 34%,99% 和 13%。

1995—2006 年之间,全球国外总资产占全球生产总值的规模从 55% 提高到 130%,而全球国外净资产的规模从 7% 提高到 15%,虽然净资产的规模远远比不上总资产规模扩张的程度,但是,总资产和净资产规模的扩张充分体现了全球债权和债务链条的扩张和深化,体现了全球一体化的程度,也充分体现了全球风险的积聚。

1995 年之后美国的对外投资净债务规模加速扩大,2000 年超过万亿美元,2002 年迅速上升至 2 万亿美元之上,2007 年金融危机爆发稍有回调,下降到 17 960 亿美元,2008 年又迅速上升到 32 601 亿美元之上,

2011年更上一层楼,到达40 300亿美元,见图1.2。

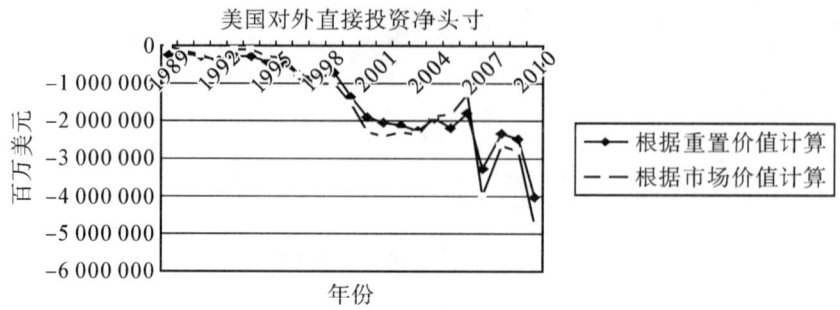

图1.2 美国的对外净负债

数据来源:美国经济分析局,BEA

令人担忧的是,2007年美国次贷危机本质上是全球不平衡发展不可持续的产物,而金融危机是一种破坏性地改变这种不平衡的手段,我们看到,虽然在2008—2009年美国经常项目逆差有了一定程度的缩小,但是进入2010年以后,在美国经济进一步走向底部的过程中,也在各国以邻为壑的自我救助的过程中,美国的经常项目逆差重新出现扩大的趋势。与此同时,我们看到,金融危机之后美国的对外净债务却出现了更加迅速的上升。这种逆差和对外债务趋势为下一个更严重的经济危机奠定了基础。

现任美国Peterson研究所所长弗雷德·伯格斯滕在谈及复苏中的全球经济时忧虑地指出,"最重要的是,美国必须让全世界相信,它不愿再次成为最后消费国和最后借款人。只有这样,其他国家才会停止依赖日益增长的贸易顺差,认真促进国内需求。这样一项美国战略当然会聚焦于中期财政修正和增加私人储蓄。但它也必须结束过去30年间美元的长期高估,而欧元贬值和人民币汇率持续受到操纵,必然会推动汇率问题重新回到全球日程的首位"。

## 三、政府债务危机

如果说2008年金融危机凸显了私人债务规模的不可持续性,而危机后的救援则使债务规模的不可持续性矛盾迅速转移到政府债务危机。2010年以来的欧洲债务危机和美债危机都是在全球不平衡规模持续扩大的过程中,一些国家政府举债过度、债务负担急剧上升、政府违约风险急剧上升的产物,其根源仍然是日益扩大的全球不平衡。

2000年美国公共部门债务总额为3.4万亿美元,占GDP比重为34.7%;2007年该数字上升到5万亿美元,债务比率为36.3%。2011年,美国公共债务已经超过10万亿美元,占GDP比重为69.2%。2011年美国的评级机构标准普尔将美国长达70多年之久的AAA评级下调为AA+评级。

2009年2月、12月以及2010年2月,奥巴马政府已经三次提高债务上限。2011年8月,美国国债达到其法定上限14.29万亿美元,美国政府被迫第四次提高债务上限额度2.1万亿美元,美国政府的债务违约风险逐级上升。

2009年12月惠誉、标准普尔和穆迪三大评级机构相继将希腊信贷评级下调,前景展望为负面,揭开了欧洲债务危机的序幕。2010年欧洲联盟和国际金融机构展开了对希腊的大面积救援,试图挽救日益恶化的希腊债务危机。希腊政府也通过紧缩财政和一系列经济刺激措施试图走出债务危机。但是,各方的努力在巨大的债务链条下,显得微不足道。三大评级机构多次连续下调希腊政府债务和信贷评级,直至垃圾级别。在希腊危机不断恶化的过程中,西班牙、匈牙利、葡萄牙、意大利相继出现债务信誉评级下调,甚至西班牙也正式向国际货币基金组织申请紧急救援。而欧洲联盟最稳健的国家法国和德国在遭受巨大的债务危机多米诺骨牌效应的冲击下,政府债务的可持续性也出现问题!欧洲债务危机从一国危机演化为整个欧洲联盟的危机。

简言之,全球不平衡扩大带来的全球巨大的债务积聚的内在风险正在爆发,燃点已经出现,火花正在迅速铺开,势头之凶猛,令全球经济震颤。此时此刻,全球各国领导人已经深刻地认识到,不解决全球不平衡,世界将在灾难中踯躅,经济危机、金融动荡、政治哗变、局部战争,甚至会演化为全球性的政治和经济危机!

## 第三节 全球不平衡的实质——债务关系视角

全球不平衡的规模犹如脱缰的野马,在全球经济发展中已经是一发不可收拾;也如同一辆脱轨的列车,急速向死亡行驶。金融危机后全球不平衡的调整也是艰难而痛苦。问题是,为什么各国都同坐在一辆奔向死亡的列车上,而怡然自得?

### 一、简单的宏观经济平衡

我们可以从简单的宏观经济平衡角度来认识全球不平衡发展的本质。从总需求和总供给恒等式中,我们可以推导出一国宏观经济变量之间的基本关系式,即净进出口额(可以简化为经常项目差额)等于储蓄与投资差额和财政差额之和。如果一国出现了经常账户逆差,就意味着或者出现了投资大于储蓄的储蓄缺口,或者出现了财政支出大于财政收入的财政赤字,或者两者兼而有之。更通俗一点来讲,如果一国出现经常项目逆差,也就是出现不平衡的增长模式,就意味着,该国的居民、企业和政府一起在举债生存,依靠其他国家(顺差国)的储蓄来生存和发展。与此同时,如果一国出现了经常项目顺差,就是出现了净出口,就意味着该国在当期不能全部吸收当期创造的财富,而是将一部分借给逆差国去消费和吸收。从这个实质上来看,逆差国和顺差国之间的关系就是债务人和债权人的关系,逆差国的发展模式是举债发展——资源输入式,顺差国的发展模式是节俭发展——资源输出式。

$$Y=C+I+G+(X-M) \tag{1.1}$$

$$Y=C+S+T \tag{1.2}$$

(1.1)式是支出法表示的国民收入,(1.2)式是收入法表示的国民收入。(1.1)=(1.2),则

$$Y=C+S+T=C+I+G+(X-M) \tag{1.3}$$

经过变形,我们得到:

$$(S-I)+(T-G)=(X-M) \tag{1.4}$$

$Y$、$C$、$I$、$G$、$T$、$M$、$X$ 分别表示国民收入、消费、投资、政府支出、税收、进口和出口,推导出来的(1.4)表明,一国的经常项目差额由两部分构成,一部分是国内的储蓄差额,一部分是政府财政差额。一个经常项目逆差国,或存在储蓄缺口(储蓄不足),或存在政府财政赤字,或者两者兼而有之。简单点说,一国巨大的经常项目逆差说明,该国的居民和政府都在靠巨额负债生存;美国持续扩大的经常项目逆差,说明美国在一种人民和政府都高度负债的模式下成长!与此相对应,一国存在较大规模的经常项目顺差,说明这个国家居民或者政府存在着很高的储蓄率,将本国的收入贷放给他国,德国就是这样一个拥有较高储蓄率的国家。作为世界上较大的顺差国,中国也拥有很高的储蓄率!

在这里,我们不禁要问,一般来说,穷人应该是债务人,需要举债生存,富人则应该是债权人。对于国家而言,穷国应该是债务人,富国应该是债权人。而我们这个世界,事情颠倒了,世界上最富有、最强大的经济体——美国成为世界上最大的债务人,长期以来举债发展;尚处在发展中国家行列中,贫困人口在世界上还占有相当比重的中国竟然成为主要的债权国!

透过顺差和逆差的背后,我们自然就可以看到,逆差国一定伴随着居

民巨大的储蓄缺口,即居民的低储蓄、高消费和高负债,与政府的巨额财政赤字。此次金融危机之后凸显的美国居民巨额债务和政府的债务危机就是必然了。

## 二、一些典型事实

从图 1.3 可以看出,20 世纪 90 年代以后,美国的储蓄缺口一直在迅速增加,到 2000 年最大达到 7 000 亿美元之多,之后有所缓解,但是 2003—2005 年又出现一个缺口扩大的趋势。从居民储蓄来看,2005 年达到一个最低点,仅为 1 000 多亿美元,当年的储蓄率仅为 1%,紧接着,美国 2006 年制造了历史上经常账户逆差与国内生产总值之比 6% 的最高记录,见图 1.4。与此相对应,2009 年中国的储蓄率是 49%!

图 1.3 美国的储蓄缺口

数据来源:EPS 全球统计数据分析平台

# 第一章 全球不平衡发展模式：本质与现象

图1.4 美国的储蓄率

数据来源：EPS全球统计数据分析平台

我们可以理解为什么奥巴马当政之后，正值金融危机爆发之后呼吁美国人民提高储蓄率，改变美国经济增长模式了。

在奥巴马要求美国人民提高储蓄率的同时，美国政府却一样在不断加大负债，强化负债生存模式！

2010年，一场由希腊引发的债务危机波及整个欧洲大陆，主权债务危机一时波及全球各国。2011年，作为世界经济第一大国的美国，同样也遭受到了主权债务危机的影响。美国的评级机构标准普尔将美国长达70多年之久的AAA评级下调为AA+评级，全球各国再次陷入债务危机的恐慌当中。虽然奥巴马宣称评级机构的结论不能反映美国国债的真实信用评级，但是美国承担的高额政府债务是不争的事实。

实际上，美国庞大的债务负担并不是一朝一夕的事情。2000年美国公共部门债务总额为3.4万亿美元，占GDP比重为34.7%；2007年该数字上升到5万亿美元，债务比率为36.3%。2011年，美国公共债务已经超过10万亿美元，占GDP比重为69.2%。从图1.5可以看出，美国的公共部门债务近年来的上涨速度均超越了以往，尤其在2008年的金融危机发生以后。

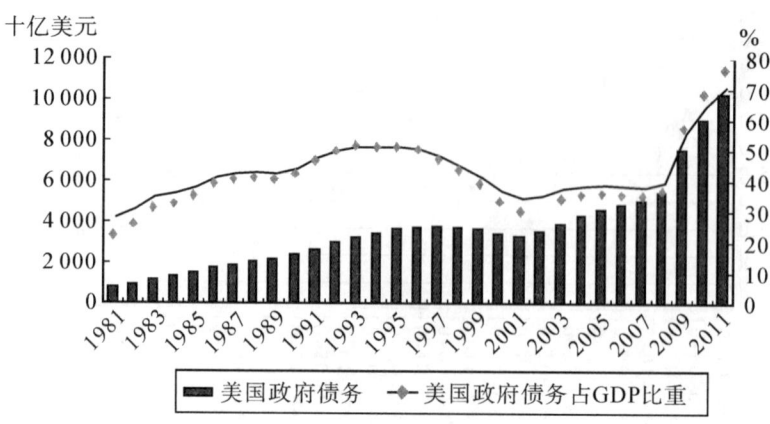

图 1.5　美国政府债务

数据来源:EPS 全球统计数据分析平台

2008年金融危机发生过后,各国经济都遭受严重打击。为了刺激经济复苏,各国政府也相继推出了规模庞大的救市计划。当时的美国政府采取了积极的财政政策和宽松的货币政策以应对危机,美联储和美国财政部通过购买私人部门的"有毒资产"来稳定金融市场。私人部门的去杠杆化导致了政府公共部门的杠杆化,政府的财政支出不断扩大,财政状况也逐渐恶化,政府债务快速上升。为了进一步刺激经济复苏,美国政府继续进行赤字融资,2009年2月、12月以及2010年2月,奥巴马政府已经三次提高债务上限。2011年8月,美国国债达到其法定上限14.29万亿美元,美国政府被迫第四次提高债务上限额度2.1万亿美元,美国政府的债务违约风险逐级上升。

相对应的,作为顺差国的一方,无论是日本还是中国,则会显示居民较高的储蓄率和较低的外债负担。

与中国经济增长率相比,中国居民的储蓄率一直维持着更高的增长速度。1978年我国居民储蓄210.6亿元,1992年提高到11 759.40亿元,2006年达到161 587亿元,2009年达到22万亿元。中国一直保持着远远高于世界平均的居民储蓄率。1995、1997和2006年中国的居民储蓄率分别为42％、45％和49％。2009年中国居民储蓄占全球储蓄的28％。

与美国外债规模持续上升不同,中国的外债风险指标一直呈现下降的势头。图1.6和图1.7显示,1997年东亚金融危机以来,吸取了东亚国家外债水平高的教训,中国采取了一系列降低外债水平的政策。从此之后,中国的外债安全水平一直在提高。无论是负债率,还是偿债率,抑或是债务率,都呈现快速下降的势头。与中国的外债比率下降相适应,中国的外汇储备则呈现了同期快速上扬的趋势,见图1.8。

图1.6 中国的外债风险指标

数据来源:中国国家统计局,中国统计年鉴

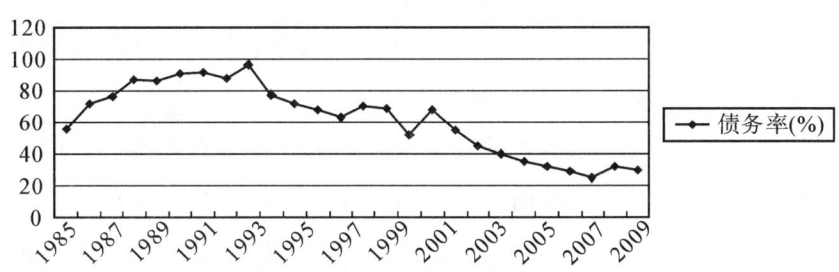

图1.7 中国的外债水平

数据来源:中国国家统计局,中国统计年鉴

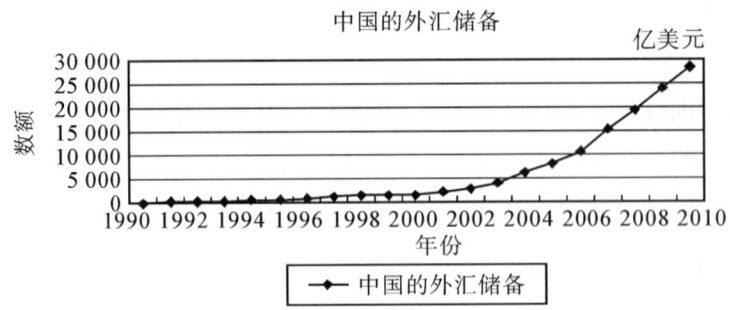

图 1.8　中国的外汇储备

数据来源:中国国家统计局,中国统计年鉴

# 第四节　当代全球不平衡发展模式内涵的基本界定

全球作为一个封闭经济,不仅支出恒等于收入(产出),即 $C+I+G+X-M=C+S+T$,而且支出和产出的各组成要素也一定是平衡的,即 $I=S$ 和 $X=M$,显然全球经济失衡是不可能的。因此全球经济失衡的概念指的是全球经济的组成部分——某些国家或地区产出和支出的某些组成要素不平衡,主要表现为 $I\neq S$ 和 $X\neq M$。

纵观世界经济发展史,我们发现世界经济一直是在均衡—非均衡—再均衡的模式中发展,不均衡几乎成为世界经济发展的一种常态。世界经济不均衡发展虽然伴随着世界经济发展的历史,但是二战之后全球失衡问题的持续化则是在上个世纪 90 年代之后,对于全球不均衡问题的持续高度关注也是在 2000 年之后。对于全球不均衡问题的研究汗牛充栋,但是没有形成一个统一的对于全球不均衡现象的概念界定①。

2005年国际货币基金组织总裁拉托第一次正式使用"全球失衡"的概念②,指出全球失衡是"一国拥有大量的贸易赤字,其他一些国家贸易盈余,与该国的贸易赤字相对应"的现象,并进一步指出当前全球不平衡的具体表现是,美国经常账户赤字庞大,海外净债务剧增,而日本、中国和亚洲其他新兴市场国家对美国持有大量贸易盈余、经常账户巨额顺差以及海外净资产大幅增长。

上世纪90年代末和本世纪初,全球不平衡研究的重点在于美国经常项目逆差的可持续性问题,全球不平衡的概念集中于经常项目不平衡上。之后当学者们将经常项目逆差的形成与资本流动和国际债务积累连接在一起的时候,全球不平衡的研究就拓展到资本项目的研究上。接着,关注的重心转移到系统地解释全球不平衡的内在成因,很多研究着眼于国际货币体系的内在缺陷③。2005年大量的研究用美国国内储蓄和投资的失衡来解释全球不平衡的成因④。2006年一些重要的研究集中于金融视角,从金融资产的供给和需求角度解释全球不平衡发展的形成⑤⑥。2008

---

① Thierry Bracke, Matthieu Bussière, Michael Fidora and Roland Straub, "A Framework For Assessing Global Imbalances" ECB, Occasional Paper Series, No. 78, January 2008.

② 罗德里戈·拉托:《纠正全球经济失衡——避免相互指责》,美国外交协会会议演讲稿2005年2月23日。

③ Michael P. Dooley, David Folkerts-Landau and Peter Garber, "An Essay On The Revived Bretton Woods System" NBER, Working Paper, No. 9971, September 2003.

④ Bernanke and Ben, "The Global Savings Glut and the U. S. Current Account Deficit" Sandridge Lecture, Virginia Association of Economics, Richmond, VA, March 2005.

⑤ Caballero, Ricardo J, Emmanuel Farhi and Pierre-Olivier Gourinchas, "An Equilibrium Model Of 'Global Imbalances' and Low Interest Rates" NBER, WorkingPaper, No. 11996, September 2007.

⑥ Mendoza, Enrique G. , Vincenzo Quadrini and José Víctor Ríos Rull, "Financial Integration, Financial Deepness and Global Imbalances" IMF, 7th Jacques Polak Annual Research Conference, November 2006.

年1月欧洲中央银行集大成地就全球不平衡概念进行了界定①,指出全球经济体中,系统地存在着一些重要经济体的外部不均衡,而这些外部不均衡产生于全球经济中的一些扭曲因素,并对全球经济造成巨大风险。欧洲中央银行同时对这个概念界定进行了进一步的阐述,指出全球失衡具有四个层次的内涵:外部失衡不仅包括贸易项下的失衡,更重要的是包括金融项下的失衡;失衡的经济体是对全球经济具有重大影响力的经济体;失衡体现的是经济领域中的扭曲,主要指价格的非灵活性调整和不完全竞争的市场环境;该失衡给全球经济发展带来巨大风险。

纵观各国经济的发展历史,我们发现,虽然追求内外部均衡是一国政府的目标,但是任何一个国家都很难实现在任何一个时点上都保证外部均衡,外部的不均衡是一个经常性的现象。理论上来讲,自由市场存在多种机制会促进一国出现外部不均衡的时候向均衡转化。所以一国的经济发展在经济全球化的背景下通常都是均衡—非均衡—再均衡的动态发展。但是上个世纪90年代中期以来全球之所以高度关注不平衡现象,是因为当代的不平衡已经远远超出了我们上面描述的动态均衡的经济发展路径,经济体系内在的调整机制已经不能充分发挥作用。所以,我们研究的全球不平衡,也就是当代全球失衡,应该不是前面意义上的不均衡问题,而是调整机制不能充分发挥作用的不均衡,表现为不均衡的持续和强化。

基于上述分析,本书认为,当代全球不平衡概念应该具有以下几个内涵:

第一,外部不均衡发生在主要的经济体之间,成为全球经济发展的一个核心特征。之所以是核心特征,是因为全球经济发展的其他主要特征都与该特征密切联系在一起,互为因果。比如当前的全球分工体系就是

---

① Thierry Bracke, Matthieu Bussière, Michael Fidora and Roland Straub, "A Framework For Assessing Global Imbalances" ECB, Occasional Paper Series, No. 78, January 2008.

全球不平衡的重要体现。而涉及不平衡的经济体则是全球经济发展的决定力量,决定着全球经济发展的节奏与效率。比如当代的不平衡主要发生在美国和日本、中国等新兴经济体之间。2007年发生在美国的次贷危机迅速传导至全球形成世界金融危机,足以体现美国这个不平衡的中心国家对全球经济的影响力。而危机之后中国经济的快速复苏对世界经济的带动作用,也足以体现中国这个不平衡的中心国家对全球经济的影响力。

第二,外部不均衡包括经常项目不均衡和金融项目不均衡,无论是经常项目不均衡还是金融项目不均衡在国际收支平衡表中都是流量,持续的一个方向的不均衡体现为全球债务和债权存量规模的扩大。

第三,外部不均衡体现为一个方向上时间上持续、规模上扩大的特征,区别于经济发展过程中内在均衡调节机制正常发挥作用时的均衡—不均衡—再均衡的动态调整。我们研究的全球不平衡是一种特殊现象。

第四,持续的外部不均衡是由全球经济体系中一些重要的系统性因素造成的,这些系统性因素阻碍了经济体正常的均衡调整机制。这些系统性因素包括相关国家的经济制度、经济政策、全球经济制度体系和全球政治制度体系,等等。

第五,持续的外部不均衡给全球经济的可持续发展带来极大威胁。持续的不平衡伴随着全球债务债权存量规模的扩张,债务债权链条断裂的风险越来越大,金融风险积聚,金融危机和经济危机爆发的概率在增大。

## 第五节　全球不平衡的动因

对全球不平衡的形成及持续的原因有多种解释,焦点集中在对全球经常账户逆差贡献75%的美国身上,包括美国的经济结构与增长模式、美国的金融市场与金融产业以及美元的国际货币地位。也有一些研究针对东亚外向型的经济增长模式和汇率制度,尤其是中国的汇率管制。对于欧洲不平衡的研究重点则集中在欧洲联盟内部各国不平衡的发展战略和模式。

## 一、失衡的国家经济发展模式

### (一) 美国内生的债务依赖性经济增长模式

2007年美国经常项目逆差7 910亿美元,投资和储蓄缺口加上政府的预算赤字达到6 871亿美元,二者仅差1 000多亿美元。而2007年,中国、日本以及亚洲其他国家和地区[①]、委内瑞拉、欧洲的德国、法国和意大利、非洲的阿尔及利亚和尼日利亚以及北美的墨西哥和加拿大等国家的经常项目顺差就占到美国经常项目逆差的110%,其中中国和日本就占去了半壁江山。而美国大量贸易逆差造成了近7 000亿美元的投资和储蓄缺口(包括政府的预算赤字),而投资—储蓄的缺口完全依赖其他国家的资本输出。因此我们完全可以这么认为,全球经济的不平衡主要表现为美国和其他国家经常账户的不平衡或者美国和其他国家储蓄和投资的不平衡。

由于全球经济的 $S_{US}+S_{ROW}=I_{US}+I_{ROW}$, $X_{US}+X_{ROW}=M_{US}+M_{ROW}$,以及 $S_{US}+S_{ROW}+M_{US}+M_{ROW}=I_{US}+I_{ROW}+X_{US}+X_{ROW}$,可得:$S_{US}-I_{US}=I_{ROW}-S_{ROW}$,美国投资储蓄的缺口必定意味着其他国家(ROW)的储蓄过剩;$X_{US}-M_{US}=M_{ROW}-X_{ROW}$,美国经常账户的逆差必定意味着其他国家的经常账户顺差。因此要分析全球经济失衡,只需要分析美国经济失衡,即美国的储蓄和投资缺口主要依赖其他国家的储蓄过剩为其融资,而其他国家的储蓄过剩表现为经常项目的顺差和资本项目的逆差,即其他国家通过资本项目输出过剩的储蓄,美国因而表现为经常项目的逆差和资本项目的顺差。具体的循环路径见图1.9。该图行和列所有变量的加

---

① 包括韩国、印度尼西亚、马来西亚、泰国、印度和中国台湾地区

总都等于零,即:

(1) $M_{US} - X_{US} + M_{ROW} - X_{ROW} = 0$

(2) $S_{ROW} - I_{ROW} + M_{ROW} - X_{ROW} = 0$

(3) $S_{US} - I_{US} + S_{ROW} - I_{ROW} = 0$

(4) $S_{US} - I_{US} + M_{US} - X_{US} = 0$

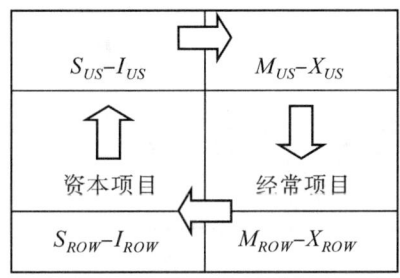

**图 1.9 美国债务依赖型的经济发展模式**

也就是说,全球经济和国别经济总量总是均衡的,但上下左右四个角框中的变量不相等,即全球经济出现了失衡。

戴金平(2010)认为,全球贸易逆差大部分集中在美国,全球不平衡首先是由是由美国经济发展模式决定的。长期以来,美国实行的是金融发展驱动的债务式的经济发展模式,居民储蓄赤字,政府实行赤字财政,政府和国民一起负债消费,见图 1.10。这种经济发展模式造成长期的总需求持续地超过总供给,从而形成美国贸易逆差的不断增加。美国经济发展模式的形成来源于两大推动力,一是美元在国际货币体系中的核心地位,二是美国发达的金融市场和金融创新能力,这二者正是美国总需求不断膨胀的推动力。这二者也是美国能够源源不断地从世界吸收资本的原因。

根据消费函数理论,居民消费同其永久收入和财富相关,即 $C = b_1 Y_d + b_2 A$。其中 $Y_d$ 为永久收入,$A$ 为居民财富,$b_1$ 和 $b_2$ 分别为收入的边际消费倾向和财富的边际消费倾向。20 世纪 80 年代中期以后,居民财富 $A$ 的增长速度远远快于居民可支配收入 $Y_d$ 的增长速度。1985 年初居民

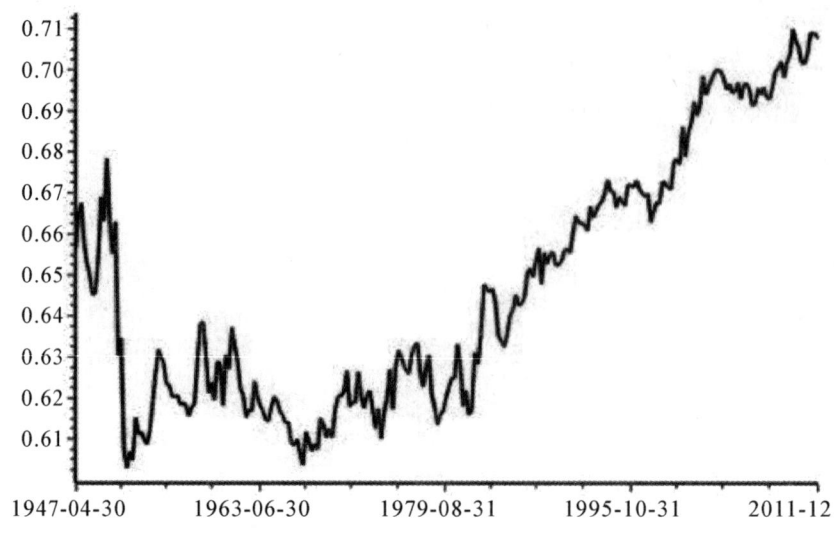

图 1.10 美国消费支出占 GDP 比重

数据来源:WIND 资讯

财富与收入的比率为 3.8 倍,90 年代以来房地产市场的繁荣,导致这一比例在 2006 年上升到 6.2 倍[①]。Ludvigson and Steindel(1999)对美国股票市场的财富效应进行研究后得出,股票财富与社会总消费之间具有显著的正向关系,股票财富每增加一美元,消费将增加 3～4 美分;Greenspan(2001)从官方角度肯定了股市财富效应对经济增长的贡献;美联储的研究(Edward M. Gramlich,2002)表明,居民财富每增加一美元,将影响后期消费永久性地增加 3～5 美分。因此,当可支配收入增长有限的情况下,美国消费增长由"收入驱动"型转变为"财富驱动"型。家庭财富增加的一个直接结果便是借贷消费成为美国居民消费的主要形式。在居民财富未向实际收入转化的前提下,由居民财富所支撑的消费具有"超前消费"的特征,其基本支撑点是居民未来的财富水平而并非现实支付能力。

---

① 雷达,赵勇,孙瑾. 金融危机下的全球经济:从失衡到平衡. 世界经济研究,2010 第三期

因此,在这种情况下,美国居民消费的借贷特征逐渐形成。一个直接的表现为居民储蓄率的下降,从20世纪70年代中期,美国个人储蓄存款占可支配收入比例的8%下降至2005年底的2%以下,虽然近几年有所反弹,但是仍处于历史低位,见图1.11。举债消费在居民消费中的比重不断上升导致其所积累的家庭债务不断上升,由此形成了庞大的美国居民消费赤字。

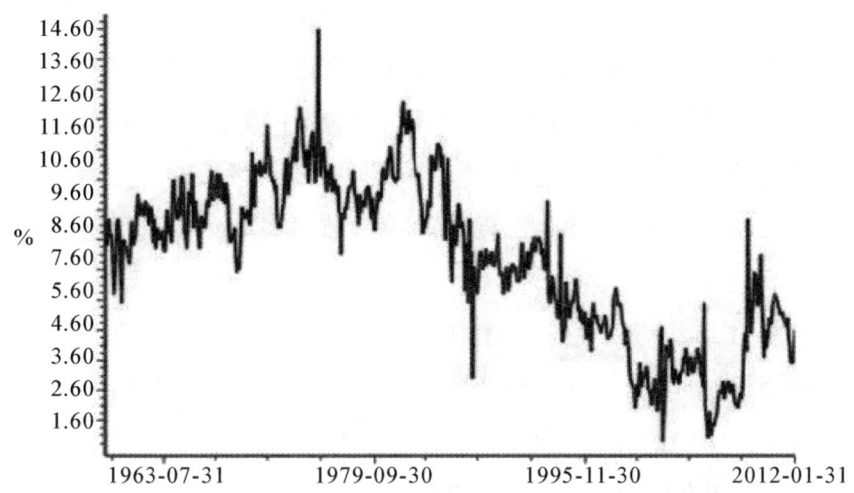

图1.11 美国个人储蓄存款占可支配收入比例

数据来源:美国国家经济分析局

应该说,美国的经济增长模式是内生的,是美国借助其美元地位和金融帝国地位重构美国经济增长结构和掠夺世界资源固化其全球经济统治地位的战略选择。在之后的章节里,我们要揭示美国在这种经济发展模式中的巨大利益所得。

(二)顺差国外向型的经济发展模式

世界经济发展失衡模式的形成不是由一个国家单独决定的。顺差国的发展战略也促成了全球不平衡发展模式的形成。亚洲的日本和主要新兴经济体,尤其是中国,实行出口导向型的外向型经济发展战略。这些战略包括积极引进外国直接投资;出口促进,对出口给予财政和金融支持;

汇率制度缺乏弹性，或者如同中国坚持实施钉住美元的稳定的汇率制度，或者像日本那样对日元对美元汇率进行高度干预。上述政策一方面形成大量的贸易顺差，另一方面，由于汇率调整机制失调，经常项目顺差（主要是对美国的顺差）不能通过汇率调整机制得到纠正，呈现持续扩大的趋势。在顺差国不断积累顺差的同时，其美元储备也在迅速增加。这是由于，顺差的积累必然形成外汇储备的积累、对外债权的积累；而由于这些国家都实行钉住美元的管理浮动汇率制度，购入美元从而被动地积累美元和美元资产（美国国债是风险最低的美元资产）成为保持本币低估的唯一方法。结果是，中国和日本成为美国之外最大的美钞持有者，也成为美国国债的最大持有国。换言之，中国和日本的经济发展战略为美国外债依赖型的经济发展模式提供了保障，强化了美国这种内生的经济增长模式。

从图 1.12 中可以看到，中国自 1978 年改革之后，最终消费支出在国民经济增长中的贡献持续下降，与此同时，资本形成的贡献率持续上升，除个别年份，净出口贡献率也保持着上升的势头，并且占了一定的比重。中国三大支出在国内经济增长中的贡献结构突出表现了中国经济长期依赖投资和出口的经济增长模式。这种经济增长模式在 2000 年之后更加强化了。2000 年之后中国的最终消费下降到 5% 以下，并加速了下降的速度；资本形成的贡献和净出口的贡献持续上升。消费贡献率的下降和净出口贡献的上升伴随着 2000 年之后中国贸易顺差的扩大（见图 1.13），也伴随着美国对外贸易逆差的扩大。为了维持快速的出口增长，中国采取了钉住美元的固定汇率制度，为了维持人民币对美元汇率稳定，中国人民银行不得不加大对外汇市场的干预力度和美元购买力度，导致中国外汇储备的迅速扩张。这种情况下，汇率失去了调整国际收支差额的作用。这一点，我们之后还要深入论述。中国 2000 年之后经济增长模式的强化与美国经常账户逆差的加速扩大紧密地联系在一起。

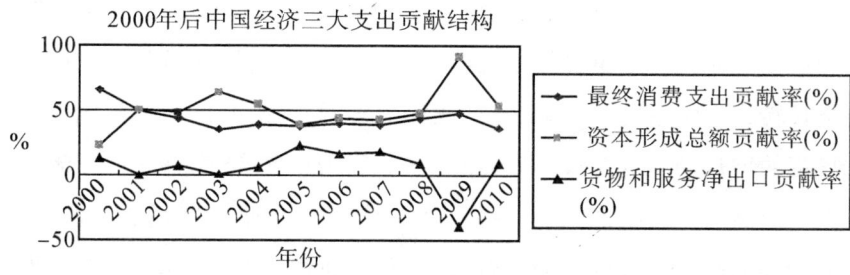

图 1.12　中国经济增长结构:三大支出贡献

资料来源:中国国家统计局,中国统计年鉴

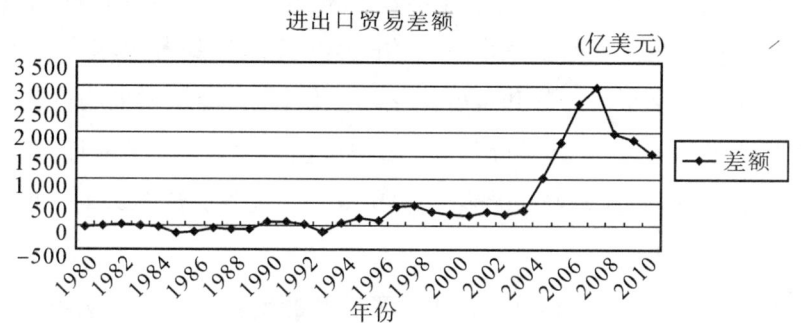

图 1.13　中国的进出口贸易差额

## 二、失衡的金融发展水平

很多学者从金融发展程度和金融发展的不平衡角度来解释全球发展不平衡。当前全球资本跨国流动提高到空前水平,大量的国际资本从发展中国家流向发达国家,国际资本似乎是"嫌贫爱富",源源不断地从穷国流向富国。这与我们熟悉的传统经济学理论背道而驰。根据新古典经济增长模型,国际资本会从富国(资本边际收益率递减)流向穷国(资本边际收益率还很高)。现实的这种违反新古典经济理论的现象,或者说美国作为世界上最强大的经济体却成为世界上最大的债务国,这个有趣的现象吸引了众多经济学家的注意力。

一些研究指出，一国国内制度和金融发展程度在决定资本流动的数量和流动方向上发挥重要作用。一个落后的国内金融部门会把稳定的经济增长转化为储蓄的增长，由于金融部门落后，储蓄增长无法转化为消费和投资的增长，储蓄绕过国内金融系统，流向国外，导致净资本外流。一个发达而高效的金融部门，会使经济增长持续地促进消费增长，对未来高收入的预期会借钱消费。穷国较富国而言，通常金融发展程度较弱，因而储蓄增长较快并且净资本外流，从而形成国际资本从穷国流向富国这一现象。而金融发展程度较弱的资本之所以外流，是因为居民对安全资产的追逐。金融市场不完善的国家，缺乏安全资产供给，因而国内资本会流向能给提供安全资产的金融市场发达的国家。虽然随着全球化发展，发展中国家提高了金融开放和金融深化的步伐，但是金融发展程度仍然远远落后于发达国家，尤其是世界第一金融大国——美国。相对而言，在安全资产的提供上，富国更有优势，所以国际资本大部分流向富国。很多研究文献都支持上述解释。

Jappelli and Pagano（1999）描述了储蓄的增长和金融市场不完善之间的正相关关系。Ju and Wei（2006）提出，如果国内金融部门无效率，国内储蓄将会绕过它，导致金融资本外流。Daude & Fratzscher（2006）使用80个工业国和新兴经济的外国资产头寸存量数据验证了成熟的金融市场拥有较多的外国证券投资。Mendoza, Quadrini & Rios-Rull（2006）证明了即使所有国家有着相同偏好、资源和生产技术，国家间金融特征上的差异也会导致净资本流动。因为美国金融体系品质特殊，金融融合会导致美国储蓄的减少和外国对美国资产需求的增加。Caballero et al.（2006）强调了金融不完善对全球不平衡的重要性。金融不完善被定义为一国供给无不确定性资产的无能。如果全球水平上需求增加，而安全资产没有在每一个单个地区被提供，就会看到资本流向那些能生产所需资产的地区。

## 三、失衡的经济周期

另外一种对于全球金融头寸不均衡的解释是从经济周期的视角出发,认为外部不均衡也可能是经济周期波动性下降以及预防储蓄减少的结果。如果一国经济周期波动性明显低于其他国家,该国的预防储蓄积累动机就会相对下降,导致长期储蓄和投资不均衡,相应的外部不均衡恶化。80年代以来美国经济周期波动性显著下降,预防性储蓄需求下降。同时,持续的生产率增长,使得美国长期收入增加,资产价格飙升,家庭财富增加,收入和财富效应极大地刺激了消费。与此相对,亚洲国家自从1997—1998年亚洲金融危机之后,鉴于金融危机的教训,对国际储备和预防储蓄的需求增加。这一点我们从前面中国外汇储备增长的趋势中就可以看到。同时,亚洲政府公共产品提供水平较低,社会缺乏安全感和未来发展高度不确定性都推高了亚洲预防储蓄率。美国经济周期波动性的下降引起储蓄减少和亚洲预防性储蓄增加,结合在一起,形成了双边的资本流动趋势。Fogli&Perri(2006)的实证研究证明,美国相对于其他主要经济体经济周期波动性的下降,可以解释大约20%的美国外部不均衡。

## 四、失衡的劳动生产率

美国和世界其他国家生产率差距也是经常账户赤字扩大的一个可能解释。从理论上来看,一国生产率持续增长会带来经常账户赤字增长,因为生产率的增长提高了家庭长期收入,进而促进消费增长,形成经常项目赤字。若干研究都证明了生产率冲击在解释经常账户头寸上的作用。Glick and Rogoff(1995)证明,美国相对于其他国家生产率提高1%,就会引起经常账户余额占GDP比重的0.15个百分点的减少,生产率冲击带来的投资1%的增加会引起经常账户赤字占GDP比重的0.33个百分点的扩大。

关于美国的劳动生产率优势,世界劳工组织发布的《劳动力市场主要指标》有集中的体现。2007年2月,世界劳工组织发布的《劳动力市场主要指标》指出,美国依然是世界上劳动生产率最高的国家。2006年世界劳动生产率按照单位劳动力创造财富的排名是:美国(6.3855万美元),其次为爱尔兰(5.5986万美元)、卢森堡(5.5641万美元)、比利时(5.5235万美元)、法国(5.4609万美元)。中国工业劳动力年均创造财富1.2642万美元,提高很快,几乎是1980年时的8倍,但是仅为美国劳动生产率的五分之一。报告同时指出,东亚劳动者是全球最勤奋的。韩国、中国香港、中国内地、马来西亚和泰国的劳动者年均工作时间超过2 200小时,而美国为1 804小时,法国仅为1 564小时。

东亚劳动者勤奋的工作换取的收入增长,由于缺乏发达的金融市场和政府社会保障体系,转化为预防性储蓄,流向美国等发达国家寻求安全资产;而美国高的劳动生产率在提高美国长期收入的同时,提高了国内资产价格,吸引了外部资本的流入,进一步刺激了美国资产价格的上扬;长期收入上升和资产价格上升产生财富效应,极大地促进了美国消费的增长,固化了美国债务依赖型的经济增长模式。

这里,资产价格对经常账户差额非常重要。Fratzscher,Juvenal and Sarno(2007)证明,在美国,股票或家庭财富10%的相对增长,会导致贸易账户1%的恶化。方差分解分析表明,相对于资产市场冲击和非汇率冲击,财富效果表现为美国经常账户赤字的主要驱动力。这一点前面已经谈到。美国已经从收入驱动型的消费增长模式转化为财富驱动型的消费增长模式。资产价格和经常账户差额的联动是显著的。OECD数据也表明住房价格变化和经常账户之间关系是负相关的。

### 五、脱缰的财政赤字

在前面的宏观经济恒等式分析中,我们已经清楚地看到,一国的经常账户差额等于该国的储蓄与投资差额和政府财政收入与支出差额之和。持续扩张的财政赤字是美国债务依赖型的经济发展模式的主要表现之一,也是全球不平衡发展模式的主要表现之一。这一点我们从美国的经常账户逆差与美国政府财政赤字和政府债务规模扩张的一致性可以看到,从欧洲主权债务危机重心国的政府债务规模与经常账户逆差规模的扩张的一致性也可以看到。其实,从宏观经济恒等式中我们无法直接判断各种变量之间的因果关系,也就是说,我们无法直接得出结论,政府财政赤字就是美国经常账户逆差的原因。探求美国财政赤字与美国经常账户逆差的因果关系还需要进行深入的理论与实证研究。

政府财政赤字与经常账户失衡之间可能的逻辑关系是,从长期来看,政府支出在一国的经济发展结构中表现为固化的特征,也就是说,政府支出缺乏弹性,无法根据一国的对外平衡状况进行自动调整,在经济内生发展模式中表现为一定的外生性。换言之,政府支出规模与结构很大程度上是由一国的经济制度和政治制度来决定的。

政府支出也具有一定的内生性,如果一国长期实施反周期的财政政策,当经济周期处于衰退和萧条阶段,为了刺激经济复苏,政府支出扩张,减税导致政府收入减少,会出现财政赤字;当经济处于膨胀阶段,为了抑制需求膨胀,政府会采取降低支出和增加赋税的政策,政府财政盈余增加。但是很多国家,长期以来形成了非对称的周期性财政政策。在经济增长的衰退阶段,政府有充足的理由采取扩张支出和降低税负的刺激政策,以赢得民众支持;而在经济上升阶段,则没有动力降低政府支出、增加税负,因为紧缩财政政策会遭到民众和利益集团的反对,影响执政党的政治利益。于是政府支出和政府财政状况表现为非对称的逆经济周期性。

同时,一些观点认为,政府财政赤字型的刺激政策在短期可以刺激总需求和产出,但是在长期产生挤出效应并减少产出。Aghion 和 Kharroubi(2007)认为,高额的政府债务就好比对反周期的财政政策的作用进行限制,这样会导致更高的波动和更低的产出水平。Ranciere(2009)研究发现政府债务对经济有非线性影响:高债务水平的国家的债务(政府债务占 GDP 比例超过 60%)对于其经济增长有显著的负效应。Burnside

(2001)和Hemming(2003)认为,一些更为严重的债务危机可能会触发银行业或者货币危机,将这种负面影响放大。这种观点如果成立的话,就意味着,在经济周期向下调整时,政府的赤字型刺激政策只是缓解了短期经济增长问题,带来长期经济增长的隐患,即抑制了国内产出。赤字型财政政策加大了经济增长的波动,使经济增长更加频繁地出现向下调整的趋势,会进一步增大政府实施赤字型财政政策的频率,这也会导致出现财政支出非对称性的持续扩张状况;长期来看,政府的财政赤字和政府债务不断扩张。

由于以上可能的原因,政府财政赤字成为一国经常账户失衡的重要原因,更进一步地说,长期的不可调整的政府财政赤字固化了一国的经常账户赤字,也固化了一国不平衡的经济发展模式。这一点,我们从美国的财政赤字和政府债务的形成中可以清晰地看到,我们欧洲主权债务重灾国的政府债务形成的机理中也可以看到。

在2010年美国的政府支出结构中,我们发现,社会福利、教育保障、养老保障和医疗保险等各项社会保障开支的比例占到59%,国防安全的开支比例占到14%,这两部分加在一起,达到73%,见图1.14。根据美国

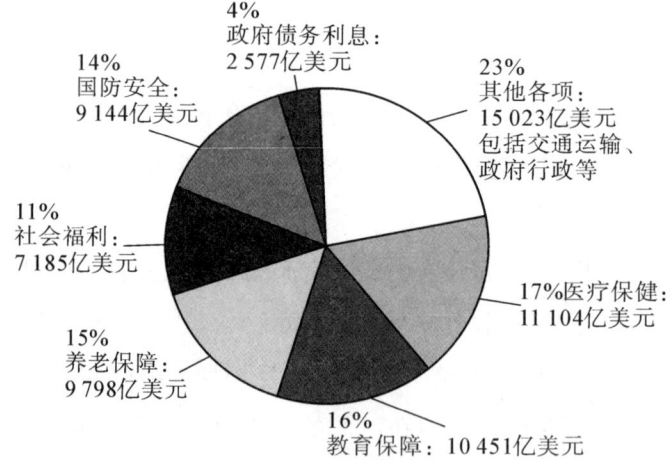

图1.14 美国的财政支出结构

的国防战略和全球军事战略,要保持美国的政治大国和军事大国地位,美国国防开支降低几乎是不可能的。减低社会保障开支会遭到美国国民的集体反对,直接影响到执政党是否能够继续执政、总统竞选的结果,所以我们看到,美国的社会保障开支具有不可降的刚性。一定程度上说,政府的财政赤字是在替美国居民过度消费和借钱消费买单,是美国负债型消费和发展模式的保障。

在欧元区中,2010 年政府财政赤字与 GDP 之比,爱尔兰高居榜首,为 15% 左右,其次是希腊为 12% 左右,接下来顺次为:西班牙 10%,葡萄牙和法国 8%;与此相对应,经常项目逆差与 GDP 之比,希腊最高超过 15%,葡萄牙则超过 10%,西班牙也达到 10%,这些国家的经常项目逆差比例都超出了美国 6.5% 的水平,见图 1.15 和图 1.16。我们可以看出,政府财政赤字高企的国家一般都伴随着较高的经常项目逆差。

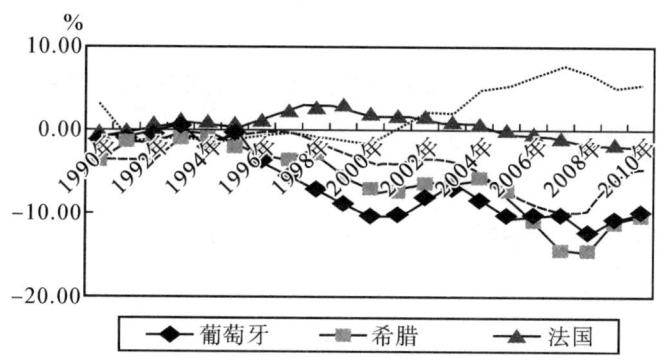

**图 1.15　欧洲主权债务危机国经常项目余额占 GDP 比重**

资料来源:欧洲统计局网站

财政赤字和经常账户逆差实证研究的结果如何呢?Bussière, Fratzscher and Müller(2005)的研究指出,美国财政赤字对经常账户有适度的负面影响。Kim and Roubini(2003)发现,OECD 国家财政赤字和经常账户平衡的实证研究显示两者负相关。Erceg et al.(2005)指出,美国财政赤字 1% 的增加,将会导致经常账户赤字增加 0.20%。

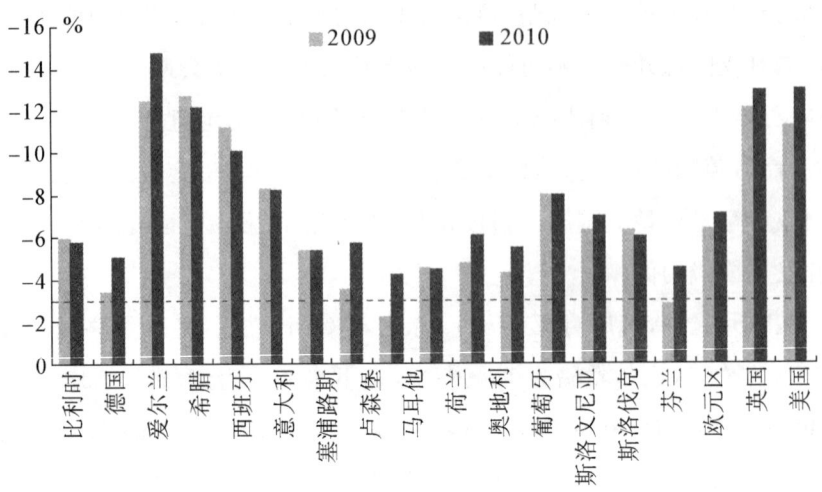

图 1.16 欧洲国家各国财政赤字与 GDP 之比

资料来源:欧洲统计局网站

## 专栏 1.1 国际货币与金融委员会"全球不平衡专家咨询特别小组" 2007 年 4 月咨询成果

中国

在过去几年里,中国响应国际货币与金融委员会的中期发展战略,政策改革和发展在以下几个方面取得很大进展:

提高居民收入水平,稳定收入增长预期;

促进外部部门均衡发展;

深化金融体制改革;

提高人民币汇率的灵活性。

中国承诺未来在以下几个方面努力:

缓解外部不平衡是 2007 年经济和社会发展的主要目标;

刺激国内需求,特别是消费需求,平衡国内消费和投资的比例关系;

进一步促进均衡的外部部门发展;

加强金融体制改革;

进一步改善汇率形成机制。

**欧洲**

在过去几年里,欧洲各国在三个市场建设方面取得进展:

强化商品市场的竞争;

促进欧洲金融市场一体化;

在劳动力市场上采取了一系列深化改革的措施。

欧洲承诺未来将在市场建设方面取得更大发展:

进一步降低政府对市场的干预,加强市场变革,改善商业环境;

进一步深化金融市场改革,创造更加便利的支付体系和更加安全、高效的跨国结算体系;

促进劳动力充分利用,提高劳动生产率。

**日本**

日本在过去几年中取得以下进展:

鼓励年轻人和妇女积极就业;

强化竞争体制,增强财政的稳健性。

日本承诺未来在以下政策方面继续努力:

进一步发展劳动力市场;

制定吸引外资政策;

促进关键行业的竞争;

进一步提高财政稳健性。

**沙特阿拉伯**

在过去几年里沙特阿拉伯取得了以下成绩:

提高公共支出,促进石油行业的投资,加大社会基础设施投资;

增加政府开支,增强私人部门的活跃性,改善进口和服务的支付体系;

促进石油生产和石油精炼能力的扩张

沙特阿拉伯承诺未来在以下几个方面努力:

继续增大政府开支,促进社会基础设施建设;

在碳氢化合物开发领域,制订大力发展的计划。

美国

在过去几年里,美国进行了以下方面的工作:

持续缩小财政赤字;

采取了一揽子税收方案促进社会储蓄增长。

美国承诺未来在以下方面继续努力:

加强中期财政的稳健性,包括到2012年底降低统一联邦预算;

改革预算程序,控制支出增长;

通过改革促进财政的长期可持续性;

通过改革税收政策促进私人储蓄增长;

提高能源效率;

提高资本市场的竞争力;

促进增长,实施开放投资。

## 专栏1.2 欧洲中央银行在2008年1月的研究报告中关于全球失衡的定义

全球失衡是世界上系统性的重要的经济体出现了外部不平衡,而该外部不均衡反映了严重的扭曲,使全球经济蕴含着极大的风险。

所谓外部不均衡,不仅是指经常账户的不均衡,更重要的是金融账户的不均衡,这对于金融全球化十分重要。金融账户的不均衡远远比经常账户的不均衡更重要。

系统性的含义是指这些国家的宏观经济和金融发展对全球经济有重要的影响,或者由于其规模,或者是由于其他重要的因素,诸如金融中心、区域领袖等等。

所谓反映了扭曲,是指经济偏离了具有价格弹性和充分竞争市场的一般均衡,该扭曲或者源于经济政策,如固定汇率政策,或者源于结构性政策,或者源于宏观经济政策。

所谓蕴涵着对全球经济极大的风险,是指一种经济和金融的动荡和不稳定,或者是指持续增长的不均衡带来的危害,如全球贸易保护主义。

欧洲中央银行这个定义包含几个因素:

1. 外部头寸:不仅指经常账户余额也指金融头寸。随着金融全球化发展,金融头寸凸显得越来越重要。

2. 系统性的重要性的经济体:宏观经济和金融发展对全球经济有明显影响的经济体。既包括赤字方,如美国,也包括顺差国,如新兴经济体和石油输出国家。系统性的重要的这个概念不是很明确,但它是有用的,因为它包含了全球商品市场和金融市场的参与者这个概念,以及既因为其大小也因为其他因素(如重要的金融中心、地区的核心参与者)有着全球影响的经济体。

3. 反映扭曲:外部头寸的加大也许部分反映了扭曲,比如背离了充分价格浮动和完全竞争的均衡的扭曲。这种扭曲有可能是被经济政策引致的,比如,固定汇率政策、结构政策,或者宏观经济政策(比如,公共储蓄政策引致私人储蓄决策的扭曲或石油价格的卡特尔的影响)。

4. 使全球经济承担风险:外部头寸的存在也许会给全球经济带来风险,这不仅体现在不均衡在国际和地区范围上的扩大(对宏观经济的破坏和金融稳定性的风险),也体现在不均衡头寸数量上的增加(贸易保护呼声再起的风险)。

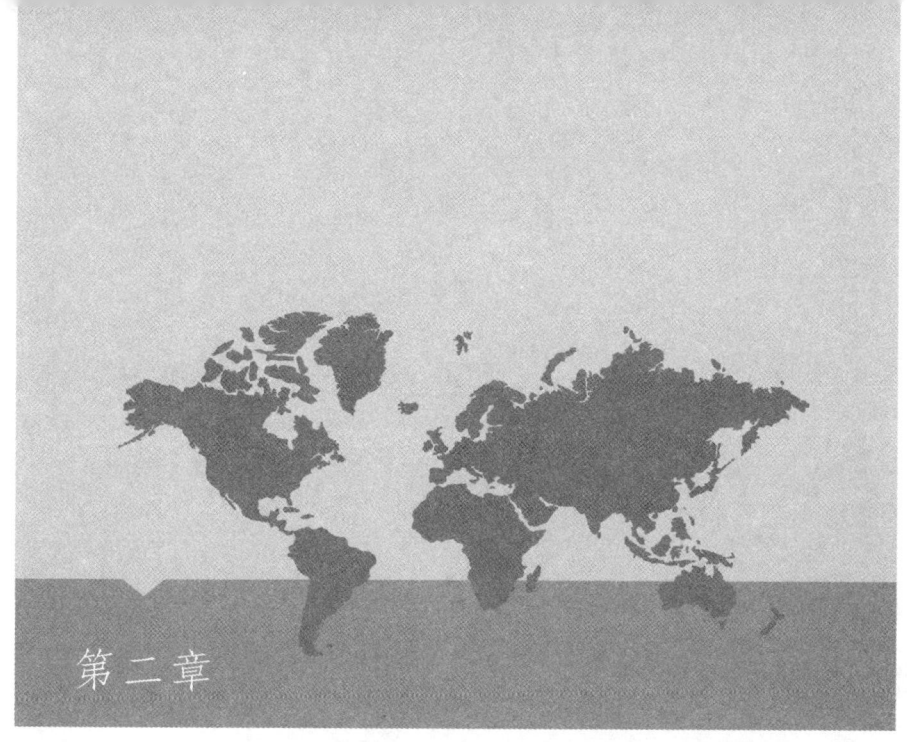

# 全球失衡的历史演进：
# 1870—1979

# 第二章 全球失衡的历史演进：1870—1979

纵观历史，全球化的发展历程中经济体系失衡现象似乎是贯穿始末。在历史的视角中，我们更愿将"全球失衡"理解为在推动全球化的过程中，各个"利害关系者"之间经济发展、利益协调的一种失衡，而它最直观的表现就是国际收支体系的失衡。这里我们将透过对历史上几次全球失衡的深入探讨，试图去理解当前"全球失衡"的真实状态。

## 第一节 1914 年之前

100 年前的全球失衡状况与现在相同，出现了全球的外部资产与负债迅速集聚，并导致在相当长的一段时间内一些国家经常账户的持续顺差和另一些国家的持续逆差。

### 一、全球失衡的结构与规模

在第一次世界大战前的半个世纪里，我们能看到大规模的私有资本从西欧核心国家流向海外的新移民国家（主要是指当时发展比较迅速的美洲国家和澳大利亚），这些大量的海外资本主要是用于新移民国家修建铁路、其他基础设施的建设以及应对它们的预算赤字。这些海外资本多是以购买新移民国家的债券和 FDI 的形式进入的。从图 2.1 可以看出，对新移民国家输出产品和资本的相关国家都出现了经常账户巨额顺差。在高峰期，英国的经常项目差额与 GDP 的比值甚至达到了 9%，同期较为发达的资本主义国家如法国、德国、荷兰也都达到了较高的水平。

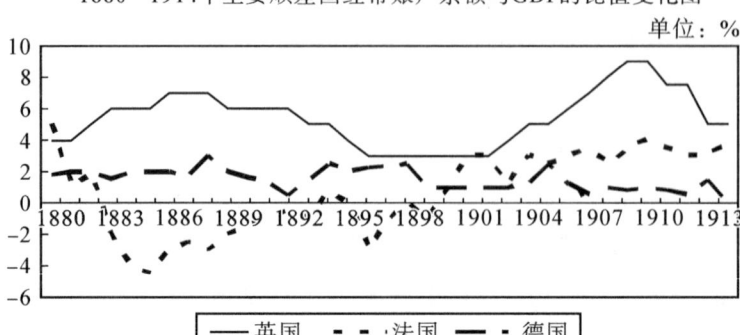

图 2.1　1880—1914 年主要顺差国的经常账户收支

数据来源：Obstfeld and Taylor(2003)

由图 2.2 可见,资本和产品的进口国包括阿根廷、澳大利亚、加拿大,都是当时的新兴发展国家。这些国家的经常项目逆差与 GDP 的比值在 19 世纪末的平均值都超过了 5%。在 19 世纪初,美国同样经历过这样一个时期,直到 19 世纪末美国的经常账户才从赤字转为盈余。也就是说,当时的美国也在发展中之列。

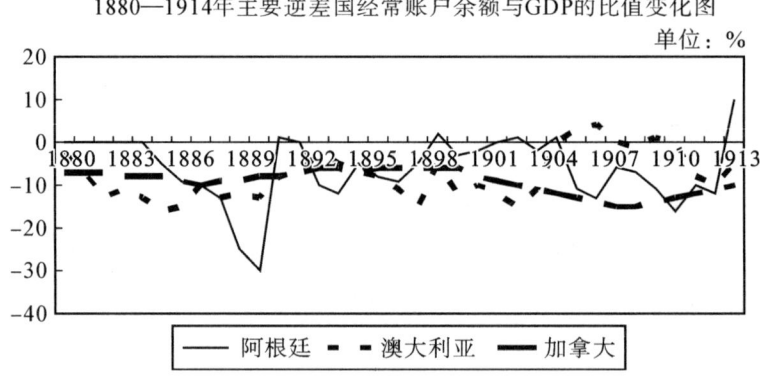

图 2.2　1880—1914 年主要逆差国的经常账户顺差

数据来源：Obstfeld and Taylor(2003)

Obstfeld and Taylor(2003)的研究在全球选定了一些国家和地区，对历史上的全球资产和负债情况进行了考察，描绘了 1870 年至 1995 年全球主要国家及地区所持有的所有外国资产、外国负债分别与它们的 GDP 总量的比值图。如图 2.3 所示。在 1914 年之前，这些国家所持有的外国资产总量与 GDP 总量的比值最高达到 20% 左右，到了 1945 年则降低到了历史最低点 5% 的水平，直到 1985 年才又重新回到一战前的最高水平，此后继续增长，到 1995 年这一比例达到了 57%，全球持有的外国负债总量与 GDP 总量的比值与之有着类似的情形。

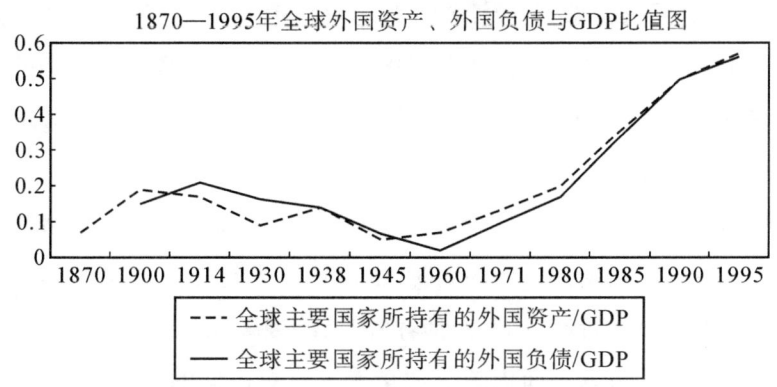

**图 2.3　1870—1995 年全球资产与负债的规模**

数据来源：Obstfeld and Taylor(2003)

1914 年，英国海外投资总额占到全球的一半左右，法国、德国、荷兰和美国分别占到了 22%、17%、3% 和 6.5%。1914 年全球的海外资本有一半流入了当时的主要债务国阿根廷，有五分之一流入了澳大利亚和加拿大。1914 年之前世界经济运行的一个显著特征就是全球主要国家经常项目持续失衡，而且经常项目失衡的规模和比例都很大。

## 二、金本位下的自动调节机制

传统金本位下的价格—铸币流动机制能对大量资本转移和经常账户差额进行调整。金本位对国际收支的自动调节机制是，经常账户的逆差意味着外汇需求的上升，使外汇汇率上升；外汇汇率上升到一定程度，也就是高于外汇的黄金含量加上黄金输出入成本，就会使进口商直接用黄金进行进口支付，导致该国的黄金流出；黄金流出的结果使本国的货币量减少，价格下降；价格下降的结果使本国的产品成本降低，提高了产品的价格竞争力，进而会提高出口、降低进口，实现经常项目平衡。黄金的流出入，直接影响一国的货币量和价格，从而调整一国的产品竞争力和进出口，实现经常项目的自动均衡。经常项目的自动调节机制受到资本流出入的反向调整，从而一定程度上抑制了经常项目的自动均衡。在这个时期，由于先进国家与新兴国家之间大多存在殖民关系，资本流动十分通畅。资本的充分流动一定程度上固化了经常账户不平衡状态。逆差国同时有资本流入，缓解了外汇市场上外汇供不应求的局面，经常账户的自动调节机制丧失作用。

事实上也是如此。那些为新移民国家修建铁路及其他基础设施的长期资本从欧洲流入新兴世界的同时，也伴随着黄金的流入。例如，由于英国投资者对加拿大资产（如铁路债券）需求的提高导致了加元对黄金比率的提高。黄金的进入进而提高了加拿大出口对进口的价格，也就是说改变了其贸易条件。这也使得加拿大可以进口更多的商品，这些进口商品中大部分是资本性商品，如来自英国的铁轨。也就是说，由于资本的主动性流入，逆差国的经常项目逆差扩大了。

第一次世界大战前资本项目和经常项目的协调和统一，根本原因是，金本位制度为世界提供了一个稳定和可信的名义锚，同时投资保障制度保障了资本流动的安全。许多资本流入的国家是英属国家，英国政府成立了相关投资保障机构或实行投资保护政策，例如为英属殖民地国家在英国投资提供担保等，来消除投资风险。

这种经常项目差额与资本流动规模并行扩张的协调状态，也就是国际债务规模的扩张，是不可能永远持续的。尽管1914年之前全球失衡的持续时间比现在要长，但是这种持续也会被一些国家的经济动荡和经济危机打破，尤其是被19世纪80年代的金融危机所打断。这一时期典型的金融危机是1890年的巴林银行危机，这一危机是由阿根廷无法承担巨额债务所引起的，并像野火一般蔓延到整个新兴经济体。伦敦和巴黎的金融机构切断了对诸如巴西之类的、与阿根廷有着相似情形的新兴市场国家的资本输出，而像加拿大这种经济基本面较好的国家受到的影响很小。从图2.2我们也可清楚地看到这一点。所以，新兴市场国家的金融危机问题是有先例的。在这次危机中受影响的国家，例如拉美各国，都存在着金融发展相对落后、金融机构不健全、错误的国内经济政策等问题，而这些要素都是新兴国家经济发展、可持续增长的重要条件。而之前的美国在工业化的过程中则较好地处理了这些问题。

### 三、与当代失衡的比较

在1914年前的时代，尽管当时的全球失衡与当今情形有很多相似的地方，然而当时的金本位制和很多国家所信奉和坚持的可靠的国内名义目标，例如目标通胀率、财政平衡准则等，与今天相比仍有很大的差别。而且在金本位制下，新殖民地国家（即当时的新兴市场）在经常项目上是逆差，而作为全球最大经济体的西欧核心国家在经常项目上是顺差。一个世纪以前，英国是世界最大经济体，英镑是国际交换的媒介和主要储备资产。英国在当时有着大量的经常项目盈余。相反，美国是当今世界经济占主导地位的国家，同时美元也相应地成为世界货币，但是，美国在经常项目上却一直保持着逆差。

另外，虽然当今全球资本流动量相比一战前更大，但是全球主要经济体持有的外国资产总量和外国负债总量相对GDP总量的比值与1914年之前的程度非常接近，真正与1914年之前不同的是，如今许多主要的工业国家既是主要的债权人也是主要的债务人。1914年之前，西欧核心国家对新殖民地国家长期投资是当时资本流动的主要形式，而自1980年以来发达国家之间的资本流动则大幅增长，这主要是与全球金融发展、金融

创新联系在一起的,是经济全球化和金融全球化的产物。

金本位时代国际收支调整的机制与当代纸币本位的调整机制存在很大差异。在1914年之前,由于黄金与货币之间保持固定的比率,对于巨大且持续的国际收支不平衡的调整,主要是通过古典金本位制中的价格—铸币流动机制完成的。相反,当今全球实行的是有管理的浮动汇率制度,外部调整主要是通过汇率和国际储备的变化,以及相对价格的变动、短期资本流动等方式来完成的。这一点后面我们还要详细谈到。

**四、金本位的变形与解体**

第一次世界大战结束了传统的金本位制度,除美国之外,所有交战国都放弃了金本位,随之私人资本流动也停止了。战争结束后至1926年,全球主要国家回归到一种变形的金本位制度,在这种金本位制度下,成员国以美元、英镑和法郎持有它们的国际储备,汇率钉住美元、英镑和法郎;而美国、英国和法国则维持本币与黄金的固定比率。

但是这种金本位制度存在严重的缺陷,它无法对已经产生的全球失衡进行调整。一般来说,主要国家是在偏离实际汇率的情况下将本国货币回归至黄金兑换点也就是货币的黄金平价。而在战争期间,所有交战国都产生了严重的通货膨胀,而恢复至原来的黄金平价将导致通货紧缩和经济衰退。如图2.4所示,英国的汇率水平恢复至4.86美元,导致其实际汇率高估,而法国和德国均大幅贬值本国货币,使恢复后的实际汇率水平低估(见图2.5)。美国虽然一直坚持金本位制度,但其价格水平也并未恢复至战前水平,因此它的实际汇率存在低估。名义汇率与实际汇率的偏离意味着汇率低估的国家具有商品出口竞争力,高估的国家则相反。于是,美国、法国和德国倾向于产生经常账户盈余,而英国以及与其经济上存在密切联系的其他国家则倾向于产生经常账户赤字。在这种变形的金本位制度下,黄金流入贸易盈余国家,增加该国的黄金货币数量。黄金铸币—价格的自动调节机制是,贸易顺差国和逆差国通过以下机制调整贸易失衡:顺差国通过允许国内价格水平上升、成本上升、出口价格提高进行调整,逆差国则通过国内价格水平下降、出口价格下降提高竞争力来调整。而事实上,由于对黄金储备的强烈需求,美国和法国均不断地限制其黄金流动和汇率调整,持续地维持本币汇率低估。结果是,给英国以及世界其他国家带来了持续的通货紧缩压力。也就是说,在金汇兑本位制下,黄金储备国家控制黄金的流出,维持本币币值低估,破坏了金本位制下的黄金铸币—价格自动调整机制。

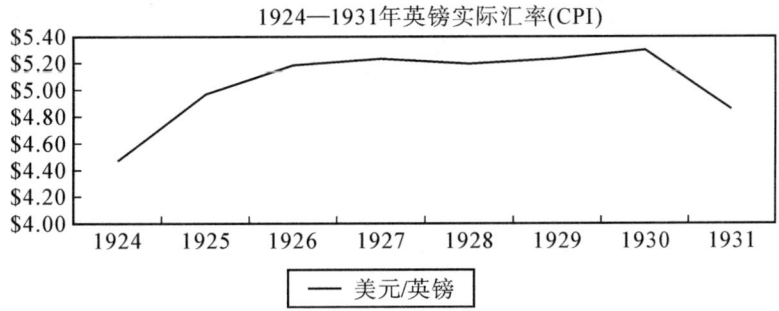

**图 2.4　1924—1931 年的英镑汇率**

数据来源:Bordo(2001)

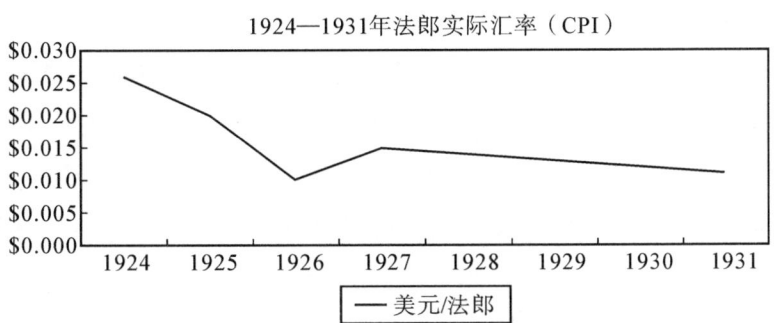

**图 2.5　1924—1931 年的法郎汇率**

数据来源:Bordo(2001)

另外,传统黄金本位制与两次大战间这种变形的黄金本位制的重要区别是:战争期间,缺乏成员国遵循黄金兑换标准的信用,这也从根本上损害了黄金本位制的自动调整机制。市场有限的信心使得国家在制定国内政策之前总要将外部平衡因素考虑在内,也就是说,外部平衡不再由黄金铸币—价格自动调节机制来实现,而是政府通过一系列政策措施来实现,这就是奖出限入的重商主义政策。不完善的信用意味着短期的资本流动是不稳定的。这种变形的黄金本位制已经失去了黄金本位制的诸多优点;黄金的稀缺性越来越大,战争导致的国家信用越来越低,稀缺的黄金已经很难再履行世界货币的功能了。最终,黄金本位制在1929年大萧条后崩溃:那些采用扩张性货币政策以缓解银行恐慌和稳定实体经济的国家遭遇了投机性资金的攻击,陆续被迫放弃了黄金兑换标准。虽然美国拥有充足的黄金储备足以抵御投机性资金的攻击,但是其放弃黄金本位制是作为1933年罗斯福一揽子复苏美国经济政策的一部分实施的。

### 五、1914年之前全球不平衡透视

1914年以前的半个世纪的全球失衡具有以下特征:

第一,失衡发生在西欧核心国家和新移民国家之间,这些国家作为全球经济的主要经济体,对整个全球经济具有决定性的影响。所以此时的失衡是全球性的。

第二,失衡的动因体现为西欧核心国家对新移民国家的经济和政治开发和开拓,是政治经济先进国家经济和政治势力向落后国家(新兴国家)的扩展,间接地促进了新移民国家经济的迅速成长。这种失衡从动态和发展的视角来看,具有一种促进平衡发展的动力和机制。美国从初始的新兴国家和新移民国家迅速成长为一个在世界上举足轻重的经济大国,进入核心国家的行列,依靠的就是这种全球平衡发展机制。

第三,失衡体现出单向、持续时间长、规模大的特性。单向持续特性的支撑因素包括两个,其一是金本位货币体系,其二是债权国主动采取的投资保障机制。在金本位制度下,黄金是唯一的世界货币,黄金为世界提供了一个稳定和可信的名义锚。许多资本流入的国家是英属国家,英

政府成立了相关投资保障机构或实行投资保护政策,例如为英属殖民地国家在英国投资提供担保等,来消除国家风险。

第四,失衡的调整机制主要是黄金铸币—价格调整机制,也伴随着金融危机这种破坏性的调整,控制着不平衡的规模。正是由于存在着这种价格—铸币调整机制,多数国家政府都十分自律,信奉和坚持国内的通货膨胀率目标和严格的财政平衡准则。

## 第二节　布雷顿森林体系下的全球失衡

### 一、布雷顿森林体系

二战后,美国凭借拥有世界最大黄金储备量占据了全球经济主导地位。布雷顿森林体系是美国在货币领域实现霸权的制度体现。这种制度将美元等同于黄金推上世界货币的宝座;如果黄金退出世界货币舞台是一种必然,那就意味着,布雷顿森林体系的本质和目标,就是将美元替代黄金成为唯一的终极世界货币,美国成为世界货币发行人,美联储成为世界中央银行。之后的历史证明,美元作为唯一世界货币、美国作为世界中央银行的过程遭受到严峻挑战,根源在于一个单一国家,无论是美国还是任何其他一个国家,在缺乏严格制度约束下,根本不具备发行世界货币的终极信用。但是,美国在美元承担世界货币的过程中赚足了好处。布雷顿森林体系下,美国以35美元每盎司的价格将美元与黄金挂钩,而其他国家的货币则与美元挂钩,并以美元作为国际储备,美元成了国际货币。要维持这个双挂钩的制度,美国需要采取稳定的货币政策和财政政策,或者说就是不要滥发货币。而关键的问题是,谁又能阻止美国滥发货币呢?

### 二、布雷顿森林体系下的国际收支

战后最初的几年,各西方国家在经历了战争造成的巨大破坏和混乱之后,普遍进行了经济的恢复和调整。不论是德、意、日战败国,还是英、法战胜国,都同时面临着尽快摆脱困境、迅速恢复经济的艰巨任务。但是,这一时期,物资匮乏、交通阻断和资金的严重不足,是各国普遍存在的问题,而这些问题又是各国在短期内完全依靠自己的力量难以解决的,因而成为其经济复兴的一道难题。

与日本和西欧等参战国不同,没有遭受战争破坏的美国,以及加拿大和欧洲的一些中立国家,这一时期也面临着经济调整,即从战时向和平时期转轨的任务。与战败国形成鲜明对照,作为参战国,美国不仅未受战争的破坏,反而发了战争财,生产能力在战时实现了大幅提高。1940—1945年间其私人投资累计达642亿美元,国民生产总值增长了1倍以上,其增长额为1 122亿美元,这就是美国著名的"战争景气"。战后美国承担起帮助西欧各国和日本恢复经济的任务。1947年,美国提出"欧洲复兴方案"(马歇尔计划)援助西欧,美国向西欧各国提供了大量的商品和资本,从而导致其经常账户产生了大量盈余(见图2.6),相对应,赤字国家则是

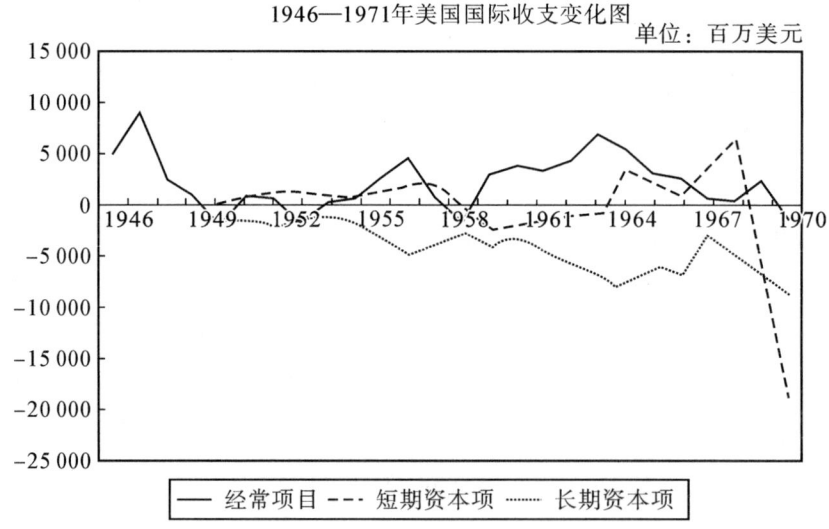

图2.6 布雷顿森林体系下的美国国际收支

数据来源:Bordo(1993)

西欧各国和日本。到了50年代初期各交战国已经恢复了基本的经济生产,从而也迎来了一个经济高速增长期。

1959—1971年期间,布雷顿森林体系充分运行时,美国经常账户和贸易仍旧是盈余,由于参与了大量的援助性的外国投资,总的国际收支账户则为逆差,主要是因为世界上其他国家吸收了大量的美元债权(见图2.6),这也意味着美国在不断地向世界发行美元货币。与此同时,欧洲主要国家(尤其是德国)和日本则维持其实际汇率低估以促进出口来推动经济增长。这样的政策意味着它们不断积累美元,正如美国和法国在两次世界大战间所做的那样。关键在于,那个时期的美国和法国积累的是黄金这样一种商品货币,而此时的日本和欧洲各国则是在积累一种信用货币——美元。从图2.7、图2.8可以看出,在布雷顿森林体系瓦解前,欧洲各国都出现了双顺差,而日本也存在同样的情况。在此期间,美国扮演了世界其他国家的金融中介的角色,进口短期资本(美元债权)同时出口长期资本。从1961年至1971年,欧洲和日本拥有的可兑换黄金的美元债权相对于美国拥有的黄金储备量持续大幅增长(见图2.9),美元储备不足的现象日益突出。这种现象,被当时著名的美国经济学家特里芬称之为"特里芬难题"。

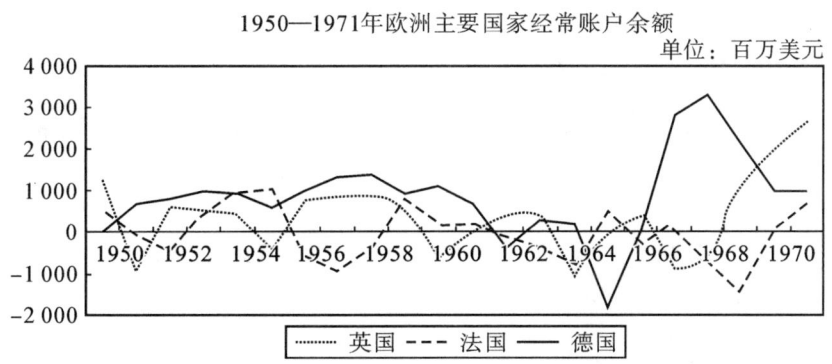

图 2.7 布雷顿森林体系下主要国家的经常项目差额

数据来源:Bordo(1993)

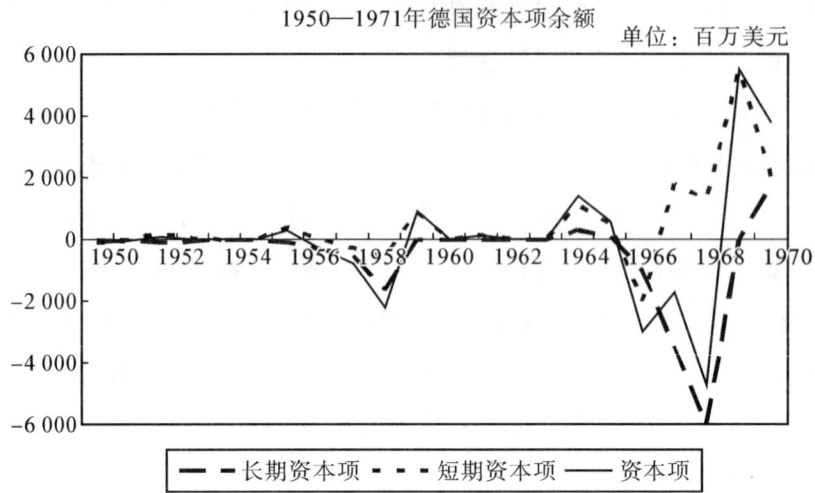

图 2.8　1950—1971 年的德国资本项目余额

数据来源：Bordo(1993)

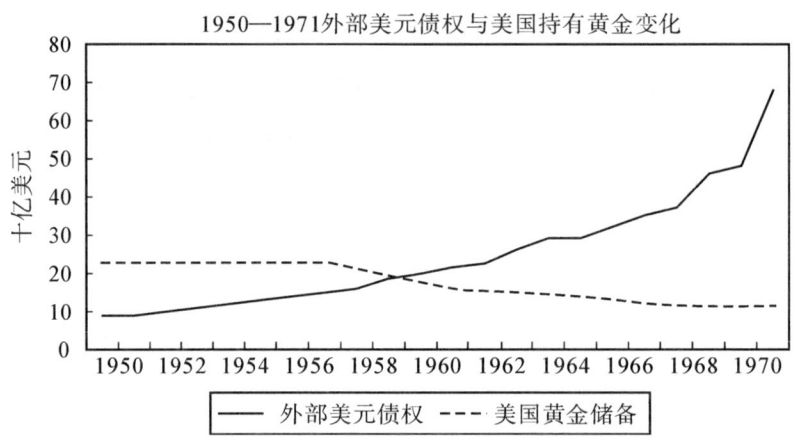

图 2.9　布雷顿森利体系下的美元债权和美国黄金储备

数据来源：Bordo(1993)

很多经济学家认为，作为一个事实上的美元本位制，布雷顿森林体系的持续时间还可以更长。但两个因素导致了该体系的崩溃。首先，法国不满美国的"过度特权"，该权利使得美国凭借其主要储备国家的地位而不必调整其国际收支失衡。法国想要回归到一种纯粹的黄金本位制体系，为促成这一目的，它将它的美元债权兑换成了黄金，使美国黄金储备不足的隐含现象浮出水面。其次，美国自1965年起开始实行扩张性的货币和财政政策，以资助越南战争和雄心勃勃的社会发展计划，这一政策直接导致美元滥发，"特里芬现象"出现，经常项目顺差迅速逆转为70年代初期的逆差。这就是我们前面所说的，布雷顿森林体系缺乏约束美元滥发的制度设计和制度基础：没有人来制约美国滥发货币。

扩张性政策增加了美国的国际收支账户赤字，同时由于美国向外输出通货膨胀，该政策也增加了欧洲各国央行的美元储备，直接造成全球通货膨胀压力。因此，欧洲各国开始将美元债权兑换成黄金，这威胁到了美国远远不足的黄金储备。当尼克松于1971年8月下令关闭黄金兑换窗口时，美国信用彻底崩溃，布雷顿森林体系随之崩溃。

在布雷顿森林体系下，经常账户差额的累积规模不大，世界经济失衡不严重。原因在于，在该体系的初期，美国为了实现战后对共产党国家的抑制，推行了"马歇尔计划"，援助日本和西欧国家，美国商品和资本输出到被援助国家，形成美国的经常项目顺差和资本项目逆差，通过资本项目逆差为其他国家提供美元货币；随着日本和西欧国家的经济复苏和快速增长，这些国家的出口竞争力提高，世界对美元的积累需求增加，美国便逆转为经常项目逆差。与美国的经常项目差额的调整相对应，日本和西欧国家也出现了经常项目从逆差向顺差的逆转。所以，从总体上来看，布雷顿森林体系下，没有出现世界经济失衡的持续和单一方向的扩张，世界经济发展遵循了不断调整和不断变化的客观规律。

### 三、布雷顿森林体系下全球失衡的动态调整

布雷顿森林体系下的世界经济不均衡发展是典型的均衡—失衡—再均衡的调整。这个时期的不均衡体现为如下特征：

第一,初始的失衡表现为美国在马歇尔计划下向日本和欧洲输出商品和资本,帮助日本和欧洲国家战后的经济复兴,美国和日本与欧洲国家之间形成暂时的经常项目和资本项目失衡,美国表现为经常项目顺差和资本项目逆差,对应着,日本和欧洲国家表现为经常项目逆差和资本项目顺差。随着日本和欧洲国家的经济恢复,加上对美元的需求加大,迅速复兴的日本和德国大力发展出口,增加美元储备,成为经常项目的顺差国和长期资本的出口国。以日本和德国为首,很多国家出现了后期的经常项目和长期资本项目双顺差,表现为这些国家的美元储备增长迅速。

第二,在布雷顿森林体系下,各国都对资本流动实施了比较严格的管制,国际资本流动程度很低;而且,对于经常项目逆差较大的国家,国际货币基金组织会通过汇率的调整来降低该国的逆差,即存在着一定程度的汇率调整机制。基于上述两个原因,布雷顿森林体系下的世界经济失衡受到一定的限制,规模有限,持续时间也有限,同时体现为双向变动的特征。所以这个时期的世界经济基本上是在一种均衡的状态下发展的。

第三,布雷顿森林体系确定了美元等同于黄金的制度体系,在这个体系下,特里芬难题开始发挥作用。美国之外的国家通过出口扩张和资本输入积累美元储备,会形成经常项目顺差持续扩张的动力;但是该体系下可调整的黄金——美元价格和各国汇率水平,使该体系下汇率调整机制在一定程度上发挥作用,这便促进了失衡向均衡的调整。而当失衡规模扩大到一定程度,如果有限的汇率调整不能解决问题时,便以布雷顿森林体系的解体来促使世界经济从失衡向均衡过渡。

第二章　全球失衡的历史演进：1870—1979

# 第三节　1977 年至 1979 年

## 一、世界通货膨胀

1973 年布雷顿森林体系最终崩溃后,世界主要国家开始转向实行有管理的浮动汇率制度。各国通过干预外汇市场,一方面平滑市场波动,另一方面维持所谓的均衡汇率。20 世纪 70 年代是美国和平时期历史上通货膨胀率最高的 10 年,这是美元累积滥发的必然结果。美国始于 60 年代中期的通货膨胀,在 70 年代还在深化。除了德国和瑞士,70 年代许多实行外汇管制的国家也出现了类似于美国的情况:货币供给量增大促使通货膨胀率上升(见图 2.10)。对于这次世界性通货膨胀的成因,理论界依然存在着很大争议,有学者认为,是因为政策制定者过分相信菲利普斯曲线,认为增大货币供给可以缓解经济衰退,通货膨胀会促使就业增加。也有人认为,是由于宏观经济政策的制定受到了错误的货币政策指标的引导,出现政策失误。更有人指出,是由于美国中央银行使用的数据有误。

1973 年和 1979 年的两次石油危机毫无疑问是世界性通货膨胀爆发的重要原因。两次石油危机期间,德国和瑞士几乎没有受到石油危机的影响,这是这两个国家没有发生通货膨胀的主要原因。日本主要受第一次石油危机的影响,美国、英国、加拿大和其他一些国家则受到两次危机的影响都很大。石油危机带来石油价格的大幅度飙升,在大大提高国内生产和生活成本的同时,严重抑制了产出;为了缓解产出下降和失业增加,各国都采取了扩张性货币政策,从而造成这些国家的急速上升的通货膨胀率。美国、英国、加拿大等国的通货膨胀率在整个 20 世纪 70 代要高于日本,更高于德国和瑞士(见图 2.10)。

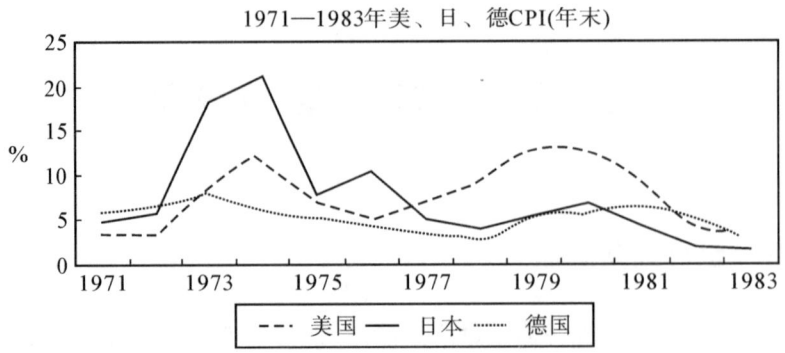

图 2.10　20世纪70年代美、日、德的通货膨胀率

数据来源：美国劳工部、德国央行及 IMF

## 二、美元贬值与逆差调整

虽然布雷顿森林体系已经瓦解,但在 1975 年到 1977 年中,美元与德国马克及日元的汇率波动幅度很小(见图 2.11),并没有出现料想的美元大幅度贬值。然而从 1977 年秋季开始一直到 1978 年,美元迅速贬值。在这一时期,美国经常项目赤字日益扩大,而德国、瑞士和日本的顺差则在快速增长(见图 2.12)。根据所罗门(1982)的研究,全球失衡导致美国的资本外逃严重,进而使得美国的处境更加糟糕(见图 2.13)。这次资本外逃是对卡特政府执行的经济政策是否有效的担忧引起的。

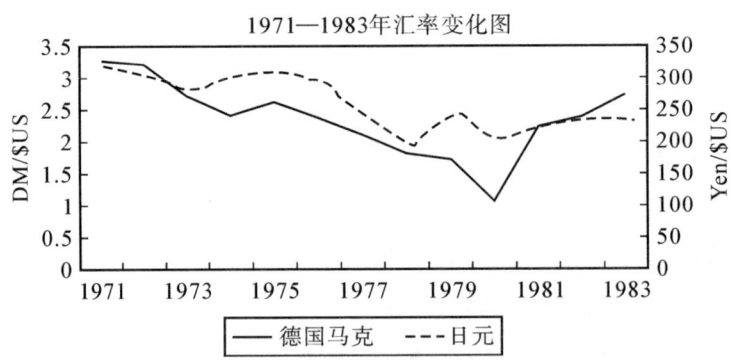

图 2.11　20世纪70年代美元、日元和德国马克之间的汇率

数据来源：美国联邦储备委员会

## 第二章 全球失衡的历史演进:1870—1979

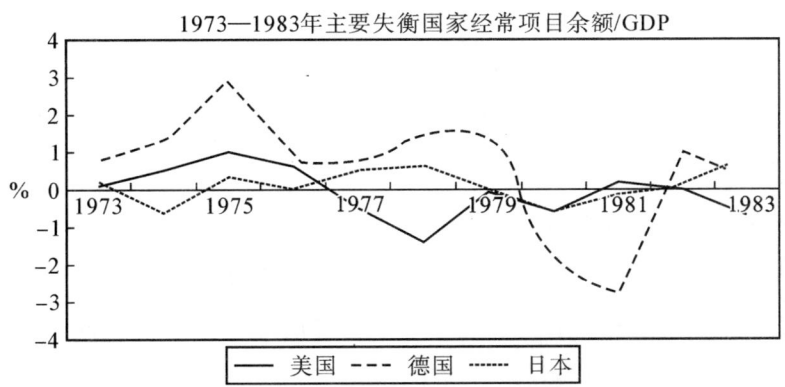

**图 2.12　1973—1983 年主要国家的经常项目差额占 GDP 比重**

数据来源:IMF、德国央行、美国经济分析局及美国联邦储备委员会

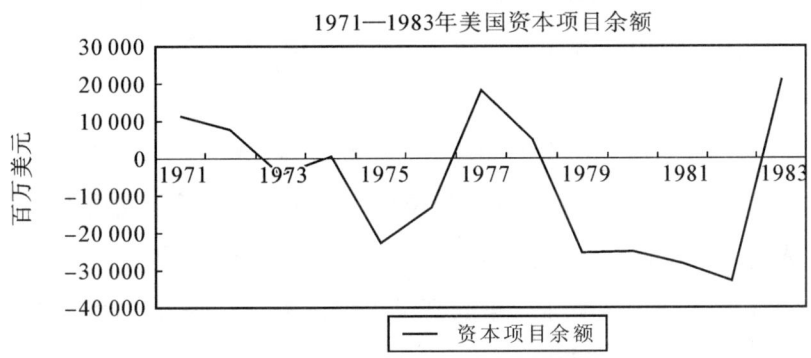

**图 2.13　1971—1983 年美国的资本账户差额**

数据来源:美国经济分析局

对于美元贬值,欧洲国家指责美国政府通过美元贬值以获得贸易上的竞争优势,损害了他们的经济发展;美国则批评欧洲和日本对他们的顺差熟视无睹,不积极解决经常项目失衡。虽然美联储和财政部于1978年对外汇市场进行了干预,但是干预几乎无效。1978年春末,美元开始无序下跌。美联储于同年9月底将贴现率提高到8%,并且卡特政府也承诺削减财政赤字。但是美元汇率继续下跌的颓势依然没有停止。

在1978年10月24日的一次讲话中,卡特提出对抗通货膨胀的一系列措施，包括紧缩的货币和财政政策、降低工资、价格管制和制度改革等。之后，美元对马克的汇率上升了接近2%。财政部和美联储继卡特的讲话后迅速出台了相应的一揽子的拯救措施，这其中包括：通过货币基金组织支取300亿美元来稳定币值；增加互换品种，发放100亿美元卡特债券（美国证券，以外国货币计价）；财政部出售黄金，美联储提高贴现率至9.5%和要求对大额定期存款额外提取2%的准备金。上述一揽子货币政策的出台推动美元对马克升值了7%，对日元升值了5%，同时也终结了卡特政府所谓的"乐观忽视"政策。

1979年夏，美元汇率再次下跌，所罗门的研究（1982）认为这要归咎于经济衰退、持续通胀、第二次石油危机和伊朗人质危机。1979年7月，保罗·沃尔克接替威廉·米勒成为美国联邦储备委员会主席，进入美联储的沃克尔时代。沃克尔是美国货币政策历史上以控制通货膨胀而著称的主席，2007年美国金融危机之后美国政府进行金融改革时首先启用了沃克尔作为金融改革法案的起草人。当年沃克尔刚上台后，通货膨胀率仍持续上升，并于当年9月达到两位数。10月8日，沃尔克提出了著名的"休克法"，包括提高贴现率至12%，增加准备金比率等一揽子极度紧缩性的货币政策。沃克尔政策起到了很大作用，通货膨胀的势头得到控制，美元贬值的压力减轻。

与历史上的国际经济失衡相比，20世纪70年代的国际收支失衡看起来并不明显。各国的经常项目差额都在顺差和逆差之间动态调整，充分反映各国的经济状况和货币币值。浮动汇率制度下汇率的充分调整起到自动调节国际收支不平衡的作用；逆差国通过货币贬值，提高商品竞争力，增加出口，使经常项目收支趋于均衡；顺差国通过货币升值，抑制出口，扩大进口，使经常项目顺差得以控制。那个时期的经常项目差额最大都没有超过GDP的2%。当然，70年代的经济衰退也充分反映了美国宏观经济政策的失误。美元的贬值正是货币滥发、通货膨胀、经济衰退，以及货币政策不能改善预期的必然反映。经常项目失衡也是上述政策失误的一致反映。

值得一提的是,经常项目差额的自动调整是在浮动汇率制度下汇率充分调整的前提下实现的,同时我们也看到了 70 年代汇率动荡调整中的全球经济动荡和衰退。

**专栏 2.1:19 世纪的美国与英国**

19 世纪,在资本主义工业化、贸易自由化的推进下,欧洲与美洲的贸易往来开始迅速发展,早期作为当时全球工业水平最高的英国凭借着自己在各个领域的技术优势,已经成为当时的"世界工厂",并向那些想迅速走上工业化道路的新兴国家倾销大量的商品。美国则是最早的接受者。19 世纪初期,已经独立的美国国力很弱,虽然殖民时期留下了一些工业基础,但相比当时的欧洲仍旧很差,这时华盛顿和当时的首任财政部长汉密尔顿主张美国除发展农业外,有必要倡导新工业。在正确的移民政策和贸易保护政策的促使下,美国呈现了惊人的发展速度,到 19 世纪中期在纺织业、农业的技术上已经赶上甚至超过了英国的水平。虽然,美国人善于发明,但他们在煤钢等重要的技术上仍难以同英国的制造业竞争,而且伴随工业化的快速推进,对于铁路等基础设施的建设需求尤为突出,在产量上很难自给自足。

这时,随着一国接着一国进入了铁路时代,英国鼓风炉、搅炼炉和辗铁厂的产品正以不可思议的数量在海外倾销。55.4 万吨糙铁(铁坯、铸铁和制铁)的货载在 1849 年已经非同小可,因为在 1839 年这个数字还只不过是 19.1 万吨。到了 1853 年,货载已经达到了 126 万吨,其中三分之二都不是生铁或铸铁,而是比较贵重的炼铁——铁条、铁杆、铁棒和各种制铁。而英国没有任何铁制品的进口。从图 2.14 我们可以清楚地看见英国惊人的钢铁出口量。在 1873—1874 年的经济危机之后,出口量大幅减小,到 1880 年开始恢复。

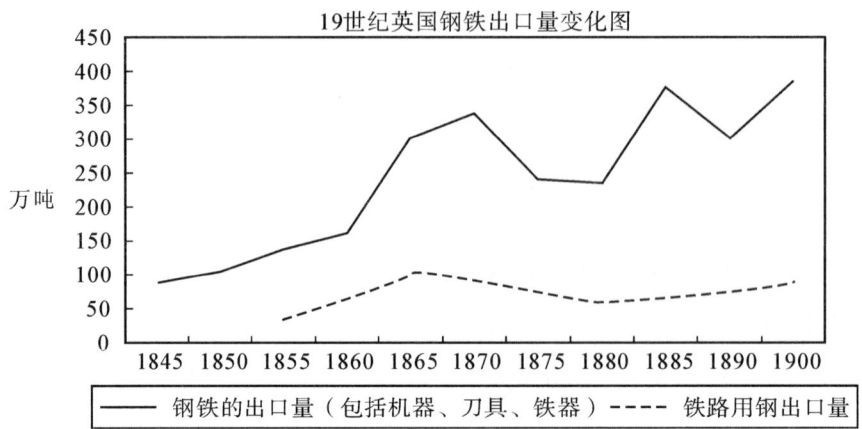

**图 2.14　19 世纪英国钢铁出口量**

数据来源:《现代英国经济史》中卷:178—180 页

对于英国来说,美国几乎一直没有失去它作为一个市场的重要性。在 1830—1849 年间,它吸纳了英国出口的 15.7%。1850—1884 年,它吸纳了 12.6%。但是由于内战和 1873 年以后购买力的大幅下降,可能有过一点缩减。由于它方兴未艾的工业化运动和保护关税政策,缩减是在所难免的。但是即使在这段时期之末,关税也没有高到把英国商品挡在门外:进口比重在 1880—1884 年仍然是 12.2%。根据当时船商的回忆,"美国快船总是满载斯塔福德郡的铁条从默尔西河启程而去"。而其他商品也存在着类似的情况。

到 19 世纪末,由于美国的移民政策、铁路网扩张以及贸易保护政策等因素已经把美国改变为一个以制造业为主的发达国家,而就此产生的生产能力过剩则需要美国寻找国外市场、促进对外出口。到 1875 年以后美国的经常项目已经基本由赤字转向盈余(见表 2.1)。但这时,以英国为代表的西欧核心国家的商品倾销已转向了比美国发展晚些的加拿大、拉丁美洲国家及澳大利亚。而且,随着欧美贸易的发展,资本流动也显著地增长。例如,当时英国金融机构几乎在美洲的重要港口都有分支机构,随之而来的就是全球性的资本流动。

表 2.1　美国 19 世纪后期进出口商品统计表

单位:美元

| 年　份 | 商品出口 | 商品进口 |
|---|---|---|
| 1800 | 70 972 000 | 91 253 000 |
| 1810 | 66 758 000 | 85 400 000 |
| 1820 | 69 692 000 | 74 450 000 |
| 1830 | 71 671 000 | 62 721 000 |
| 1840 | 123 609 000 | 98 259 000 |
| 1850 | 144 376 000 | 172 510 000 |
| 1860 | 333 576 157 | 35 616 109 |
| 1870 | 392 771 768 | 453 958 408 |
| 1880 | 835 638 658 | 667 954 746 |
| 1890 | 857 828 684 | 789 310 409 |
| 1900 | 1 394 483 082 | 849 941 184 |

数据来源:《美国统计摘要》1921 年:836—837 页

第三章

# 当代全球失衡：
# 全球金融危机之源

## 第三章 当代全球失衡:全球金融危机之源

在经历了70年代的经济滞胀、布雷顿森林体系的崩溃后,各发达国家开始陆续走出经济低迷,80年代初期,经济总体开始回升。但是由于各国经济滞胀的发展程度不同,当时的经济遭受的打击程度也不相同。一个突出的现象是,前一时期发展迅速的西欧国家,这时的滞胀程度甚于美国。除了高失业和高物价之外,其国内生产总值的年均增长速度和工业生产的年均增长率已不及美国,并且在对外贸易领域,最畅销的几类工业品出口所占的世界市场份额都呈下降趋势。这期间,欧共体虽然做了很大努力试图改变这一情况,例如:于1973年和1981年两度扩大成员国数量,并在1979年建立了欧洲货币体系,但滞胀困境并未有实质性改变。而与西欧的状况形成鲜明对比的是日本。虽然同是进入滞胀局面,但日本的经济增长率却依然明显高于西欧和其他国家,在整个70年代保持了近5%的年均增长速度。70年代上半期的危机过后,失业率虽有所上升,但一直在3%以下,1973—1982年间的平均失业率为2%。因此,这一时期日本的经济实力继续增强。

在整个80年代由于欧洲经济共同体的进一步推进、日本经济的快速发展和美国经济地位的相对下滑,导致发达资本主义国家间的经济力量对比发生变化。伴随这种变化而来的,自然是美国、西欧等国家与日本经济、贸易摩擦的加剧,从而呈现出全球失衡的新局面。

# 第一节　20世纪80年代:美国成为最大的债务国

进入20世纪80年代,美国成为世界上最大的债务国,开始尝试债务依赖型的经济发展模式。

## 一、世界经济复苏

布雷顿森林体系解体后,由于缺乏一个比较稳定的汇率体系,世界经济进入一个高通胀和不稳定时期。1979年在美国经济衰退带动下整个世界经济进入一轮调整期。1983年各国经济开始复苏,从此进入80年代一个新的高速成长期。在这个时期,世界经济发展不均衡的规律再次发挥作用,造就了高速成长的日本和东南亚"四小龙"。

1982年底,发达资本主义国家陆续走出危机,经济开始回升,翌年美国经济比危机低点增长了3.6%。而在西欧,西德、法国和意大利这时经济才刚刚停止下降,只有英国的情况好些,所以西欧国家总的增长率仅在1%左右。而日本相对于它们情况要好得多。1982年,日本的国民生产总值达到10 828亿美元,是除美国之外的其他主要资本主义国家国民生产总值的1.6倍至3.7倍。同期人均国民生产总值超过西德,在西方7国中跃居第2位。同时,日本的汽车产量、机床产值上升为世界之首,对外投资急剧增加。以出口贸易占世界出口的比重为例,1982年,美国、日本和欧共体9国的出口占世界出口贸易的比重,分别从1970年的13.6%、6.2%和35.9%变为11.9%、7.8%和28.8%。从图3.1我们可以清楚地看到世界主要的发达国家在20世纪80年代经济都进入了持续增长时期。

世界经济的高速成长伴随着世界上主要发达国家经济发展的不平衡,是各主要国家激烈竞争、经济实力此消彼长的过程,最集中的体现就

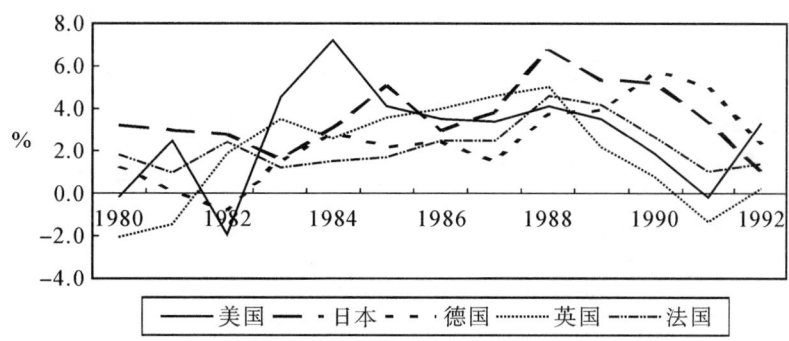

图 3.1　20 世纪 80 年代的世界经济增长

数据来源：IMF world economic outlook

是美国经济地位的下降和日本的快速上升。

## 二、全球不平衡

面对来自日本和欧洲的激烈竞争,为了摆脱高通货膨胀和经济停滞的双重压力,美国采取了控制通货膨胀的紧缩的货币政策(高利率和高汇率)和刺激经济的积极财政政策,通过债务扩张来刺激国内消费和投资,通过高利率和高汇率来控制物价。在使美国经济走出滞胀(如图 3.2)实现了较高的经济增长率的同时,美国商品的竞争力由于高汇率和高利率

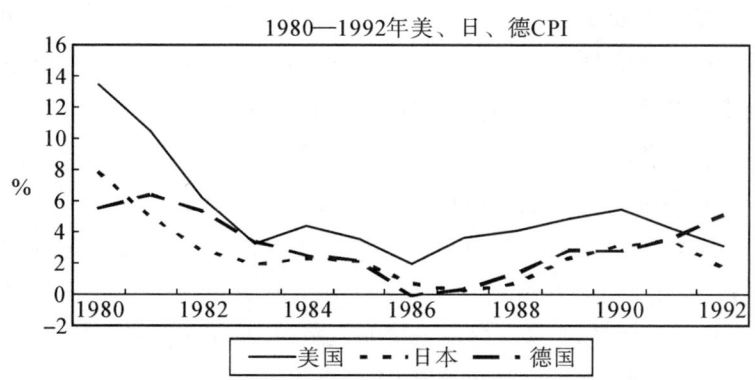

图 3.2　1980—1992 年美国、日本和德国的物价水平

大大下降,出口萎缩,从而在80年代的前5年国际收支迅速恶化。在1987年经常项目赤字达到了80年代的最高点1 606.6亿美元,占到了当年GDP的3.39%(见图3.3)。巨大的赤字酿成严重的债务经济,不仅使美国在1985年由债权国沦为最大的债务国,而且始终是影响美国经济低速而不稳定局面的主要因素。

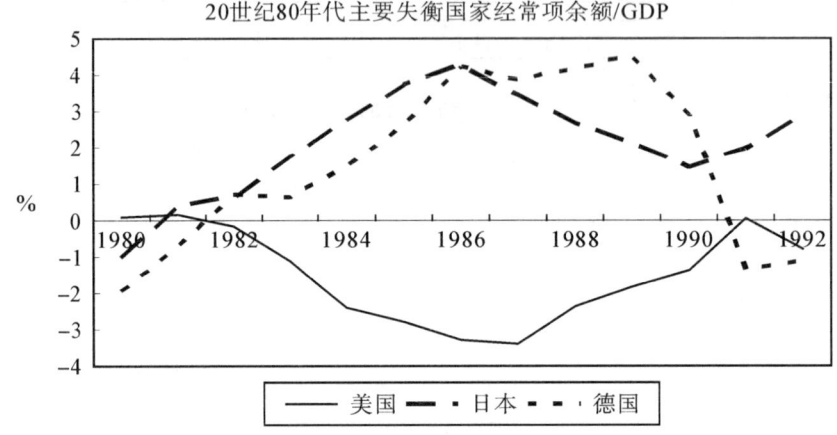

**图 3.3　20 世纪 80 年代的全球失衡**

数据来源：IMF world economic outlook

日本和德国在这个时期都实行出口带动型的经济发展战略。日本的经济快速增长主要是靠出口增长和国内较高的储蓄率来实现的,这和美国的经济战略形成强烈对比。伴随着出口的快速增长,日本贸易收支盈余则呈不断上升趋势,尤其是对美贸易顺差急剧扩大,在80年代的前5年内顺差就扩大了4倍,到1986年经常账户盈余已经占到GDP的4.26%。而出口产品中最主要增长的就是以电子产品为中心的高技术类商品。1975—1983年,日本此项产品出口的年均增长率高达27.4%。其出口额在出口总额中的比重,由7.1%升至18.7%。到1985年,日本工业产品出口额占世界工业产品出口额的比重已经超过了西德和美国,跃居世界首位。

在这个时期,世界上主要发达国家基本上都采取了浮动汇率制度。理论上讲,在浮动汇率制度体系下,经常项目不平衡会通过汇率机制自动调整。也就是说,当美国的经常项目出现逆差、日本出现顺差时,美元会自动贬值、日元会自动升值,通过日本和美元汇率的调整,提高美国商品的出口竞争力、降低日本商品的出口竞争力,从而促进美国的出口、抑制日本的出口,实现经常项目重新平衡。但是在这个时期,有两个因素制约了汇率机制发挥作用。其一,日本基于出口导向型战略的考虑,一直采取对汇率高度干预的政策,控制日元的升值。其二,虽然布雷顿森林体系瓦解后国际货币体系在80年代进入一个多元汇率制度体系和多元国际货币的时代,但是美元仍然是当时世界上最重要的国际货币,在国际经济中承担了最重要的国际货币的职能。全球存在对于美元流动性的强烈需求,对美元的持续积累必然伴随着美国的经常项目逆差。也就是说,即使没有日本对于日元升值的管制,市场也会由于对美元流动性积累的需求而不能实现汇率的充分调整,达到经常项目平衡。

由于当时的全球不平衡发生在主要发达国家之间,还没有扩展到广大的发展中国家,在资本主义世界内部,经济政策协调机制还能比较充分地发挥作用。1985年9月,5国金融首脑,签订了"广场协议",决定对美元汇价实行联合干预,美元对西方主要国家货币的汇率开始连续大幅度下跌,美元相对于其他货币大幅贬值(见图3.4)。加上之后的美国实施的贸易保护主义,有效缓解了美国的经常项目赤字和全球不均衡。

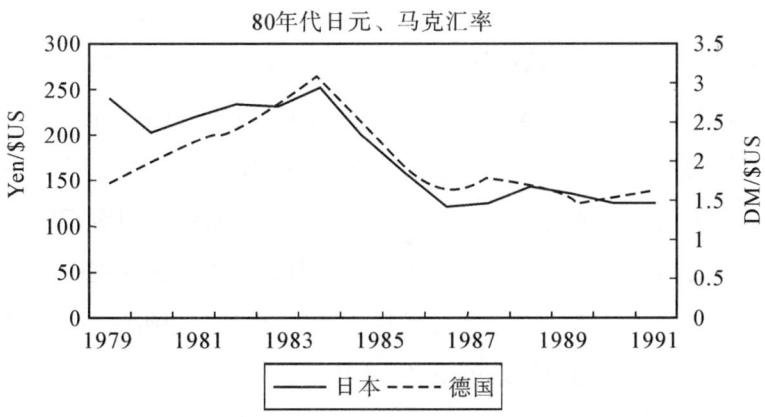

图3.4　20世纪80年代的美元与日元和德国马克的汇率波动

数据来源:IMF world economic outlook

## 三、80年代世界经济不平衡发展的特征

第一,新兴国家日本和德国成为商品和资本的输出国,而最发达国家美国则成为商品和资本的输入国,这不同于历史上任何时期的世界经济不均衡。美国成为最大的债务国,而新兴国家日本和德国则成为世界上最大的债权国。促使这一特征形成的背景是日本和德国出口带动型的超越性的经济起飞,对应的是美国经济增长处于被动和保守局面,为了维持快速的经济增长,实施了长期积极性的财政政策,实现了赤字型的经济增长。新兴国家的快速经济起飞对美国的经济霸权形成巨大威胁。

第二,80年代前半期的不平衡显示出持续时间长、规模大和单向性的特征,表明内在的汇率调整机制没有充分发挥作用。虽然布雷顿森林体系解体之后,全球形成多元化的汇率制度体系,表现为浮动汇率制度日益占据上风、国际货币也出现多元化的趋势,但是日本对于汇率采取强干预政策,实行汇率低估政策;美元依然是全球最大的交易货币和储备货币,积累美元的欲望依然十分强烈。所以汇率调整机制没有充分发挥作用。

第三,80年代的全球失衡主要体现在全球经济规模排名前几位的资本主义国家之间的不均衡,这些国家在全球具有决定性和控制性的作用。但是当时的不均衡的主体还没有扩展到发展中国家,尽管当时一些发展中国家也出现了不平衡。而当时存在的世界经济协调机制对于协调资本主义国家之间的不均衡还能发挥相当的作用。当不平衡的规模扩大到一定程度危及全球经济的可持续发展时,美国推动的"广场协议"便诞生了。资本主义国家之间的经济政策协调,尤其是汇率政策协调,促使汇率机制发挥作用,扭转了全球不平衡持续扩大的趋势,使80年代后半期世界经济发展出现复归均衡的特点。

# 第二节 1992—2007 年：全球不平衡发展中的乱象

## 一、新经济革命：美国与中国成为世界经济引擎

1992 年至 2007 年 15 年的时间是美国经济前所未有的高速平稳增长期，也称为美国的"新经济时代"。美国经济借助经济全球化的大背景，在新科技革命的推动下，实现了历史上前所未有的高速平稳增长，也称为低通胀下的高速增长。与此同时，中国经济在改革开放这一制度性变革的推动下，也实现了前所未有的高速平稳增长，制造了中国经济增长的奇迹，实现了中国的崛起。在美国和中国的带动下，全球经济也进入一个良好的增长时期，见图 3.5。

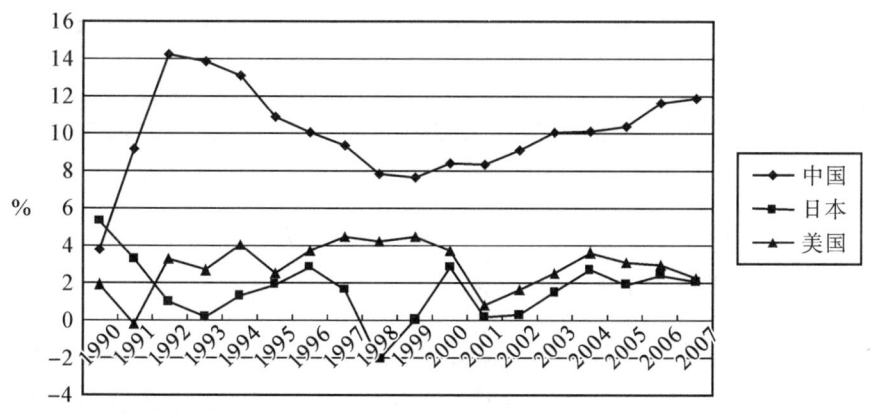

图 3.5 中、美、日的经济增长速度

资料来源：中国国家统计局，国际经济统计年鉴。

在这 15 年的时间里，世界经济基本上保持了相当好的宏观环境。在前半期中，还曾经出现过世界金融动荡。1994 年爆发了墨西哥金融危

机,1997年爆发了东亚金融危机,2000—2001年美国出现了互联网泡沫的破裂,但是这些动荡都没有改变全球经济向好的基本趋势。每次动荡引致的经济调整的时间也很有限。特别是在2002年之后,世界经济进入了一个快速增长期。2003—2007年近5年的时间里,全球平均GDP增长率达到5%,世界平均利率水平达到历史低点,全球流动性相当宽松。据IMF的统计,2004年和2005年全球广义货币增长达到了80年代以来的最快速度。

## 二、全球不平衡加剧

1991年海湾战争爆发,美国一次性收到上千亿美元的支付,美国经常账户出现轻微的盈余;从这之后,经常账户逆差持续扩大至2008年金融危机爆发,见图3.6。

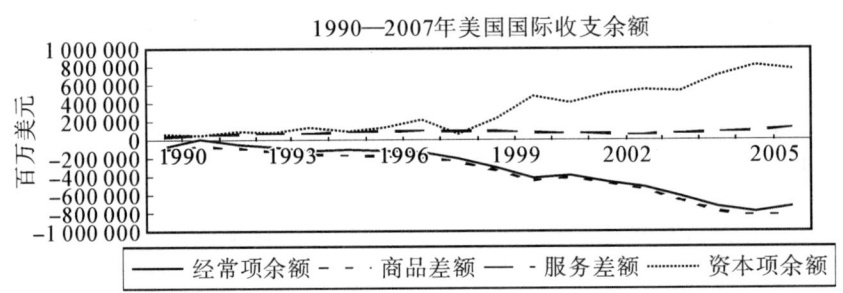

**图 3.6 美国的国际收支逆差**

数据来源:美国经济研究局

美国的经常项目赤字亦与商品项逆差同步出现。1992年美国经常项目赤字只有500.8亿美元,到1999年,其经常项目赤字达3 016.3亿美元,几乎增长了5倍;而2000年进一步上升到4 174.3亿美元;2001年美国经常账户赤字有所回落,但仍然达到3 847亿美元;2002年又急剧上升,达到4 612.8亿美元。而经常项目赤字占GDP的比重也呈上升趋势。1990年经常项目赤字占GDP的比重仅为1.36%,到2002年达到

4.39%,2006年美国商品逆差达到 8 382.7 亿美元,经常账户的逆差为 7 881.2亿美元,达到历史最高水平,约占其本国 GDP 的 6.15%。图 3.6 也显示了经常项和商品项逆差走势的高度相似性。

在经常项目和贸易收支出现巨额赤字的同时,美国的资本项目保持盈余,特别是外国在美国资产净额很大程度上弥补了经常项目赤字。1992—2007 年美国净资产流入呈现递增趋势,从 1992 年的盈余 939.4 亿美元增长到 2007 年 7 678.5 亿美元,增长近乎 7 倍。据统计,1996—2000 年之间,美国国际资本的净流入额高达 2.3 万亿美元,每年平均为 4 600 亿美元,即日平均流入额在 12 亿美元以上。在过去的五六年中,美国吸纳了全球 70%以上的净储蓄。以 2006 年为例,美国经常项目赤字达 7 881.2 亿美元,同年外国在美国资产净值为 8 093.5 亿美元,抵销前两项支出,仍然盈余 212.3 亿美元。可见,外国资本大量涌入很大程度上支持了美国经济的增长。

将美国的贸易商品分为消费品(不包括食品饮料和汽车)、资本品(不包括汽车及零部件)、汽车和零部件、食品和饮料、私人服务和工业原料六部分。这六类中,消费品、汽车和工业原料是造成贸易逆差的"大户"。1992—2007 年这三类产品的贸易逆差占总逆差的比重平均为 127.01%,其中消费品是造成美国逆差最重要的原因。1992—2007 年消费品逆差占总逆差的比重平均为 59.23%,如果将食品和饮料、汽车中的载客整车都计算为消费品,那么 1992—2007 年的平均比重为 81.56%;其次是工业原料,1992—2007 年工业原料逆差占总逆差的平均比重为32.45%,其中 1992—2007 年间燃料和润滑剂的贸易逆差对工业原料总逆差的平均比重就达 110.23%。

美国贸易逆差急剧扩大与资本品等商品的顺差显著减少也有很大的关系。1992—2007 年,食品与饮料类总体上呈贸易顺差,但从 2002 年起出现逆差且逆差上升的幅度很快;私人服务类稳健上升,逐步取代资本品成为平衡贸易逆差的重要贸易项,然而自 1997 年开始,服务顺差的绝对值在逐步减少,原因是随着其他国家服务业的兴起,美国服务业的竞争优势正面临着新的挑战,美国服务业对外投资占对外投资的比重从1997年的51％下降至2003年的33％;资本品自20世纪80年代中后期作为主要创汇的贸易产品正逐步失去比较优势。1989—2004年美国资本品的贸易顺差平均为428亿美元,但从2001年开始出现贸易逆差,且逆差有进一步扩大的趋势。资本品中,半导体产品的贸易顺差额从1997年以来逐步加大,出口优势逐步显现;运输设备(除汽车外)的贸易顺差在1989—2004年基本平稳,曾经有小额贸易顺差。其他资本品的竞争优势正在丧失,其中最明显的是电脑及其外围部件。90年代初期之前,这类产品一直处于贸易顺差。从1992年出现29.2亿美元的贸易逆差后,2004年升至458.3亿美元,年均增速为23.6％,成为资本品贸易逆差最大项,抵消了所有其他资本品的贸易顺差,成为资本品贸易逆差最重要的部分。因此可以认为经过90年代的快速增长后,除半导体行业逐步显现竞争优势外,其他资本品行业和私人服务业并没有出现明显的新的竞争优势,这是美国资本品贸易最终走向逆差的原因,也是美国从1992年以来贸易逆差急剧扩大的重要原因。

伴随着美国的经常账户恶化,世界的新兴经济体的经常账户则出现了大幅的盈余。从图3.7我们可以看出,截止到2007年底,中国是美国经常项逆差最大的来源国,其次是中东地区和日本,而中国和中东地区是近些年来增长较快的国家和地区。以中国为例,2005年以后,经常项余额猛增至1 608.2亿美元,比2004年增长了134.22％,此后一直保持了较高的增长率,到2007年底,已达到了3 718.3亿美元,占当年GDP的11.1％。中东地区有着类似的情况,2007年末,经常项余额达到了2 746.1亿美元,占GDP比例更是达到了19.8％之多。日本则相对较为稳定,基本保持在GDP占比的1％至3％左右。

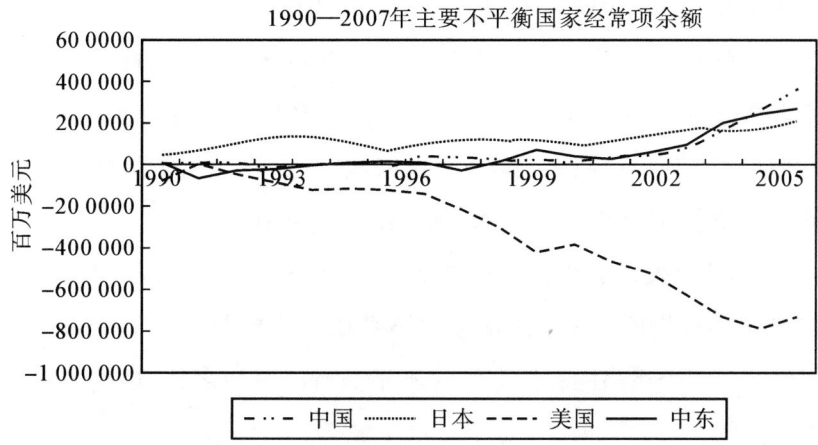

图 3.7　当代主要不平衡国家的经常项目差额

资料来源:国际货币基金组织,世界经济展望,2006 年。

## 三、全球不平衡的基本特征

20 世纪 90 年代以来的全球不平衡具有如下的特征:

第一,全球不平衡发生在全球最大的经济体美国和全球新兴的经济体(包括上个时代的新兴国家日本)中国和亚洲其他国家之间,涉及的经济体的经济规模在全球占有绝对控制比例,2007 年,不平衡的主要国家美国、日本、中国和中东国家的经济总量在世界上占比是 43% 左右。这些国家主导着全球经济发展的方向。不平衡表现为美国持续增长的经常项目逆差和金融项目顺差,全球债权和债务的规模在持续扩大。和历史上的不平衡相比,此次的不平衡不仅涉及发达国家,还涉及发展中国家,因此,这是历史上第一次真正的全球不平衡。

第二,和历史上的全球失衡相比,此次的全球逆差和债务更加集中于美国。1985 年美国的逆差额占全球逆差额的 54%,2007 年美国逆差额在全球逆差中的比重提高到75%①(欧洲中央银行,2008)。与此相反,全球顺差分布比80年代更加分散。在80年代的不平衡中,日本和德国的顺差占到全球顺差的50%,而2005年全球50%的顺差分布在中国、日本、德国、沙特阿拉伯和俄罗斯五个国家,既包括了发达国家,也包括了新兴工业化国家、转轨经济国家和石油输出国组织国家。

第三,此次失衡的规模持续扩大,持续的时间长,呈现一个方向,在1997年美国次贷危机爆发之前全球不平衡的规模及全球债权和债务的规模到达了一个极高的程度。这次不平衡持续时间之长、规模之大是历史上罕见的。

第四,当代全球不平衡的持续发展伴随着全球经济高速平稳增长。1992年之后全球经济进入一个历史上罕见的高速平稳增长时代。也可以说,全球失衡是当代世界经济发展的一个基本特征,也是全球高速增长的一个基本前提。

第五,汇率调整机制基本消失。

理论上讲,在浮动汇率制度下,经常项目不均衡的调整可以通过汇率调整机制来实现。也就是说,经常项目逆差的国家应该出现本币贬值的压力,如果没有其他因素的干扰(诸如政府对汇率市场的干预)该国货币贬值,提高出口的价格竞争力,促进出口,同时由于提高了进口的价格,抑制进口,从而实现经常项目逆差的调整。在金融资本的流动规模庞大,其对于汇率的影响远远超过国际贸易因素的背景下(欧洲中央银行,2008),经常项目不平衡的调整就不会如此顺利。但是金融项目的不均衡对经常项目不均衡的支持应该有一定的限度,当以债务支持的经常项目逆差不能得到持续的金融资本流入来支持时,该国货币就会贬值,汇率调整机制就会发生作用。

---

① 这里把欧元区国家作为一个整体来看待。如果把欧元区国家不作为一个整体,欧元区国家之间的逆差也加入到全球逆差额中,该比率为63%。

## 第三章 当代全球失衡:全球金融危机之源

上个世纪90年代以来的美国经常项目逆差为什么能够持续如此长的时间,一直以来是学术界研究的焦点问题。事实上,2004年以来美元就步入了一个持续贬值的过程,而美元的持续贬值却没有解决美国的经常项目逆差问题,也就是说汇率调整并没有发挥调节经常项目失衡的作用。问题出在哪里?问题在于美国逆差的主要伙伴国中国和其他东亚国家几乎都采取了钉住美元的汇率制度,而日本则采取了对汇率市场高度干预的政策,美元和这些国家的货币之间的汇率不能得到充分调整;同时这些国家近年来都采取了有力的刺激出口的政策,出口商品的价格向下调整的幅度比较大,抵消掉汇率调节中的价格调整作用;当然,进口的收入弹性大于其他主要贸易伙伴国、对外直接投资带动进口效应大也是汇率调整不能充分发挥作用的原因之一。(戴金平等,2007年)

第四章

# 次贷危机后的全球不平衡发展

# 第四章 次贷危机后的全球不平衡发展

2007年8月,次贷危机在美国爆发,在迅速蔓延至世界其他主要经济体的同时,向实体经济深入传导,最终演化为一场全球性的金融危机。全球各主要经济体为应对次贷危机迅速采取多种反危机措施并强化全球协调,全球经济在经历大幅度的金融动荡和实体经济滑坡之后逐步企稳。尽管如此,次贷危机的阴霾仍未最终散去,该危机对全球经济的影响程度仍使其成为继1929—1933年的大萧条之后的百年一遇的经济危机。对于次贷危机产生原因及其扩散传导,学术界进行了深入而广泛的研究。一个趋于一致的观点是,次贷危机引发的全球金融和经济危机是全球不平衡发展深化到一定程度的必然产物。金融危机后,世界经济在困境中艰难行进。一方面,经济危机自动对全球不平衡的规模进行了调整;另一方面,制造全球不平衡的主要国家都在进行经济增长模式的调整,促进经济朝着更加均衡和更加可持续的方向发展。

## 第一节 金融危机爆发与救助

### 一、次贷危机:全球失衡加剧使然

我们认为,美国的次贷危机及由此引发的全球金融与经济危机是当代全球经济发展不平衡发展到一定阶段的必然产物。无论是美国、日本、中国,抑或是欧洲联盟内的逆差国和顺差国,都对此次金融和经济危机负

有不可推卸的责任。

  当代全球经济不平衡的一个重要表现就是美国巨额的经常项目逆差和日本、中国及亚洲其他主要新兴市场国家持有的巨额经常项目顺差,并且美国的经常项目逆差自1991年至次贷危机爆发前呈现持续的单边扩大走势。美国的巨额经常项目逆差(2007年以前)与其国内经济所存在的储蓄与投资的巨大缺口紧密联结在一起,美国储蓄率的低下集中体现在私人部门消费的大规模扩张。这种扩张无疑契合了东亚国家和地区热切发展其经济的愿望,它们不约而同地选择了出口导向型经济发展战略,将其货币正式或非正式地和美元挂钩,同时为使汇率水平维持在确保出口导向型经济发展战略顺利实施的水平上,各国(地区)中央银行频繁且大规模地干预外汇市场,由此而产生的一个自然结果便是其巨额的经常项目顺差和大规模外汇储备的积累。与此同时,由于美元在国际货币体系中所具有的霸权地位及美国拥有世界上最为发达的债券市场,东亚国家和地区的货币当局通常选择了以购买美国国债的形式来保有其大部分的外汇储备,这样一来,东亚国家和地区等于为美国的经常项目逆差提供了廉价融资,使美国国内的长期利率保持在了较低的水平,这支撑了美国消费需求的持续增长,反过来又增加了对东亚及其他地区产品的需求。因此,从这个意义上讲,在次贷危机发生前,全球经济不平衡似乎是符合了各国意愿的一种全球经济动态均衡的表现。美国借助东亚国家(地区)和石油输出国廉价的融资,享受了来自他国价廉物美的商品,并因此保持了较低的通货膨胀水平;东亚国家和地区则充分利用美国这一巨大的外需市场逐步实现自身经济的起飞和复兴。尽管国际社会已经认识到持续扩大的全球经济不平衡很可能将会对世界经济的稳定发展带来威胁,但美国依然对东亚国家和地区的货币低估保持了"善意的忽略"。同样,虽然外汇储备的不断积累使得东亚国家和地区维持其钉住汇率制度变得更加困难,但由于这些国家和地区自身经济结构的问题,内需往往不足,在美国消费需求依然旺盛的情况下,依赖外需来维持经济的快速增长自然成为东亚国家和地区的便利选择。尽管在2005年以后,部分新兴经济体(包括中国、马来西亚、新加坡、印度、菲律宾、俄罗斯和韩国等国家)已经开始选择与美元脱钩,采用了更具弹性的汇率制度,但这些国家仍然缺乏主动调整其经济结构以扩大内需的激励,经济增长过分依赖外需的局面依然没有改变。在这样的背景下,尽管早在2002年IMF在其《世界经济展望》的报告中就已经指出了这种世界经济失衡的问题,但直到2007年夏天美国房地产市场爆发次贷危机前夕,全球不平衡的现象依然在加剧。与全球不平衡日益加剧相伴随的是全球性流动性过剩,以石油输出国和新兴市场国家和地区的资金为代表的投机性资金进入了美国的房地产市场,进一步加剧了美国房地产市场泡沫的膨胀。当美国房地产市场的泡沫破灭引爆次贷危机并导致其实体经济剧烈下滑,从而造成其消费萎缩和资本市场上流动性缺失的时候,目前的全球不平衡局面也随之发生了改变。因此,从这个意义上来讲,此次爆发在美国的次贷危机,并进而演变为全球的金融危机事实上就是对全球不平衡的一次强制性的总调整。

## 二、金融危机演绎的路径

回顾这次或许是历史上最严重、最漫长的金融与经济危机,我们依然能够感受到惊心动魄。

### (一)次贷危机:燃点

2007年4月2日,也许人们还沉浸在愚人节的狂欢之中,然而这一天对于新世纪金融公司的员工来说,却是噩梦的开始。当天,新世纪金融公司宣布根据美国破产法第十一章寻求破产保护,并立即削减3 200个工作职位,这大约占到员工总数的54%,同时按照法律规定该公司将在45天内出售大部分资产。这个曾经在美国房地产抵押贷款市场叱咤风云的金融机构轰然倒塌。

新世纪金融公司的倒闭使得将近84亿美元的债务无法到期偿还,这些债权人包括美国银行、摩根斯坦利、花旗银行、巴克莱银行、瑞士联合银行等。资金链条的断裂开始像多米诺骨牌一样在全球展开。新世纪金融公司的倒闭最终拉开了美国金融危机的大幕。

新世纪金融公司的倒闭没有引起美国或者世界的足够关注。但就是这只小小蝴蝶,翅膀扇动的效应正在慢慢发酵。美国次贷市场的风险正在加速演变为危机。

2007年8月2日,德国工业银行公布业绩预警,之后预估82亿欧元亏损,其旗下的"莱茵兰基金"规模为127亿欧元,由于深度参与美国房地产次贷市场而遭受重大损失。

美国第十大抵押贷款机构——美国住房抵押贷款公司2007年8月6日正式申请破产保护,成为继新世纪金融公司之后美国又一家申请破产的大型抵押贷款机构。

2007年8月8日,美国第五大投行贝尔斯登宣布旗下两支基金倒闭,原因同样是房地产次贷的冲击。

2007年8月9日,法国巴黎银行(BNP Paribas)宣布其旗下的两只基金无法赎回,原因是无法对手中的资产进行估值,资产完全丧失了流动性。消息一出即刻引起市场的轩然大波,这是法国金融机构首次向公众宣告:银行间已经拒绝对彼此间的有毒资产进行交易。

世界各国政府和中央银行开始意识到此次次贷风暴的危害,美国、英国、日本、新兴经济体等政府和央行相继展开货币和金融市场拯救行动。危机的风暴太猛了,中央银行和政府的拯救行动并没有阻止金融危机前进的步伐。

2007年9月,英国北岩银行出现挤兑,一天之内被挤提10亿英镑。而在之前一天,英央行向其偷偷注入了10亿美元。这一消息被BBC披露,导致市场极度恐慌。

各国在尝试性向金融市场注入流动性的同时,都在判断这次金融动荡的性质和程度。摩根大通2008年4月公布业绩,宣告好于预期,判定次贷风暴已经过去。美林则坚持认为，最危险的时刻还没有过去。2008年5月国际货币基金组织的前任主席拉脱认为危机已经逐步过去，而时任总裁卡恩则认为美国的复苏不能持续，危机还会持续。美国以外的各国，无论是日本、德国、英国，还是其他新兴经济体，金融状况都在加速恶化。

2008年4月，华尔街第五大投行贝尔斯登170亿美元市值被摩根斯坦利以2.4亿美元的低价收购。日本瑞穗金融集团预估瑞穗证券2007会计年度次级抵押贷款相关的交易损失达4 000亿日元（折合39亿美元）。随后，德意志银行、美林集团、高盛等金融机构接连出现财务紧张，开始大幅裁员，以应对更加黑暗的局面。

作为贝尔斯登的难兄难弟，2008年9月，美国第四大投行雷曼兄弟轰然倒下。危机是否结束的争论在严酷的现实面前，全世界达成共识：次贷危机不仅没有结束，而且已经转化为全球性的金融危机。

（二）经济危机

美国次贷市场集中体现了美国虚拟经济过度发展中的巨大金融风险。次贷危机反映了美国债务依赖型经济发展的痼疾——无法持续的债权与债务关系。而经济和金融全球化则使全球经济都牵扯到美国的次贷市场。由2007年夏季开始的美国住房市场次贷危机在2008年不断恶化，最终演化为全球性的金融危机，这导致了世界主要金融机构的崩溃、股票市场狂泻及信贷冻结。金融市场丧失了为实体经济输送血液的正常功能，这场金融海啸迅速引发了全面的经济危机。很多国家出现大批企业倒闭，失业率迅速上升。发达国家陷入深度经济衰退，新兴国家和其他发展中国家的经济增长率迅速下滑，世界经济遭遇到了自1929—1933年大萧条以来最为严重的困境。

在2007年，世界经济增长已经出现了下降的迹象，由2006年的3.9%微降到了2007年的3.7%。由于当时美国次贷危机对世界经济的危害还没有充分展现出来，联合国的基准预测认为2008年的世界经济增长会小幅降至3.4%,然而美国次贷危机的恶化对世界经济的不利影响显然远远超出了联合国以及任何一个国际机构的想像,2008年世界经济的实际增长最终只达到了3.0%的水平。2009年世界经济严重衰退,是世界经济的"黑暗年",世界产出下降了0.6%。发达国家产出下降了3.2%,其中日本最为严重,下降5.2%,英国下降4.9%,加拿大下降了2.6%,比较起来,危机初发国美国情况好一些,下降了2.4%,就是一直增长强劲的亚洲"四小龙"也出现了0.9%的降幅。发展中国家没有整体陷入衰退,但也出现了大幅的产出增长率下降。整个新兴发展中国家产出增长率从2008年的6.1%下降到2.4%,中国经济增长率从9.6%下降到8.7%。发展中的独联体和东欧都出现严重衰退,产出分别下降了6.6%和3.7%,西半球的巴西和墨西哥也出现了1.8%的衰退(见表4.1)。

世界贸易规模也大大萎缩,2009年全球贸易规模下降了10.7%,发达国家出口规模下降了11.7%,进口规模下降了12.0%;发展中国家出口规模下降了8.2%,进口规模下降了8.4%。与此同时伴随着石油及世界大宗商品价格的剧烈下跌。石油价格下降了36.3%,非燃料大宗商品价格下降了18.7%。

表4.1 世界经济增长率(2008—2010)

单位:%

|  | 2008 | 2009 | 2010 |
| --- | --- | --- | --- |
| 世界产出 | 3.0 | −0.6 | 5.3 |
| 发达国家 | 0.5 | −3.2 | 3.2 |
| 美国 | 0.4 | −2.4 | 3.0 |
| 欧元区 | 0.6 | −4.1 | 1.9 |
| 日本 | −1.2 | −5.2 | 4.4 |
| 英国 | 0.5 | −4.9 | 2.1 |
| 加拿大 | 0.4 | −2.6 | 3.2 |
| 亚洲"四小龙" | 1.8 | −0.9 | 8.5 |

续表

|  | 2008 | 2009 | 2010 |
|---|---|---|---|
| 新兴发展经济体 | 6.1 | 2.4 | 7.5 |
| 中部和东部欧洲 | 3.0 | −3.7 | 4.5 |
| 独联体 | 5.5 | −6.6 | 4.8 |
| 发展中亚洲 | 7.9 | 6.6 | 9.7 |
| 中国 | 9.6 | 8.7 | 10.4 |
| 中东和北非 | 5.1 | 2.4 | 5.0 |
| 拉美和加勒比国家 | 4.3 | −1.8 | 6.2 |
| 世界贸易 | 2.8 | −10.7 | 12.8 |
| 发达国家出口 | 1.9 | −11.7 | 12.2 |
| 发展中国家出口 | 4.0 | −8.2 | 14.4 |
| 发达国家进口 | 0.6 | −12.0 | 11.5 |
| 发展中国家进口 | 8.5 | −8.4 | 15.3 |
| 石油价格 | 36.4 | −36.3 | 27.9 |
| 非燃料大宗产品价格 | 7.5 | −18.7 | 26.3 |

## 三、危机救助与经济复苏

在经济危机面前,凯恩斯主义复兴,各国政府和中央银行都实施了历史上罕见的、大规模的积极财政和宽松货币政策。

### (一)量化宽松货币政策

美联储2008年10月先将基准利率降到1.5%,12月份又进一步宣布零利率政策,联邦基金利率降到0~0.25%。之后一直维持在这个位置。开启贴现窗口是美联储另外一个重要的货币政策手段。贴现窗口是美国央行行使最后贷款人的手段。放宽窗口贴现条件是美联储应对金融危机的重要措施之一。从2007年8月17日开始,美联储为缓和金融市场的流动性状况,逐步降低贴现率与联邦基金利率之间的利差,并将贴现周期由隔夜延长至30天,2008年3月16日,进一步调整为90天。与此同时,为了拯救金融机构,美联储创造了大量金融工具向金融市场注入流动性。2007年12月,美联储开始引入定期拍卖便利(TAF),通过拍卖机制向存款机构提供信贷。2007年3月为了缓解贝尔斯登的资金紧张,启动向一级经纪商提供贷款便利,这是1962年之后央行贴现窗口第一次向经纪商开放。美联储除了创新贷款工具向存款机构和一级经纪商提供贷款以外,还创造流动性管理工具向出现融资困难的借款人和投资者直接贷款。这类贷款工具包括四种:定期资产支持证券贷款便利(TALF)、商业票据融资便利(CPFF)、货币市场共同基金融资工具(AMLF)、货币市场投资者融资工具(MMIFF)。从创造的便利来看,主要是对商业票据市场、共同基金等货币市场进行支持,也通过对资产支持债券持有人的贷款间接帮助贷款人和投资者。

购买长期债券是美国实施量化宽松货币政策的主要标志。截至目前,美国共实施了2.5轮量化宽松货币政策,主要标志就是大规模的资产购买。2008年11月25日,美联储宣布实施6 000亿美元的资产购买计划,其中购买1 000亿美元房利美(Fannie Mae)、房地美(Freddie Mae)以及联邦住房贷款银行(Federal Home Loan Banks)担保发行的债券(GSE债券),到2010年3月31日结束时,美联储总共购买了1.25①万亿美元的MBS。通过第一轮量化宽松政策,美联储累计购买了约1.7万亿美元的MBS和国债。2010年11月3日,美联储宣布第二轮量化宽松开始,决定到2011年第二季度末再购买6 000亿美元的长期国债,大约每个月要买750亿美元。此外,维持再投资政策,将此前购买的到期机构债和抵押贷款支持证券(MBS)转投资于长期国债,预估将增加2 500~3 000亿美元的购买量。2011年9月美联储推出4 000亿美元的扭转操作,被称为是第2.5轮量化宽松。

其他国家也采取了与美国相似的量化宽松货币政策。英国将基准利

---

① 在实际操作中,所购买的联邦机构债以及抵押贷款债券与所宣布的数量略有差异。

率降低到0.5%,日本降低到0%,欧元区主导利率降低到1%。其他新兴经济体也大幅度地降低了央行利率。

除了量化宽松货币政策,积极财政政策是危机的另外一个重要救援手段。

(二)积极财政政策

美国政府于2008年9月正式接管发生巨额亏损、陷入全面危机的房利美和房地美,政府持有"两房"各79.9%的股份。同期,美联储向陷于破产边缘的美国国际公司(AIG)提供850亿美元有效期24个月的紧急贷款,由此获得79.9%的股份,并有权否决普通股和优先股股东的派息收益提议。布什政府正式向美国国会提交拯救金融系统的法案,财政部将获得授权购买最高达7 000亿美元的不良房屋抵押贷款资产。排除众议,2008年10月美国参众两院批准了美国政府8 500亿美元的救市计划,这是上个世纪30年代大危机以来政府最大的金融救助计划。

8 500亿美元的救市计划包括购买金融机构有毒资产、拯救"两房",也包括直接向大型企业提供资助。加大基础设施改造是积极财政政策的重要内容。2008年10月14日,美国财政部、美联储和联邦存款保险公司(FDIC)联合制定总额高达2 500亿美元的银行业注资计划,其中半数用于购买美国九大银行优先股。

金融危机后美国推出了500亿美元的基础设施改造计划,包括六年内重建24万公里的公路、建设和维护6 400公里的铁路、重建240公里的机场跑道并实现空中交通控制系统的现代化等等。大幅度实施减税计划,包括总额为2 000亿美元的企业减税计划,让美国厂商全额抵减2010年和2011年在厂房和设备方面的投资;敦促参议院通过小企业法案,对小企业实施大约120亿美元的减税,另提供300亿美元解困信贷。

与此同时,中国政府为避免经济陷入危机,也实施了大规模的政府支持计划。

首先,中国政府通过了史上最大的 4 万亿人民币的政府投资计划。以 1.18 万亿中央财政资金带动地方、银行、金融机构和企业的配套资金投入。该投资计划将基础设施建设、灾后重建、农村建设、安居工程、生态建设、科技创新和教文卫等七个方面放在核心地位。保民生、培育新的经济增长点、促进社会和民间投资,在避免经济陷入衰退和危机的同时,实现经济发展结构的转变。

其次,加大政府在社会保障、三农建设、科研创新和社会事业发展方面的公共财政投入和支出。经过这两年的巨大建设投入,中国基本上实现了全民医疗保障,农村建立了较为完善的社会保障体系。推动大型实验室建设,促进大型实验室资源共享,加大教育研发投入,2012 年,中国国家财政性教育经费支出占国内生产总值(GDP)比例达到 4%。

再次,推进税费改革。实行结构性减税,减轻企业和居民税收负担,扩大企业投资,增强居民消费能力,全面实施消费性增值税,减轻企业税负,促进企业增加自主创新和技术改造的投入。实施成品油税费改革,公平税费负担,推动节能减排,取消和停征 100 项行政事业性收费,继续执行个人所得税工薪所得减除费用标准,调高部分产品的出口退税率,取消和降低部分产品出口关税,降低证券交易印花税税率,并实行单边征收,暂免征收储蓄存款和证券交易结算资金利息所得税,降低住房交易税等。

(三)经济复苏

在经济刺激政策的推动下,2010 年世界经济强力反弹。经济触底反弹最为强烈的是新兴工业化国家,尤其是以中国为代表的"金砖四国"。新兴工业化国家的率先反弹带动了全球经济的复苏,也带动了发达国家的出口增长,进而成为发达国家经济复苏的动力。

即使在危机深重的 2009 年,中国也实现了 8.7% 的经济增长速度,新兴亚洲实现了 6.6% 的经济增长。2010 年中国更是实现了 10.4% 的经济增长速度,另外三个新兴工业化大国,印度的经济增长速度是

10.8%,巴西的增长速度是7.5%,而俄罗斯是4.3%。整个发展中国家在2010年增长了7.5%。在发展中国家强力带动下,发达国家2010年也相继呈现出了亮丽的经济复苏景色。日本在发达国家中表现最为突出,2010年增长4.4%,美国表现也不错,增长了3%,德国则增长了3.6%,欧元区整体反转为1.9%。全球经济增长率2010年达到5.3%(见图4.1)。全球经济似乎在全球大规模的财政和货币政策刺激下,出现了V形反转。很多研究机构断言:危机过去了!

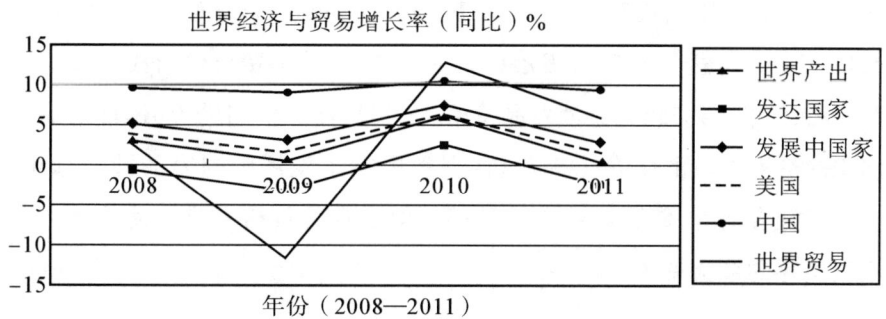

图4.1 2010年世界经济强劲反弹

资料来源:国际货币基金组织,世界经济展望,2012年

## 第二节 金融经济危机的深化

虽然世界各国都为经济复苏作出了很多努力,世界经济增长也显示出较强的复苏势头。但是,由于此次危机是一次世界经济发展模式的危机,在世界经济发展模式得到根本调整之前,世界经济真正走出危机几乎是不可能的。危机持续的时间和深化的程度远远超出了很多人的想像。

## 一、新兴工业化国家：投资泡沫和通货膨胀

全球性的宽松货币政策,尤其是美国定量宽松货币政策的盛行,在一定程度上缓解了金融危机和提升了需求的同时,引发了全球性的美元贬值和大宗商品品价格的上扬(见图4.2),尤其是农产品的价格上扬,货币投机进一步推动了石油等大宗商品的剧烈价格波动,使投资需求刺激的新兴市场经济国家的强劲经济增长迅速面临通货膨胀的威胁。中国的消费物价指数同比增长率在2010年10月份上升到4%之后,一路攀升,到2011年7月份达到6.5%;发展中国家2009年的消费价格指数上升了5.2%,2010年达到6.1%。消费品价格,尤其是食品价格的上升,使发展中国家的贫困人口的生存出现危机,严重影响了发展中国家的社会稳定。土耳其社会动乱、叙利亚社会动乱都折射了食品价格上升致使贫困人口难以生存的社会现实。

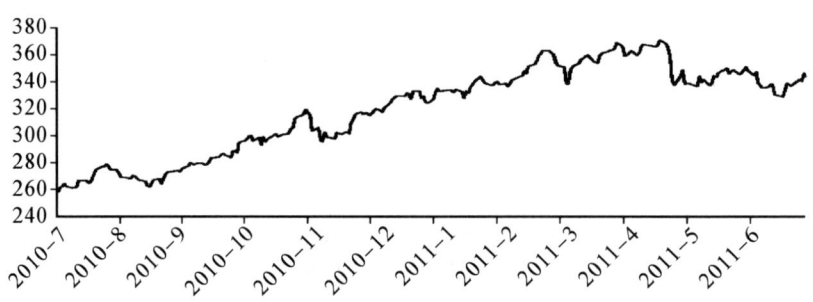

图4.2 世界大宗商品价格指数上扬

从图4.3中我们可以清晰地看到,巴西、印度、俄罗斯和沙特阿拉伯在2010年年中之后都出现了显著的物价上扬。中国从2010年第一季度后进入持续的物价上涨期,到2011年7月份居民消费价格指数上涨了6.5%,直逼7%的历史高位(见图4.4)。

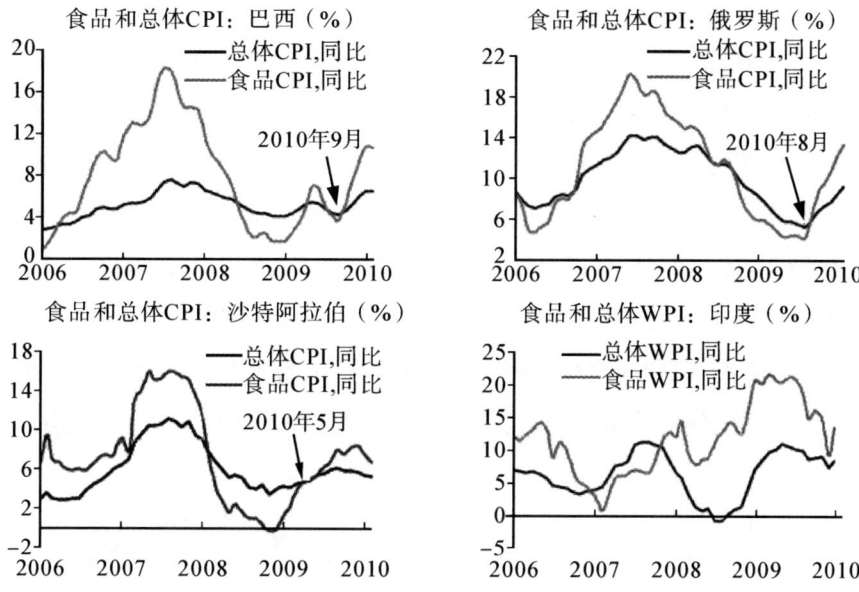

图 4.3 巴西等国物价情况

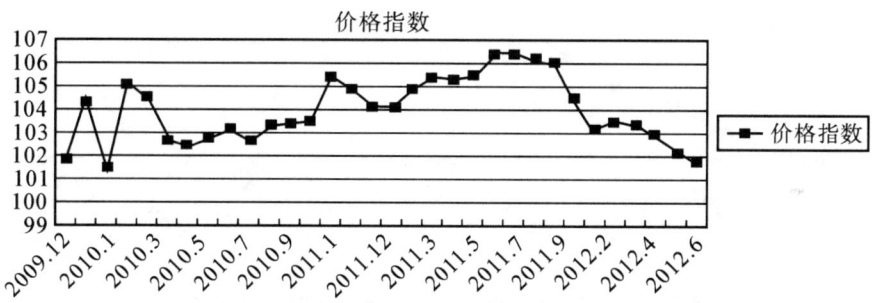

图 4.4 近年中国的通货膨胀

除了通货膨胀的威胁,新兴工业化国家还遭到国际资本冲击、国内资产价格泡沫的挑战。资产价格包括房地产、股市价格出现快速大幅度的上扬,吸引了社会资金大规模进入这些虚拟经济部门,国际资本的流入更是加剧了资产价格泡沫,使新兴工业化国家经济可持续增长面临极大的威胁。

中国 2005 年至 2008 年为抑制房地产投资泡沫而出台的宏观调控政策,在 2009 年终结了流动性过剩推动的一波房地产价格高涨,出现了房地产投资和房地产价格双双下降的趋势。2008年的全球金融和经济危机同样给中国的经济增长带来巨大危害,为了避免中国陷入衰退,中国政府2009年启动了一揽子针对房地产市场的救市政策,使房地产业进入一轮新的高涨,见图4.5。2010年中国的东部、中部和西部房地产投资同比增长了32.7%、32.4%和35.3%。中国的房地产价格2009年第一季度至2011年第一季度,在很多城市出现了数倍的增长。在鄂尔多斯,商品房住宅均价从2009年的2 000元左右上升到2011年的8 000左右。温州、北京、上海、深圳等地都出现了热钱爆炒楼市的场面。巨大的投机推动着不断上升的住房价格,严重制约了经济的稳定增长和社会秩序的稳定。

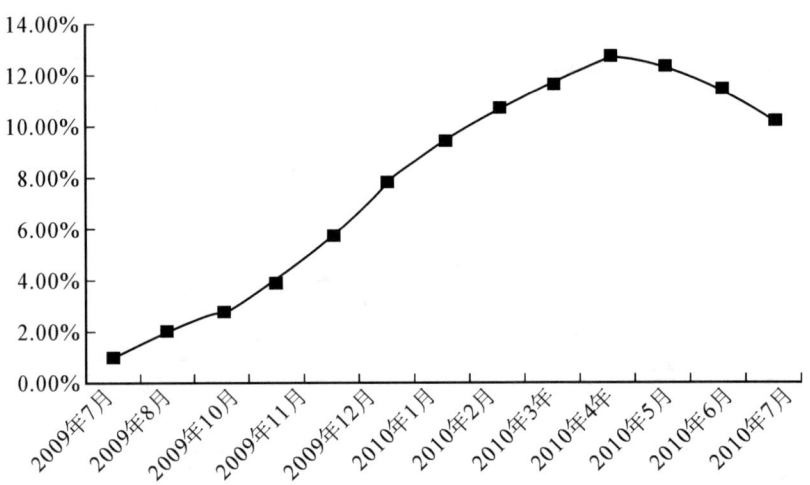

**图4.5　中国70个大中城市房屋价格指数同比变动**

资料来源:中国国家统计局,统计公报,2009—2011

面对资产价格泡沫和通货膨胀的威胁,新兴工业化国家一致实施了紧缩的宏观经济政策。

发展中国家紧缩政策的实施抑制了这些国家的投资和消费需求,同时也加重了世界经济复苏的威胁。带动世界经济复苏的新兴工业化国家巨大的投资和消费需求的减弱会弱化世界经济增长的动力,也致使全球经济复苏进入又一轮深度下行。

## 二、欧债危机

2010年4月希腊主权债务危机的爆发拉开了欧洲主权债务危机的序幕,也使全球经济复苏之路终结,全球经济出现新的危机,也即世界经济第二次探底。

希腊危机起始于2009年12月8日惠誉将希腊信贷评级由A-降为BBBB+,将前景估计为负,12月11日希腊政府公开表示,国家负债高达3 000亿欧元,创历史最高。2009年12月16日,标准普尔将希腊长期主权评级由A-降为BBB+。紧接着,希腊政府进行了诸如制定紧缩政策、寻求国际援助、增加税收等一系列努力,试图摆脱债务危机的到来。2010年4月,世界主要评级机构,包括穆迪、惠誉、标准普尔将希腊信用评级降为垃圾档。2010年4月23日,希腊正式向IMF和欧盟申请援助,希腊主权债务危机爆发。

希腊主权债务危机的解决一直在希腊政府紧缩财政、增加税收、欧元区援助、IMF援助这些方案中徘徊和平衡。希腊主权债务危机迅速蔓延至西班牙、葡萄牙、爱尔兰、比利时和意大利。这些国家的主权信用评级都被降为负面。意大利和西班牙是欧盟中的第三大和第四大经济体,这两个国家的信用危机使欧洲债务危机升级。2011年11月,匈牙利正式向国际货币基金组织和欧盟提出金融援助的申请。与此同时,欧盟中最核心的两个国家法国和德国的金融形势也十分不乐观。2011年11月23日德国拍卖60亿欧元10年期国债,最终只出售六成。2011年11月28日,穆迪称,欧洲债务危机正在威胁全部欧洲主权国家的信用状况,即使AAA评级的德国、法国、奥地利和荷兰都有危险。至此,国际社会认为,在欧洲,具有零风险国债的只有瑞士国债了。换言之,欧洲主权债务危机已经蔓延至全部欧洲联盟了。

欧债危机将国际金融形势重新拽入低谷。2010年2月,巴克莱资本表示,美国银行业在希腊、爱尔兰、葡萄牙和西班牙的风险敞口达到1 760

亿美元。美国金融市场也重新陷入危机。

欧债危机的出现是2008年金融危机的延续和深化，也是欧洲各国经济发展模式的崩溃，是欧洲福利社会制度的崩溃。

在欧盟内部，虽然实现了经济和货币同盟，但内部存在诸多差异。既有东欧地区和西欧地区的差异，也有南欧和北欧的差异。北欧人信仰新教，而南欧人信仰天主教。北欧人严谨有序，南欧人灵活注重享受。于是，北欧人制造，南欧人消费；北欧人储蓄，南欧人借贷；北欧人出口，南欧人进口；北欧和南欧之间存在较大的经常项目不平衡。在整个欧洲，福利制度都很好。对于勤于劳作的北欧人来说，社会福利制度不太成问题，而对于南欧人，则靠借债维持高昂的社会福利开支。南欧很多国家的社会福利开支占GDP的比例很高。2010年希腊社会福利开支占GDP的比重高达20.6%，社会福利开支在政府总支出中占41.6%。巨大的社会福利开支形成政府的财政负担。在经济增长出现问题，尤其是国家信誉出现问题的时候，政府难以举债，更难以获得充足的税收，社会福利开支又存在刚性，这个时候，主权债务危机就发生了。

2008年金融危机以来，为了挽救崩溃的经济体系，欧洲和其他国家一样，普遍实行了积极的财政政策。政府在扩大开支的时候，面临经济增长不振，只能靠增加债务来维持积极财政政策，导致政府债务规模累积扩大，最终难以承受。

当然，欧洲的人口老龄化是制约欧洲经济发展和社会福利开支负担繁重的一个重要原因。欧洲很多国家产业结构不平衡，实体经济空心化，经济发展的基础十分脆弱，也是欧洲陷入深度债务危机的原因。

### 三、美债危机

2008年金融危机发生过后，美国政府采取了积极的财政政策和宽松的货币政策以应对危机，美联储和美国财政部通过购买私人部门的"有毒资产"来稳定金融市场。私人部门的去杠杆化导致了政府公共部门的杠杆化,政府的财政支出不断扩大,财政状况也逐渐恶化,政府债务快速上升。为了进一步刺激经济复苏,美国政府继续进行赤字融资,2009年2月、12月以及2010年2月,奥巴马政府已经三次提高债务上限。2010年9月30日,联邦政府债务月余额达到13.58万亿美元,占GDP的比重为94%,2010年底债务余额突破14万亿美元。2011年5月,美国联邦政府债务余额触顶到14.29万亿美元,美国政府宣称:如果不提高债务限额或大幅削减开支,美国的财政只可以维持到8月2日,之后会出现大面积债务违约。意味着持有美国巨额债务的国家,尤其是中国、日本将受到巨大损失,美元将遭遇毁灭性抛售,国际金融市场将陷入剧烈动荡,有人称,世界经济将面临毁灭性打击。这就是所谓的美债危机。

2011年5—8月,美国的两党(共和党和民主党)一直就美债危机问题的解决进行磋商谈判。两党在如何解决债务危机问题上存在严重分歧,同时考虑到2012年的大选问题,两党都在债务问题上为本党积累大选的资本。由于两党迟迟不能达成一致,美债危机一触即发。全球股票市场大跌,资本市场激烈动荡。美债第一和第二大持有国中国和日本不断给美国施压,令其尽快解决债务限额问题,避免债务违约。美国知名政要和投资大亨都纷纷表示,如果不尽快解决债务限额问题,美元将崩溃,美国经济将崩溃。2011年8月2日,美国总统奥巴马签署了提高债务上限和削减政府开支的法案,决定在未来十年内削减政府开支2.1万亿到2.4万亿美元。美债危机暂时得到缓解。8月10日,美联储发表声明,鉴于美国经济再次陷入衰退的风险在加大,将维持零利率政策至少2年。8月5日,国际评级机构标普将美国长期主权信用从顶级AAA级调整为AA+级,美国国债的世界顶级信用消失,无风险债券成为"神话"!

过去的十年,美国经济是建立在政府和民众举债消费以及房地产泡沫这样一种发展模式上的。经济增长不可能脱离实体经济,虚拟经济的繁荣并不能够维持其经济发展的需要,美债危机的爆发,昭示着美国依靠消费赤字、贸易赤字以及政府赤字的赤字型增长模式已经走到了尽头。

美债危机的爆发,破坏了全球金融市场的规则和秩序,也预示着全球金融体系的重大调整。

从根本上来说,美债危机是美国经济发展模式的危机,也是美元危机的一种表现形式,更是危机之后新凯恩斯主义的危机。

### 四、第二次世界经济调整

如果说,新兴发展经济体的投资泡沫和通货膨胀抑制了世界经济复苏的势头,而欧债危机和美债危机则结束了世界经济复苏的步伐,使世界经济进入第二次探底,见图4.6。

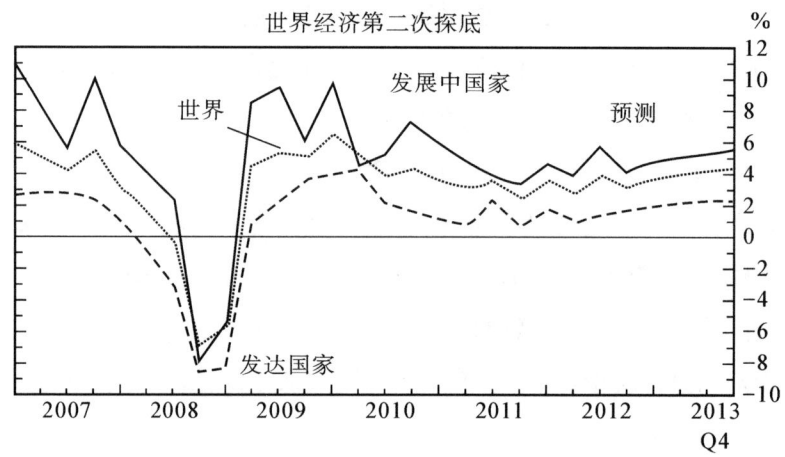

图4.6 世界经济第二次探底

资料来源:国际货币基金组织.世界经济展望,2012年4月。

2011年世界经济增长率降低为3.9%,发达国家仅为1.9%,美国仅增长了1.7%,欧元区勉强维持了1.5%的增长,日本则重新陷入衰退,实现0.7%的负增长。发展中国家表现稍微好一些,整体实现了6.2%的增长。其中,中国从2010年的10.4%下降到2011年的9.2%,印度从10.8%降为7.2%,巴西从7.5%陡降为2.7%。世界贸易增长率也从2010年的12.8%降为5.9%。

2012年世界经济则继续延续了低迷的增长态势。被誉为新的世界经济增长火车头的中国,2012年经历了剧烈的宏观经济调整。针对房地产泡沫愈演愈烈,中国政府不得不采取了更为严厉的房地产调控措施,致使房地产投资大幅下滑,也凸现了房地产投机热潮中兴起的民间金融风险,带动了整体投资下滑;欧债危机引发的世界经济第二次探底使中国的外需进一步缩小,对依赖出口的沿海出口加工企业又是一次剧烈冲击,也进一步抑制了民间信贷的正常发展;危机后4万亿投资计划引发的地方债务风险正在积聚,随时有爆发的可能。国际机构屡屡下调中国2012年的经济增长预期。国际货币基金组织最新的预测调整为8%,更有巴克莱2012年8月10日下调中国经济增长率预期为7.9%。而中国政府则将"十二五"规划的平均经济增长率调低到7%,宣称2012年的经济增长要与"十二五"规划的平均增长水平靠拢。国际货币基金组织在2012年7月的《世界经济展望》中指出,以中国为代表的发展中国家宏观调控政策的持续是世界经济增长的风险之一。

作为世界经济增长传统火车头的美国在2012年也表现出颓势。美国经济增长的短期风险在于持续的财政紧缩压力。美国债务危机使美国的主权信用降级,也强化了美国国内强大的反政府债务扩张的舆论,美国政府面临痛苦的两难选择:疲软的经济需要刺激性财政政策,即增加开支、降低税收;避免政府债务危机,实现减债承诺必须降低开支、增加税收。美国政府协调两难的选择应该是适度紧缩的财政政策。紧缩财政使本来就疲软的经济复苏不可持续。国际货币基金组织2012年7月的《世界经济展望》将美国的财政紧缩视为世界经济复苏的首要风险,它指出,最糟糕的情况是,美国两党未能就暂时性的减税达成一致,政府财政赤字与GDP的比率在2012年度降低4个百分点,这会导致美国经济出现严重下行,并迅速传导到世界其他地区,严重阻碍世界经济复苏的进程。

欧元区债务危机依然是世界经济复苏最大的障碍。希腊的政治和金融动荡蕴藏着巨大的危机。西班牙的银行危机还在持续,尚未有根本改观。而意大利、葡萄牙,甚至是法国的国内经济状况恶化也面临严重的主权债务风险。欧元区金融市场的风险溢价依然很高,国债和货币市场溢价还保持在较高的水平。该区域内的私人信贷持续维持在低位,并出现进一步下降的势头(见图4.7)。在是否、如何救援欧元区重债国的问题上,德国、法国和其他欧元区成员国存在很大分歧。德国为首的保守派坚持要债务国自身改善政府财政质量、改革社会保障体系、提高偿债能力;

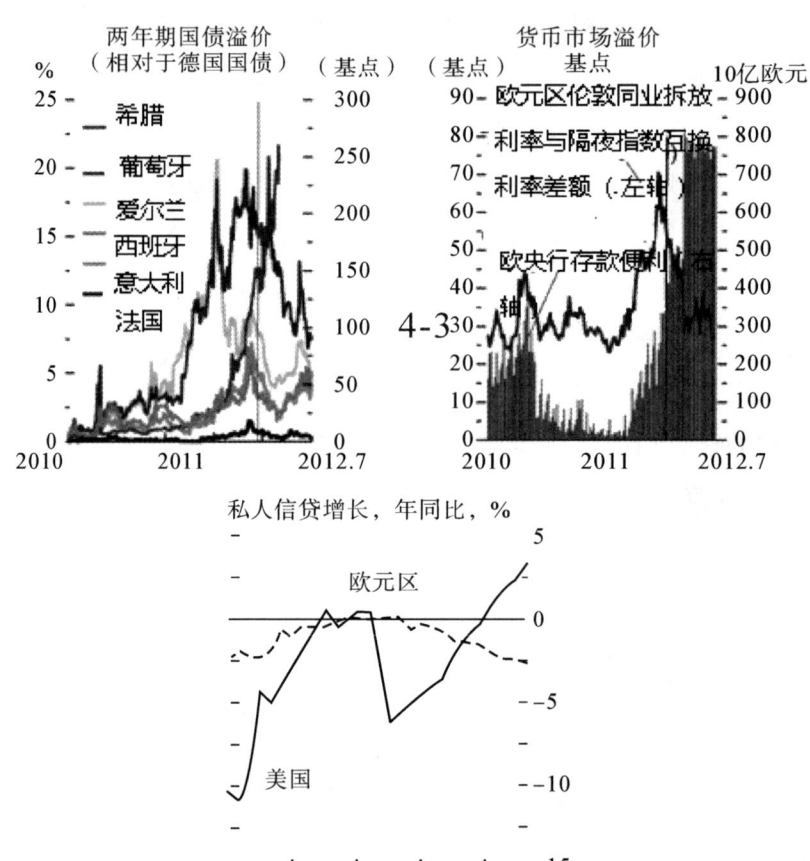

图 4.7 欧元区内金融市场动荡

资料来源:国际货币基金组织.国际金融稳定性报告,2012年。

而债务国则坚持欧元区应该增强救援力度,提高救援额度。共识之一是欧元区不能分裂,而要保持欧元区的统一和强大必须进行货币、财政以及整体经济结构的变革。短期来看,欧元区是否达成更加有力的债务救援方案,是当前决定欧元区经济走势的决定力量。国际货币基金组织在假设欧元区能够达成适当的救援方案、不出现更加严重的债务危机的前提下,预测2012年欧元区的经济衰退为-0.3%。

鉴于中国、美国和欧元区的经济表现,国际货币基金组织2012年7月的《世界经济展望》对2012年世界经济增长的预测是3.5%,对2013年的增长预测是3.9%,较4月份的预测各调低了1个百分点和2个百分点。

## 第三节 金融危机后全球不平衡的演化

### 一、全球不平衡调整的趋势

2008年的金融危机和经济危机是全球不平衡发展到一定程度后,全球经济以金融危机的形式来释放积聚已久的风险。这种全球经济不平衡的强制调整方式,给世界经济带来了巨大的破坏。在世界经济遭受到金融危机重创的同时,全球性的不平衡也开始出现了缓解的迹象。

面对2008年以来的经济和金融危机,各国都采取了极度宽松的货币政策和积极的财政政策来挽救低迷的经济,尤其是美国、欧洲和日本,都采取了量化宽松的货币政策,政府加大举债力度,增大支出刺激经济复苏,也就是说,危机后各国政府都采纳了新凯恩斯主义的政策主张。这种政策,也就是政府债务的扩张,加大了本来就十分严重的全球经济不平衡,使得全球经济不平衡的调整中断并使全球经济进一步陷入泥潭。

2010年欧债危机爆发并日益深化以来,美国爆发了国债危机,并使金融形势重新陷入泥潭。美国经济复苏面临着就业不振、房地产投资持续下滑、生产能力利用率持续下降等问题的困扰,经济结构调整陷入危机,经常项目的调整和改善日趋缓慢并停滞不前,很多世界经济专家指出,全球不平衡的调整面临很大挑战,美国的国际收支逆差呈现恶化趋势。

2010年以来的欧债危机和美债危机集中反映了欧洲逆差国家和美国这样一个全球最大的逆差国和债务国,庞大的政府赤字和政府债务维系的经济增长模式和消费模式是不可持续的,政府债务的危机是全球平衡发展模式危机的深化和进一步体现,反映了2008年全球金融和经济危机仍在持续。也反映了危机后各国实施的新凯恩斯主义重新加重了全球不平衡态势,是全球不平衡的发展模式再次遭遇危机。

无论如何,2007年以来的经济危机是全球不平衡的危机,危机的爆发使全球不平衡得到一定程度的调整。

我们把全球不平衡的主要国家挑选出来,将它们2007年和2010年外部不平衡的规模进行比较后发现,几乎所有的国家外部不平衡的规模都有一定程度的下降。最大逆差国美国2010年较2007年逆差改善了290亿美元,较大顺差国中国顺差下降了1 030亿美元。我们同时发现,石油输出国组织顺差却出现了较大幅度的上升,见表4.2。

表4.2 危机前后全球不平衡规模的比较

单位:10亿美元

| 国家和地区 | 2007年 | 2010年 | 2010年与2007年(差额) |
| --- | --- | --- | --- |
| 石油输出国 | 370 | 541 | 171 |
| 德国 | 270 | 218 | −52 |
| 中国 | 270 | 167 | −103 |
| 日韩 | 106 | 38 | −68 |
| 澳大利亚和加拿大 | 28 | 33 | 5 |
| 英国 | −181 | −164 | 17 |
| 法国/意大利/西班牙 | −208 | −208 | 0 |
| 巴西/土耳其/印度 | −218 | −247 | −29 |
| 美国 | −809 | −703 | 106 |

## 二、美国与中国的调整

2008年之后的世界经济复苏一定程度上是在新兴工业化国家投资需求急剧扩张的带动下开始的。2008—2010年世界经济的复苏伴随着全球不平衡的调整。新兴工业化国家的强劲需求带动了美国等发达国家的出口扩张,一定程度上化解了美国的经常项目赤字压力。从图4.8可以看出,事实上,2006年以后随着美国次贷危机的孕育美国的经常项目逆差就开始缩小了,2009年美国的经常项目改善十分显著,这既来源于美国进口需求的萎缩,也来源于美国在经济复苏中出口的增长。反映了美国经济增长方式的被动性调整。

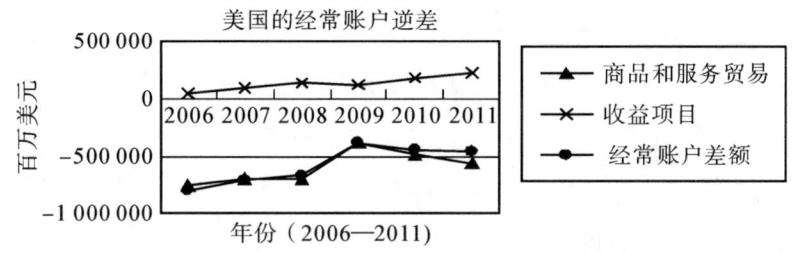

**图4.8 危机前后的美国经常项目逆差**

资料来源:美国经济分析局BEA网站,国际收支统计。

2010年以后美国的经常项目差额进一步出现扩大的趋势。2012年延续这一趋势,2012年第一季度的经常项目逆差额为1 373亿美元,与2011年第一季度的1 200亿美元相比提高了14.4%,与2010年第一季度的1 110亿美元相比,提高了23.7%。美国经常项目逆差占国内生产总值的比重下降趋势也从2006年一直持续到2009年,2010年重新向上调整,但幅度很小(见图4.9)。应该说,总体上来说,美国经常项目差额的波动没有改变美国不平衡调整的基本趋势。

图 4.9　美国经常项目逆差的波动

通过美国对外投资净头寸的图示(图 4.10),我们发现,美国的对外负债 2002—2006 年出现净债务比例逐步缩小的势头;而在 2008 年危机爆发时,出现了大幅度的净债务比例扩张。原因是,全球经济危机来临时,风险积聚,美国依然是国际资本的安全的避险地,美元资产依然是避险资产。2009—2010 年随着由新兴发展中国家带动的世界经济的复苏,美国的对外净资产头寸开始改善,这是由于资本从美国向发展中国家流出。2011 年世界经济第二轮探底,国际资本从海外向美国回流,寻求避险,美国的债务比率进一步扩大。应该说,国际资本流动一定程度上抑制了全球不平衡的调整,对美国经常账户的改善有一定的阻碍作用。这也进一步证明,金融和资本流动、美元地位在全球不平衡形成和深化中的作用。

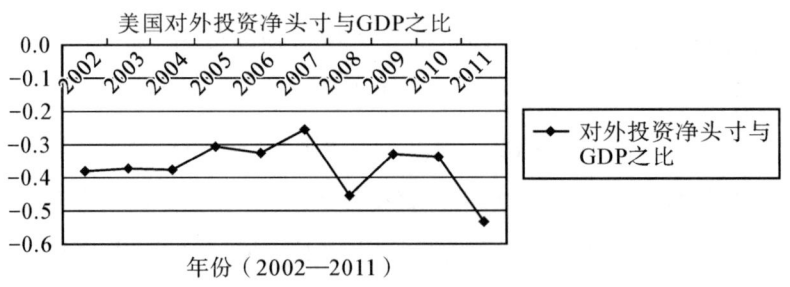

图 4.10　美国的对外负债变动

资料来源:美国经济分析局网站,国际收支统计。

与美国国际收支逆差的调整相对应,中国的经常项目顺差的调整也正在进行中。2008—2009年国际金融危机期间中国经常项目的顺差缩小了近1 500亿美元,反映了危机期间由于来自国外的需求下降导致中国出口的萎缩,而刺激性的经济政策带动了消费和投资的增长,进而带来进口的扩张,经常项目余额下降幅度很大。2009—2010年,在世界经济复苏的带动下,来自国外的需求一定程度上复苏,中国的出口也出现了一定程度的反弹,经常项目顺差重新有提高的势头,见图4.11。

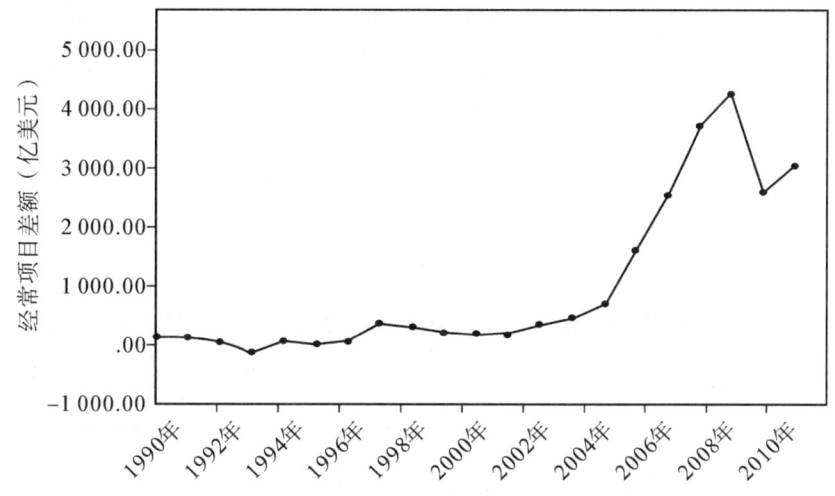

图4.11 中国的经常项目差额

资料来源:中国国家统计局,统计年鉴,1990—2011

美国和中国国际收支差额在危机后的调整伴随着世界经济复苏的进程。世界经济复苏经历了一个曲折的过程,目前依然在底部徘徊。全球不平衡的调整也是在艰难地进行,中间势必要经过很多波折。毫无疑问的是,如果全球不平衡不能得到真正的调整,全球经济持续复苏的动力将不存在。也就是说,为了调整全球不平衡,需要相关国家进行经济结构的调整,进行经济增长结构的调整,如果相关国家的结构调整不能如期进行,世界经济就难以重新步入正常的发展轨道。

### 三、欧洲的调整

欧元区是此次金融和经济危机中损失最大的经济体,该区域经历了历史上罕见的主权债务危机。欧元区成员国在危机中缓慢地调整着对外债务和经常项目差额。

总体上来看,整个欧元区的经常项目差额在危机过程中出现逆转,从2008年的深度逆差转化为2012年的顺差。到2012年5月份,累计12个月的经常项目差额实现顺差,顺差额度占GDP的0.3%。如果我们分类研究欧元区的经常项目结构会发现,欧元区的商品、服务和投资收益项目,三大项目一直以来基本上都保持了顺差,尤其是服务贸易项目,顺差额度还比较大,2009—2011年分别为364亿、496亿、636亿欧元。导致经常项目差额为负的主要原因是对外转移支付项目比较大,2009—2011年分别为931亿、1 033亿和1 033亿欧元。

欧元区最大的问题不是区域整体的经常账户逆差问题,我们前面已经指出,欧元区整体没有持续的不平衡现象,而是处于动态平衡状态,也就是说经常项目逆差和经常项目顺差交替出现,从一个较长的时间来看,基本上是处于平衡状态,见图4.12。欧元区关键的问题是内部失衡现象严重:南部欧洲持续扩大的经常项目逆差与北部欧洲持续扩大的经常项目顺差并存。这一现象,我们发现,在2008年之后也出现了缓解的迹象。从图4.13我们可以看出,欧洲的南部国家,也就是主权债务危机深重的希腊、葡萄牙、西班牙、爱尔兰,以及也面临主权债务危机的意大利和法国都出现了经常账户逆差缩小的趋势;而北部欧洲国家,包括德国、比利时、卢森堡、芬兰和荷兰的经常账户顺差也出现了缩小的迹象。顺差国和逆差国都出现了向平衡聚拢的趋势,虽然这一聚焦的速度还不是很快。与此同时,我们发现,各国的对外投资头寸也出现了向平衡聚拢的趋势,见图4.14。

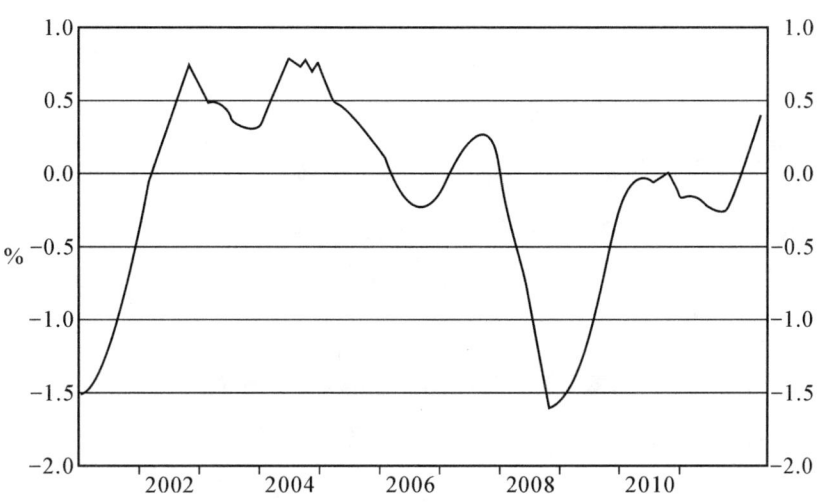

图 4.12 欧元区的经常账户差额(累积 12 个月)占 GDP 的比重变化

资料来源:欧洲统计局网站,国际收支统计

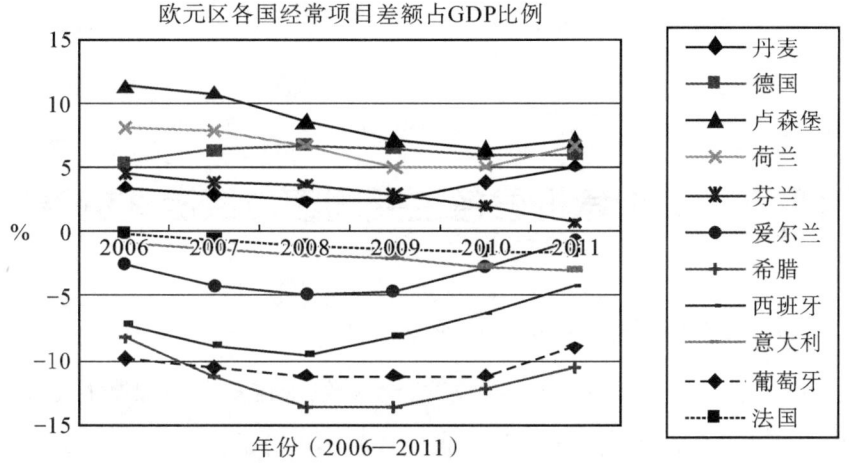

图 4.13 欧元区各国的经常项目差额

资料来源:同上图

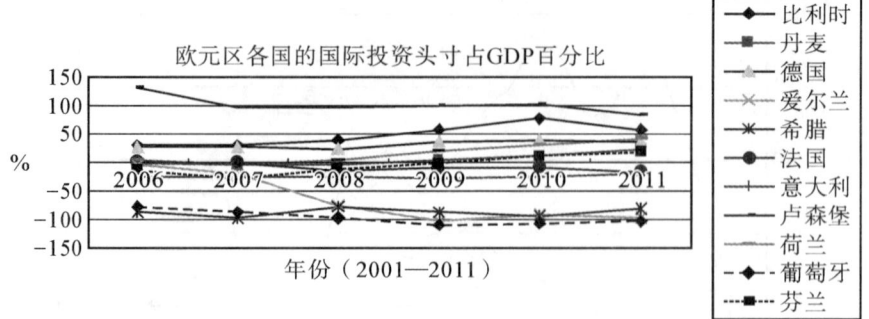

图 4.14　欧元区各国的国际投资地位

资料来源:同上图

综上所述,美国次贷危机对于自1992年以来的全球不平衡而言是一个分水岭,它一改前期美国经常项目逆差持续单边扩大的走势,并在两年多的时间内做了相当幅度的调整。与此同时,美国的主要逆差来源国中国、日本和亚洲发展中地区的贸易顺差也在2007年达到峰值后发生了逆转。

## 第四节　次贷危机后各主要国家发展战略的调整

2008年次贷危机最终演变成为全球性金融动荡。尽管危机起源于美国但追寻其更为深层的原因时,我们不难发现这一日益加剧的金融危机是与2000年以来全球的经济增长模式密不可分的,而严重的全球经济不平衡也正是这种经济增长模式的一个自然结果。事实上,这一时期的全球经济增长在很大程度上是由强劲的美国消费需求来驱动的,而在背后支持美国消费需求不断增长的动力来自美国宽松的信贷和不断高企的房地产价格。与强劲的美国消费需求相对应,发展中国家表现出了强劲的出口增长及较高的投资水平。在这种全球经济增长模式下,美国的经常项目赤字通过中国、日本和其他国家的经常项目盈余和外汇储备得到了支撑。虽然早在2002年,国际社会就已经意识到了这种全球经济增长模式所蕴涵的巨大风险,然而无论是逆差方的美国,还是顺差方的东亚国家,似乎都从这一过程中得偿所愿,从而没有足够的动力去改变既有的经济增长模式,使得风险得以不断地累积,最终不得不以金融危机的形式来释放积聚已久的风险。这种全球经济不平衡的强制调整方式,给世界经济带来了巨大的破坏。

为应对金融危机对本国经济的重大冲击,各主要经济体均采取了反危机的各种政策措施。这些政策一方面着重于稳定和恢复深受金融危机打击的金融系统,从而使市场机制得以充分地恢复,另一方面通过大规模财政刺激计划弥补由于消费、投资或出口的下滑所引起的总需求的不足,从而使经济走出经济衰退或增速下滑的境地。在此期间,美国、中国和日本等国家亦对其自身的经济发展模式作出深刻反思并开始着手修正各自的经济发展战略。

## 一、美国的反思

在美国,无论是政府、学者,抑或是普通的投资者和消费者,对美国经济增长模式基本达成共识:源源不断的外国资本和商品输入、宽松的信贷和货币环境、各种各样的金融创新、美元的国际货币地位、持续膨胀的资产价格,支撑了美国消费膨胀,成为美国经济发展和繁荣的主要动力。对于这种发展模式的可持续性,虽然存在激烈争论,但美国政府认为,债务无限扩张和依赖型的经济增长是不可维持的。有鉴于此,新一届美国总统奥巴马入主白宫后,在全力拯救金融危机中摇摇欲坠的美国经济的同时,提出了重建美国经济的雄伟规划。

美国总统奥巴马明确指出,美国在过去一年和未来几年的经济政策目标的核心是重建更加稳固的经济基础,即更多的投资、更负责任的财政和功能良好且安全的金融系统。其政策措施的核心是通过创新和贸易推动生产率的增长。奥巴马于2009年9月21日在纽约州哈德森河谷社区学院就《政府创新备忘录》对此做了详尽的说明,该备忘录首先承诺对创新基础进行投资,包括基础科学研究和基础设施;其次说明了竞争性市场和企业家承担创新风险的良好环境对创新的激励作用,以及政府改进专利管理,提升政府统计的可获得性和有用性等方面的努力;最后集中阐述了国家优先的特定创新领域,包括发展替代性能源,通过使用健康信息技术改善医疗并降低成本,建立"聪明电网"(smart grid)以充分利用现有发电能力以及研发更加清洁更有效率的运输技术等等。该备忘录获得了2009年通过的《美国复苏和再投资法案》(American Recovery and Reinvestment Act)1 000亿美元的支持。在贸易促进方面,美国在通过有效执行现有贸易规则和贸易安排的方式推进出口的同时,在多哈回合谈判中强力推进产品和服务贸易的市场开放协议谈判,并继续寻求与潜在贸易伙伴达成自由贸易协议来实现贸易对生产率增长的促进作用。

综上,美国新的发展战略显然旨在摆脱美国经济在过去很长时期依靠过度消费拉动的模式,试图使技术进步和贸易成为经济增长的重要引擎。

## 二、日本的调整

### (一)日本新经济增长战略

为应对深度经济衰退,日本政府在2008年和2009年先后多次出台经济刺激方案。日本政府在反思其长期出口导向发展战略的基础上,于2009年12月推出并于2010年6月内阁会议上通过了"通向光辉日本的新增长战略"[New Growth Strategy(Basic Policies)Towards a Radiant Japan]。该战略全面阐述了日本在2020年之前的这一期间所采取的增长战略。该新增长战略旨在到2020年通过在环保、健康和旅游产业创造超过100万亿日元的新需求来提供就业、提升居民的生活品质。该战略首先在充分发挥日本在环境和能源领域、医疗服务领域的比较优势,推动日本成为零碳排放的生态友好型社会的同时,推动医疗产业成为增长性产业并向亚洲和其他海外市场输出;其次通过建立亚太自由贸易区,积极参与亚洲的铁路、供水系统和能源等领域的基础设施建设来促进经济增长;最后通过开放旅游目的地这一新领域达到吸引 2 500 万外国游客并创造 56 万个工作岗位的目标。该战略雄心勃勃地宣称"我们将大力推广那些引致整个亚洲和世界其他地区社会变革的技术和系统,我们称之为在亚洲的'需求创造',这是通过从日本输出解决问题的处方(出口系统)实现的。充分利用亚洲这一世界经济增长中心的活力并与其他亚洲国家共存将成为新日本的活力来源"。综上,日本的新增长战略一方面呈现出战略重心脱美入亚或者更加可能的亚太中心化的迹象,另一方面其出口导向型战略并未发生根本性转变,所改变的只是该出口导向战略实施的载体。

(二)日本再生战略

日本雄心勃勃的新经济增长战略开始执行几个月后,便遭遇了史无前例的"3·11"大地震,也同时遭遇了全球主权债务危机。全球主权债务危机和大地震使日本经济面临更加复杂的新挑战。为了应对新局势,日本政府对《新增长战略》进行了修改,2012 年 7 月出台了旨在指引日本未来经济增长方向的《日本再生战略》,明确指出,日本正在面临世界前沿课题,应该时刻将自己视为"前沿国家",执行《日本再生战略》,在全世界率先实现新的经济增长、新的社会发展。

再生战略提出了四个战略方针。其一,将受灾地区的再生作为战略基础,推动从核能源依赖向绿色能源结构的战略调整。其二,将绿色能源、民生健康、农林渔三大领域作为战略发展领域,最大限度支持在这三大领域的中小企业的振兴。第三,尽快摆脱通缩局面。第四,在财政体系上,打破以部门为中心的垂直管理体系,建立以政策为中心的横向的预算管理体系。最后,要严格计划管理制度,保障再生战略得以顺利实施。

根据《日本再生战略》,到 2020 年底,日本将在节能环保领域新增 50

万亿日元(约合 6 377 亿美元)市场需求和 140 万个就业岗位,在健康医疗领域增加 50 万亿日元市场需求和 284 万个就业岗位。农林渔业方面,日本政府将进一步推动农林水产和加工、销售、观光业相结合的"六次产业化"。

### 三、中国的觉醒

2009 年成为中国经济发展最为困难的一年,国际金融危机对中国经济的严重冲击促使中国政府采取"一揽子计划"来应对金融危机。"一揽子计划"涵盖四个方面。首先,2008 年 11 月 5 日宣布推出十项重要措施进一步扩大内需,在未来两年内投资 4 万亿元人民币以刺激经济,其中新增中央投资 1.18 万亿元。其次,在 2009 年 1 月 14 日至 2 月 25 日间,国务院常务会议先后审议并原则通过了汽车、钢铁、纺织、装备制造等四个重要产业的调整振兴规划,同时在 2009 年采取了诸如家电、汽车和摩托车下乡的扩内需政策措施。再次,大力推进自主创新,增强发展后劲。最后,"一揽子计划"中多处着力涉及惠及民生的政策措施。"一揽子计划"的核心是推动内部投资和消费,以内需带动经济、避免经济危机。这一系列措施配合以适度宽松的货币政策遏制住了中国经济下滑的势头,实现了经济增长"保八"的战略目标。2011 年推出的"十二五规划"更充分体现了中国经济增长模式向内需主导型转变的战略目标。

2010 年既是中国"十一五规划"的收官之年又是制定"十二五规划"的关键一年。"十二五规划"的制定一方面处于当时尚有诸多不确定性的国际经济环境背景之下,另一方面又立足于保持经济发展战略的连续性和总结本次金融危机经验教训的现实基础之上。

"十二五规划"明确指出,科学发展是未来五年的发展主题,转变经济增长方式是科学发展的主线,而加快经济结构战略性调整是转变经济增长模式的主攻方向。"十二五"期间中国要构建扩大内需的长效机制,建立消费、投资和出口协调拉动的经济增长模式。与"十一五规划"相比较,中国在下一个五年到十年间的经济增长仍然是立足于国内需求、经济结构的调整、科技进步和人力资本的带动,同时会更加注重消费需求的作用,协调消费与投资、内需与外需对经济的拉动作用。因此,中国经济增长长期以来依靠投资和出口拉动的增长方式将有可能发生一定程度的转变,但是囿于这一增长方式存在历史长期性和结构性调整的艰巨性,这一增长方式的转变不可能一蹴而就,从而很有可能呈现出内需特别是消费需求增长的同时,投资和出口在一定时期内和某一水平上徘徊的局面。

无论如何,中国已经在告别外向型经济、摆脱过度依赖外部经济的经济发展模式,加速向内需主导型经济发展模式转变。

综上所述,在次贷危机不断深化发展的过程中,全球各主要经济体采取各种反危机的措施并强化国际协调,最终使世界经济在2009年下半年逐步趋稳。与此同时,与全球不平衡密切相关的各国均在调整和修正其经济发展战略,这种发展战略的调整不可避免地将对全球不平衡的未来发展产生一定的影响。

# 第五章

# 美国经常账户逆差的微观透视

第五章　美国经常账户逆差的微观透视

在全球不平衡格局里,美国是全球不平衡的核心。如果说在顺差国的队伍里,中国、德国、沙特阿拉伯以及日本都均衡地贡献了力量;而在逆差国的队伍里,我们发现美国鹤立鸡群,几乎囊括了全球逆差的70%。所以,我们在探求全球不平衡的根源时,必须首先研究美国对外经常项目收支逆差形成的原因。

## 第一节　美国经常项目逆差的微观结构

### 一、经常项目逆差结构

第一次世界大战以后,美国一直是贸易顺差国。但从1971年开始,美国结束了长期的贸易顺差局面,除1973、1975年为小额顺差外,进入长期巨额的逆差时期(图5.1)。而1980年以来,美国平均每年有1 000亿美元左右的贸易逆差。1981—1987年和1991—2000年为两个高速增长的时期,两个阶段分别增长了543%和498%。1987—1991年贸易逆差有所减少,但这并未影响扩大的总趋势,1999年贸易逆差高达3 389亿美元,较上年增长53.7%,较1990年增长了3倍,创造了历史新纪录,2000年贸易逆差4 471亿美元,再创历史新高。2001年贸易逆差有所减少,为4 242亿美元,2002年和2003年的贸易逆差持续增加,分别为4 794亿美元和4 890亿美元。2004年全年的贸易逆差猛增24%,高达6 177亿美元。2006年更是达到了历史的最高值7 585.2亿美元,尽管2006年的出口额增加了12.7%,但进口额也增加了10.1%。

美国的经常项目赤字亦与贸易逆差同步出现。1990年美国经常项目赤字只有769亿美元,到1999年,其经常项目赤字达3 315亿美元,几乎增长了5倍;而2 000年进一步上升到4 354亿美元;2001年美国经常账户赤字有所回落,但仍然达到3 934亿美元;2002年又急剧上升,达到4 809亿美元。而经常项目赤字占GDP的比重也呈上升趋势。1990年经常项目赤字占GDP的比重仅为1.3%,到2002年达到4.6%,2004年美国经常账户的逆差为6 680.5亿美元,达到历史最高水平,约占其本国GDP的5.7%,2006年经常账户逆差进一步扩大,达8 114.7亿美元,同比增长7.5%,占本国GDP 6.15%,突破了某些学者认为的6%警戒线。纽约大学的鲁比尼(Roubini,2004)研究预测,2006年美国经常账户逆差将达到其GDP的6.5%,2008年将达到7.8%。美国国际经济研究所高级研究员凯瑟琳·曼(Mann,2004)则预测该数值在2010年将达到13%。很显然,金融危机打破了美国经常项目持续前进的脚步。

在经常项目和贸易收支出现巨额赤字的同时,美国的资本项目保持盈余,特别是外国在美国资产净额很大程度上弥补了经常项目赤字。1992年以来随着美国经常账户逆差不断膨胀的同时,美国净资产流入与日俱增,1992年仅为962.5亿美元,2006年就猛增至8 044.2亿美元,增加了7.35倍,年均增长16.4%。

同期美国净外债从4 312亿美元增加至25 396.3亿美元,增加了近5倍,年均增长达13.5%。显然持续不断的外国资本的流入和美国净外债的增加为美国巨额的经常账户赤字提供了基础(图5.1)。

从2006年美国经常账户结构看(表5.1和图5.2),美国投资收入账户一直是净支付流入;服务账户除上世纪60年代有微小的逆差外,其他年份均为顺差;单边转移净值账户基本上处于逆差状态。但前两个账户的顺差额几乎恰好被单边转移账户逆差所抵补,因此这三个账户对美国

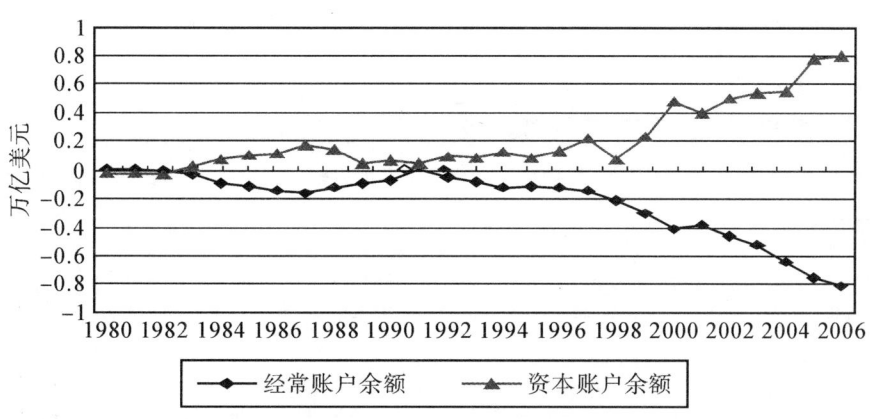

**图 5.1　美国经常账户余额与资本账户余额变化**

的经常账户影响不大。因此要分析美国经常账户逆差的原因,必须研究美国商品账户的逆差,因为商品账户的逆差决定了美国经常账户的基本走势。

**表 5.1　2006 年美国经常账户构成**

单位:10 亿美元

| | | |
|---|---|---|
| 商品 | 出口 | 1 023.1 |
| | 进口 | −1 861.4 |
| | 余额 | −838.3 |
| 服务 | 出口 | 422.6 |
| | 进口 | −342.8 |
| | 余额 | 79.8 |
| 投资收入 | 流入 | 650.5 |
| | 流出 | −613.8 |
| | 余额 | 36.6 |
| 单边转移净值 | | −89.6 |
| 经常账户 | | −811.5 |

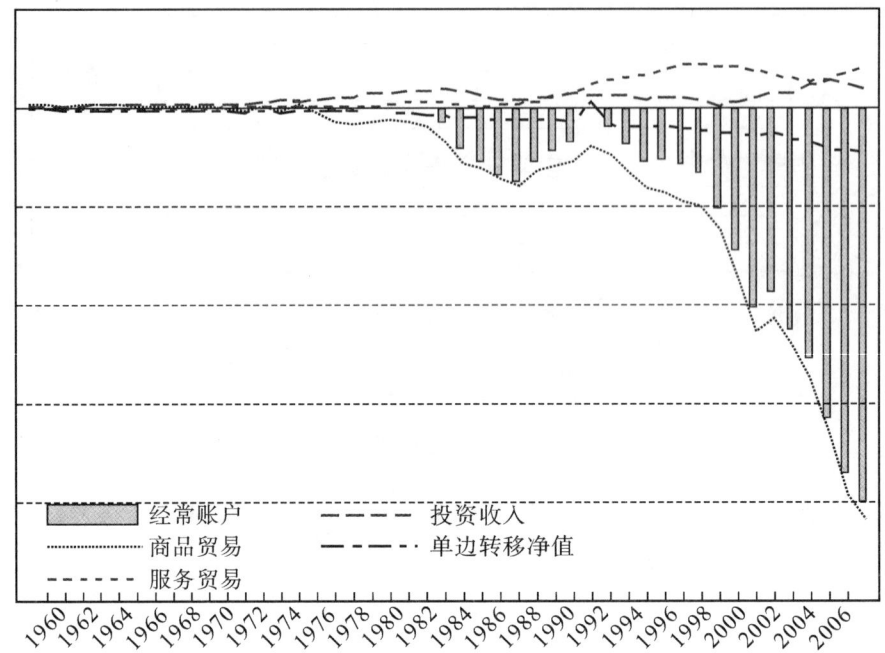

图 5.2  美国经常账户逆差结构分析(1960—2006)

资料来源:美国经济分析局,国际收支统计,2007 年

## 二、贸易逆差的商品结构

我们将美国的贸易商品分为消费品(不包括食品饮料和汽车)、资本品(不包括汽车及零部件)、汽车和零部件、食品和饮料、私人服务和工业原料六部分。这六类中,消费品、汽车和工业原料是造成贸易逆差的"大户"。1989—2004 年这三类产品的贸易逆差占总逆差的比重平均为 127.01%,最高为 1991 年、1992 年和 1993 年,分别占到 193.8%、173.54% 和 147.03%,最低为 2004 年,占到 94.82%。其中消费品是造成美国逆差最重要的原因。1989—2004 年消费品逆差占总逆差的比重平均为 58.85%,最高为 1991 年、1992 年和 1993 年,分别为 91.1%、84.2% 和 68.54%,2004 年这一比例尽管有所下降,但仍占到 41.42%。

如果将食品和饮料、汽车中的载客整车(passenger cars)都计算为消费品,那么1989—2004年的平均比重分别为80.86%,2004年达到最低,为57.3%;其次是工业原料,1989—2004年工业原料逆差占总逆差的平均比重为30.29%,其中1989—2004年间燃料和润滑剂的贸易逆差对工业原料总逆差的平均比重就达108.3%,2004年有所降低,但仍占到88.9%;再次是汽车,1989—2004年平均比重为37.87%,最低为2004年,达到21.3%,见图5.3。

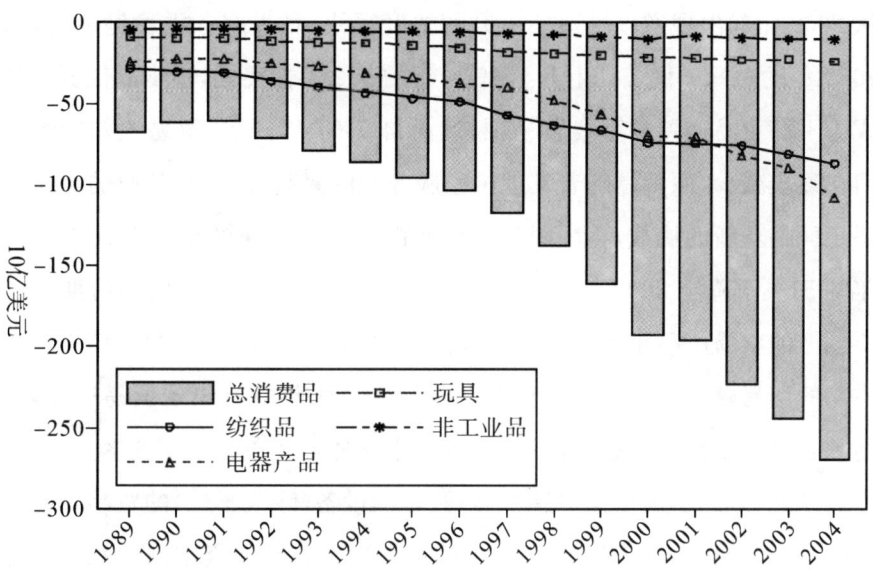

图 5.3 美国消费品逆差结构分析

从图5.3可看出,1989—2004年美国消费品的逆差逐步增加,从1989年的677.6亿美元上升至2004年的2 699.8亿美元。消费品中,1989—2004年纺织品和电器产品二者贸易逆差之和的平均比重为80.41%,非工业品[比如经雕琢的宝石(gemstones)和苗木(nursery stock)]和玩具类产品的平均比重稳定在20%左右。大量纺织品和电器产品的进口主要源于美国国内的产业结构的调整。美国国内产业结构中,纺织品、电器设备产值的比重分别从1989年的0.88%、0.77%下降至2003年

0.42%、0.43%,其他劳动密集型产业和污染密集的产业在国内生产总值中的比重也逐步下降。说明这些产业在美国属于"夕阳产业",这些产业或者选择逐步退出或者转移至国外。无论哪种情况,国内对这些生活必需品(针对美国而言)的需求却不会因此下降,只能依赖大量进口。

美国贸易逆差急剧扩大与资本品、私人服务等商品的顺差显著减少也有很大的关系。1989—2004年,食品与饮料类总体上呈贸易顺差,但从2002年起出现逆差且逆差上升的幅度很快;私人服务类稳健上升,从1989年的128.1亿美元上升至2004年的652.1亿美元,逐步取代资本品成为平衡贸易逆差的重要贸易项,然而自1997年开始,贸易顺差的绝对值在逐步减少,原因是随着其他国家服务业的兴起,美国服务业的竞争优势正面临着新的挑战,美国服务业对外投资占总对外投资的比重从1997年的51%下降至2003年的33%;资本品自20世纪80年代中后期由主要创汇的贸易产品正逐步失去比较优势(图5.4)。1989—2004年美国资本品的贸易顺差平均为428亿美元,但从2001年开始出现贸易逆差,且逆差有进一步扩大的趋势。资本品中,半导体产品的贸易顺差额从1997年以来逐步加大,出口优势逐步显现;运输设备(除汽车外)的贸易顺差在1989—2004年基本平稳,曾经有小额贸易顺差。其他资本品的竞争优势正在丧失,其中最明显的是电脑及其外围部件。90年代初期之前,这类产品一直处于贸易顺差。从1992年出现29.2亿美元的贸易逆差后,2004年升至458.3亿美元,年均增速为23.6%,成为资本品贸易逆差最大项,抵消了所有其他资本品的贸易顺差,成为资本品贸易逆差最重要的因素。因此可以认为经过90年代的快速增长后,除半导体行业逐步显现竞争优势外,其他资本品行业和私人服务业并没有出现明显的新的竞争优势,这是美国资本品贸易最终走向逆差的原因,也是美国从1992年以来贸易逆差急剧扩大的重要原因。

第五章　美国经常账户逆差的微观透视

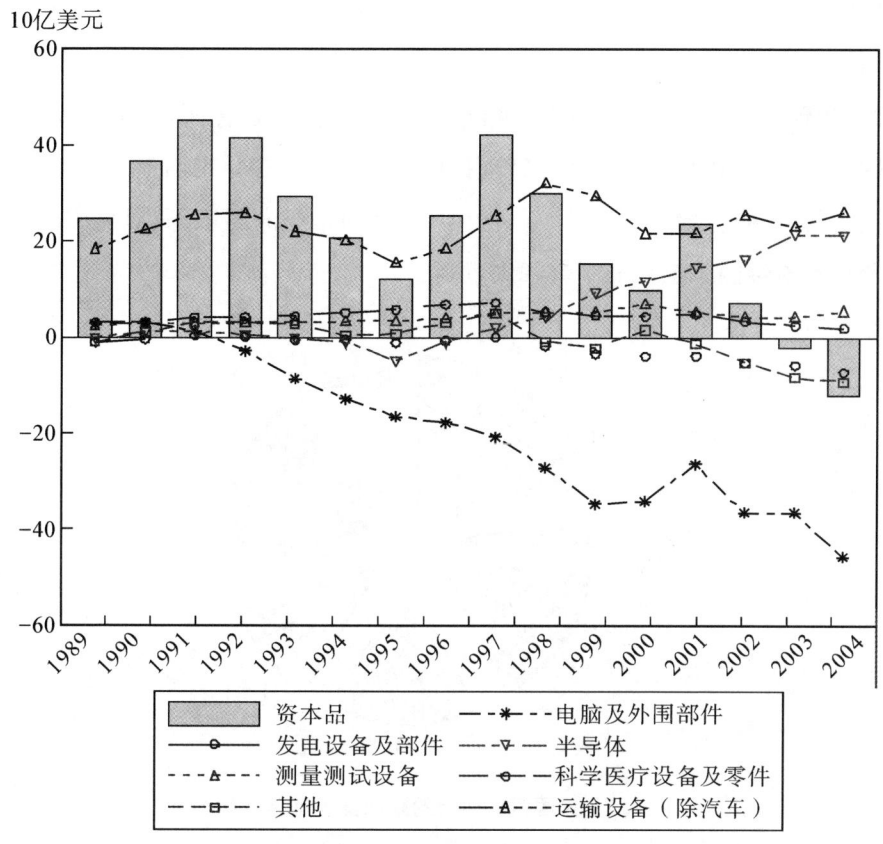

图5.4　美国资本品贸易结构分析

### 三、贸易逆差的国别结构

从美国经常账户逆差的国别分布看,20世纪90年代中期以来,美国贸易逆差的来源国越来越多,正如Catherine(2005)所说的,美国贸易逆差几乎是所有贸易伙伴的贸易顺差之和,然而美国贸易逆差主要来源于中国、马来西亚、沙特阿拉伯(根据IFS的统计说明,沙特阿拉伯对外宣布本国货币是钉住SDR,但事实上是钉住美元的)、伊拉克、以色列、委内瑞拉、印度尼西亚、墨西哥、尼日利亚、阿尔及利亚、泰国、印度、日本、加拿大、韩国、台湾地区、德国、爱尔兰、法国、意大利、英国和俄罗斯等国家和

131

地区。2007年,这些国家和地区对美国的贸易逆差之和占到美国商品贸易账户逆差的104%(图5.5)。就单个国家和地区而言,占比最大的是中国,达到31%多,其次是日本,达到10%,之后依次是墨西哥、加拿大、德国、尼日利亚和委内瑞拉和沙特阿拉伯以及爱尔兰和马来西亚。这10个国家的占比竟达到了84.2%。最引人注目的是亚洲国家,其对美国的顺差占到了美国总逆差的半壁江山,达到53%。

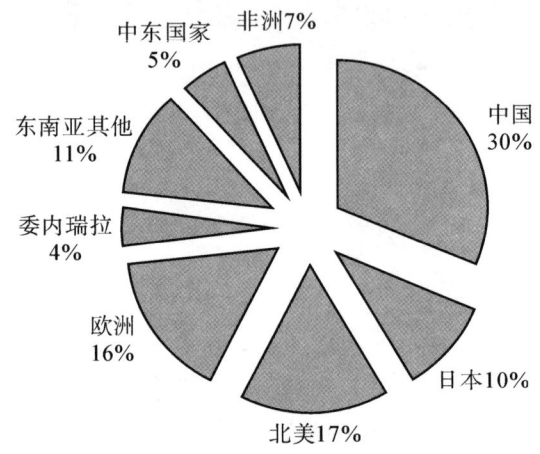

图5.5 美国贸易逆差的来源国和地区分布

在HS分类制度下,美国贸易逆差主要来源国的产品结构特征也非常突出(表5.2)。美国对中国、日本、韩国、马来西亚和印度尼西亚等国家的产品几乎没有任何的比较优势。美国的各类贸易品的顺差在总逆差中的比例都不到10%,甚至为0%。而这些国家对美国的贸易逆差的产品种类却很多。比如说,中国塑料及其制品、橡胶及其制品、革、毛皮及制品、箱包、肠线制品、木及制品、木炭、软木、编结品、纤维素浆、废纸、纸、纸板及其制品、纺织原料及纺织制品、鞋帽伞等劳动密集型产品和低端的资本密集型产品;日本的机电、音像设备及其零件、附件和车辆、航空器、船舶及运输设备两大类产品的逆差占对美国的总逆差比例就达到了60%以上。尼日利亚、沙特、委内瑞拉等国家对美国的逆差主要来源于矿产品,但是这些国家由于国内不合理的生产体系,某些产品还依赖于美国的生产,因此美国部分产品在这些国家持有贸易顺差。比如沙特仅矿产品一项对美国的贸易逆差占比就达到了242%有余,而食品、饮料、酒及醋、烟草及制品和光学、医疗等仪器、钟表、乐器等产品依赖于美国的进口。

## 四、高端产品[①]贸易

显然,美国不可能没有比较优势的产品。美国利用从低端产业释放出来的劳动力大力发展高端产业,出现低端产业空洞化的现象。事实上,美国的生物技术、生命科学、光电子、信息与通讯、电子、尖端材料以及航空航天等高科技行业逐步成为美国国民经济体系的核心组成部分,它们对美国国内生产总值的贡献率不断提高。据统计,20世纪90年代后,伴随着信息技术的迅猛发展,美国高新技术产业对美国经济增长的贡献率达到了60%以上,而传统的行业如建筑业和汽车业对GDP的贡献率不断下降。因此美国与其他国家存在明显的产业结构梯度。无论是根据亚当·斯密的绝对优势论、李嘉图的比较优势论还是赫克歇尔与俄林的资源禀赋论,甚至是新贸易理论中具有代表性的DS模型(Dixit and Stiglitz,1977)的规模优势论,美国在高新技术领域都应该完全具有比较优势和很强的国际竞争力,在国际贸易中占据贸易顺差是理所当然的。然而,与美国和其他国家明显的产业结构梯度形成鲜明对比的是,美国的高端产品贸易一直处于逆差地位(表5.2),平均占到美国总贸易逆差达5%以上,尤其是信息通讯、生命科学和光电技术方面。显然,美国对其他国家出口的产品结构有悖于经典国际贸易理论,即美国并没有向其他国

---

① 本书所指的高端产品就是美国统计局确定的高技术产品目录。在该目录中,高技术产品(Advanced Technology Product,ATP)可分为十类:生物技术(Biotechnology)、生命科学(Life Science)、光电技术(Opto-Electronics)、信息与通讯(Information and Communications)、电子电机(Electronics)、柔性制造(Flexible Manufacturing)、高新材料(Advanced Materials)、航空技术(Aerospace)、武器(Weapon)、核技术(Nuclear Technology)。

家出口与其他国家向美国出口的劳动密集型产品或低端的资本、技术密集型产品数量相匹配的高端的资本和技术密集型产品,相反美国贸易逆差的主要来源国竟成为美国高端产品的最大供给商(仅从贸易逆差角度分析)。表 5.3 表明,美国对其贸易逆差的主要来源国的高端产品出口存在高度的限制,以至于美国存在比较优势的高端产品在这些国家也出现巨额的贸易逆差,最为明显的是中国、墨西哥、马来西亚、爱尔兰和日本。2007 年这五个国家所有产品对美国的贸易顺差占美国总贸易逆差的 57.63%,而高端产品对美国的贸易顺差占美国高端产品贸易逆差的 232.40%,占美国总贸易逆差的 15.7%。2002 年中国对美国的高端产品贸易顺差占美国高端产品总逆差的 71.20%,2003 年高达 98.41%,2006 年更是高达 144.7%。以 2007 年为例,中国出口到美国的高端产品总额为 880.06 亿美元,从美国进口的高端产品仅为 203.49 亿美元,贸易逆差高达 676.57 亿美元(表 5.4),占中国对美国总贸易逆差的 26.5%。其根本原因是:美国政府担忧一旦放开对华技术出口的限制,会进一步促进中国经济的持续快速发展并推动其军事现代化,到 2015 年前后,中国将对现在的世界格局形成挑战,会对美国的"霸主"地位造成威胁,即所谓的"中国威胁论"。因此在对华贸易上有所保留,严格限制高新技术产品对华出口。为了取得经济和安全之间的平衡,这些能够成为美国创造巨额国际贸易收入的比较优势产品,变成了捆绑美国企业出口贸易的绳索。互补性很强的两个贸易主体的双向贸易流动变成了目前失衡的单项贸易流,其结果是在巨额的贸易逆差下中美贸易摩擦不断。

上述分析表明,美国与其他国家的产业结构和贸易产品的互补以及美国限制其具有很强国际竞争力的高端产品的出口是造成美国巨额贸易逆差的最直接和最微观的原因。

表 5.2　HS 分类制下,1997—2004 年美国与部分国家(地区)贸易逆差商品分布

| | 各类贸易品逆差在总逆差中的比例 $\lambda_1$ | | | 各类贸易品顺差在总逆差中的比例 $\lambda_2$[①] | | |
|---|---|---|---|---|---|---|
| | 3%至10% | 10%至30% | 30%以上 | 3%至10% | 10%至30% | 30%以上 |
| 中国 | (7)、(8)、(15) | (11)、(12)、(18) | (16) | | | |
| 日本 | (15)、(18)、第22类 | | (16)、(17) | | | |
| 加拿大 | (2)、(14) | (9)、(10)、(18) | (5)、(16) | (1)、(15) | (6)、(17)、第22类 | |
| 欧盟 | (15) | (4)、(5)、(11)、(12)、(13)、(20)、第21类 | (15)、(17)、第22类 | | (2)、(16)、(18) | (6) |
| 墨西哥 | (4)、(5)、(18)、第22类 | (11)、(20) | (16)、(17) | (10)、(15) | (6)、(7) | |
| 委内瑞拉 | (15) | | (5) | (6)、(17) | | (16) |
| 尼日利亚 | | | (5) | (2)、(16) | | |
| 韩国 | (5)、(7)、(11)、(15) | | (16)、(17) | | | |
| 马来西亚 | (7)、(11)、(20) | | (16) | (17) | | |
| 沙特 | | | (5) | (2)、(4)、(7)、(15)、(18)、(20)、第22类 | (16)、(17) | |
| 台湾地区 | (7)、第22类 | (11)、(15)、(20) | (16) | (2)、(17)、(18) | (6) | |
| 泰国 | (1)、(7)、(12)、(14)、(20) | (4)、(11) | (16) | (6)、(17) | | |

① $\lambda_2$ 一定程度上说明顺差对逆差的抵补程度 $\lambda = \lambda_2/(1-\lambda_2)$。假设某类商品的顺差额为 $x>0$,总逆差为 $Z<0$,$x$ 未抵补之前的总逆差则为 $(Z-x)$。因为 $\lambda_2 = x/Z$,所以 $\lambda = x/(Z-x) = \lambda_2/(1-\lambda_2)$ 且 $\lambda$ 关于 $\lambda_2$ 的导数为正。

续表

| | 各类贸易品逆差在总逆差中的比例 $\lambda_1$ | | | 各类贸易品顺差在总逆差中的比例 $\lambda_2$ | | |
|---|---|---|---|---|---|---|
| | 3%至10% | 10%至30% | 30%以上 | 3%至10% | 10%至30% | 30%以上 |
| 印度 | (15)、(20) | | (11)、(14) | (17)、(18) | (16) | |
| 印度尼西亚 | (1)、(4)、(5)、(7)、(9)、(20) | (12)、(16) | | (6) | | |

注:HS 的 22 类贸易商品分别为:(1)动物和活动物;(2)植物产品;(3)动、植物油、脂、蜡、精制食用油脂;(4)食品、饮料、酒及醋、烟草及制品;(5)矿产品;(6)化学工业及其相关工业的产品;(7)塑料及其制品、橡胶及其制品;(8)革、毛皮及制品、箱包、肠线制品;(9)木及制品、木炭、软木、编结品;(10)纤维素浆、废纸、纸、纸板及其制品;(11)纺织原料及纺织制品;(12)鞋帽伞等、羽毛品、人造花、人发品;(13)矿物材料制品、陶瓷品、玻璃及制品;(14)珠宝、贵金属及制品、仿首饰、硬币;(15)贱金属及其制品;(16)机电、音像设备及其零件、附件;(17)车辆、航空器、船舶及运输设备;(18)光学、医疗等仪器、钟表、乐器;(19)武器、弹药及其零件、附件;(20)杂项制品;(21)艺术品、收藏品及古物和第 22 类特殊交易品及未分类商品。

表5.3 美国高端产品的贸易状况

单位:亿美元

| | 2002 | 2003 | 2004 | 2005 | 2006 | 2007 |
|---|---|---|---|---|---|---|
| 生物技术 | 2.67 | 6.79 | 17.52 | 3.74 | 2.63 | 11.02 |
| 生命科学 | −135.88 | −179.34 | −182.35 | −138.96 | −148.54 | −146.53 |
| 光电技术 | −30.17 | −27.88 | −42.77 | −75.37 | −145.2 | −195.06 |
| 信息通讯 | −473.64 | −569.61 | −732.37 | −831.8 | −916.03 | −1 049.13 |
| 电子电机 | 161.55 | 214.62 | 212.4 | 209.49 | 254.71 | 235.1 |
| 柔性制造 | 20.3 | 20.57 | 55.23 | 29.57 | 43.66 | 38.88 |
| 高新材料 | −3.8 | −4.74 | −6.6 | −6.49 | −7.74 | −7.18 |
| 航空技术 | 282.27 | 266.6 | 303.81 | 372.06 | 537.3 | 588.23 |
| 武器 | 11.51 | 9.9 | 13.23 | 9.03 | 12.65 | 12.12 |
| 核技术 | −0.66 | −11 | −6.66 | −14.9 | −14.16 | −22.28 |
| 合计 | −165.85 | −274.09 | −368.56 | −443.63 | −380.72 | −534.83 |
| 占贸易逆差的比例 | 3.9% | 5.5% | 6% | 6.2% | 5.1% | 6.8% |

表 5.4 美国高端产品的国别贸易差额

单位:亿美元

| | 2002 | 2003 | 2004 | 2005 | 2006 | 2007 |
|---|---|---|---|---|---|---|
| 中国 | −118.08 | −210.55 | −362.71 | −469.33 | −550.94 | −676.57 |
| 日本 | −68.35 | −54.41 | −58.74 | −68.14 | −63.11 | −81.33 |
| 北美 | 1.27 | −0.45 | 11.63 | −1.99 | −33.64 | −129.76 |
| 其中:墨西哥 | −36.18 | −43.5 | −56.32 | −74.28 | −122.31 | −214.07 |
| 欧洲 | −50.93 | −75.72 | −39.18 | −49.84 | −33.74 | −22.1 |
| 其中:爱尔兰 | −98 | −112.88 | −96.96 | −98.47 | −101.9 | −116.77 |
| 英国 | 34.26 | 39.87 | 46.57 | 43.68 | 32.53 | 35.84 |
| 委内瑞拉 | 5.77 | 3.74 | 8.49 | 10.54 | 14.46 | 15.1 |
| 东南亚其他国家 | −175.94 | −172.14 | −224.186 | −225.79 | −212.33 | −177.93 |
| 其中:马来西亚 | −79.17 | −85.78 | −106.53 | −156.05 | −165.77 | −154.2 |
| 韩国 | −42.22 | −48.43 | −75.91 | −25.74 | 4.64 | −24.46 |
| 中国台湾 | −41.55 | −38.19 | −28.52 | −22.7 | −37.3 | −26.27 |
| 中东国家 | 6.46 | 7.6 | 12.71 | 14.6 | 15.36 | 16.71 |
| 非洲国家 | 3.99 | 2.05 | 3.62 | 6.91 | 11.67 | 5.66 |

## 第二节 美国经常项目逆差的成因:文献综述

美国因素是全球失衡的主要成因,这一点学术界已经基本达成共识。而美国经常项目逆差成因何在,学术界对此看法不一,主要可概括为:储蓄—投资缺口论和贸易供求论。

### 一、储蓄—投资缺口论

储蓄—投资缺口分析方法已成为分析美国经常项目逆差的主流模

式。McKinnon(1999)、Mann(2004、2005a)、Bernanke(2005),国内学者余永定(2007)、朱颖(2006)、施建淮(2005)、李石凯(2004)、姚枝仲(2003)等众多知名学者都首推该分析方法。储蓄—投资缺口论又可分为:美国投资—储蓄缺口论和其他国家的储蓄过剩论。前者的观点是:美国低储蓄及政府、私人的高消费是美国经常项目逆差的诱因,提高储蓄,降低消费才是扭转美国贸易逆差的根本手段;后者的主要观点是:其他国家的储蓄过剩是美国经常项目逆差的诱因,Bernanke(2005)是该观点的主要推崇者。Bernanke不否认美国的储蓄低和财政赤字对贸易逆差的影响,但他认为,美国的经常账户赤字不是"美国制造"的,而是全球储蓄过剩的结果。工业化国家由于面临老龄化问题,导致了储蓄高,投资低。发展中国家由于亚洲金融危机的教训,开始减少借入,减少财政赤字和增加外汇储备,以加强财政的稳固地位。发展中国家积累了与经常账户顺差相一致的外汇储备,外汇储备也代表着一个国家的储蓄。石油输出国因石油涨价增加了收入和储蓄。美国由于高生产率、高资本投资收益和其他国家难以比拟的资本市场的深度、广度、流动性以及美元作为关键国际储备货币的独特性使得美国成为其他国家储蓄过剩的避风港,外国资本不断流入美国,推动了美国股票和其他资产价格的上升,财富效应的出现导致美国人减少储蓄,增加消费。美国投资和储蓄缺口表现在经常项目上就是赤字不断扩大。财政赤字论、过度消费论等均可归属于投资—储蓄缺口分析方法的范畴。

## 二、贸易供求论

贸易供求论又可分为贸易总量论和贸易产品结构论。贸易总量论的基本逻辑是:经常项目赤字$=CA=X(P,E,Y^*)-M(P^*,E,Y)+NR$[①]($NR$表示净要素收入,因其值相对小,可忽略),即进出口量涉及进出口

---

[①] $P$、$Y$、$E$分别表示价格、产出和汇率,$*$表示国外或其他国家。

价格、两国的产出增长和货币比率。因此贸易总量论又分三个视角:第一从进出口量与收入的关系探讨,侧重于贸易的收入弹性分析,主要的观点是 H-M 效应;第二从进出口量与汇率(价格)角度探讨,侧重于贸易的价格(汇率)弹性分析,主要观点是 pass-through 效应和汇率钉住效应;第三从跨国公司直接投资的角度探讨美国和其他国家实际的进出口量问题,即直接投资论。

Houthaker and Magee(1969)通过对美国 1951—1966 年美国进出口额与国内外的实际国民收入以及相对价格指数的 OLS 回归发现美国出口的收入弹性仅为 0.99,而进口的收入弹性达到 1.51,也就是说如果美国和外国的国民收入都增长 1%,美国的进口将增长 1.51%,但出口只会增长 1%,这一现象被称为 H-M 效应。Marquez(2002)从移民效应角度对 H-M 效应进行了解释,即移民来源的分布和美国贸易收支逆差的国别分布有较强相关性,消费品和服务业移民效应的作用更加明显。Krugman(1989)从供给效应对 H-M 效应进行了解释,即经济相对高增长的国家能生产出更多更好的出口商品,这反过来会增加外国对这些国家商品的需求,也就是会增加外国的进口需求弹性。因此,经济相对高增长的国家其出口收入弹性较高,进口收入弹性较低,而经济低增长的国家则反之。根据盖伦(Gagnon,2003)估算,供给效应占到美国进口收入弹性的一半左右。在假定本国居民对进口商品类别的偏好相同的前提下,如果去掉供给效应,那么"无偏"的美国进口收入弹性将小于 1[①]。

Pass-through 效应指的是美元贬值或升值的价格传递效应。典型的例子是:2002 年第 1 季度—2004 年第 4 季度日本、欧元区、瑞典和加拿大的货币对美元分别升值了 15.2%、31.8%、32.3%和 20.6%,但是这些国家和地区的货币对美元的汇率波动的标准差/均值在不同程度地减少,而

---

① Gagnon(2003)使用贸易弹性的标准模型进行估计得到,美国的进口需求的收入弹性为 1.5。但是当在模型中去掉供给效应之后,该弹性系数下降至 0.75。

且欧盟国家、日本和加拿大对美国的出口价格从2002年第1季度至2004年第4季度分别下降了21.4%、20.4%和5.8%。另外这些国家对美国的出口价格对美元贬值的敏感度均达到了70%以上,也就是说美元贬值的进口价格传递效应很小。

汇率钉住效应指的是美国贸易逆差的主要来源国如中国、马来西亚等东亚国家和委内瑞拉、墨西哥等南美国家通过钉住美元并低估本币,从而取得贸易的竞争优势,获取巨额的贸易顺差。

贸易产品结构论。该观点的主要推崇者首推Mann。Mann(2004、2005a)从贸易商品结构(end-use category)研究了美国经常账户逆差的成因。她认为美国的贸易逆差主要来源于消费品和汽车的贸易逆差,而这两种商品的贸易逆差主要是因为国内储蓄与投资的缺口以及国外GDP大于国外的消费需求和投资需求的加权和,由于大量的经常账户逆差和美国国内经济不景气使得外国流入美国的资金从直接投资转为金融资产投资如政府债券和股票。Mann(2005b)从商品的贸易结构视角分别回归估计了汽车、工业原料(除能源外)、消费品和资本品四种贸易商品在发展中国家与发达国家的进出口收入弹性和价格弹性的区别,进一步论证了贸易产品的结构论。

### 三、直接投资论

直接投资论的基本观点是:美国对外直接投资的增加恶化了美国的商品和服务贸易的逆差,大多数实证数据表明美国对外投资对美国的进口带动效应要远远大于对外直接投资对美国出口的促进效应。对外直接投资的进口带动效应指的是:美国出于国内产业结构升级或出于降低成本和开拓市场等目的逐步向海外扩展(意味着美国对外直接投资的增加)。随着对外产业的转移,国内同类产业的产品供给下降,而美国消费者对这类产业的产品需求短期内保持稳定或趋于增加,产品价格上升,使得美国转移到国外的产业所生产的产品返销到美国,造成美国进口增加。

Ekholmetal(2003)和 Blogigen(2005)分别利用1993—1994年数据和1999年的数据计算得到：美国跨国公司垂直型的对外投资生产的产品的返销率较高，而水平型对外投资生产的产品的返销率较低。美国在亚洲地区的新加坡、马来西亚和中国香港投资生产的产品的返销率分别达到50%、41%和21%，在加拿大和墨西哥投资生产的产品的返销率也很高，而在欧洲投资生产的产品返销率较低。

美国对外直接投资出口促进作用弱的解释有两种：替代效应和互补效应。所谓替代效应是指美国大量的对外直接投资所生产的最终产品不仅直接满足了东道国消费者的需求，而且还从东道国的关境而非从美国本土直接出口到第三国，扩大了东道国的出口额[1]，却替代了美国本土最终产品的出口，美国在大部分东道国投资生产的产品的大部分均在当地市场销售，而且从部分东道国如爱尔兰、比利时和荷兰生产的产品出口到第三国的比例还很大；而互补效应是指美国对外直接投资直接带动了美国中间产品和部分原材料的出口或由于美国对外直接投资间接地促进了美国国内产业结构调整，间接地促进了高端产品的出口。为此，理论界有两种争论：(1)替代效应＞互补效应，美国直接投资对美国的出口存在抵减效应，Pain & Wakelin(1998)用扩展的出口需求模型发现美国的制造业对外直接投资每增加1%将导致其出口在世界市场中的份额减少0.25%，并且这种关系还将随着贸易与资本的自由化而更加显著；Desirée and Welsum(2003)利用Pain & Wakelin(1998)的方法发现美国的服务业与对外投资总量或服务业的对外投资存在显著的负相关关系。(2)替代效应＜互补效应，美国直接投资促进美国的出口。Lipsey在1981年、1984年和2000年发表的文章均坚持这一观点。

其他的解释还有国际分工模式变化论、美元本位论等。

---

[1] 中国就是一个很好的例子，中国65%以上的贸易顺差来自对美国等主要国家的出口。

总之,美国贸易赤字成因的论述虽然很多,如投资—储蓄缺口论(美国投资—储蓄缺口论、其他国家储蓄过剩论)、贸易供求论(H-M 效应、pass-through 效应、汇率钉住效应、直接投资论、贸易产品结构论)、国际分工模式变化论、美元本位论,并且对于美国贸易逆差成因都有很强的解释力,但本书认为,美贸易赤字有其根本原因,而且这些原因具有内在的逻辑关系。因此,本章第三节通过分析美国贸易逆差成因的各种因素,试图得到美贸易逆差的根本原因,并对其他解释美国贸易逆差的原因与本书认为原因加以辩证分析。

## 第三节 美国贸易逆差的成因:实证检验

### 一、实证检验

本节采用的实证模型是在 Goldstein & Khan(1985)和 Rose(1991)基础上的简单扩展,模型基本形式如下:

$$\ln(X_t) = \alpha_0 + \alpha_1 \ln(Y_t^*) + \alpha_2 \ln q + \alpha_3 \ln(FDI) + \alpha_4 \ln(FDI^*) + \varepsilon_t^* \quad (5.1)$$

$$\ln(M_t) = \beta_0 + \beta_1 \ln(Y_t) + \beta_2 \ln q + \beta_3 \ln(FDI) + \beta_4 \ln(FDI^*) + \varepsilon_t \quad (5.2)$$

其中 $X$ 和 $M$ 分别表示出口额和进口额;$Y_t^*$、$Y_t$ 分别为国外和美国的实际国内生产总值;$q$ 为实际有效汇率;$FDI$、$FDI^*$ 为美国对外的直接投资和外国对美国的直接投资;$\alpha_1$ 和 $\beta_1$ 为出口、进口收入弹性;$\alpha_2$ 和 $\beta_2$ 为出口、进口的汇率弹性;理论上 $\alpha_1>0, \alpha_2>0, \beta_1>0, \beta_2<0$;$\alpha_3$、$\beta_3$ 为出口、进口的对外直接投资弹性;$\alpha_4$、$\beta_4$ 为出口、进口的外国对美国的直接投资弹性。

模型将收入和实际汇率纳入到进出口方程解释变量中,是沿袭了 Goldstein & Khan(1985)和 Rose(1991)从传统的贸易收支局部均衡分析方法进行的实证模型设计,我们添加了相应的 FDI 解释变量,主要是为了突出全球生产布局对贸易的影响,因为直接投资对一国贸易品的供给和需求均能产生影响。由于对外 FDI 可能对本国原出口产品造成"替代效应";也可能由于关联产业外移而将原本的国内贸易转化为本国对海外企业的进口或出口,即"进口创造"或者"出口扩大"效应;因此 $\alpha_3$、$\beta_3$ 和 $\alpha_4$、$\beta_4$ 的具体符号方向不确定。

在估计时需要的美国商品的进出口数据、FDI、FDI*数据均来自美国 BEA 网站 1980—2004 年的国际收支平衡表;美国实际国内生产总值和实际有效汇率来自 BVD 全球宏观数据库;国外实际的生产总值来自 World Economic Outlook Database(2004)179 个国家基于 PPP 理论计算加总。

此外,由于数据的限制,本章未能使用协整—误差修正模型和向量自回归模型,只能使用简单的 OLS 方法,但实证结果与大多数文献的研究结果相似。

我们首先对所使用的数据进行单位根检验,检查数据的单整阶数。结果表明,美国实际国内生产总值、国外实际国内生产总值、实际有效汇率、进出口、直接投资等时间序列(对数值)均为一阶平稳数据,数据阶数相同可以使用一般的最小二乘方法进行回归,所得到的结果实际上揭示了这些变量之间的长期关系。

随后我们采用最小二乘方法估计式(5.1)和式(5.2),具体的结果见表5.6,并使用 Phillips-Perron 的非参数检验法检验是否存在单位根。总体而言模型的估计结果表现良好,模型拟合优度达到 98% 以上,不存在一阶、二阶自相关和异方差,残差项为零阶平稳,且模型的经济意义同理论一致。

表 5.6　1980—2004 年美国商品进出口回归结果

| | 变量 | 估计参数 | $t$ 检验的 $p$ 值 | 其他统计指标 |
|---|---|---|---|---|
| 出口方程 | $Y^*$ | 1.2084 | 0.0000 | $R^2=0.9910$　$\overline{R}^2=0.9901$ |
| | $q_{-2}$ | −0.7209 | 0.0000 | $S.E=0.0483$　$DW=1.4543$ |
| | $FDI$ | / | / | $LM_1=1.7362$　$LM_2=3.7239$ |
| | $FDI^*$ | / | / | $LM=4.7996$　$F=1\,100.99$ |
| | $C$ | 4.090 | 0.0000 | |
| 进口方程 | $Y_{-1}$ | 1.7598 | 0.0000 | $R^2=0.9843$　$\overline{R}^2=0.9828$ |
| | $q_{-2}$ | / | / | $S.E=0.0700$　$DW=1.5939$ |
| | $FDI^*$ | / | / | $LM_1=0.7485$　$LM_2=0.7672$ |
| | $FDI$ | 0.1479 | 0.0020 | $LM=1.7640$　$F=628.084$ |
| | $C$ | −3.800 | 0.0107 | |

模型的回归结果表明：

1. 从汇率对贸易收支的影响看，美元实际汇率贬值能够增加美国出口，实际汇率每贬值 1 个百分点，则出口额增长 0.72 个百分点(但需要 2 年的时滞)；而实际汇率对进口没有实质性的影响。

2. 从国民收入对贸易收支的影响看，美国进口的收入弹性为 1.76，高于外国的进口收入弹性 1.20，这证实同等速度的经济增长会扩大美国的贸易逆差(即存在收入不对称效应)。此外从弹性系数高低看，国内吸收效应对贸易收支的影响效果更显著。

3. 从直接投资和贸易收入之间的关系看，美国对外直接投资也是引起美国对外进口增长的原因，美国对外投资每增加 1%，进口就增加 0.15%；表明美国对外 FDI 具有"扩大逆差"效应，但该效应相对汇率和国民收入的影响而言较弱。

## 二、美国贸易逆差成因：汇率调整效应很弱

实证结果表明美元实际有效汇率贬值能够增加美国出口，实际汇率

每贬值 1 个百分点,则出口额增长 0.72 个百分点(但需要 2 年的时滞);而实际汇率对进口没有实质性的影响,由于美国的进口额远远高于出口额,因此如果美元贬值不能显著降低进口而只是通过促进出口发挥作用,显然需要贬值幅度加大。这种汇率影响的不对称效果,我们认为可以从美国贸易的国别结构结合商品结构进行解释。

(一)贸易伙伴国的汇率制度刚性

从贸易逆差分布的国别结构看,美元实际有效汇率尽管发生大幅贬值,但在美国的贸易伙伴之间的分布不对称,大部分发展中的贸易逆差来源国存在汇率制度刚性而使双边汇率调整不足。

20 世纪 90 年代中期以来,美国贸易逆差的来源国越来越多,正如 Catherine(2005)所说的,美国贸易逆差几乎是所有贸易伙伴的贸易顺差之和。表 5.7 显示了 1997—2004 年美国对外贸易逆差的国别分布状况以及相应的国家在 2002—2004 年汇率贬值的情况。美国对中国、马来西亚、沙特阿拉伯、委内瑞拉、印度尼西亚、墨西哥、尼日利亚、泰国、印度、日本、加拿大、韩国、中国台湾地区、瑞典以及欧元区国家等 15 个国家(或地区)的贸易逆差之和占到美国贸易账户逆差的 95.94%。

表 5.7 美国贸易逆差主要来源国:汇率制度与汇率表现(外国货币/USD)

| 国别 | 占美国贸易逆差份额(%) | 汇率制度 | 2002—2004 年美元名义贬值率(%) |
| --- | --- | --- | --- |
| 中国 | 22.7 | 钉住美元的汇率制度 | 0 |
| 马来西亚 | 3.3 | 钉住美元的汇率制度 | 0 |
| 沙特阿拉伯* | 1.2 | 钉住美元的汇率制度 | 0.1 |
| 委内瑞拉 | 2.5 | 爬行区钉住制度 | −62.4 |
| 墨西哥 | 7.1 | 浮动汇率制度 | −14.4 |
| 尼日利亚* | 1.9 | 事先不宣布干预路径管理浮动 | −8.1 |
| 印度尼西亚* | 1.9 | 事先不宣布干预路径管理浮动 | 3.1 |
| 泰 国 | 2.4 | 事先不宣布干预路径管理浮动 | 6.8 |
| 印 度 | 1.7 | 事先不宣布干预路径管理浮动 | 6.7 |

续表

| 国别 | 占美国贸易逆差份额(%) | 汇率制度 | 2002—2004年美元名义贬值率(%) |
|---|---|---|---|
| 中国台湾 | 4.1 | 浮动汇率制度 | 3.5 |
| 韩 国 | 2.4 | 浮动汇率制度 | 9.1 |
| 日 本 | 19.3 | 浮动汇率制度 | 15.8 |
| 加拿大 | 10.6 | 浮动汇率制度 | 20.6 |
| 欧元区 | 13.2 | 浮动汇率制度 | 31.8 |
| 瑞 典 | 1.5 | 浮动汇率制度 | 32.3 |
| 合计 | 95.7 | / |  |

注:表中带*号国家的名义贬值率是基于BVD宏观数据库中的月度数据年均值计算而成,其他国家的名义贬值率是基于美国政府联邦储备体系(http://www.federalreserve.gov)的每日数据年均值计算而成。

在这些主要贸易逆差国(也是主要的进口来源国)中,中国、马来西亚和沙特采用的是钉住美元的汇率制度,美元贬值对双边实际汇率的影响不大。委内瑞拉、墨西哥和尼日利亚虽是分别实行爬行钉住、浮动汇率制度和事先不宣布干预路径管理浮动的汇率制度,但2002—2004年,它们对美元的价值发生大幅贬值,到2004年末,委内瑞拉博利瓦、墨西哥比索和尼日利亚奈拉反而分别对美元贬值了60%,18.4%和12.66%。因此美国与上述国家的双边汇率并未发生充分有效的调整,即无助于彻底降低从上述6国的进口从而改善贸易逆差。而美元对印度、印度尼西亚、泰国、中国台湾和韩国等国家和地区的货币贬值幅度在2002—2004年之间均在9%以内,与此同时上述国家地区外汇储备大幅增长,说明这些国家和地区通过不断干预外汇市场使本国货币对美元不能过度升值,而且结合商品结构和上述国家出口价格看这些国家对美出口价格提高幅度也不大。上述新兴市场和发展中国家占美国对外贸易逆差的57%左右。

(二)传递效应部分抵消

美国贸易伙伴的汇率与对美出口价格之间的传递效果较弱,反映了这些国家对美国市场的依赖性。因此,即使某些国家双边汇率对美元升值,对美国进口的调整效果也微乎其微。

2002—2004 年对美元发生较大幅度实际升值的国家(地区)有日本、欧元区、瑞典和加拿大,其货币对美元分别升值了 15.2%、31.8%、32.3%和 20.6%。从表 5.8 看出,欧盟国家、日本和加拿大对美国的出口价格从 2002 年第 1 季度至 2004 年第 4 季度分别下降了 21.4%、20.4%和 5.8%,同时相比对其他地区出口,这些国家对美国的出口价格对美元贬值的敏感度最高均达到了 70%以上,日本最高为 77%,意味着这些国家的出口商在定价时承担了大部分本币对美元汇率升值的成本。

表 5.8　美元贬值前后各国家和地区对美国出口价格的变化

| 地　区 | | 2002 年<br>1 季度<br>出口价格 | 2004 年<br>4 季度<br>单位劳动成本 | 差别 | 美元贬值的价格传递性 | |
|---|---|---|---|---|---|---|
| | | | | | Pass-<br>through | 置信区间<br>(95%) |
| 欧盟 | 对美国出口价格 | −21.4 | 2.1 | −23.5 | 0.7 | (0.63,0.77) |
| | 对其他地区出口价格 | −4.9 | 2.1 | −7 | 0.24 | (0.13,0.36) |
| 日本 | 对美国出口价格 | −20.4 | −12.9 | −7.5 | 0.77 | (0.72,0.82) |
| | 对多地区出口价格 | −8.9 | −12.9 | 4 | 0.45 | (0.41,0.49) |
| 加拿大 | 对美国出口价格 | −5.8 | −1.1 | −4.7 | 0.72 | (0.41,1.03) |
| | 对其他地区出口价格 | 0.6 | −1.1 | 1.7 | 0.34 | (0.10,0.59) |
| 亚洲 | 对美国出口价格 | −13 | −2.4 | −10.6 | 0.74 | (0.66,0.81) |
| | 对其他地区出口价格 | 2.3 | −2.4 | 4.7 | 0.29 | (0.20,0.39) |

来源:Mario Marazzi et al(2005). Exchange Rate Pass-through to U.S. Import Price:Some New Evidence 有关表格的整理。亚洲只包括韩国、新加坡和中国的香港及台湾;差别是指利润收益率。

同样的情况也出现在亚洲。与 2002 年第 1 季度相比,2004 年第 4 季度亚洲国家对美国的出口价格下降了 13%;而且亚洲国家的出口价格(以出口国货币标值)对美元贬值的敏感性很大,仅次于日本,因此从亚洲进口的商品的美元价格上升很小。

进一步将国别结构和产品结构结合起来,我们可发现:日本对美国的贸易顺差主要来自电器产品和车辆等运输设备,它们分别占日本对美国贸易顺差的 53.64% 和 50.37%,日本这两类产品在美国具有绝对的竞争优势;加拿大蕴藏丰富的矿产品、木材等产品在美国的竞争力很强,而且由于北美自由贸易区和边境相邻的关系,美国与加拿大的边境贸易和产业内贸易频繁以及直接投资兴盛,不仅使得加拿大成为美国最大的贸易伙伴,而且美国与加拿大之间互有顺差产品,但加拿大顺差的产品较美国多。欧盟与美国的贸易也存在类似的情况。亚洲的印度、泰国等对美国逆差商品主要是纺织品、电器产品以及部分原料产品。这些产品在美国具有很强的竞争优势,如电器产品一项,泰国、印度、印度尼西亚和中国台湾对美国贸易顺差就占本国总顺差的 37.35%、18.6% 和 78.7%,而且对美国居民而言这些产品均是生活必需品,美国居民不会因这些产品的进口价格小幅上升而减少进口消费。

因此,从美国贸易逆差的国别分布和商品分布的结构来看,主要是因为主要贸易伙伴的汇率制度和政策,使美国实际汇率贬值的国别分布不均,而对美国市场的高度依赖性使汇率贬值对美国进口价格的传导效应很弱,从而汇率贬值难以降低美国的进口,由于进口相对出口规模庞大,其他条件不变,仅凭美国汇率的贬值对出口的促进效应难以在短期内改善美国的贸易逆差。

## 三、国民收入与贸易收支的关系——对 H-M 效应的解读

传统的贸易逆差分析习惯于强调美国经济增长导致的旺盛的国内需求,而相应的欧洲和日本经济增长相对迟缓从而导致对美国的出口需求不足,而我们的实证模型表明,外国对美国的进口收入弹性为 1.21,小于美国进口的收入弹性 1.76,这意味着即使美国和外国保持同样的增长速度,美国的贸易逆差也有扩大的趋势。这一结果与 Houthaker and Magee(1969)及其后诸多经济学家的研究结果一致(表 5.9)。Houthaker and Magee(1969)通过对美国 1951—1966 年美国进出口额与国内外的实际国民收入以及相对价格指数的回归发现美国出口的外国收入弹性仅为 0.99,而进口的本国收入弹性达到 1.51,也就是说如果美国和外国的国民收入都增长 1%,美国的进口将增长 1.51%,但出口只会增长 1%,该现象被称为 H-M 效应。Goldstein and Khan(1978),Cline(1989),Hooper et al(1998),Yi Wu(2000),Mann(2003),Schneider(2004)等也证实了 H-M 效应的存在[①]。Wren-Lewis and Driver(1998)和 Mann(2003)对商品和服务进行了分类研究,认为美国服务产品出口收入弹性大于进口的收入弹性,然而 Chinn(2004)等学者用商品和服务贸易数据进行回归,仍检验出 H-M 效应。

表 5.9 美国出口收入弹性和进口收入弹性的检验情况汇总

| | 数据时间 | 出口弹性 | 进口弹性 |
| --- | --- | --- | --- |
| Houthakker and Magee(1969) | 1951—1966 | 0.99 | 1.51 |
| Goldstein and Kahn(1978) | 1955:1—1970:4 | 1.01 | 2.32 |
| Cline(1989) | 1973.1—1987.4 | 1.7 | 2.44 |
| Hooper,Marquez(1993) | 1976:2—1992:2 | 1 | 2.5 |
| Hooper,Johnson,Marquez(1998) | 1960—1996 | 0.8 | 1.8 |
| Yi Wu(2000) | 1960—1998 | 1.56 | 2.21 |
| Mann(2003) | 1976—2000 | 1.4 | 2.2 |
| Schneider(2004) | — | 1.2 | 2 |

资料来源:对 Sawyer and Sprinkle(1996)有关表格和相关文献的整理

除了 Helkie and Hooper(1988)、Feenstra(1994)、Marquez(2000)等从进口价格指数选择、用以检验的贸易商品的选择等技术上的原因进行的解释外,学者们对 H-M 效应的主要解释还包括:

---

① 不过 Arora et al.(2001)和 Chinn(2004)认为美国 Houthakker-Magee 效应正逐步消失。

1. 移民效应。这是从消费需求偏好角度进行的分析。由于各国的移民往往会保持对他们各自国家产品的偏好,将增加美国从移民来源国的商品进口。

Marquez(2000)认为美国移民与进口额/GDP 比例存在很强的相关关系。20 世纪前半个时期,美国进口额/GDP 的比例及移民数量均下降,但二战后,这种趋势正好相反。从 20 世纪 70 年代至 1995 年,从亚洲进口额/GDP 的比例与移民数量几乎同步上升,而从欧洲进口额/GDP 的比例与移民数量几乎同时下降,从北美进口额/GDP 的比例与移民数量稳中有降,尽管 1990 年移民数量大幅攀升。为此,Marquez(2000)根据这一现象对 Houthaker and Magee(1969)所使用的方程加入"移民因素"并进行回归,结果发现加入移民因素后,美国进口的收入弹性大幅下降(Marquez,2002),因此移民效应是能有效地解释美国进口收入弹性的一个原因。此外 Marquez(2000)还分别回归了消费品、生产品、服务与移民因素的关系,发现对于消费品和服务业进口而言,移民效应十分明显。

2. 考虑到一国出口供给效应的 45 度规则效应。该效应认为,高经济增长的国家较其他国家能更快地生产出更多的出口商品,这些国家会千方百计地扩大出口,增强外国对商品的需求,即增加外国的进口需求弹性。因此,高经济增长的国家其出口收入弹性较大,进口收入弹性较低。而经济低增长的国家则反之。

Krugman(1989)通过两国的一期完全垄断模型从理论上论证了 45 度规则存在的合理性,并利用 Houthaker and Magee(1969)的数据证实了美国存在 45 度规则效应,Yi Wu(2004)的实证模型也证实了这一点。说明高经济增长国家的这种供给效应对于美国进口弹性的影响是显著的。Gagnon(2003)使用贸易弹性的标准模型得到,美国的进口收入弹性为 1.5。但在模型中去掉供给效应之后,弹性系数即刻下降至 0.75,说明供给效应占到美国进口收入弹性的一半左右。

鉴于美国和外国经济增长对贸易收支的影响是不对称的,再考虑到当前美国进出口额的显著差异,要改善美国的贸易逆差,其他条件不变,外国经济增长速度需要明显高于美国的经济增长速度;或者在美国实施紧缩的时候,其他国家采取刺激需求的办法,这一解决办法实际上是要让美国贸易逆差调整成本在全球进行分配。从2005年全球经济表现来看,美国预计经济增长为3.5%,则即使世界其他国家经济增长达到3.5%,不考虑其他影响,根据模型计算,2005年美国的贸易逆差也将扩大10%,要使当年贸易逆差不再扩大,则其他国家的增长速度至少应该保持在7.8%[①]左右,即为美国增长速度的2倍以上,而这明显难以实现。

### 四、对外直接投资与贸易逆差

本章的实证结果表明,美国对外直接投资的增加将恶化美国的商品和服务贸易的逆差,美国对外投资每增加1%,美国的进口增加0.15%,而外国对美直接投资对美国的出口无影响。这意味着直接投资对美国贸易收支的影响也是不对称的,美国对外直接投资具有"进口扩张"效应。

我们对此的解释是,美国对外直接投资的增加主要动因在于美国国内产业结构升级和降低成本,改变了原有产业产品的供求结构。从1997年至2003年美国制造业对外投资不断增加,对外投资存量从1997年的2 784亿美元增加到2003年的3 780亿美元,而且对外投资的制造业的产业结构逐步升级(见表5.10):制造业中劳动密集型的产业如食品比重大幅下降,低端的资本密集型产业如机械产业对外投资也大幅下降,而技术密集的电气和电子设备投资大幅上升。这与资本品中电脑与外围设备

---

① 2004年美国商品和服务进口额为17 690亿美元,出口额为11 510亿美元,贸易逆差约6 175亿美元,若进口增长3.5%×1.76,出口增长3.5%×1.21,则贸易逆差将扩大约600亿美元,增长幅度约为10%左右;若当年贸易逆差不再扩大,则世界其他国家整体经济增长率应该为:17 690×3.5%×1.76/(1.21×11 510)

的巨额贸易逆差有很大的相关性,这些产业向外转移往往是通过"外包"的方式获得国外低廉的劳动力成本,"外包"好的产成品再返销美国,无形中增加了美国的贸易逆差。

表 5.10 美国制造业和部分服务业对外投资(存量)产业分布

| | 1997 | 1998 | 1999 | 2000 | 2001 | 2002 | 2003 |
| --- | --- | --- | --- | --- | --- | --- | --- |
| 食品 | 0.12 | 0.12 | 0.11 | 0.07 | 0.07 | 0.07 | 0.06 |
| 化工 | 0.27 | 0.27 | 0.26 | 0.22 | 0.26 | 0.25 | 0.24 |
| 金属制品 | 0.06 | 0.06 | 0.06 | 0.06 | 0.06 | 0.06 | 0.06 |
| 机械 | 0.11 | 0.11 | 0.12 | 0.06 | 0.06 | 0.06 | 0.06 |
| 电气和电子设备 | 0.11 | 0.11 | 0.12 | 0.18 | 0.18 | 0.18 | 0.18 |
| 运输设备 | 0.13 | 0.12 | 0.11 | 0.15 | 0.12 | 0.12 | 0.12 |
| 批发零售贸易 | 0.07 | 0.07 | 0.07 | 0.07 | 0.07 | 0.07 | 0.07 |
| 金融保险 | — | — | 0.16 | 0.15 | 0.15 | 0.15 | 0.17 |
| 专业及科技服务 | 0.05 | 0.06 | 0.06 | 0.02 | 0.02 | 0.02 | 0.02 |

资料来源:U.S Census Bureau. Statistical Abstract of the United States

从供给角度看,随着产业的对外转移,国内同类产业的产品供给下降,而美国转移到海外的生产基地则由于成本低廉而获得了竞争优势;从需求角度看,美国消费者对这类产业的产品需求短期内保持稳定或趋于增加,产品价格上升,使得美国转移到国外的产业所生产的产品返销到美国,造成美国进口增加。Ekholm et al(2003)和 Blogigen(2005)分别利用 1993—1994 年数据和 1999 年的数据计算表明:美国跨国公司垂直型的对外投资生产的产品的返销率较高,而水平型对外投资生产的产品的返销率较低。美国在亚洲地区的新加坡、马来西亚和中国香港投资生产的产品的返销率分别达到 50%、41% 和 21%,在加拿大和墨西哥投资生产的产品的返销率也很高(表 5.11)。

表 5.11　美国跨国公司对外投资生产后的产成品销售去向

单位:%

| 作者 | 国家类别 | 当地销售 | 返销美国 | 出口到第三国 |
|---|---|---|---|---|
| Ekholm,Forslid,Markusen（2003）利用1993—1994年的数据计算结果 | 所有国家和地区 | 60.0 | 14.0 | 26.0 |
| | 爱尔兰 | 15.0 | 9.0 | 76.0 |
| | 比利时 | 34.0 | 5.0 | 60.0 |
| | 荷兰 | 38.0 | 4.0 | 59.0 |
| | 新加坡 | 17.0 | 50.0 | 33.0 |
| | 马来西亚 | 28.0 | 41.0 | 31.0 |
| | 香港(仅1993年) | 45.0 | 21.0 | 34.0 |
| | 加拿大 | 54.0 | 43.0 | 3.0 |
| | 墨西哥 | 66.0 | 31.0 | 3.0 |
| Blonigen（2005）利用1999年的数据计算结果 | 所有国家和地区 | 67.0 | 10.4 | 22.3 |
| | 加拿大 | 70.0 | 27.8 | 2.1 |
| | 欧洲 | 66.0 | 4.4 | 29.7 |
| | 亚太地区 | 71.0 | 11.1 | 17.6 |
| | 拉丁美洲 | 66.0 | 17.3 | 16.8 |
| | 制造业 | 59.0 | 15.0 | 26.1 |
| | 非制造业 | 76.0 | 5.9 | 18.4 |

美国在亚洲国家投资生产的产品的返销率很高可能是美国资本密集产业出于降低成本和开拓市场等目的逐步向海外扩展,或高端的知识技术密集产业为获取国外廉价劳动力以"外包"等形式给国外的子公司加工生产,产成品再返销至美国的结果。例如美国摩托罗拉在中国的子公司生产的手机30%以上返销至美国。据美国的一份调查报告称:到2010年美国将有25%的高科技工作将被"外包",其中印度可能是最大的受惠国。美国把非核心的生产、营销、物流、研发乃至非主要框架的设计活动,都分别包给成本低的发展中国家的公司或外国子公司去完成,不仅减少了固定投入成本,而且达到了在全球范围内利用最优资源的目的。

美国在加拿大或墨西哥投资生产的产品返销率很高可能因为北美自由贸易区和边境贸易的贸易壁垒低。就美国汽车贸易与直接投资而言,加拿大和墨西哥是美国汽车贸易主要逆差国之一(日本是美国汽车贸易逆差最大来源国),1989—2004年,加拿大和墨西哥对美国的汽车贸易逆差占美国汽车贸易逆差的比重平均分别为23%和9.5%。根据美国Isabel Studer(2004)的估计,美国与NAFTA的汽车贸易80%～90%来自边境的产业内贸易或直接投资;Lenz(2000)指出美国51.6%的汽车零部件出口到加拿大和墨西哥的子公司,80%以上在加拿大和墨西哥生产的整车又返销到美国。

最后,我们的实证结果没有发现在美国对外直接投资和出口之间的显著相关关系,而传统的理论界认为这两者之间可能存在替代效应,即对外直接投资增加在制造业中会抵减对外出口,或对外直接投资会有促进美国出口的扩大效应,详见Pain & Wakelin(1998)、Desirée and Welsum(2003)等。

实际上,文中关于汇率、国民收入和对外直接投资等进行的分析表明,恶化美国经常账户的因素均有着深刻的结构性原因或客观制度因素,因此,仅仅通过美元汇率变动并不能改善美国的贸易收支,降低美国贸易逆差的根本途径在于美元贬值与国内紧缩政策相结合。然而从现实来看,美国的贸易收支状况是全球经济背景下自发形成的,背后还有很多深层次的因素如产业结构升级调整、其他国家的发展战略与汇率制度等,使得美国的贸易逆差存在一定的必然性,在中期内不会得到根本性扭转和改善,但这些因素本身也蕴涵着自我纠正的机制和转变的可能。

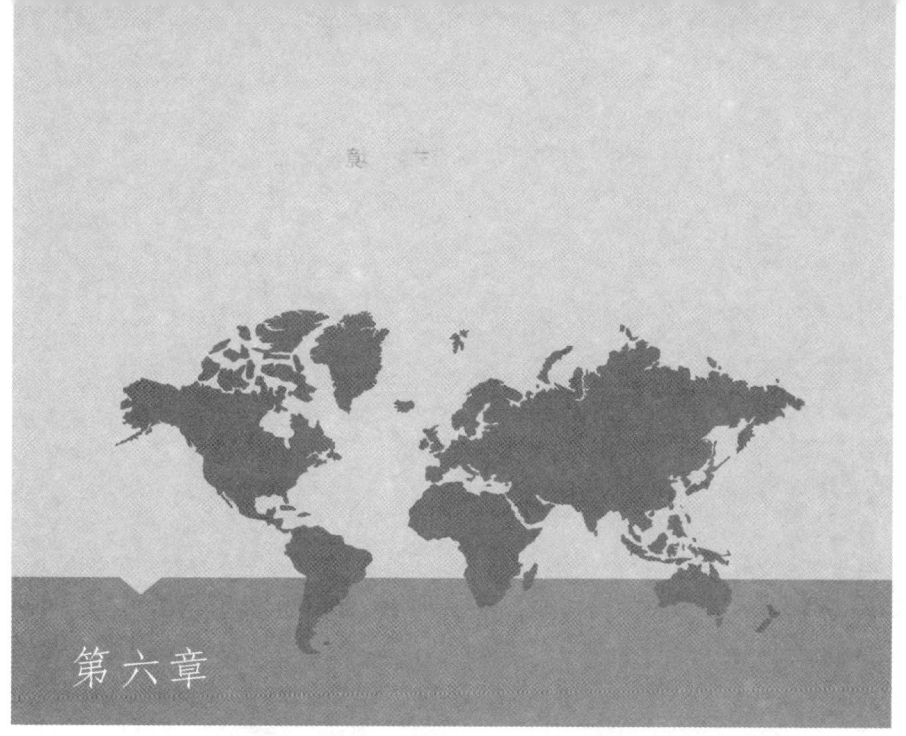

第六章

# 美国经济增长的双循环机制

# 第一节　美国债务依赖型的经济发展模式

由第五章的分析得知美国短期内不可逆转的经常项目结构性逆差有利于美国经济增长,对美国而言维持这样的逆差是有利可图的,也是合理的。由于美元的特殊的储备地位,经常项目逆差的直接表现就是资本项目的顺差。如果美国高额的经常项目赤字能够源源不断地得到外部资金的支持从而弥补了国内投资高于储蓄的缺口,那么美国高消费、低储蓄和经常项目赤字的状况就能维持下去。随着美国经常项目赤字的不断恶化和国内巨大的储蓄缺口,美国需要越来越多的外国融资,其净债务积累不断增大。有人预言美国金融体系会因此而走向崩溃,然而事实上在国际收支严重失衡的情况下,美国强劲的经济增长使得其他国家甚至是发达国家难以望其项背。本章主要分析美国的经济发展模式,同时研究其他国家流入美国的投资结构及其投资效率、美国利用其他国家流入的资本向其他国家进行投资的结构特点及投资效率,从而揭示美国作为全球资本配置中心这一全球不平衡发展结构的基础。

### 一、金融创新与货币政策

美国经济发展模式形成的基础是美国的金融发展和美国的货币政策。

美国金融与货币政策可以概括为：

第一，宽松货币政策。无论是对付1987年的股市泡沫，还是应对东亚金融危机，抑或是摆脱2001年的互联网泡沫，格林斯潘采取的对策都是一个，那就是宽松货币政策——低利率政策，连续28次降息！格林斯潘时代另外有个代名词，就是低利率时代。

第二，金融自由化政策。格林斯潘上任之后，在金融自由化、放松监管政策推动下美国金融创新进入一个历史高潮。金融衍生品促进次贷产品市场快速发展，推动房地产泡沫的形成。随着衍生品链条的延伸，链条中的每一个主体（一般投资者、金融公司、商业银行、机构投资者）都在选择各自的投资规模和投资品种，同时致力于风险控制。风险控制的驱动下，金融衍生品不断增加，金融和债务链条无限延伸，信息不对称程度无限加大。必然是，每一个投资主体对风险的估计都出现了低估。在风险低估的背景下，对房地产及其衍生品的投资规模无限扩大，超出了风险控制范围，全社会金融风险在急剧扩张。

第三，强势美元政策。强势美元政策是美国宽松货币政策和金融自由化政策得以发挥作用的基础。这就是格林斯潘所说的一切问题都可以解决，"只要印钞票就可以了"。

实行宽松货币政策（印钞票），向市场提供基础流动性；金融自由化和金融创新就是让美国企业、消费者和政府有能力消费和投资，使基础流动性快速流动起来。这样，宽松货币政策和金融自由化政策极大地推动了美国总需求的扩张，货币和金融推动的总需求的扩张，主要体现为美国人和美国政府的负债消费特性。经济学上讲的需求是有支付能力的需求，没有需求怎么办，印钞票就可以了。其他国家印钞票无法根本解决问题，因为印钞票会最终体现为本国的通货膨胀；但是美国不会，美元是世界货币，承担世界货币功能的50%以上，美国印钞票就是向全球征收铸币税，就是让全球人民为其承担债务，换言之，就是全球人民为其提供商品供给满足美国无限扩张的总需求，消除其总需求无限扩张过程中出现的总供给缺口。这样的过度需求必然表现为美国对外债务的快速扩张,表现为美国经常账户逆差的无限扩大。这就是国际货币基金组织 2004 年以来不断强调的全球不平衡问题。2008 年的全球金融危机是这种不平衡扩大到一定程度、不可持续的必然结果。

## 二、经济发展模式

于是我们很清楚地看到如图 6.1 所示的由宽松的货币与金融政策推动的美国经济发展模式:

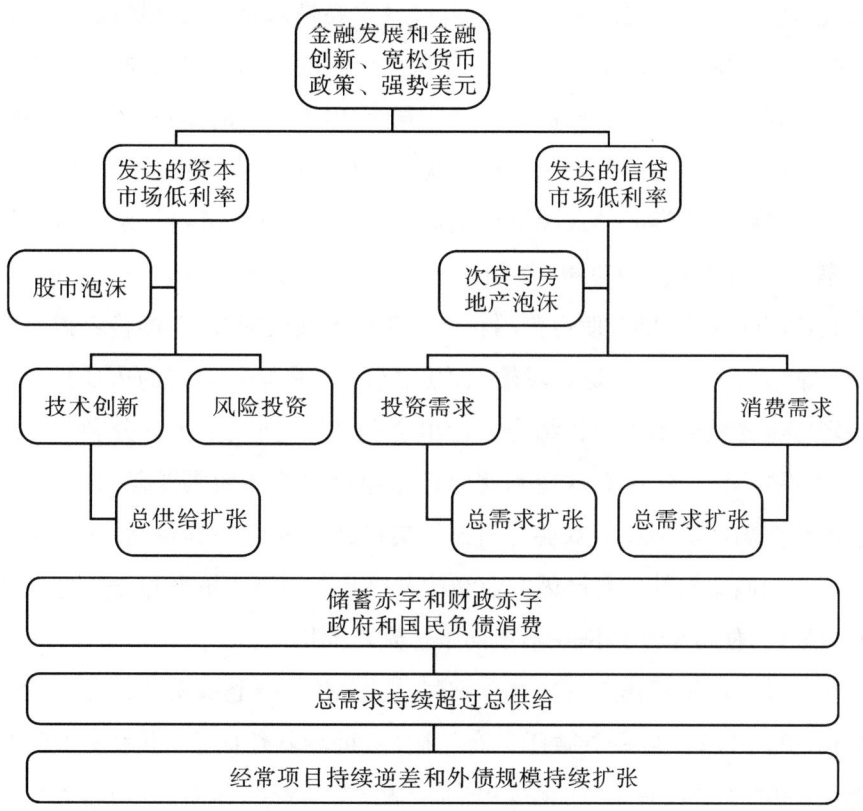

图 6.1　美国的经济发展模式

这样一种发展模式以金融发展和货币宽松为基础,具有很强的虚拟特性和货币特性。这种经济发展模式必然是金融产业和房地产行业的巨大扩张,制造业不断萎缩。2007 年美国制造业占 GDP 的比重为 11.68%,对经济增长贡献最大的金融和房地产服务业(不包括建筑)利润总额占美国当年利润总额的 40% 以上。美国消费在 GDP 中占有巨大比重(80% 以上)。

美国经济增长的主要动力来源于私人消费需求。随着美国产业结构的升级,国内形成了巨大的供给缺口,必须通过经常项目逆差来满足因产业结构升级而无法生产或少生产的必需品或中低端奢侈品的国内消费需求。这就为内需不足的出口导向型国家(主要是东亚新兴市场经济体,这些国家是美国主要的贸易顺差国)提供了广阔的市场,也为其相对过剩的储蓄找到了安全可靠的投资出口。一方面,出于美元的储备地位、国内投资不足(投资缺口)以及安全性的考虑,这些国家又将从贸易顺差中积累的资本以政府债券的形式投资到美国,使得美国资本市场长期维持着低利率水平,这又反过来促进了美国私人消费和投资的膨胀。另一方面,由于其他国家储蓄过剩,使得美国获得了源源不断的资金,美国将获得的廉价资本重新分配,向全球市场输出(其中东亚国家是很重要的市场),并与特定区位的低成本要素相结合创造出高额利润,而其中大部分利润又通过收入账户流回美国。这些利润已远远超过因外债而需要偿付的利息。这就是美国经济增长的双循环机制。美国依靠这样一种机制,用其他国家过剩的储蓄弥补了自己因产业结构升级和国内私人消费过旺而造成的储蓄缺口,使得全球经济在不平衡中达到一种均衡。

这种经济发展模式表现在外部经济上,便是一个双循环的经济发展结构,见图 6.2。第一个循环是商品循环,世界其他国家,也就是贸易顺差国,例如中国和日本,向美国提供价廉物美的资源和商品,美国支付给这些国家美元现钞,要注意的是,美元由美联储自己印制即可。第二个循环是资本循环,其他国家将贸易顺差积累起来的美元储备,及国民储蓄通过购买美国国债或其他债券投资到美国,美国将这些资本部分满足消费需求和国内投资需求之外,其余再回投到世界其他国家;美国在其他国家的投资收益再源源不断地流回美国。

现在的关键问题是,是什么因素保障了这样一个双循环的外部发展模式从而支撑了美国独特的经济发展模式呢?

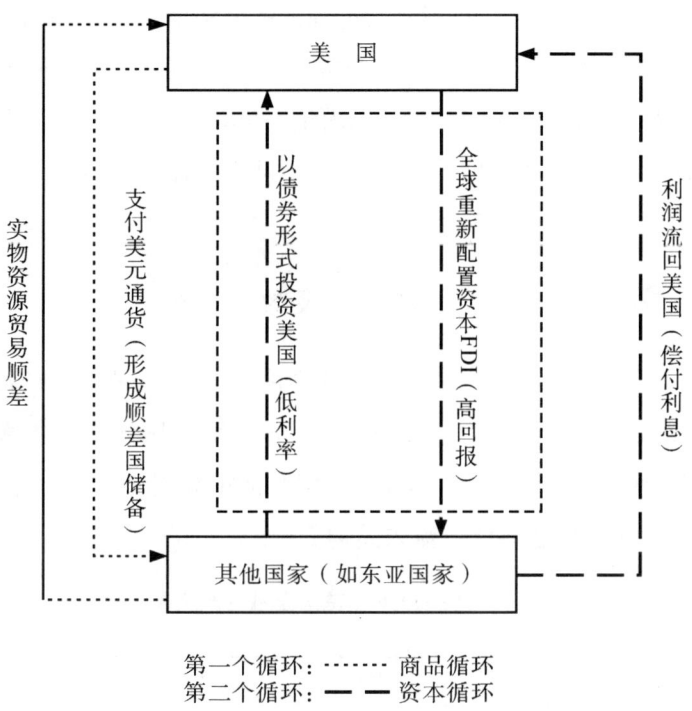

第一个循环:┈┈┈ 商品循环
第二个循环:━━━ 资本循环

图 6.2　美国的双循环发展模式

## 第二节　外国资本流入的结构及效率分析

从前面的分析,我们可以看出美国经济在净债务积累不断增加的情况下仍然可以维持较高的经济增长率,其关键就在于流入和流出资本的结构和收益的差异。也就是说,美国能够以廉价的成本吸入资本,而将资本在全球进行投资和管理时能够获取较高的收益率。这就是典型的低吸高投的投资模式。我们之后的分析很快就可以证明这一点。

由于经常项目赤字的不断恶化,美国对外净债务积累不断扩大。2006年美国净外债已累积至25 396.26亿美元,占当年GDP的19.25%。然而如此巨大的债务并没有影响美国强劲的经济增长和其他国家的资本流入意愿。其原因在于,美国利用经常项目逆差和资本项目顺差获得补偿性资源和廉价资本,并在全球范围内重新配置资本以获得高额利润,实现以美国为中心国家的双循环机制。本节从资本流入和流出两个方面加以分析。

## 一、其他国家资本流入的结构及效率分析

为了弥补美国国内较高的个人消费和投资需求所带来的经常项目逆差和储蓄缺口,美国产生了巨大的资金需求。而美国凭借其强大的经济实力和美元的储备地位获得了源源不断的外部资金支持。表6.1是1999—2006年美国金融资产流入结构。

表6.1 1999—2006年美国金融资产流入结构

单位:10亿美元

| | 1999 | 2000 | 2001 | 2002 | 2003 | 2004 | 2005 | 2006 |
|---|---|---|---|---|---|---|---|---|
| 外国官方资产流入① | 43.5 | 42.8 | 28.1 | 115.9 | 278.3 | 387.8 | 199.5 | 300.5 |
| 其中:购买美政府债券 | 32.5 | 35.7 | 54.6 | 91.0 | 224.9 | 305.0 | 156.5 | 243.8 |
| 外国私人资产净流入② | 181.1 | 444.8 | 377.6 | 390.6 | 258.0 | 190.1 | 566.3 | 411.0 |
| 其中:FDI净流入③ | 64.5 | 162.1 | 24.7 | −70.1 | −85.9 | −111.0 | 100.7 | −65.3 |

---

① 美国投资在国外的官方资产很少,因此不计算外国官方资产流入净值

② 外国私人资产流出−美国私人资产流入

③ 美国吸收的FDI−美国对外FDI

续表

| | 1999 | 2000 | 2001 | 2002 | 2003 | 2004 | 2005 | 2006 |
|---|---|---|---|---|---|---|---|---|
| 购买非政府证券净值① | 176.6 | 332.0 | 303.2 | 234.7 | 74.0 | 234.9 | 294.0 | 343.5 |
| 购买美国政府债券 | −44.5 | −70.0 | −14.4 | 100.4 | 91.5 | 102.9 | 199.5 | 29.4 |
| 外国持有美元 | 22.4 | 5.3 | 23.8 | 21.5 | 16.6 | 14.8 | 19.4 | 12.6 |
| 短期债务净值 | −37.9 | 15.5 | 40.3 | 104.0 | 161.9 | −51.7 | −47.3 | 90.9 |

数据来源：美国经济分析局

对表 6.1 进行分析整理可以得出其他国家对美国的融资结构，如表 6.2。从 1999 年到 2006 年，外国购买美国证券的比例平均为 82.3%，其中购买美国政府债券比例占到美国金融资产流入的 31.2%，FDI 平均占 2.87%，以现金持有和短期债务为主的其他资产流入平均占到 9.47%。从金融资产流入结构看，以间接投资为主，绝大部分是美国的有价证券，其中又以政府债券为主。也就是说，其他发达国家和发展中国家从顺差中获得的收入，有很大一部分返回到美国的企业债券和股票上寻求收益，从而为美国企业提供了大量融资。而其他国家对美国的直接投资可以说微乎其微，甚至在 2002 年至 2004 年以及 2006 年出现了 FDI 负的净流

表 6.2 美国金融资产流入结构比例

| | 1999 | 2000 | 2001 | 2002 | 2003 | 2004 | 2005 | 2006 | 平均 |
|---|---|---|---|---|---|---|---|---|---|
| 外国购买美国证券②比例 | 0.73 | 0.61 | 0.85 | 0.84 | 0.73 | 1.11 | 0.85 | 0.87 | 0.823 |
| 其中：美国政府债券比例 | −0.05 | −0.07 | 0.10 | 0.38 | 0.59 | 0.71 | 0.47 | 0.38 | 0.312 |
| FDI 比例 | 0.29 | 0.33 | 0.06 | −0.14 | −0.16 | −0.19 | 0.13 | −0.09 | 0.028 |
| 其他③ | −0.07 | 0.04 | 0.16 | 0.25 | 0.33 | −0.06 | −0.04 | 0.15 | 0.095 |

① 外国购买美国非政府证券－美国购买的外国非政府证券，包括股票和债券
② 官方购买美国政府债券＋私人购买非政府证券净值＋私人购买美国政府债券
③ 外国持有美元＋短期债务净值

入,表明外国对美国的融资不但用于支撑经常账户逆差,而且还用于弥补其对外资本输出缺口。世界500强的非金融性企业中,有37%的总部设在美国,其营业收入占全部的41%。美国凭借其金融中心和跨国公司大本营的地位,不仅用外国的贸易顺差购买外国的产品,而且还用外国的顺差向外国进行投资。那么,流入美国资本的收益率如何呢?这成为研究美国是否有足够清偿能力和资本使用效率的起点。

既然外国对美国的融资的主要形式是有价证券,而其中政府债券又占到了很大的比例(35.2%,特别是2002年以后所占比例更是高达平均57.7%),那么考察政府债券的收益率也就成为分析资本流入效率的关键。图6.3给出的是一年期美国政府债券到期收益率。从1990—2007年一年期到期收益率呈震荡下降的趋势,特别是2001年以后,一年期国债的收益率始终保持在5%以下,而在此期间美国的经常项目逆差和资本项目顺差持续扩大。根据美国联邦储备局的数据计算,扣除通胀因素的10年期美国政府债券到期收益率从2003年至2007年的均值为2.06%,2005年甚至达到过1.81%的低利率水平。美国巨额的财政赤字

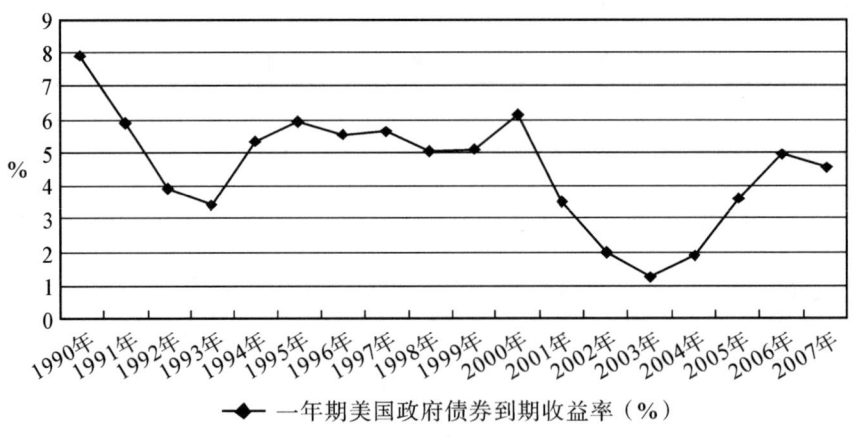

**图6.3 一年期美国政府债券到期收益率(%)**

数据来源:美国联邦储备局 http://www.federalreserve.gov/DataDownload/Choose.aspx? rel=H.15 分析整理

和居民的过度消费并没有使得美国的中长期利率水平提高,反而长期实际利率维持在2%左右的低水平上,这足以说明美国的资本市场存在着过度供给,流入美国的外部资金不仅充足,而且到了过度的程度。美国正在享用着大量廉价的资本供给以促使本国经济的增长。

## 二、外部资金供给的国别结构及效率分析

资本的本性是追逐更高的利润,那么为什么在美国长期低投资收益率的情况下,还会有资金源源不断地流向美国呢?这些资金又主要是从哪些国家流向美国呢?这个问题实际上已经涉及美国资本项目顺差的可持续性问题。表6.3是美国政府债券持有量前七位的国家和地区。

由表6.3可以看出,美国政府债券的债权方主要集中于东亚国家和地区(日本、中国大陆、中国台湾和韩国),其对美国的债券融资占其融资总额的55%,而日本和中国承担了其中的80%,成为对美国资金供给的主体。其余主要债权方为以英国和日本为代表的发达国家和石油输出国。

表6.3 美国政府债券主要债权方

单位:10亿美元

|  | 2003 | 2004 | 2005 | 2006 |
| --- | --- | --- | --- | --- |
| 日本 | 5 948 | 8 663.3 | 8 782.9 | 8 187.8 |
| 中国大陆 | 1 841.7 | 2 427.2 | 3 517.1 | 4 634.7 |
| 石油输出国 | 537.3 | 678.9 | 8 74.9 | 1 365.6 |
| 英国 | 1 012.5 | 1 110.8 | 1 397.3 | 1 486.6 |
| 加勒比银行中心 | 687.2 | 913 | 1 055.9 | 909.4 |
| 韩国 | 656 | 697.4 | 791.5 | 880.5 |
| 中国台湾 | 552.8 | 800.3 | 900.8 | 839.3 |

数据来源:美国财政部 http://www.treas.gov/tic/mfhhis01.txt 分析整理

为何东亚国家和地区的资金会大量流向投资回报率很低的美国债券市场呢?

1997—1998年的亚洲金融危机使发展中国家和新兴市场经济国家深刻地认识到，由于背负"原罪"[①]，即它们不能用本国货币进行国际借款，甚至本国货币也不能被用于国内长期借款（由于国内债券市场不发达），大规模期限短的银行外币借贷对应的是对国内企业按本币计价的中长期债权，使得它们承受着严重的货币错配和期限错配，这使它们极易受到投机性攻击而发生货币危机和银行危机。吸收亚洲金融危机的教训，发展中国家和新兴市场国家选择了新的谨慎的国际资本管理战略：从国际资本市场的净借款者转为净放贷者，为此发展中国家和新兴市场国家需要保持强健的经常项目状况，从而需要超过国内投资以上的储蓄。事实上，这还与东亚新兴市场国家的经济发展战略有关。对于东亚新兴市场国家而言，由于普遍采取出口导向的经济增长战略，货币当局不得不不断干预外汇市场以阻止本币升值，结果外汇储备被动地不断增加。由于出口导向的经济增长战略压抑了国内消费需求，导致了相对于国内投资机会更高的储蓄率，从而表现为经常项目的大量顺差和更高的外汇储备。发展中国家和新兴市场经济国家大量的储蓄，原则上可以流向任何发达国家。然而，一方面由于美国之外的其他发达国家本身面临储蓄相对过剩（内需不足）的难题，另一方面也由于美国资本市场的深度、广度和流动性，以及美元作为关键国际储备货币的独特性，发展中国家和新兴市场经济国家大量的储蓄主要流入了美国资本市场。

以日本和英国为代表的发达国家成为美国的净债权国和经常项目主要盈余国的原因除了国内投资需求不足的短期原因外，还有一个更主要的原因是人口的发展趋势。大部分发达国家尤其是欧洲的主要发达国家的出生率都已下降，人口老龄化的趋势明显。事实上日本和德国的人口已经出现负增长。与储蓄和投资密切相关的是人口年龄结构的变化，而不是人口总数的变化。表6.4是2006年和预测中的2025年，在德国、英

---

[①] 原罪的概念最初是由 Eichengreen & Hausmann(1999)提出的。

国、日本、中国和美国四个国家中,年龄从15至29岁的人口变化趋势。该年龄组为接受过最好的教育、最具灵活性的新劳动力成员。从表6.4中可以看出,20年后除了美国拥有正的人口增长率之外,以德国和英国为代表的欧洲发达国家和日本,以及发展中国家的中国这一年龄段的人口下降了,特别是日本下降幅度达到23.5%。其人口的下降不仅意味着经济灵活度降低,也意味着培养劳动力新成员的投资需求下降,对住房、相关设施及学校投资需求的下降。特别是在发达国家,对房屋的投资低于对房屋折旧的完全补充和地理迁移津贴之和。由于上述人口发展趋势,发达国家的国内投资很难出现显著增长。与此同时,发达国家仍然会继续更新陈旧的设备,并进一步深化资本。在技术不断变化的世界进行设备更新是必需的,而资本进一步深化只能带来更低的资本回报率。相比之下,发达国家投资国外则更具吸引力。于是随着人口结构的老龄化,这些国家产生了强烈的储蓄动机,他们要为正在和即将到来的退休人口高峰期做好准备。在大多数发达国家出现人口负增长的同时,美国则出现了预期人口的持续增长,特别是年轻人的增长。这部分原因是美国生育率比其他发达国家及地区降低得少,还有部分原因是大规模的持续移民。美国这样的人口趋势带来了投资的持续增长。再加上美国经济占世界经济产出的25%至30%,其经济具有创新性和相对灵活性,社会体系稳定,尊重私人财产,使得从整体上看,美国的投资回报率要好于其他发达国家,更比新兴市场安全和可靠。在这种情况下,越来越多的世界储蓄投向美国是自然的。

表6.4 若干国家15至29岁人口变化趋势

| | 2006 | 2025 | 变化比例 |
| --- | --- | --- | --- |
| 德国 | 14 292 669 | 12 036 123 | −0.15788 |
| 英国 | 11 761 360 | 10 898 466 | −0.07337 |
| 日本 | 21 983 775 | 16 825 467 | −0.23464 |
| 中国 | 322 471 206 | 259 240 795 | −0.19608 |
| 美国 | 62 772 553 | 66 034 840 | 0.05197 |

数据来源:美国统计局 http://www.census.gov/cgi-bin/ipc/agggen

此外,近年来国际石油价格持续攀升,石油输出国的收入大幅增加,从而形成了大量的储蓄流向了美国。

总之,美国的投资需求过旺而储蓄偏低产生的储蓄缺口形成强烈的资金需求,东亚国家、其他发达国家国内投资不足产生的过剩的储蓄形成了巨大的资金供给,使得在较低的收益率水平下美国仍然可以通过资本项目顺差获得大量的廉价资本以弥补储蓄缺口和促进美国经济增长。

# 第三节 美国在全球范围的资本配置结构及效率分析

尽管美国净债务积累不断增大,但到目前为止却并没有降低外国的资本流入意愿,也没有影响其对外债务利息支付的能力。原因是美国在全球范围内有效地配置了这些通过经常账户逆差外流,又通过资本账户回流的廉价资本:留存国内的资本与国内资源性逆差和补偿性逆差释放的劳动力以及国外大量移民相结合,有效地促进经济增长,为美元的国际货币地位以及国内金融市场的深度发展提供强有力的物质支撑,增强国外资产投资美国的吸引力,同时美国把得来的廉价资本投资到更有效率的国外市场,与国外廉价的劳动力和丰富的资源相结合,创造出更高的收益,从而在清偿不断增加的利息的同时获取额外的收益和国外资产的不断膨胀,减缓了净外债的增加。

## 一、廉价资本在国内的有效配置

在分析美国国内资本配置的有效性之前,先来分析美国国内的产业结构。二战以来,美国在全球科技创新方面居于领先地位。20 世纪 90 年代下半叶,美国创新信息技术并将其产业化,开创了新经济时代。技术创新加之经济全球化成为美国产业结构升级的重要动因。根据美国商务部的产业分类和统计,近20多年来,无论是从各产业产值占GDP的比重来看,还是从各产业从业人数占总就业人数的比重来看,美国产业结构变化都是非常明显的。其大趋势是:农业、制造业、运输和仓储业、商业占GDP比重持续下降,由1985年的37%下降到2005年的28%,其中制造业降幅最大,由18%下降到12%;而信息、金融与保险、房地产、专业服务、教育和医疗、艺术与娱乐等服务业产值比重上升,由1985年的38%上升到2005年的49%。从就业人数比例来看,制造业就业人数占比由20%下降到10%,金融和专业服务业就业人数占比由30%上升到50%。尽管近年来美国制造业优势趋于减弱,贸易逆差不断增加,但是美国经济增长仍然强劲,就业形势良好,失业率处于历史低位,保持在5%以内。[①]这充分说明,美国制造业地位下降,更多的是产业升级转型而不是国际竞争失利的结果,制造、运输和农业占其经济的比重越来越低,金融、教育、专业服务业所占比重上升,在一定程度上,美国本土的车间、工厂、仓库与农田越来越少。在经济全球化的背景下,美国越来越成为一个全世界经济体的总部,研发、金融投资、教育、专业服务成为美国本土经济的主体活动。

从图6.4可看出,1987年以来,除资本生产率略有下降[②]外,美国的劳动生产率指数、MFP指数和劳动—资本混合投入(combined labor and capital inputs)生产率指数均大幅提高,分别从1987年的77.27、89.67和69.64上升至2006年的119.07、110.36和107.34(2 000年指数=100),提高了近54.1%、23.1%和54.1%。与此同时,美国的现值GDP指数也因此从1987年的48.28上升至2006年的134.41。

一方面,美国通过经常项目逆差大量进口那些处于产业链低端的本国不再生产的产品,以满足国内的低端消费需求;另一方面,美国用资本

---

① 资料来源:http://news.xinhuanet.com/fortune/2006-07/17/content_4842724.htm.《美国引领全球产业升级意味着什么》.张敬国,2006年7月17日

② 可能国内存在过剩的资本所致。

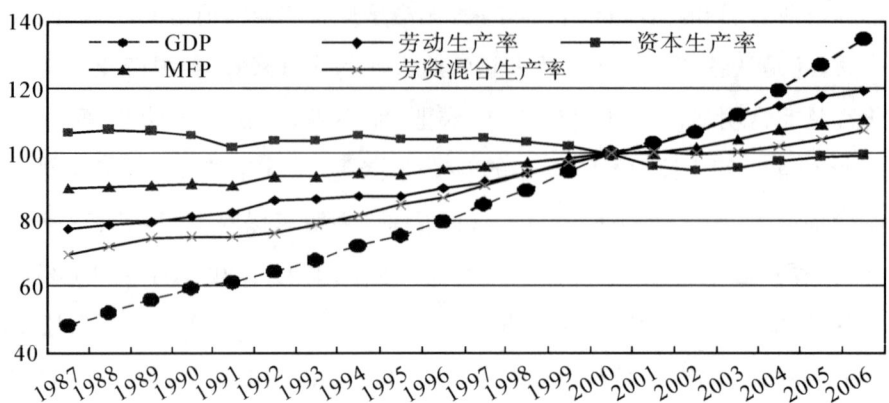

**图 6.4　美国 GDP 及各生产率指标变化**

资料来源：美联储网站、美国统计局和 BEA 的数据整理而成。

项目顺差获得的廉价资本弥补国内巨大的储蓄缺口，将这些资本投入到更高级的产业中去以促使其产业结构升级，同时将廉价资本与从产业结构升级过程中释放出来的生产要素（如劳动）相结合，不断提高生产要素的生产率，促进美国经济长期健康的增长。

## 二、廉价资本在其他国家的有效配置

美国是经济全球化的主导者，其高额利润的获得越来越多地依赖于全球市场，因此，美国大量的廉价资本除了满足国内投资需要，更多的要在全球进行有效配置。

首先来看美国在外资产的结构，见图 6.5。由图 6.5 可以看出，美国在外资产官方所占的比例很小，以私人资产为主。与外国持有美国资产的结构不同，美国对外直接投资占总资产存量的比例平均为 25.2%，远远高于外国对美国的直接投资比例。而有价证券投资比例更是高达 36.6%（主要投资公司股票，占总资产的 26.8%）。这说明，美国投资海外市场主要集中于 FDI 和公司股票，而不是像外国投资者对美国融资那样主要是基于储备安全性考虑投资美国政府债券。

## 第六章 美国经济增长的双循环机制

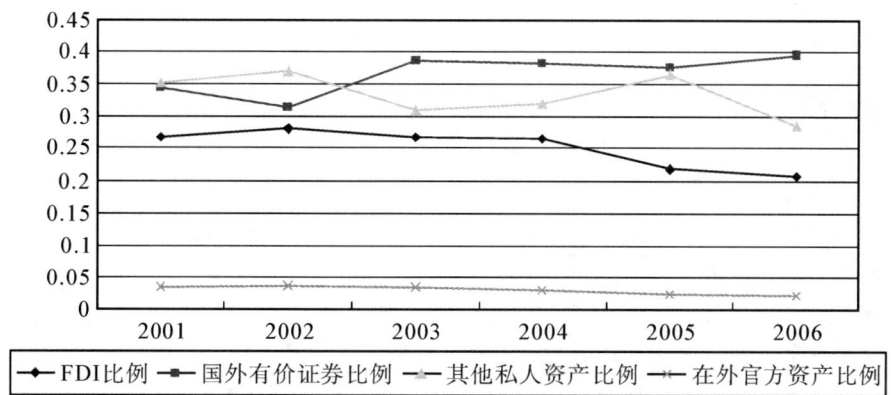

**图6.5 美国在外资产构成比例**

数据来源:美国经济分析局 http://www.bea.gov/international/index.htm#iip "International Investment Position"分析整理。

而美国对外的 FDI 主要集中于劳动密集型、资本密集型和低端技术密集型的制造业和美国具有绝对优势的金融、保险等服务业。从表6.5中可以看出,制造业平均占美国对外直接投资的20.98%,其中以化工业和运输设备为主。这不仅充分利用了其他国家丰富的劳动力资源和自然资源,同时美国通过这些产业的"核心技术",只是把非核心的生产、营销、物流乃至非主要框架的设计活动,都分别包给成本低的发展中国家的企业或专业化公司去完成,不仅减少了固定投入成本,而且达到了在全球范围内利用最优资源的目的。因此,美国始终处于全球产业链的顶端,从最核心的环节在很大程度上控制着目前的国际生产体系,也因而使得来自全世界的利润源源不断地流向了美国。

**表6.5 美国制造业和部分服务业对外直接投资头寸比重**

|  | 2001 | 2002 | 2003 | 2004 | 2005 | 2006 |
| --- | --- | --- | --- | --- | --- | --- |
| 制造业 | 0.2246 | 0.2089 | 0.2097 | 0.1952 | 0.2094 | 0.2112 |
| 其中:食品 | 0.0146 | 0.0119 | 0.0156 | 0.0135 | 0.0142 | 0.0136 |
| 化工 | 0.0542 | 0.0511 | 0.0517 | 0.0504 | 0.0541 | 0.0544 |

续表

|  | 2001 | 2002 | 2003 | 2004 | 2005 | 2006 |
|---|---|---|---|---|---|---|
| 金属制品 | 0.0149 | 0.0129 | 0.0121 | 0.0119 | 0.0075 | 0.0544 |
| 机械 | 0.0121 | 0.0114 | 0.0118 | 0.0106 | 0.0127 | 0.0135 |
| 电气和电子设备 | 0.0065 | 0.006 | 0.0061 | 0.0054 | 0.0064 | 0.0066 |
| 运输设备 | 0.0277 | 0.028 | 0.0271 | 0.024 | 0.2282 | 0.0233 |
| 批发贸易与零售贸易 | 0.0773 | 0.0688 | 0.0677 | 0.0604 | 0.065 | 0.0689 |
| 金融保险 | 0.1645 | 0.1764 | 0.179 | 0.204 | 0.211 | 0.2034 |
| 专业及科技服务 | 0.0235 | 0.013 | 0.0202 | 0.0209 | 0.0228 | 0.0241 |

数据来源：美国经济分析局 http://www.bea.gov/international/index.htm#iip "International Investment Position"分析整理。

那么,美国对外投资的收益情况如何呢？其净收益能否清偿美国不断增加的债务利息呢？

图6.6是美国对外FDI和外国对美FDI收益差异比较。从1985年至2005年,FDI收益率差异平均为10.12%,虽然在1993年这种差异有

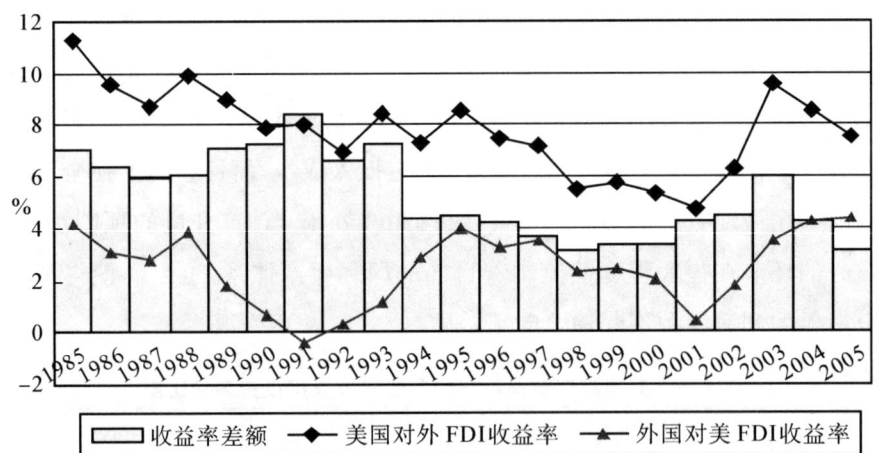

图6.6 美国对外FDI和外国对美FDI收益差异比较

数据来源：The 76th Annual Report of the Bank for International Settlements,chapter V,p91,2006年6月

所缩小,但依然长期保持正值,2000—2005 年 FDI 收益率差异平均依然达到了 4.27%。因此,上述投资结构和投资回报率使得美国收入账户长期保持了顺差,化解了其他国家对美国因高额负债而无法付息的担忧,而且有助于缓解美国经常账户的进一步恶化。美国跨国公司的分支机构主要集中在欧洲发达国家(荷兰、爱尔兰、英国、瑞士)、拉丁美洲和亚洲太平洋地区(主要是同为发达国家的日本、中国内地、中国香港等)[①]。世界 500 强中,1995 年美国公司占 118 家,2000 年升至 179 家,2005 年进一步上升到 189 家,而且前 10 名企业美国独占 6 席[②]。美国将流入的廉价资本在全球进行重新配置,与特定区位的低廉的生产要素相结合,以创造出更高的价值,清偿债务的同时以利润的形式再流回美国。

那么,占对外资产投资三分之一的有价证券收益如何呢?笔者认为,由于在对外有价证券投资中,公司股票占了 72.9%,而债券投资只有 27.1%,因此证券投资收益主要决定于公司股票收益。我们知道,2001 年之后随着世界经济的复苏,许多国家,特别是亚洲新兴市场国家经济快速增长,上市公司业绩普遍良好,这就使得美国的证券投资收益大幅提高。

通过以上分析,我们可以看出,流入美国的是低投资回报率的廉价资本,在美国这个经济总部配置之后,又流向全球,而再次流回美国的就已经是具有高额利润的资本了。这一点从 2001 年至 2006 年美国国际收支平衡表中的收入账户可以略见一斑。表 6.6 是经过整理的收入账户净流入的状况。从总体上看,2001 年至 2006 年净流入值始终为正,表明美国在存在巨大对外净债务的情况下,仍然可以在支付不断增加的利息的同时,获得额外的收益,足以使得外国对美国的清偿能力保持足够的信心。从表中可以看出,对外直接投资净收入平均是收入账户净收入的 2.91 倍。

---

① 资料来源:美国经济分析局"Selected Data for Foreign Affiliates in All Countries in Which Investment was Reported,2005"分析整理。

② 王检贵,黄磊:《如何看待和应对美国贸易赤字持续激增》,《国际经济评论》 2007.1.2

这再一次印证了前面提到的美国对外直接投资的高效率。2002年美国其他私人净收入由负转正,由于其值较小,且不稳定,对收入账户的影响不大。美国政府净收入始终为负,反映了美国政府长期高额财政赤字的事实,然而FDI净收入与美国政府净收入之比平均为1.53,说明美国依靠对外直接投资所获得的净收益足以应付财政赤字所增加的利息负担。

表6.6 美国资产收入账户净流入

单位:10亿美元

|  | 2001 | 2002 | 2003 | 2004 | 2005 | 2006 |
| --- | --- | --- | --- | --- | --- | --- |
| 资产收入账户净流入 | 36 929 | 33 240 | 51 120 | 62 499 | 54 459 | 43 172 |
| 其中:FDI净收入 | 115 882 | 102 346 | 112 667 | 139 408 | 152 512 | 174 214 |
| 其他私人净收入 | −4 133 | 2 499 | 7 590 | 2 629 | 3 106 | 313 |
| 美国政府净收入 | −74 820 | −71 605 | −69 137 | −79 538 | −101 159 | −131 355 |

数据来源:美国经济分析局 http://www.bea.gov/international/index.htm#iip "U.S. International Transactions,1960−present"分析整理

美国利用国外廉价的资本在其他国家投资不仅获得了大量收入,而且促进了国外资产的不断膨胀,减缓了美国净债务的持续增长。图6.7是根据美国的国际投资头寸表分析得出的。美国的在外资产由三部分组成:官方储备资产、政府资产和私人资产。而FDI(这里指存量)是私人资产中非常重要的一项,占私人资产的比重平均为26.8%。由图可以看出,从2001年至2006年美国在外资产存量持续上扬,年平均增速为17.1%,特别是2005年比上一年在外资产增加了25.1%,达到了近年来增速的最高水平。在三部分构成中,官方储备资产和政府资产保持平稳的低投资水平,几乎可以忽略不计。于是私人资产增加成为美国在外资产增加的主要来源。从图中可以看出,美国私人资产增加几乎与美国在外资产增加是同步的,年平均增速为15.1%,在2006年和2004年增速都超过了20%。在私人资产的重要组成部分中,直接投资呈现出平稳中略有上扬的态势,年平均增速为11.2%,这一重要特征显示了美国高效运

用资本的稳定性和可持续性。图中显示直接投资和私人资产之间的差额呈逐渐扩大的趋势,这是因为作为私人资产的另一重要组成部分外国有价证券存量(平均占 39.2%)呈逐年增加的趋势,年平均增速为 21.1%。其主要原因是近年来欧洲和东亚新兴市场经济国家的资本市场在全球经济复苏的背景下持续走强,来自美国的资本在全球资本市场追逐高回报。从图 6.7 的分析可以看出,美国在净债务持续扩大的情况下,其海外资产迅速增长,这一方面再一次证明了美国在全球高效运用资本的事实和能力,另一方面巨额的海外资产增强了海外投资者的信心,并且加深了外国对于美国经济可持续性的依赖。

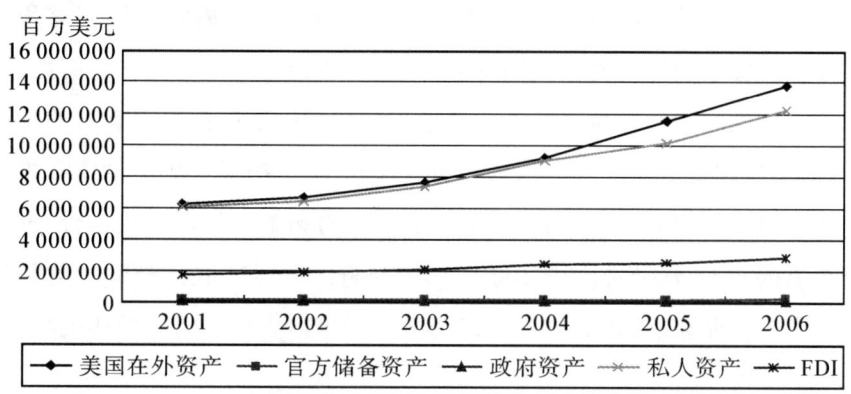

**图 6.7 美国在外资产存量变化趋势**

数据来源:美国经济分析局 http://www.bea.gov/international/index.htm#iip"International Investment Position"分析整理。

以上分析可以充分说明,美国有效配置了流入国内的廉价资本,在满足国内投资需求的同时,在全球市场获取了高额利润,这一价值增值过程不仅能够填补国内的储蓄缺口,而且足以清偿不断积累的净外债利息,维持其他国家对美国经济的信心。可以说,美国正是依靠大量向外举债形成资本项目顺差才得以促进本国经济高速增长的。

通过分析流入美国的资本的投资结构、国别结构及其效率,以及美国利用流入的国外资本进行全球配置的结构和特点,我们发现:

1. 东亚国家为避免"原罪"和维持出口导向型的经济发展模式通过自身的比较优势持有大量的"逆差美元",欧洲部分国家由于人口老龄化趋势明显以及国内投资机会匮乏等原因而"大量储蓄",资源性逆差来源国持有大量的"石油美元"。这些逆差美元、大量储蓄以及石油美元形成其他国家的过剩储蓄,成为美国经常账户逆差持续融资的源泉。这些过剩的资本大多投资在美国收益率较低和安全性高的政府债券上,尤其是中国和日本的官方资产。这为美国在全球范围内廉价配置资本并获得不菲的收益奠定了基础。

2. 美国在全球范围内有效地配置了这些通过经常账户逆差外流,又通过资本账户回流的廉价资本:留存国内的资本与国内资源性逆差和补偿性逆差释放的劳动力以及国外大量移民相结合,有效地促进经济增长,为美元的国际货币地位以及国内金融市场的深度发展提供强有力的物质支撑,增强国外资产投资美国的吸引力,同时美国把得来的廉价资本投资到更有效率的国外市场,与国外廉价的劳动力和丰富的资源相结合,创造出更高的收益,从而在清偿不断增加的利息的同时获取额外的收益和使国外资产不断膨胀,进而构建了以资本流入流出为核心的双循环机制。

第七章

# 美国的金融发展与金融创新：不平衡发展的动力

# 第七章　美国的金融发展与金融创新:不平衡发展的动力

从历史的角度来看,金融创新并不是新鲜事物,而是伴随着金融活动的发展而始终存在的活动。Peter Tufano(2002)曾说,"在至少过去的四个世纪里,新的金融产品和程序的创新一直以来都是连续不断的经济的一部分,如果不是更长的话",但是,金融创新和发展真正地受到国际学者的关注,并进行系统的研究,则是 20 世纪 50 年代的事情。而自 20 世纪 60 年代中期以来,由于全球各种因素的变化,在国际金融领域掀起了一场影响深远的变革,被西方学者称为"金融创新"。这股金融创新的浪潮起源于美国,并随即蔓延到其他国家,且一直延续至今。这场金融创新浪潮涉及金融的方方面面:国际货币体系的重建,各种国际金融市场的建立,银行支付和清算手段的电子化,以及形形色色金融工具的出现。在这场席卷整个西方发达国家的金融创新中,美国是最为突出的,无论在金融创新的种类和规模上都遥遥领先于其他国家。这些金融创新对美国的金融业产生了很大的影响,促进了金融业的快速发展,使得美国的金融结构和资产规模产生了重大的变化,金融成为影响经济增长的一个关键因素,金融业也因此成为美国第一大产业。金融创新与金融发展进而成为推动美国经济发展的主要动力,也创造了美国不平衡的经济增长模式。

## 第一节　美国的金融创新

20 世纪 60 年代美国兴起的金融创新浪潮,由于它存在着巨大的增值机会,很快就在全球各主要发达国家得到了迅速发展,美国的金融创新无论在产品品种还是规模上,都远远超过了其他国家。它的产生、发展、壮大却有着深刻的历史、科技等多方面的原因。应该说,美国是全球金融创新的引领者。

## 一、美国金融创新的动因

### (一)通货膨胀与高利率驱动

在20世纪60年代中期以前,美国的通货膨胀相对较温和。据统计,在1960—1965年间美国的年平均通货膨胀率仅为1.6%。但是从1965年开始,美联储配合政府的赤字财政政策而不断扩大货币发行量,以达到压低市场利率以刺激消费和投资需求的目的。1965—1970年间,美国的年平均通货膨胀率为4.2%,1970—1975年间则上升为7.3%。另一个导致通胀的重要原因是20世纪70年代爆发的石油危机。石油危机加剧世界性的通货膨胀,使名义利率进一步提高。从表7.1可以看到,美国的联邦基金利率除了在1975—1977年有所下降外,一直在20年间保持增长的趋势。利率的大幅度上升,以及波动性的加剧,使得持有长期资产的机构由于不能灵活调整长期资产,资本溢价或损失很大。为了规避利率波动对资本投资造成的损失,美国金融领域推出了一系列可变利率的债权债务工具,如可变利率债券、可变利率存款单、可变利率抵押契约、可变利率贷款等。可变的各种利率,通常都是钉住基准利率而浮动。另外,还有货币市场互助基金、货币市场存款账户等。这些金融产品创新实际上是规避利率风险的工具创新。

表7.1 1960—1980年美国的短期利率

单位:%

| | 1960 | 1965 | 1970 | 1973 | 1974 | 1975 | 1976 | 1977 | 1978 | 1979 | 1980 |
|---|---|---|---|---|---|---|---|---|---|---|---|
| 联邦基金利率 | 3.22 | 4.07 | 7.18 | 8.73 | 10.5 | 5.82 | 5.04 | 5.54 | 7.93 | 11.19 | 13.87 |
| 商业票据利率(3个月) | | | | 8.2 | 10.01 | 6.25 | 5.24 | 5.55 | 7.94 | 10.97 | 12.86 |

续表

| | 1960 | 1965 | 1970 | 1973 | 1974 | 1975 | 1976 | 1977 | 1978 | 1979 | 1980 |
|---|---|---|---|---|---|---|---|---|---|---|---|
| 优惠利率 | 4.82 | 4.54 | 7.91 | 8.03 | 10.81 | 7.86 | 6.84 | 6.83 | 9.06 | 12.67 | 16.36 |
| 银行承兑汇票（90天） | 3.51 | 4.22 | 7.31 | 8.08 | 9.89 | 6.29 | 5.19 | 5.6 | 8.11 | 11.04 | 12.97 |
| 大额定期存单（3个月） | | 4.35 | 7.56 | 8.41 | 10.24 | 6.44 | 5.27 | 5.04 | 8.22 | 11.22 | 13.28 |
| 贴现利率 | 3~4 | 4~4.5 | 5.5~6 | 4.5~7.5 | 7.5~8 | 6~7.75 | 5.25~6 | 5.25~6 | 6~9.5 | 9.5~12 | 11~13 |
| 国库券利率（3个月） | 2.87 | 3.95 | 6.39 | 7.03 | 7.83 | 5.77 | 4.97 | 5.27 | 7.19 | 10.07 | 11.48 |
| 国库券利率（1年） | 3.41 | 4.06 | 6.48 | 7.01 | 7.7 | 6.28 | 4.52 | 5.71 | 7.74 | 9.75 | 10.94 |

## （二）规避政府管制

美国和西方其他国家也曾经历过金融管制比较严格的时期。20世纪30年代大危机昭示了自由经济主义思想的破产，凯恩斯主义思想和政府干预经济思想占据了西方经济学界。西方各国纷纷立法，对银行业经营施行极为严格的管理和限制。在发达的资本主义国家中，美国素以对金融机构管制严格而著称。1933年美国颁布了《格拉斯—斯蒂格尔》法案，其中的Q条款授权联邦储备委员会对其会员银行的存款利息率制定最高限，并规定商业银行不准对活期存款支付利息，以后这一规定适用的范围不断扩大。到1966年，各类存款机构的几乎所有定期存款和储蓄存款利息率都在Q条款的制约之下。非银行金融机构的产生直接给商业银行的垄断地位带来挑战。非银行金融机构以其灵活多样的金融产品与商业银行争夺社会储蓄。面对来自非银行金融机构的竞争，要获得更多的社会储蓄，必须要摆脱Q条款的约束。这便激发了商业银行的创新。20世纪70年代出现的自动转账制度就是一种规避政府管制的金融创新。在这种业务中，客户在银行开两个账户：一个是储蓄账户，一个活期存款账户。后一账户的存款永远是1美元。当客户开出支票时，银行将款项自动从储蓄账户转到活期存款账户进行支付。这一业务的出现就是为了规避当时不准对活期存款支付利息的规定。可转让支付命令账户也是在这样的背景下出现的。

(三)电子计算机应用技术发展:技术基础

电子计算机技术的进步所引发的金融创新主要是对金融程序的创新。20世纪70年代以来计算机技术被广泛地应用于金融服务业。销售点终端设备、自动提款机、电子资金转移系统、信用卡数据处理程序、可以在家中进行金融交易的个人电脑以及电子通讯技术的出现,全面地改变了金融产品的提供方式和定价方式。首先,计算机和电脑信息化处理使金融交易加快,成本降低,特别是电子资金转移系统的推广,卫星传递信息、调度资金更使几乎所有的金融交易更迅速更低廉了。这样,金融机构能节省出大部分的管理费用用以提高对储户的利息支付,展开争取存款资金的竞争。其次,由于计算机和电脑应用技术使借款者和贷款者从市场获得同一信息的速度加快,超过了传统金融中介处理金融业务的速度,金融中介的重要性由于电子计算机和数字化信息等技术而相对削弱。因此,金融中介机构不得不研究避开繁琐的规章制度,进行金融业务创新,如证券交易商自动报价系统和近年来网上银行的兴起就是代表。再次,新的金融工具依靠电子计算机和数据自动化处理系统,使国际交易更加便捷,国际金融市场得以发展和壮大,资本国际化的趋势不断加强。电脑技术的广泛应用为改革传统业务、突破旧框框、废除不合理的规章制度提供了坚实的物质基础。

(四)赤字财政:需求推动

从20世纪60年代起,美国各届政府积极推行赤字财政政策,使政府的财政赤字不断扩大。为了弥补持续扩张的财政赤字,美国政府大量发行公债,并有意识地采取各种优惠措施来推销公债。在这种情况下,从事公债市场投资的收益通常是比较高的。为了推动国债的发行和国债市场的发展,各种针对国债的金融创新产品便出现了,政府也采取了各种措施支持金融创新推动国债市场的发展。因此,美国财政赤字政策和政府债务的扩张客观上推动了金融创新的发展。

## 二、美国金融创新类型

美国在半个世纪里所创造出来的各种金融产品,由于种类的纷繁复杂,要全部列出是极为困难的事情,因此我们只选择在美国金融创新中占主导地位的方面来介绍。

1. 原生金融工具创新

金融工具可以分为原生金融工具与衍生金融工具。原生金融工具是基础金融工具,是实际信用活动中证明债权债务关系或者所有权关系的合法凭证,主要包括商业票据、银行票据、债券等债权债务关系凭证和股票、基金等所有权凭证。原生金融工具是金融市场上最为广泛使用、最基础的信用凭证,是衍生金融产品的基础。衍生金融工具与原生金融工具相对应,是从原生金融工具派生出来的、价值依赖于标的资产价值的合约,衍生金融工具根据其基础金融工具特征分为货币类衍生工具、利率类衍生工具和股票类衍生工具。衍生金融工具的发展以其独特而强大的投融资能力、风险规避功能和投机功能极大地促进了金融市场的发展,也同时使金融市场的风险在膨胀。

原生金融工具创新是金融创新的初级阶段。美国金融创新的历史是从基础金融工具创新开始的。美国的银行业是受管制最为严重的行业之一。20世纪60年代中期至1980年通货膨胀和利率的上升,使得加诸这个行业的管理限制更加难以忍受。当时束缚银行业的两类管理法规:一个是对法定准备率的规定,强迫银行将其存款的一部分作为准备,存入联邦储备体系。由于联储对这部分准备是不支付利息的,因此实际上相当于对银行进行征税。另一类是对存款利率的限制,在1980年,美国的大多数州禁止银行对支票存款账户付息,而且联邦储备体系通过Q条款对定期存款可付的利率规定了最高限。在这种情况下,如果市场利率高于Q条款所规定的银行可支付的定期存款利率的最高水平,存款者就会将钱从银行取出,将其投资于高收益的债券上。存款的丧失,限制了银行系统发放贷款的规模,削减了利润。针对这两类严格影响银行盈利的条例,银行业进行了金融创新。

规避第一类法定准备金率的创新,代表性的金融产品就是欧洲美元和银行商业票据。欧洲美元是从美国之外的银行借入的,它们就无需提取法定准备金,也不受 Q 条款的制约。由控制银行股份的母公司发行的商业票据是不作为存款看待的,因而它们也不受 Q 条款的制约。规避利率管制方面的创新,代表性的金融工具就是自动转账制度(ATS)、可转让支付命令账户(NOW)、隔日回购协定以及货币市场互助基金(MMMF)等。1970 年,马塞诸塞州的一家互助储蓄银行创造了 NOW 账户,到 1980 年,法律最终明确允许全国各地的储蓄贷款协会、互助储蓄银行和商业银行开办 NOW 账户,同时信贷协会的类似账户——股金汇票账户也获得批准。还有 70 年代出现的 ATS、隔日回购协定,这是商业银行分别针对个人存款者和公司存款者所设计的两种存款方式,通过设立两个账户,将支票账户的存款转入另一个可以支付利息的账户来吸引存款,规避不付利息的管制。1971 年设立的货币市场互助基金(MMMF),吸收小额投资,再将其在货币市场进行投资,80 年代初允许商业银行开立类似的货币市场存款账户(MMDA)。

2. 资产证券化

资产证券化是典型的金融工具创新。所谓资产证券化,就是将缺乏流动性的资产,转变为市场上流通证券的过程,是以特定资产组合或特定现金流(也称为资产池)为支持,发行可交易证券的一种融资形式。资产证券化包括信贷资产证券化和资产证券化。信贷资产证券化又可细分为住房抵押贷款证券化和资产支持证券化。资产证券证券化是资产证券化的第二个或更多个层级,是对已经证券化的资产进一步证券化,此时资产池中是一系列证券资产组合。美国的资产证券化活动起始于 20 世纪 70 年代。1970 年,GNMA(Ginnie Mae,政府抵押贷款协会)创造了第一只可交易的住房抵押贷款支持证券。不久,Fannie Mae(联邦抵押贷款协会)以及联邦住房抵押贷款协会(Freddie Mac)这两个都是由政府支持的机构,也发行住房抵押贷款支持证券。这些由政府或者政府资助的机构给予住房抵押贷款支持证券担保,极大刺激了抵押贷款证券化的发展。银行也开始将其他类型的资产证券化,比如不良资产证券化、租赁应收款证券化、信用卡证券化,等等。资产证券化由初期仅限于房地产抵押贷款证券化,发展到现在包含几乎商业银行任何表内资产的证券化。

到了20世纪90年代以后,这种资产证券化创新已经成功地推向世界各个国家,但美国的融资证券化的发行量始终在全世界保持领先地位。如图7.1所示,2000—2008年,美国的证券化资产总额要远高于欧洲所有国家所发行的证券化资产的总和,这个额度在2003年达到顶峰,之后有所下降。但是与欧洲相比,其资产额仍然是高的。从图7.2 1996年与2007年的未偿付的ABS余额结构变化图可以发现,其中,汽车贷款证券化所占的份额由1996年的17.7%下降到2007年的8%,信用卡贷款证券化的比例由44.9%下降到2007年的14%,资产净值贷款由1996年的12.8%上升到2007年的23.7%,另外,其他贷款类证券由1996年的13%上升到41.4%。由此可见,汽车贷款证券化比例下降了将近一半,信用卡贷款证券化由1996年将近一半下降到14%,是下降比例最多的;而其他类证券则大幅度上升,但是从各类证券化资产的绝对值趋势变化图上来看,学生贷款证券化、资产净值贷款以及其他类型有了大幅度的上升,生产房、信用卡、设备租赁以及汽车贷款在2000年后基本保持稳定,可以推断是此类贷款需求已经趋向于饱和。

从金融市场上各类证券化产品的发展来看,我们可以将证券化的品种划分为三个系列:一般抵押贷款证券(MBS)、资产支持证券(ABS)以及担保债务证券(CDO)。其余的证券都是在这三种证券的基础上衍生出来的。其具体的资产证券类产品类别及路径如图7.3。

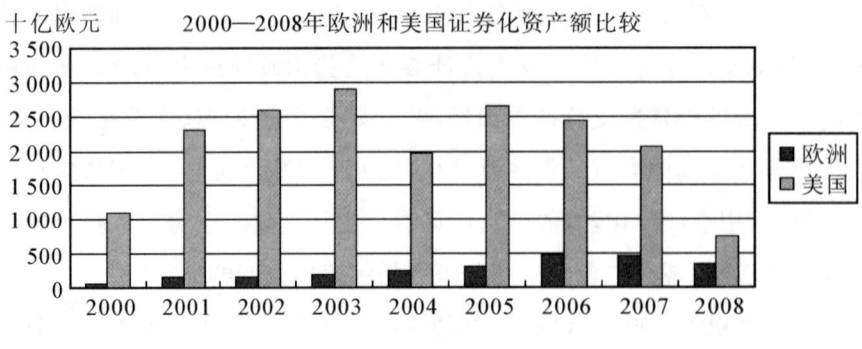

图 7.1

注:2008 年的数据是前三个季度　数据来源于:SIFMA

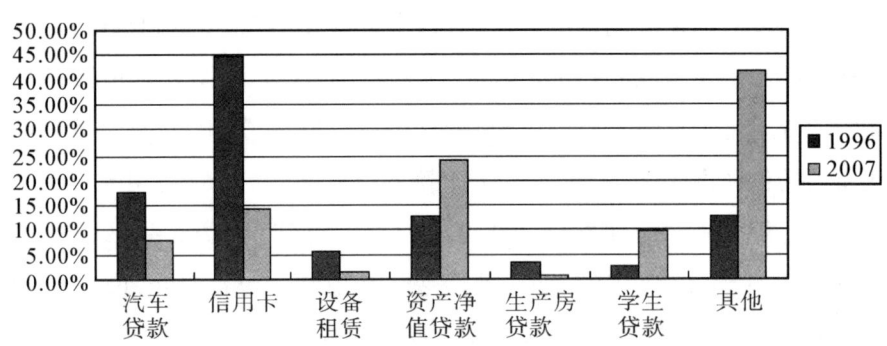

图 7.2　美国各种类型资产证券化的比重

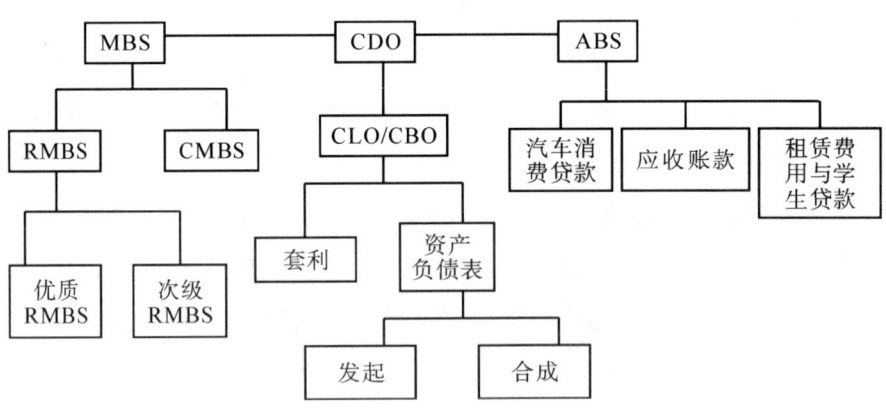

图 7.3　资产证券化的基本路径

## 第七章 美国的金融发展与金融创新:不平衡发展的动力

另外,还有一种资产证券化金融创新产品是资产支持商业票据(asset-backed commercial paper,简称 ABCP)。它是商业票据(CP)的一种新产品,同时也是资产证券化的产物。ABCP 最早出现在 80 年代后期。1990 年,美国证券交易委员会修改了控制货币基金投资条款,大幅度限制货币市场共同基金持有评级在 A2/P2 及以下的公司商业票据的数量,这大大刺激了 ABCP 的发展,从此美国票据市场的发展进入一个新的阶段。具体来说,ABCP 是发债人以各种应收账款、分期付款等具有可预见现金流的资产进行重组打包,通过 SPV 在金融市场上发行不超过 270 天的资产证券化票据。ABCP 有着不同于其他证券化的特征。首先,ABCP 属于短期债务工具,便于多次使用。因此,它往往以循环的方式进行,这样进入证券化程序后可以循环融资。因为拥有大量应收款项的企业,其应收款往往是不断发生的。这类企业可以不断利用这种方式进行滚动融资。其次,ABCP 的资产池既可按单一模式进行,也可以把不同公司的应收款纳入其中,使规模偏小(其适合证券化的资产池也往往较小)的公司得以参与这个市场,解决了中小公司的融资问题。ABCP 的出现,使企业信用等级不太理想的发行者,也可以通过证券化方式组合资产从而使其在美国票据市场上进行融资。在 ABCP 的带动下,租赁付款应收账款、信用卡应收账款、银行按揭贷款等,都被引入美国票据证券化发行。与其他国家相比,美国所发行的商业票据是最多的。根据美国债券市场协会的资料统计,截至 2008 年 2 月 28 日,美国未清偿的 ABCP 余额占全球的 28.9%,这个比例是最高的,其次是英国为 19.3%。按照所发行的 ABCP 总量来看,美国 2007 年底是 19 606 亿欧元,欧洲共发行 4 609 亿欧元。其具体的类型对比如图 7.4。

3. 衍生金融工具创新

美国是金融创新的世界引领者,金融衍生产品的发展是金融创新的重要构成。随着金融创新的发展,金融衍生品经过衍生再衍生,组合再组合的螺旋式发展,现在种类已经非常多。按照衍生品合约类型的标准分

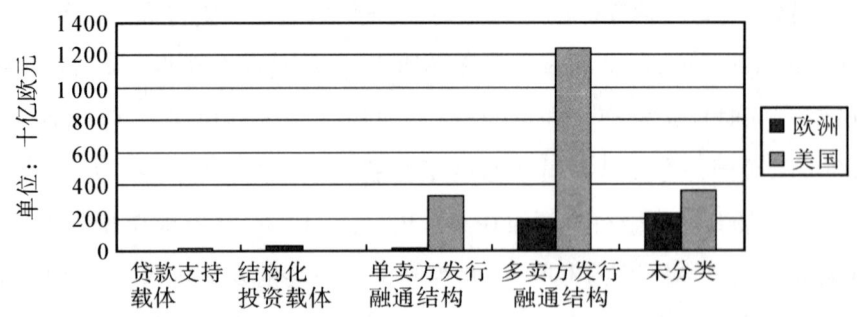

图 7.4 欧洲和美国各类资产证券化产品规模的比较

类,主要可以划分为远期、期货、期权和互换四种。按相关资产的标准分类,可以分为货币或汇率衍生工具、利率衍生工具、股票衍生工具以及信贷衍生工具。按照衍生次序的标准分类,可以分为一般衍生工具、混合工具和复杂衍生工具。

美国金融衍生品的参与者主要是商业银行、非银行储贷机构(Thrift)和人寿保险公司三类,其中,商业银行是最早和最熟练的参与者。

商业银行对金融衍生品的交易是通过其资产负债表外业务来体现的。表外业务是指未列入银行资产负债表内且不影响资产负债总额的业务。广义的表外业务既包括传统的中间业务,又包括金融创新中产生的一些有风险的业务,如互换、期权、期货、远期利率协议、票据发行便利、贷款承诺、备用信用证等业务。本书中所指的表外业务是与金融创新有关的狭义表外业务,主要就是衍生品交易的大量发展。据美国货币监理署(OCC)的相关资料显示,美国银行业的衍生品活动,主要被一小部分比较大的金融机构所垄断,五家最大的商业银行无论是在工业生产的信贷供给行,还是在全社会的净信贷总量上,都居于垄断和控制地位。从图 7.5 可以看到,美国商业银行所从事的表外业务中,衍生品的交易量呈现出逐年增加的态势。与利率相关的衍生品合同从 1994 年的 99 260 亿美元猛增加到 2007 年的 1 295 740 亿美元,平均每年增长 92.7%,这是银行所从事的衍生品交易中比重最大的一类。其他各种衍生品合同交易量也呈现逐年增加的趋势。尤其是信贷衍生品在1997年仅有550亿美元,但是到了2007年底已经增长到158 610亿美元,10年间增长了287倍,速度非常的惊人。在信贷衍生品中,CDS(信贷掉期互换)占了99%。信贷衍生品在过去的几年中有了大幅度的增长。从2003年到2007年,信贷衍生品合同以100%的年增长率增长。在表7.2可以看到,尽管2008年第三季度由于受到次贷危机的影响,除了利率衍生品与上季度相比下降了5%,其他衍生品都有不同程度的增加,其中股权合同增加得最多为19%。但是在总的交易合同中,利率衍生品合同仍然占据统治地位,占总合同量的78%。

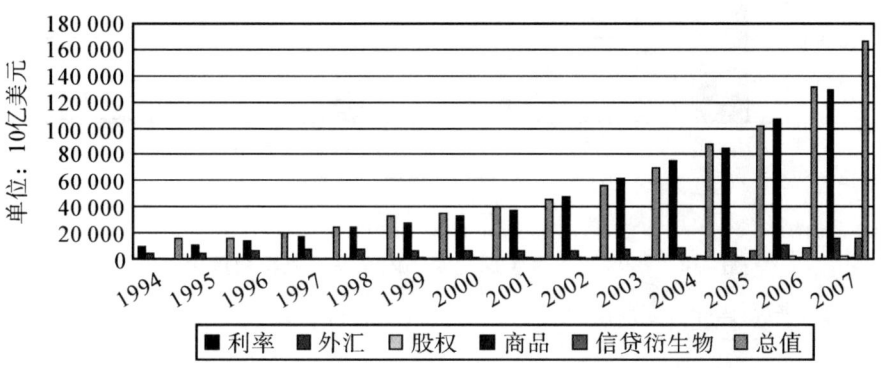

图7.5 1994—2007年美国所有商业银行衍生品交易量的变化

表7.2 2008年第三季度美国所有商业银行交易的衍生品情况

| 类型 | 2008年第3季度 | 2002年第3季度 | 差额 | 变化率 | 在总衍生品中比重 |
| --- | --- | --- | --- | --- | --- |
| 利率合同 | 137 190 | 144 923 | 7 734 | −5% | 78% |
| 外汇合同 | 18 484 | 18 262 | 222 | 1% | 11% |
| 股权合同 | 2 786 | 2 344 | 442 | 19% | 2% |
| 商品及其他 | 1 234 | 1 137 | 96 | 8% | 1% |
| 信贷衍生品 | 16 148 | 15 469 | 680 | 4% | 9% |
| 总值 | 175 842 | 182 135 | 6 294 | −3% | 100% |

来源:OCC

根据交易的方式,金融衍生品可以分为场内交易和场外交易。

由图 7.6 可以看到,全球场内交易的期权和期货主要是在北美和欧洲。全球前四大期货交易所:芝加哥商业交易所、欧洲期货交易所、芝加哥期货交易所和泛欧交易所美国和欧洲各占两个。期货交易量北美 2008 年 6 月份是 14 973 亿美元,欧洲是 9 428.4 亿美元,北美市场要远远高于欧洲市场;期权交易量北美是 26 359.6 亿美元,欧洲是 26 728.3 亿美元,欧洲和北美相差不多。

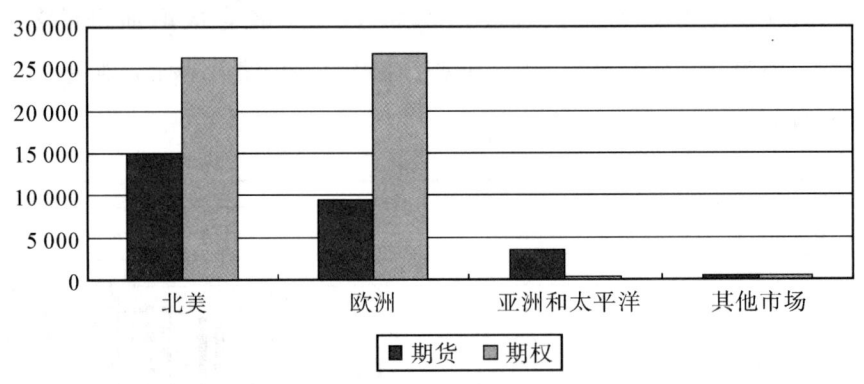

**图 7.6　2008 年 6 月全球主要场内交易期权和期货量对比**

数据来源:国际清算银行

美国金融创新的蓬勃发展,跨越了政府不合理和过时的行政管制,解决了金融产品的流动性问题,极大地满足了金融市场上的各种投融资需求;同时,金融创新极大地丰富了金融风险防范手段和技术,将风险溢价市场化,为金融机构全面风险管理奠定了基础。基于此,美国的金融创新极大地促进了美国金融市场的发展和美国金融结构的升级,使美国的金融市场和金融发展规模始终位于世界龙头老大的地位。

# 第七章 美国的金融发展与金融创新：不平衡发展的动力

## 第二节 美国的金融发展

金融发展，按照戈德史密斯在《金融结构与发展》中的阐释，是指金融结构的变化。金融结构包括金融工具的结构和金融机构的结构两个方面：不同类型的金融机构与金融工具组合在一起，构成不同特征的金融结构。一般来说，金融工具的数量、种类、先进程度，以及金融机构的数量、种类、效率等的结合，形成发展程度高低不同的金融结构。金融发展程度越高，金融机构和金融工具的数量种类就越多，金融的效率就越高。美国的金融创新发展大大推动了美国金融机构本身以及金融机构资产负债的变化，从而改变了其金融发展结构。

### 一、美国金融工具结构分析

#### （一）美国债券市场

长期以来，作为美国金融市场重要组成部分、在美国经济发展中发挥重要作用的债券市场一直受到人们的关注。其中的原因，除了债券市场的创新层出不穷、发展十分迅速、变化日新月异以外，还因为美国债券市场往往代表着世界债券市场的前进方向和发展趋势。

由表 7.3 中 1996—2007 年美国各类债券发行量变化来看，在债券市场的结构中，资产抵押债券所占的比重最大，在 2003 年的增长幅度达到最高值，市政债券的比重则保持着平稳，变化不大（另见图 7.7）。由图 7.8 可以发现，债券总余额占 GDP 的比重从 1996 年的 160% 上升到 2007 年的 230%，债券占全部金融资产的比重在 12 年中基本上维持在 20% 左右，没有太大的变化。由此可见，债券市场的发展要快于 GDP 的增长，但是在总的金融资产中的比重已经趋于稳定。在图 7.9 中可以发现，公司债券的总发行量基本上和投资级债券的变动趋势是一致的，高收益债券变化不大。所以,近年来公司债券的主要构成就是投资级证券,由 1996 年的 2 850 美元增加到 2007 年的 9 921 亿美元。而高收益债券仅从 1996 年的 587 亿美元增加到 2007 年的 1 361 亿美元。

表 7.3　1996—2007 年美国债券市场的总发行量

单位:十亿美元

| | 市政债券 | 国债 | 资产抵押债券 | 公司债券 | 联邦机构债券 | 资产支持债券 | 总量 |
|---|---|---|---|---|---|---|---|
| 1996 | 185.2 | 612.4 | 492.6 | 343.7 | 277.9 | 168.4 | 2 080.2 |
| 1997 | 220.7 | 540.0 | 604.4 | 466.0 | 323.1 | 223.1 | 2 377.3 |
| 1998 | 286.8 | 438.4 | 1 143.9 | 610.7 | 596.4 | 286.6 | 3 362.7 |
| 1999 | 227.5 | 364.6 | 1 025.4 | 629.2 | 548.0 | 287.1 | 3 081.8 |
| 2000 | 200.8 | 312.4 | 684.4 | 587.5 | 446.6 | 337.0 | 2,568.7 |
| 2001 | 287.7 | 380.7 | 1 671.3 | 776.1 | 941.0 | 383.3 | 4 440.1 |
| 2002 | 357.5 | 571.6 | 2 249.2 | 636.7 | 1 041.5 | 469.2 | 5 325.7 |
| 2003 | 382.7 | 745.2 | 3 071.1 | 775.8 | 1 267.5 | 600.2 | 6 842.5 |
| 2004 | 359.8 | 853.3 | 1 779.0 | 780.7 | 881.8 | 869.8 | 4 642.6 |
| 2005 | 408.2 | 746.2 | 1 966.7 | 752.8 | 669.0 | 1 172.1 | 5 715.0 |
| 2006 | 386.5 | 788.5 | 1 987.8 | 1 058.9 | 747.3 | 1 253.1 | 6 222.1 |
| 2007 | 429.3 | 752.3 | 2 050.3 | 1 127.5 | 941.8 | 901.7 | 6 202.9 |

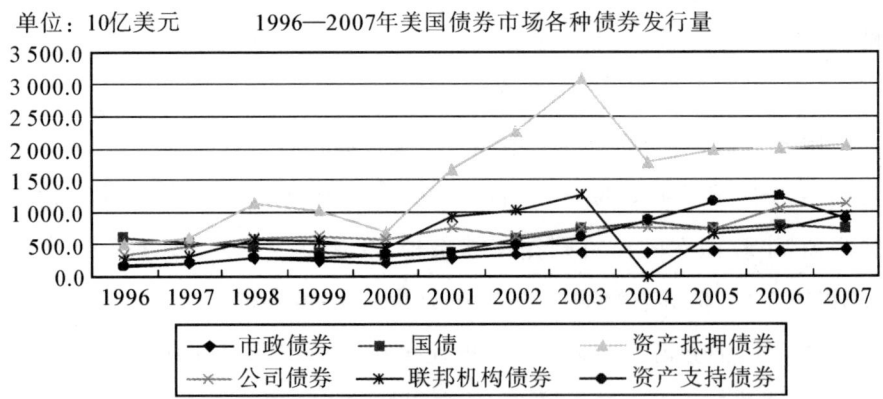

图 7.7　美国债券市场的结构

第七章 美国的金融发展与金融创新:不平衡发展的动力

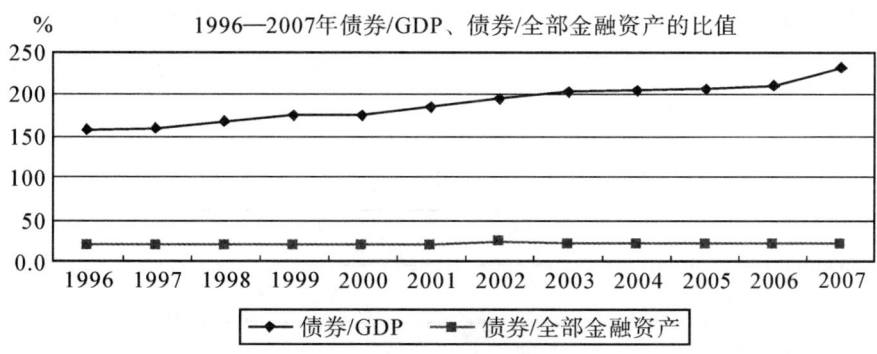

图 7.8 美国的债券市场地位

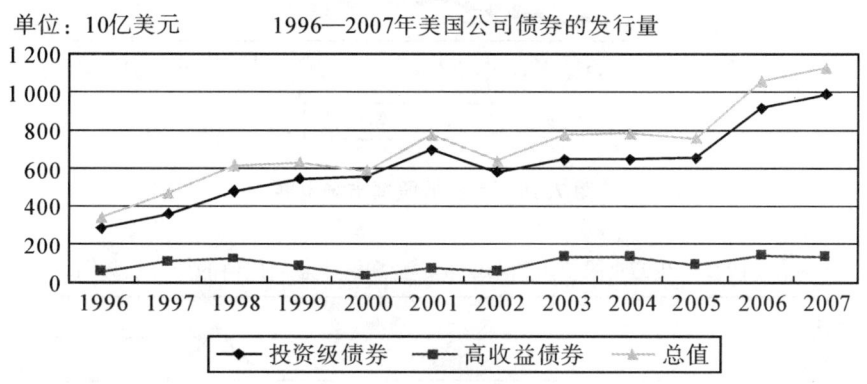

图 7.9 美国公司债券发行规模

注:包括所有的不可转化公司债、中期票据和扬基债券。

## (二)美国股票市场

由图 7.10 的趋势图可以看出,股票市值自 1975 年到 2007 年,其绝对值基本上是呈现出上升的趋势,其值从 1975 年的 8 394 亿美元飙升至 2007 年的 218 613 亿美元。但是需要注意的是,2000—2003 年,股票市值有一个明显的下降趋势,这可以归因于 2000 年美国的互联网泡沫破灭后,与之相关的公司市值大幅度缩水。但是从图 7.11 的比值关系趋势图可以发现,股票市值与金融资产总值的比例相当稳定,基本在 10% 至 20% 之间,其中,1999 年达到峰值 22.5%,然后逐年下降,2003 年到 2007

年则基本在15%左右。这说明,在总的金融资产构成中,股票的比重会随着经济的发展有一定程度的上升,但是到达某一个幅度,便会基本上保持稳定。

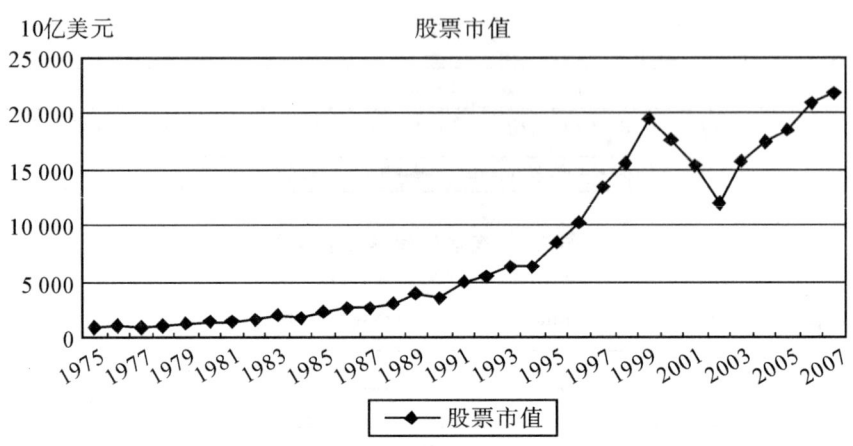

图 7.10　美国的股票市场发展

图 7.11　美国股票市场地位

(三)金融工具占比分析

从表7.4可以看出,美国在1976年至2007年期间金融工具总量呈现大幅增长,从1976年的85 775亿美元增长到了2007年的1 449 057亿美元,其中货币市场共同基金、债券、股票等证券类资产不论是在增长的数额上,还是在占总金融资产的比例上都有着大幅增长,从1976年占总

# 第七章 美国的金融发展与金融创新:不平衡发展的动力

资产 35.5% 的 30 452 亿美元,增长到 2007 年占总资产 47.71% 的 69 134.8 亿美元;贷款类资产虽然在数额上有很大增长,但是其在金融资产中所占的比例却有明显的下降,从 1976 年的 23.2% 下降到 2007 年的 18.35%;从比例上来看,增长比较突出的还有其他金融求偿权,从 1976 年的 8.63% 增加到了 2007 年的 15.6%;而非公司制企业的所有者股权却有着大幅下降,从 1976 年的 14.66% 下降到了 2007 年的 5.4%。这主要是美国市场主导型的金融结构、金融市场快速发展和各种各样的金融衍生工具的快速增长所致。

从流量上来看,1976 年金融工具当期增量为 9 717 亿美元,与当年 GDP 的比值为 53.2%,2007 年金融工具的增量为 11 917 亿美元,与当年 GDP 的比值为 84.2%。从这点可以看出,金融上层结构价值对经济基础结构价值的比率显著提高了,金融市场得到了有效的完善和发展。

表 7.4　美国 2007 年与 1976 年各金融工具余额及其占比

| | 数额 (10 亿美元) | | 分布 (%) | |
|---|---|---|---|---|
| | 2007 | 1976 | 2007 | 1976 |
| 1 黄金及官方持有外汇 | 70.6 | 18.7 | 0.05 | 0.22 |
| 2 特别提款权及政府货币 | 40.9 | 12 | 0.03 | 0.14 |
| 3 美国在外存款 | 1 302.5 | 7.4 | 0.9 | 0.09 |
| 4 银行同业拆借 | 100.4 | 24.5 | 0.07 | 0.29 |
| 5 活期存款及现金 | 1 535.9 | 356.2 | 1.1 | 4.15 |
| 6 定期及储蓄存款 | 7 603 | 992.4 | 5.25 | 11.57 |
| 7 货币市场共同基金 | 3 053.2 | 3.7 | 2.11 | 0.04 |
| 8 联邦基金及回购协议 | 2 334 | 17.9 | 1.61 | 0.21 |
| 9 商业票据 | 1 788.6 | 74.8 | 1.23 | 0.87 |
| 10 政府债券 | 5 099.2 | 503.7 | 3.52 | 5.87 |
| 11 机构担保房托债券 | 7 396.9 | 130.3 | 5.1 | 1.52 |

续表

| | 数额（10亿美元） | | 分布（%） | |
|---|---|---|---|---|
| | 2007 | 1976 | 2007 | 1976 |
| 12 地方政府债券 | 2 618.5 | 243.9 | 1.81 | 2.84 |
| 13 公司及外国债券 | 11 167.3 | 374.3 | 7.71 | 4.36 |
| 14 公司股票 | 21 861.3 | 1 034.2 | 15.09 | 12.06 |
| 15 共同基金 | 7 829 | 46.5 | 5.4 | 0.54 |
| 16 人寿保险及养老准备金 | 13 162.6 | 712.3 | 9.08 | 8.3 |
| 17 证券类资产(10~16) | 69 134.8 | 3 045.2 | 47.71 | 35.5 |
| 18 其他处未涉及的银行贷款 | 2 000.6 | 272.9 | 1.38 | 3.18 |
| 19 其他贷款 | 2 529.8 | 205.6 | 1.75 | 2.4 |
| 20 抵押贷款 | 14 605.7 | 870.5 | 10.08 | 10.15 |
| 21 消费者信贷 | 2 554.3 | 229 | 1.76 | 2.67 |
| 22 贸易信贷 | 3 376.8 | 369.9 | 2.33 | 4.31 |
| 23 证券投资信贷 | 1 526.4 | 39.9 | 1.53 | 0.47 |
| 24 贷款类资产(18~23) | 26 593.6 | 1 987.8 | 18.35 | 23.2 |
| 25 应付税款 | 340 | 38.5 | 0.23 | 0.45 |
| 26 非公司制企业的所有者股权 | 7 827.6 | 1257.8 | 5.4 | 14.66 |
| 27 其他金融求偿权 | 23 180.6 | 740.6 | 15.6 | 8.63 |
| 28 全部金融资产 | 144 905.7 | 8 577.5 | 100 | 100 |

数据来源：美国联邦储备委员会资金流量表(1975—1984、2005—2007)。

从图7.12、图7.13可以看出，当今我们经常使用的、在金融市场上交易活跃的各种主要金融工具在数额上都有着巨幅的增长，以公司股票为例，1976年总额为10 342亿美元，占金融工具总量比12.06%，到2006年其总额就已经达到了209 091亿美元，占金融工具总量比也达到了15.72%，数额的增幅达到了20倍左右，共同基金、各种人寿及养老准备金的增幅就更为巨大。而贷款类的资产中的贸易信贷比例明显降低，从

1976年的4.31%降到了2006年的2.41%,抵押贷款则是在数量上有十多倍的巨幅增长,而比例两年基本持平,都在10%左右。图7.13也显示自上个世纪90年代以来,美国的金融工具中证券类资产增长明显。从以上可以看出,美国在过去的三十几年中,直接融资工具得到了有效的发展,地位不断上升,逐步成为整个金融市场上最重要的金融工具。

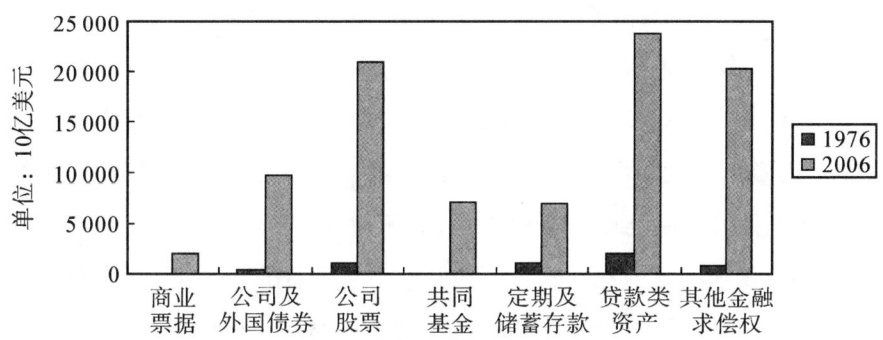

图7.12 1976年、2007年美国主要金融工具对比

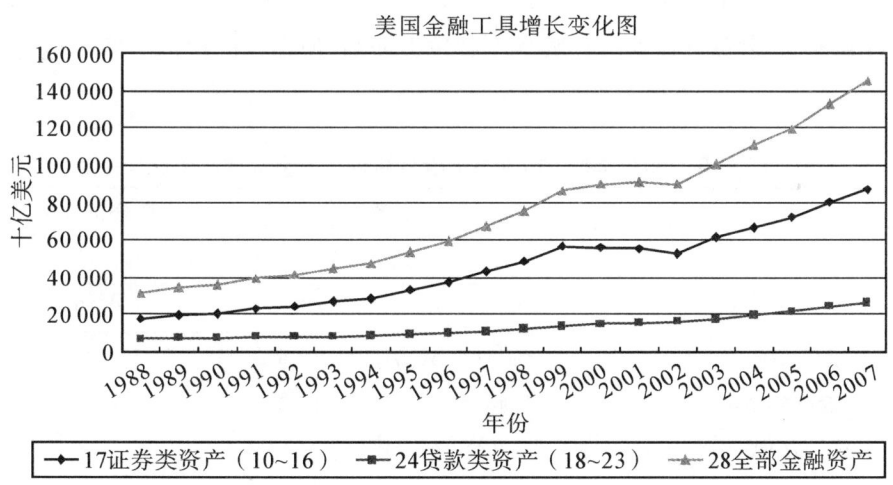

图7.13 1988—2007年美国主要金融工具增长图

数据来源:美国联邦储备委员会资金流量表(1988—2006)。

## 二、美国金融机构结构分析

这里我们把金融机构大致分为四个部分:银行系统、储蓄机构、保险组织和其他金融机构,这样的分法主要是考虑到其资金来源和资金运用上的差别。从表 7.5 可以看出,美国银行系统所持有的金融资产虽然 2007 年比 1976 年增长了 11 倍,但是它在整个金融机构持有资产比例中却下降了很多,商业银行所持有资产比例从 1976 年的 33.5% 下降到了 2007 年的 18%,下降了近一半;在储蓄机构中我们看到信用联合会所持有的金融资产有大幅增长,从 1976 年的 424 亿美元增长到了 2007 年的 7 587 亿美元,增幅达到了 17 倍左右,而所占比例也基本稳定在 1.5% 附近;保险组织所占比例相对稳定,保持在 30% 左右的水平;而其他金融机构则是得到了大幅的增长,所持有的金融资产从 1976 年的 3 557 亿美元增加到了 2007 年的 311 153 亿美元,增长了 86.5 倍,增幅较大的包括证券商、各种基金公司、政府支持的贷款机构、抵押公司、资产支持证券的发行者等等,财务公司在资产数量上有较大增幅,但在资产比例上两年也是基本持平。

表 7.5　美国 2007 年和 1976 年主要金融机构持有金融资产量及其占比

|  | 总资产 (10 亿美元) | | 资产分布 (%) | |
| --- | --- | --- | --- | --- |
|  | 2007 | 1976 | 2006 | 1976 |
| Ⅰ 银行系统 | 12 145.4 | 1 094.6 | 19.36 | 38.2 |
| 　1 联邦储备银行 | 951.3 | 134.5 |  | 4.7 |
| 　2 商业银行 | 11 194.1 | 960.1 |  | 33.5 |
| Ⅱ 储蓄机构 | 2 573.7 | 562.5 | 4.1 | 19.6 |
| 　1 储蓄机构 | 1 815 | 520.1 |  | 18.2 |
| 　2 信用联合会 | 758.7 | 42.4 |  | 1.5 |

续表

| | 总资产 (10亿美元) | | 资产分布 (%) | |
|---|---|---|---|---|
| | 2007 | 1976 | 2006 | 1976 |
| Ⅲ 保险组织 | 16 891.4 | 850.2 | 26.93 | 29.7 |
| 　1 财产保险公司 | 1 358.8 | 97.9 | | 3.4 |
| 　2 人寿保险公司 | 4 949.7 | 311.1 | | 10.9 |
| 　3 私人年金基金 | 6 228.6 | 275.3 | | 9.6 |
| 　4 州及地方雇员退休金 | 3 157.1 | 119.2 | | 4.2 |
| 　5 政府退休金 | 1 197.2 | 46.7 | | 1.6 |
| Ⅳ 其他金融机构 | 31 115.3 | 355.7 | 49.61 | 12.4 |
| 　1 财务公司 | 1 910.1 | 117.6 | | 4.1 |
| 　2 不动产投资信托 | 324.5 | 4.6 | | 0.2 |
| 　3 证券商 | 3 092 | 34.1 | | 1.2 |
| 　4 基金公司 | 1 827.5 | 1.4 | | 0.05 |
| 　5 政府支持贷款机构 | 3 182.1 | 97.8 | | 3.4 |
| 　6 机构支持抵押公司 | 4 463.5 | 40.7 | | 1.4 |
| 　7 资产支持证券的发行者 | 4 509.5 | 0 | | 0 |
| 　8 货币市场共同基金 | 3 053.2 | 3.7 | | 0.1 |
| 　9 共同基金 | 7 829 | 46.5 | | 1.6 |
| 　10 封闭式及开放式基金 | 923.9 | 9.3 | | 0.3 |
| Ⅴ 全部金融机构 | 62 725.4 | 2 863 | 100 | 100 |

数据来源：美国联邦储备委员会资金流量表(1975—1984、1995—2006)。

由图 7.14 可以清晰地看出，银行和非银行金融机构资产在 7 年中都有了大幅度的提高，但是非银行金融机构的资产无论在增长速度还是绝对规模上都远远高于银行金融机构，这说明在美国，金融中介中占主要地位的是非银行金融机构。按照戈德斯密斯的分类，这表明，美国处于金融发展的高级阶段。

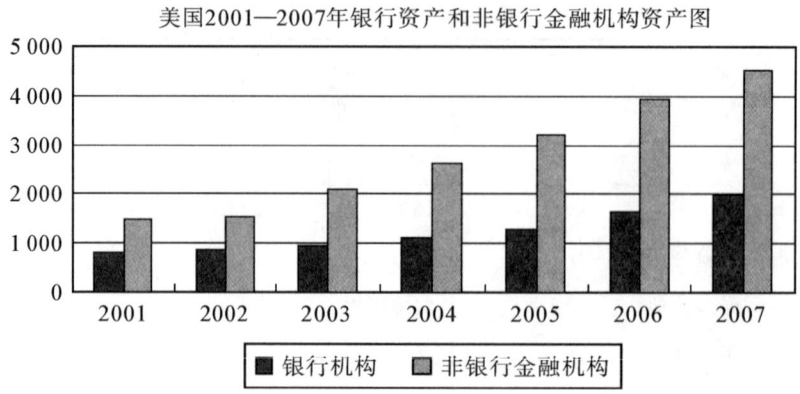

图 7.14 美国银行资产和非银行金融机构资产规模

从表 7.4 和表 7.5 所列的数据以及图的对照来看,2007 年金融机构持有金融资产占当年金融总资产的 42.64%,1976 年这一比值为 33.38%,这一比值有明显增加,这也说明了在储蓄和投资的过程中机构化程度越来越高;金融上层结构与经济基础的关系更加紧密;金融机构在现代的经济结构中越来越重要。

从图 7.15、图 7.16 可以看出,美国各金融机构所持有的金融资产在

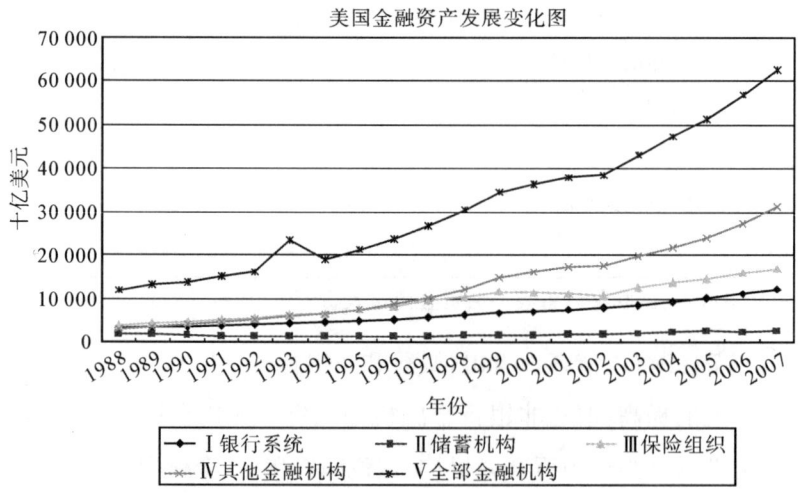

图 7.15 1988—2007 年美国金融机构持有金融资产发展变化图

数据来源:美国联邦储备委员会资金流量表(1988—2008)。

# 第七章 美国的金融发展与金融创新：不平衡发展的动力

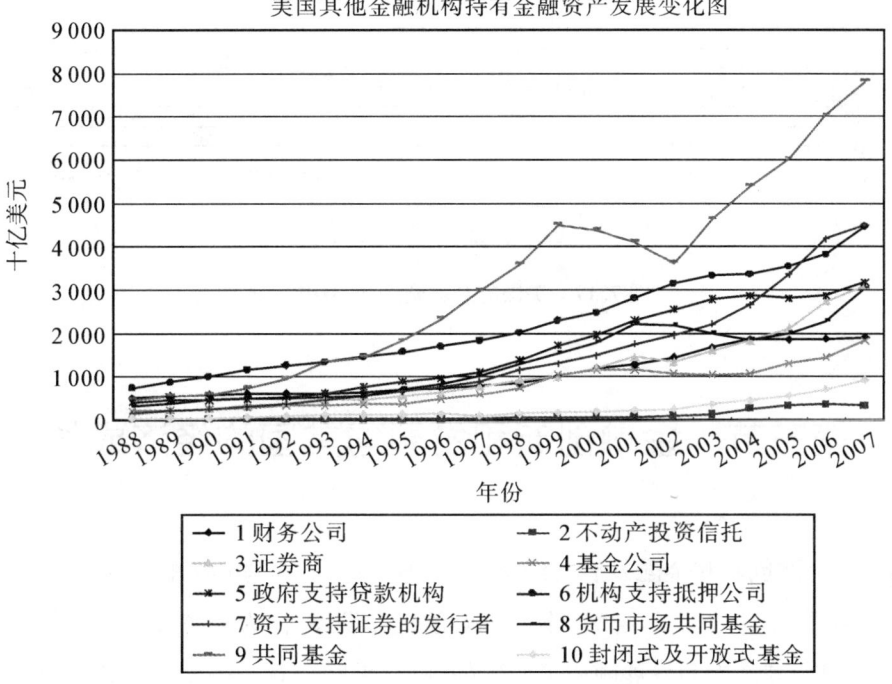

图 7.16　1988—2007 年美国其他金融机构持有金融资产发展变化图

数据来源：美国联邦储备委员会资金流量表（1988—2008）。

20 年内都有持续增加，其他金融机构持有的资产量在近 10 年内相比银行、储蓄、保险机构有着相对更快的增长，而其中比较突出的是共同基金、政府支持的贷款机构、证券商、资产支持证券的发行者等。

从上面的数据我们可以看出，在美国市场主导型的金融结构中，各种各样的金融机构在合理地配置资源的情况下，都得到了蓬勃的发展。

从图 7.17 的全部金融资产与 GDP 之比可以发现，金融资产的规模呈现出迅速上升的趋势，从 1975 年的 4.6 倍上升到 2007 年的 10.5 倍。这个指标就是戈德斯密斯所说的金融相关比例，是体现一国金融发展水平的主要指标。

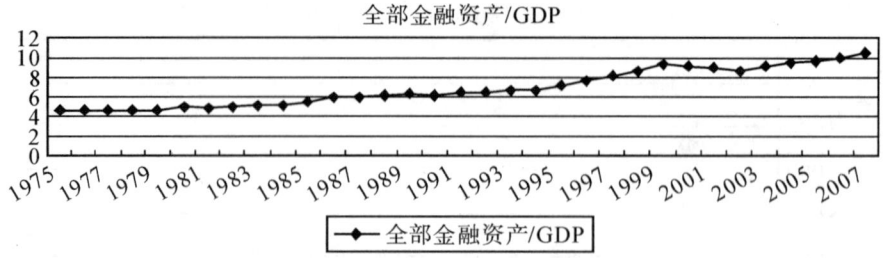

图 7.17 美国的金融资产与 GDP 之比

## 第三节 金融创新和发展与美国的经济成长

金融创新和金融发展与经济增长的关系一直是理论界探讨的一个焦点话题,在这方面的文献很多。金融创新和发展,作为经济社会运行的一个产物,其产生和发展顺应了历史的潮流,无疑会对经济发展起到一定的促进作用。但是,金融创新是一把双刃剑,在推动经济增长的同时,也潜伏着巨大的隐患,积累了很多问题。

### 一、金融创新和发展、科技革命与美国经济成长

美国的金融创新大大地改变了美国的金融结构,使资金流向社会收益最高的地方。从这种意义上说,金融上层结构加速了经济增长,改善了经济的运行,对经济增长起到了积极作用。主要的表现有以下几点:

(一)美国居民可选择投资的渠道增加

美国发达的金融市场,以及种类繁多的金融工具,使得美国普通居民可选择的投资渠道大大拓宽。人们不仅仅局限于将钱存放在银行,而是买股票、债券和基金等等,从而提高了其获得收益的可能性。由表 7.6 可以发现,美国、英国、荷兰、日本等经济比较发达的国家,其家庭部门所拥有的财产份额中,非金融财产份额相对较少,2005 年底均不到总资产的

# 第七章 美国的金融发展与金融创新:不平衡发展的动力

一半。其中,美国的非金融资产所占的财富份额在 1995—2006 年的 12 年间,年均比例为 37%,这个比例是非常低的,在 OECD 的 10 个国家中,只有荷兰年均比例是 39%,和美国接近。因此可以判断,美国人将其财富的大部分都花在了金融资产上面,这一定程度上反映了美国的金融发展水平。通过 1995,2000 和 2006 年 25 个国家家庭资产负债表(表 7.7)的构成比例的变化和对比可以更清楚地发现,2006 年,美国家庭将 53% 的资产投资于债券、股票和基金上,而保留的存款和现金只有 12.4%。

表 7.6　世界主要国家家庭财富中非金融资产的比例

单位:%

|  | 家庭财富中非金融资产份额 | | | | | | | | | | | |
| --- | --- | --- | --- | --- | --- | --- | --- | --- | --- | --- | --- | --- |
|  | 1995 | 1996 | 1997 | 1998 | 1999 | 2000 | 2001 | 2002 | 2003 | 2004 | 2005 | 2006 |
| 澳大利亚 | 72.8 | 71.6 | 71.8 | 71.6 | 71.4 | 72.9 | 73.4 | 77.9 | 79.3 | 79.5 | 77.7 | 75.8 |
| 加拿大 | 50.9 | 47.5 | 46.5 | 47.1 | 45.2 | 45.2 | 48 | 50.9 | 51.2 | 51.4 | 51.1 | 51.1 |
| 捷克共和国 | 61.7 | 63.5 | 63.3 | 63.7 | 65.2 | 66.4 | 66.9 | 66.3 | 67.2 | 67.7 | 68.9 | 70 |
| 法国 | 58.6 | 57.1 | 55.5 | 55.3 | 54.5 | 56.3 | 59.4 | 61.7 | 63.7 | 66.1 | 67.3 | 67.9 |
| 德国 | 73.3 | 72.5 | 71 | 70 | 68.5 | 68.6 | 68 | 69.1 | 67.1 | 65.6 | 63.6 | — |
| 意大利 | 65.9 | 64.8 | 63.4 | 61 | 58.3 | 58.4 | 60.3 | 62.4 | 63.9 | 64.2 | 64.6 | — |
| 日本 | — | 61.2 | 60.6 | 59 | 56.6 | 55.6 | 54.5 | 53.3 | 50.4 | 49 | 46.4 | — |
| 荷兰 | 38.1 | 36.7 | 35 | 34.4 | 33.1 | 34.7 | 39 | 44 | 44.5 | 44.2 | 42.7 | 42.9 |
| 英国 | 49.3 | 49.9 | 46.6 | 48 | 46.4 | 50.4 | 55.2 | 63.8 | 64.8 | 66.3 | 63.6 | 64.8 |
| 美国 | 35.2 | 33.6 | 31.4 | 31.0 | 29.8 | 33.3 | 37.1 | 42.6 | 41 | 41.9 | 43.4 | 43.1 |

表 7.7　世界主要国家 1995，2000 和 2006 年家庭资产负债表构成

单位：%

|  | 现金和存款 | | | 债券(不包括股票和衍生品) | | | 股票和其他普通股 | | | 共同基金份额 | | |
|---|---|---|---|---|---|---|---|---|---|---|---|---|
|  | 1995 | 2000 | 2006 | 1995 | 2000 | 2006 | 1995 | 2000 | 2006 | 1995 | 2000 | 2006 |
| 奥地利 | 61.9 | 55 | 47.4 | 13.4 | 7.6 | 8.7 | 3.9 | 6.8 | 10.1 | 5.8 | 11.1 | 12.4 |
| 比利时 | 28.9 | 24.1 | 28.3 | 29.4 | 21.6 | 9.1 | 18.4 | 22 | 24 | 8.7 | 14.9 | 16.7 |
| 捷克共和国 | 52.6 | 60 | 57.3 | 0.1 | 0.6 | 0.9 | 28.5 | 21.5 | 12.4 | 7 | 1.9 | 9.2 |
| 丹麦 | 25.4 | 21.2 | 19.9 |  |  |  |  |  |  |  |  |  |
| 芬兰 | 73.6 | 32.9 | 29.7 | 5.8 | 1.1 | 1.1 | 2.7 | 39.9 | 35.6 | 0.9 | 3.8 | 9 |
| 法国 | 41.6 | 33.4 | 29.1 | 5.9 | 2.9 | 1.4 | 10.7 | 18.3 | 19.9 | 13.4 | 11.3 | 9.4 |
| 德国 | 42.4 | 34.2 | 33.9 | 11.8 | 9 | 10.6 | 11 | 16.1 | 12.9 | 7.2 | 11.3 | 11.6 |
| 希腊 | 56.6 | 43.8 | 48.4 | 18.2 | 7.9 | 11.4 | 9.3 | 30.8 | 28.2 | 6.4 | 11.9 | 5.9 |
| 匈牙利 | 55.3 | 42.5 | 36.6 | 6.4 | 9 | 6.1 | 25 | 28.6 | 25.9 | 1.4 | 4.8 | 8.2 |
| 意大利 | 42 | 24.7 | 27.9 | 27.1 | 18.5 | 19.8 | 15.4 | 27.6 | 24.6 | 4.2 | 16.6 | 9.1 |
| 荷兰 | 22.5 | 17.6 | 20.6 | 3.4 | 3.2 | 3 | 16.6 | 21.4 | 14.1 | 3.9 | 4.7 | 2 |
| 挪威 | 39 | 33.1 | 29.7 | 0.6 | 1.1 | 1.4 | 8.9 | 11.4 | 11.8 | 3.1 | 6.2 | 5.3 |
| 波兰 | 67.5 | 59.6 | 47.8 | 2 | 0.8 | 2.5 | 25.2 | 22.3 | 24 |  | 8.6 | 1.6 |
| 葡萄牙 | 48.9 | 44.2 | 37.1 | 0.9 | 4.8 | 7 | 30.4 | 26 | 26.5 | 6.1 | 8.4 | 9.4 |
| 斯洛伐克共和国 | 85 | 83.4 | 58.7 | 0.9 | 4.8 | 1.9 | 4.6 | 1.6 | 5.1 | 0 | 0 | 6.5 |
| 西班牙 | 50.8 | 39.8 | 38.1 | 3.6 | 2.5 | 2.4 | 19.8 | 26.7 | 29.7 | 10.1 | 13.7 | 12.1 |
| 瑞典 | 29.1 | 15.7 | 16.9 | 9.4 | 3.3 | 2.3 | 22.3 | 29.4 | 30.9 | 7.2 | 13.7 | 12 |
| 瑞士 |  | 21.7 | 23.9 |  | 9.4 | 8.4 |  | 18.5 | 13.9 |  | 8.7 | 11.3 |
| 英国 | 23.7 | 20.1 | 26 | 2.1 | 1.5 | 0.8 | 16.1 | 18.2 | 10.2 | 3.7 | 4.9 | 4.4 |
| 澳大利亚 | 26.8 | 21.9 | 20.1 | 2.7 | 1.4 | 0.6 | 13.3 | 19.4 | 19.3 |  |  |  |
| 加拿大 | 27.1 | 19.4 | 19.1 | 7.1 | 5 | 2.1 |  |  |  |  |  |  |
| 墨西哥 | 28 | 22.9 | 13 | 10.2 | 35.4 | 51.7 | 56 | 34.6 | 28.1 | 3.8 | 4 | 4.5 |
| 美国 | 13.3 | 10.4 | 12.4 | 9.7 | 6.5 | 7.2 | 36.9 | 39.2 | 32.4 | 8.1 | 11.1 | 13.5 |
| 日本 | 49.6 | 53.6 | 50.1 | 6.9 | 4.1 | 2.7 | 11.4 | 8.5 | 14.6 | 2.3 | 2.4 | 3.6 |
| 韩国 |  | 54.4 | 47.3 |  | 8.2 | 9.9 |  | 14 | 18.7 |  | 0.4 | 4.5 |

来源：OECD 家庭资产数据库

### (二)金融创新和发展分散了风险

一般来说,金融风险包括两种:一种是金融系统的风险,也称为系统性风险;一种是微观投资项目本身的风险,也称为非系统性风险。在资本积累和配置过程中,由于投资项目的收益不确定,收益越高的项目风险也越高。这样投资者为规避风险就会将资本过多地配置到风险低但收益也低的项目中去。在不存在金融市场和金融中介的条件下,投资者如果想通过多元化投资来分散风险,只能投资于不同的行业或项目,这样他不得不进入本身不具有比较优势的行业和不熟悉的项目,其在每个项目上的投资规模也就会随着多元化而降低,难以实现规模经济。在存在金融市场的情况下,投资者通过在金融市场上投资多种证券就可实现多元化。金融市场再将汇集的资金投入特定的项目中去,从而实现规模经济和分散风险,使资金向收益高的项目转移,提高资本配置效率和投资收益(Greewood,Jovanovic,1990)。Obstfeld(1994)认为,金融市场国际一体化使得每一个国家的投资者可以在世界范围内分散风险,从而使资本在世界范围内得到有效配置。因此,美国发达的金融市场以及各种各样的金融工具可以更加有效地分散风险和配置资源。在过去的十多年,金融市场最重要的发展就是信贷衍生品的快速发展。信贷衍生品的发展使得各家银行,尤其是大型的、在整个银行体系中占据重要地位的银行,能够更加有效地衡量和管理其信贷风险,由此,促进了银行系统的稳定。比如,信用违约掉期(简称CDS),是一项极具吸引力的信贷产品,它使银行在满足客户需求的同时,降低其贷款的风险集中度。

### (三)金融创新和发展促进技术进步

金融创新是技术革命的重要推动力。Saint Paul(1992)分析了投资收益风险对技术选择的影响。一般来说,更加专业化的技术生产率较高,但收益的波动性也较大。当金融市场不存在时,为规避风险,投资者将选择风险小但缺乏专业化的技术。而金融市场的发展,可以通过多元化投资来分散这种风险,与此同时选择更适合生产和更专业化的技术。King 和 Levine

(1993)则认为金融市场的风险分散功能有助于技术创新。创新是经济增长的关键因素,但是创新伴随着风险。持有可以分散风险且具有创新意义的项目所发行的有价证券不但可以减少风险,而且还能促进对创新活动的投资。这样,有利于风险分散的金融市场能促进技术进步和经济增长。

美国的金融创新和金融发展是美国硅谷诞生和发展的基础。作为金融创新的重要典范——风险投资基金的发展和美国纳斯达克市场的发展和完善极大地促进了美国高新科技企业的诞生和发展,催生了美国引领的第三次科技革命,催生了全球网络化时代的到来。

(四)金融创新和金融发展降低信息搜寻的成本

投资者进行投资,首先需要搜寻有价值的项目。在确定好项目后,投资者往往将项目委托给代理人(如企业)具体实施。由于信息不对称,投资者需要对企业进行监督。显然,与单个投资者独立监督相比,投资者联合起来组成联盟,由联盟派出代表进行监督成本更低。这个联盟可以是金融中介,也可以是金融市场。一般来说,金融中介在监督企业等方面存在比较优势,而金融市场在信息获取和汇总方面存在比较优势。比如,金融市场特别是股票市场的一个重要功能就是信息的及时快速传播。因为股票市场上的交易价格是快速变动而且公开的,而作为有效市场,股票价格包含着大量的公司信息。加上股票市场的信息披露制度,从而使得股票市场成为信息最完全、传播最快的市场。尽管如此,股票市场信息仍然可能是不完全的,因而也存在套利机会。所以,那些通过非公开渠道获得公司信息的投资者,就能够在信息广泛传播之前,通过证券买卖赚得利润。这激励着投资者加大对公司经营的关注和监督,搜寻信息以获利。Grossman & Stiglitz(1980)和 Tirole(1993)认为,规模越大、流动性越强的金融市场越能激励投资者搜寻公司信息。这是因为,规模越大的证券市场套利机会越多,而流动性越强的市场,投资者越容易将已获得的信息秘而不宣以获利。这样,充分利用好公司信息能在经济增长意义上有力地改进资源配置。

## 第七章 美国的金融发展与金融创新：不平衡发展的动力

以上是从微观层面阐述了金融创新和发展对经济增长的促进作用。许多西方经济学家就金融与经济增长的关系作了大量的实证研究。Levine & Zervos(1998)运用跨国回归分析方法对47个国家1976—1993年的金融市场发展与经济增长的关系作了全面的分析。他们采用工具变量方法，在控制了一些与经济增长相关的变量，如初始人均GDP、人均资本投资、政治稳定性、银行发展水平、货币政策、财政政策和汇率政策之后，发现股票市场流动性与当前和长期经济增长率、资本积累率和生产率之间存在着显著的正相关关系，而股票市场规模、波动性、国际一体化与经济增长之间不存在显著的相关关系，同时衡量股票市场发展的这些指标对私人储蓄率也没有影响。他们还发现，股票市场流动性指标可以预测未来经济增长，因此，股票市场发展与经济增长之间存在着因果关系。其他跨国回归分析的结果与此基本相同。

Arestis等(2001)则采用国别时间序列分析方法，分别分析了美、德、法、日、英5个发达国家20世纪70年代到90年代后期的股票市场、银行与长期经济增长的关系。他们发现，如果股票市场对经济增长有影响的话，那么，这种影响相对于银行是比较小的。特别是在美英两国，股票市场对经济增长只有非常弱的影响。因而，他们认为股票市场发展对经济增长的影响在跨国回归分析中被夸大了。在Levine & Zervos(1998)以及Atje & Jovanovid(1993)的研究中，股票市场流动性创造与经济增长显著地正相关，特别是在发展中国家，这种关系更为显著。但是Harris(1997)发现，虽然在发达国家，股票市场活动对经济增长有影响，但对发展中国家以及发达和发展中国家总体而言，股票市场对经济增长没有解释力。股票市场发展与企业融资结构的关系也是实证分析的重点内容。Kunt & Markets(1996)研究了30个国家金融市场特别是股票市场发展对企业融资结构的影响。他们发现，股票市场对企业融资结构的影响取决于股票市场初始发展水平，并随股票市场发展而变化。当不发达国家的股票市场发展时，企业债权/股权融资比率也升高，这是因为尽管企业随着股票市场发展增加股权融资,但同时,股票市场功能的完善有助于改进信息质量、加强对企业的监管和控制,这诱使银行发放更多的贷款,因而企业债权/股权融资比例提高。这表明在经济发展初期,股权融资和债权融资是相互促进而不是相互替代的。但是随着股票市场进一步发展,情况开始发生变化,股权融资开始替代债权融资,股票市场与金融中介逐渐转变为竞争关系。这一点还被 Arestis 等(2001)所证实。Arestis 等人发现,在发达国家中,以银行为基础的金融体系相对于以股票市场为基础的金融体系更能促进经济增长。这是因为,在解决企业治理中的代理问题时,银行相对于股票市场更有优势,因而股票市场发展替代银行,就不利于经济增长。

## 二、金融发展、金融创新与美国的经济发展模式

美国金融发展和金融创新在成功地促进了经济快速发展和科技进步的同时,形成了一个巨大的金融产业,该金融产业,由于美元的国际货币地位,在全球进行金融资源的配置和投资,获取全球金融产业的高盈利,金融产业成为美国产业结构中的最重要的构成部分,在吸收就业、产值创造和收入增长等方面,对美国经济增长起到至关重要的作用,华尔街成为全球金融中心。同时,金融业的高速发展,不断制造着金融泡沫,刺激过度需求,培养美国人债务型的生活方式和生产方式,造成巨大的投资—储蓄缺口,形成巨大的美国经常项目逆差和美国对外巨额负债。

### (一)美国金融产业的地位

美国的产业结构中,与中国相比,最大特色之一就是私人部门占据绝对统治地位。根据 2007 年第二季度的数据,私人部门在国内生产总值中占比达到 87.5%,政府部门只有 12.5% 的比例。在私人部门中,服务业占据绝对统治地位,占比达到 77.55%,农业和制造业只占到 22.44%。在服务业中,大金融概念的金融服务和地产是第一大产业,占到私人部门总产值的 23.4%,金融保险的比例是 9%。研发与管理服务业具有十分重要的地位,占到 13.7%。制造业的比例只有 13.9%,见图 7.18。在

# 第七章 美国的金融发展与金融创新：不平衡发展的动力

2007年第二季度的增长率贡献中，在私人部门4.27%的增长率中，金融保险地产贡献了1.87%，其中金融保险贡献了0.65%，制造业和农林渔都是负贡献，增长率分别下降了0.61%和0.17%，见图7.19。

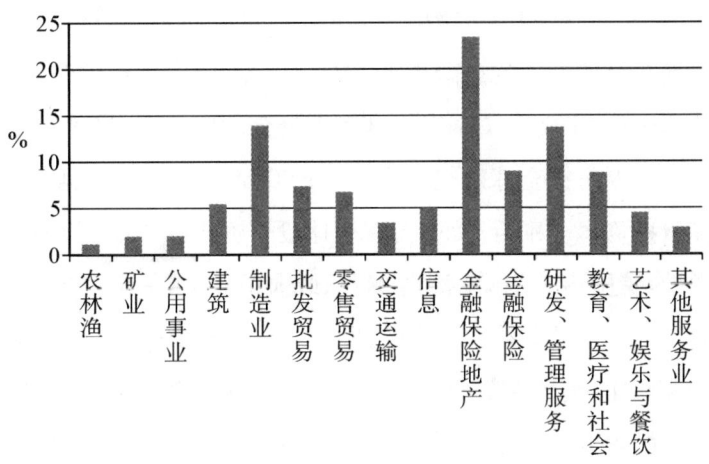

图7.18 美国2007年第二季度私人部门经济增加值各部门的比例

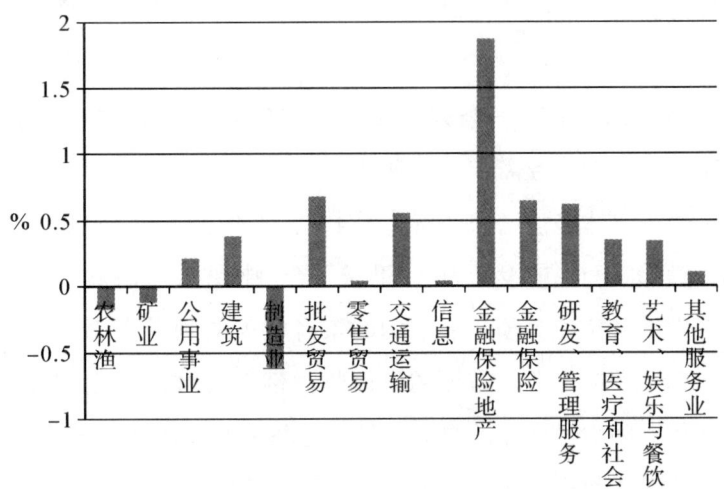

图7.19 美国2007年第二季度各私人分类部门对私人总增长率的贡献

数据来源：美国经济统计分析局，Prototype Quarterly Statistics on U. S. Gross Domestic Product by Industry, 2007—2011, 美国经济统计分析局网站。

所以,我们说,美国基本已经告别了制造业的时代,以其服务业,尤其是金融服务业和研发、管理服务的比较优势参与全球产业分工,获取这些服务产业上的高附加价值。

美国金融的广度和深度吸引了大量国外的发行者和投资者。所以美国不仅仅拥有全球最大的金融市场,而且是全球资本流通的管道,即大量资金在美国进行"中转",美国发挥其管理资金的职能,再将其在全球范围内配置。根据麦肯锡全球研究院全球资产存量数据库的数据,2003年全球金融存量按资本类别看,美国占有全球股票资产的45%,欧洲占26%;企业债券上,美国占51%,欧洲占34%;政府债券上,美国占25%,欧洲占33%;银行存款上,美国占25%,欧洲占32%。与1993年全球金融存量资产的状况相比,美国在前两类资产的比重均上升近10%。明显体现出美国在资金配置方面的吸引力。美国金融投资的能力可以从投资收益上体现出来。美国长期保持了对外资产收益高于对外负债成本,根据美国商务部经济分析局的统计计算,从1981到2003年,两者差额为正,约占GDP的0.5%。

(二)金融创新与金融发展与美国经济发展模式的形成

随着全球金融服务需求的迅速增长,同时流入美国的大量资金增长速度大大快于实体经济增长的资金需求,于是资金很快流向金融部门,除了推动金融部门的加速发展外,还助长了金融操纵和金融欺诈[①]。

金融发展对拉动美国总需求的因素有极大的刺激作用。一方面,消费需求得到了带动。金融市场的丰厚收益带来的财富效应,直接提高了消费;同时,一些金融产品的收益例如养老基金的收益又为消费者提供了未来生活的保障而进一步刺激了当期消费。消费者手中的出于投机需求而持有的风险资产,在没有爆发系统性的危机之前,都有着良好的预期收

---

① 曾导致了2001年的安然(Enron)危机、2002年的世通(Worldcom)危机以及其后的一系列破产危机。

益,金融市场为其提供了分散和转移风险的渠道,于是资产的风险价值人为高估,风险贴水过度压低,刺激消费者追逐金融资产的投资。另一方面,发达的金融体系也为投资需求的增长提供了保证。在充裕的资金流入支持下,兼并、收购的融资和新股发行异常活跃,并使美国经济敢于在新的领域冒险,比如数字电信业发展推动了网络公司的迅猛发展,金融业的发展孕育出复杂的金融衍生产品,也为投资者提供了优越的创业融资渠道。这个过程见图7.20所示。

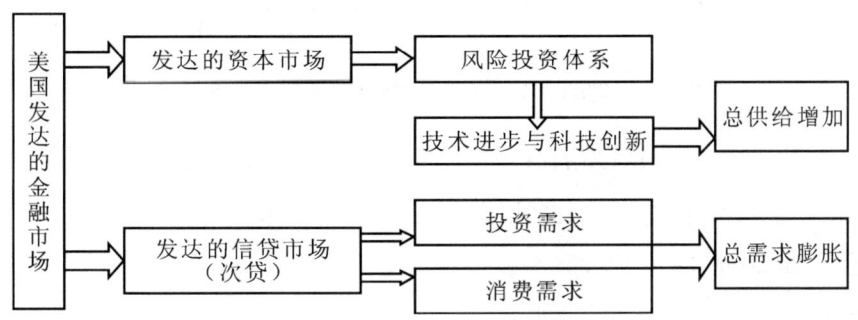

**图 7.20 美国的金融发展与总需求膨胀**

金融业的过度发展与总需求的膨胀互相推动,各个经济体在金融业催生的繁荣下,预期风险的低估加速上升,导致经济行为的冒进。金融体系的发展在构筑其发展的快速通道的同时,也埋下了危机的导火线,金融体系的发达也使全球的金融市场紧密相连,比实体经济的波动传导得更快。

在金融发展和金融创新的刺激下,美国投资需求与消费需求的增长远远快于供给的增长。形成美国巨大的供给缺口,巨大的供给缺口由源源不断的外部供给来补充,也就形成了美国长期而庞大的经常项目逆差和对外债务。这就是美国的经济增长模式,见图7.21所示。

金融市场上充斥的各种金融创新产品,为机构和个人带来了流动性以及投资便利,分散了金融系统的风险。但是,风险并没有消除,而只是转移和扩散到更多的投资者,一旦资产泡沫形成,便潜藏着巨大的隐患。

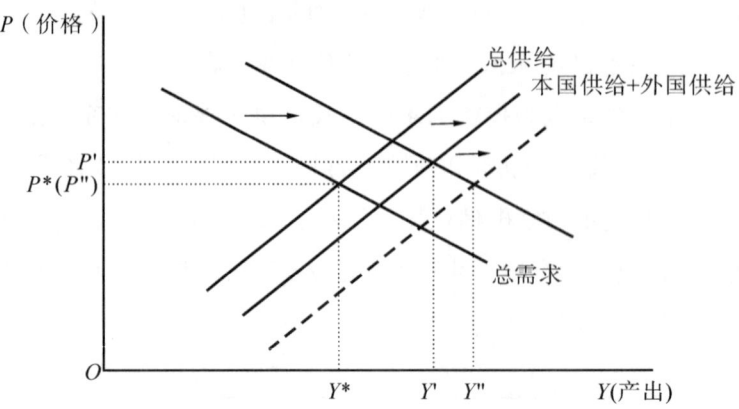

图 7.21　美国的总需求大于总供给：债务型经济发展模式

许多国家，商业银行紧缩的信贷供给导致泡沫的破裂，进而对整个国家的经济产生巨大冲击。在一些情况下，这些资产泡沫会导致长期的经济衰退，比如 20 世纪 90 年代日本股市和房地产市场泡沫的破灭将日本经济拖入了长达 10 年的经济衰退。

美国金融创新产品和发达开放的金融市场，为美国和全世界的过剩资产寻找到了一个投资的港湾。尤其是近年来迅速发展的资产支持债券市场和信贷衍生品市场，大大加大了风险。2000 年以来，美国和全球过度宽松的货币政策，造成了市场上的流动性泛滥，这些过剩的流动性进入了金融市场进行炒作，使得资本市场泡沫迅速集聚。但是由于 2006 年银行开始提高利率，影响到房地产行业，从而导致 2007 年 10 月份次贷危机在美国爆发，并迅速波及金融市场以及全球尤其是欧洲金融市场，进而从金融市场扩散到实体经济，美国和全球经济都受到了很大的打击，经济陷入衰退。在这次全球金融危机的原因中，中西方学者所列的原因非常多，如美国的货币政策、道德风险、经济结构失衡等等。但是，金融市场上众多的创新产品，以及缺乏监管，使金融市场上的风险迅速集聚并扩散至美国和全球的金融机构，是这次金融危机爆发的一个非常重要的原因。

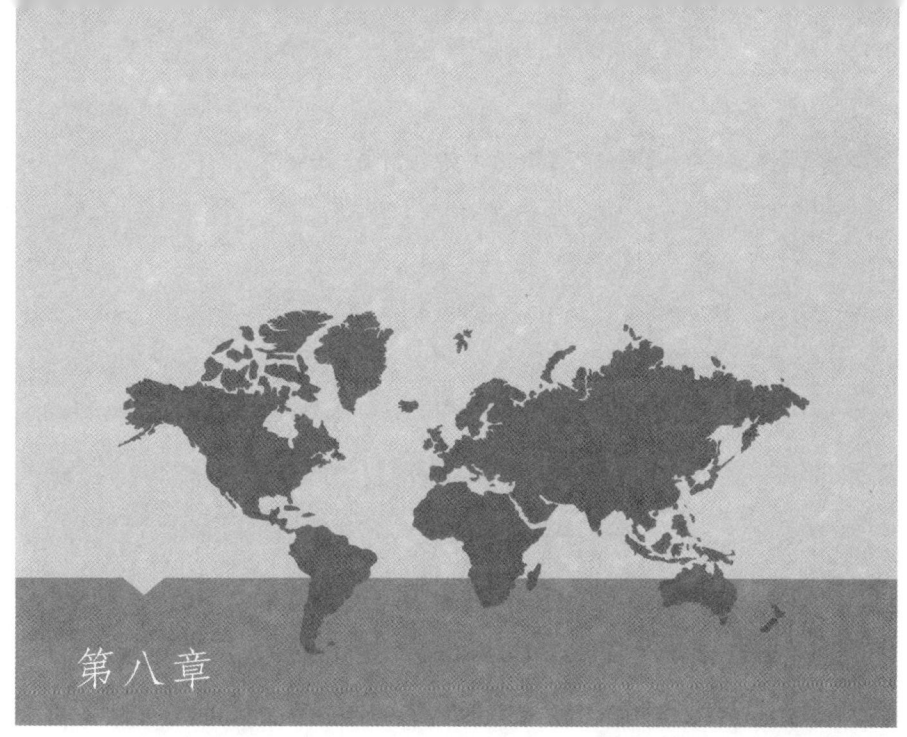

第八章

# 国际货币体系与特里芬难题

# 第八章 国际货币体系与特里芬难题

　　从历史的视角来看，国际货币体系的建立不过是国家与国家间经济与金融相互依赖性日益加深的自然逻辑结果。不同国家间的经济活动在国际货币体系的组织下，其国民经济由封闭走向了开放，一国封闭经济中产生的内部盈余和赤字的总和也就不再必然是相等的，其内部盈余超过赤字或其内部赤字超过盈余便成为一国经济活动的常态。理论上来说，当一国内部赤字的总和与内部盈余不相等时就产生了经常项目不平衡：内部赤字总和超过内部盈余即为经常项目逆差，内部盈余总和超过内部赤字时则为经常项目顺差。从世界经济的整体范围来看，一国经济出现了经常项目逆差，必定对应着其他某些国家的经常项目顺差，而这也正是世界经济相互依赖性的一种体现。然而需要注意的是，虽然世界整体范围内总的经常项目逆差和总的经常项目顺差从事后来看总是相等的，但事前所有逆差国意愿的经常项目逆差的加总与事前所有顺差国意愿的经常项目顺差的加总却可能相差甚远，因此具备有效的国际收支不平衡（主要是经常项目逆差和顺差）调节机制便成为运行良好的国际货币体系的一个重要方面。汇率调节通常是经常项目不平衡调节的主要手段。全球持续的、日趋扩大的经常项目不平衡，表明汇率调节体系出现了严重问题。为什么国际汇率调节体系不能充分发挥不平衡的扭转作用？要回答这个问题，我们必须深刻分析当今的国际货币体系。

　　回顾世界经济的发展历程，国际货币体系已经经历了从国际金本位体系、布雷顿森林体系到牙买加体系的历史演变，新体系的产生总是试图去克服旧体系的缺陷，因而对旧的国际货币体系的认识也就成为理解新

的国际货币体系自然的起点。

## 第一节 国际金本位的建立和崩溃

### 一、黄金本位制度的确立

黄金由于其特有的贵金属品质而使其具备了天然的货币角色,金本位也因此成为许多国家顺理成章的货币制度选择。在英国,除了在1847年、1857年和1866年等几次偶尔中断黄金兑换外,金本位延续了近一个世纪之久;法国到了19世纪70年代中期,也放弃了复本位制转而采用了金本位;德国在1871年后,利用普法战争得到的赔款也建立了金本位;1879年,美国也恢复了内战期间暂停的黄金自由兑换而回到了金本位。这样一来,到了1879年金本位制涵盖了所有主要的工业经济体和大部分较小的农业国,金本位制由此得到了整个国际社会的认可,金本位制也因此突破了单个国家的地理限制而演化为人类历史上第一个国际货币制度,而1879年也就成为国际金本位制度的历史起点。

国际金本位制度是在国与国之间建立了明确运行规则之后而构建的国际货币体系,这些运行规则在各参与国中具有法律强制力,通过国家间每日的经济交易自动实行。这类似于布雷顿森林体系而有别于布雷顿森林体系崩溃之后所形成的牙买加体系,因为牙买加体系没有明确界定的各国必须遵守的一套规则,它的运行更多的以市场为基础,因而也就更具灵活性,所以牙买加体系也常被人称为"无体系的国际货币体系"。在国际金本位的运行规则中,明确要求了各国货币必须固定在官方黄金价格或"铸币平价"之上,在该平价水平上来实现国内货币同黄金的自由兑换;同时,私人的黄金出口不受限制,对经常项目和资本项目下的交易也不做任何限制;银行券和铸币的发行要求必须有等值的专用黄金储备来作为支撑，活期存款的长期增长以总体黄金储备的可获得性为条件。这些运行规则确保了本国货币按照事先固定的价格和黄金进行自由兑换，而通过国际自由套利，国别货币之间也实现了在黄金输送点所决定的狭小区间内的相互兑换。有学者(Oskar Morgenstern,1959)对黄金输送点所确定的区间进行了实证检验，其研究表明，由于黄金输送成本较高，美元同欧洲各国货币之间的区间幅度通常要高于铸币平价1个百分点，而欧洲各国货币之间的区间幅度只是高于铸币平价0.5个百分点。对不同时期的情况进行比较，金本位时期的汇率波动幅度要小于20世纪50年代到60年代末布雷顿森林体系时期和80年代欧洲货币体系时期的区间幅度。因此，在国际金本位体系之下，固定汇率制度在全球范围内得以实现。

## 二、金本位制度的优势

在国际金本位体系有效运行的一段时期中，英国在世界资本市场上占据着核心的地位，许多国家和企业都在伦敦持有英镑存款。然而，英国的货币政策却并未对世界价格水平的决定起到主导的作用，各国货币当局，包括英格兰银行都没有义务来监测世界范围内的存款货币增长以维持共同的世界价格水平。事实上，国际金本位制的一个重要特征便是世界范围内总的黄金供给和需求决定了共同的世界价格水平。当世界经济出现通货紧缩时，增加新的黄金生产将变得有利可图，用于珠宝制造等非货币用途的黄金也会转为货币用途，世界范围内黄金供给不足的局面得以缓解。同样，当世界经济出现通货膨胀压力时，只要各国保持其官方平价不变，增加新的黄金生产将变得无利可图，黄金的非货币化用途也将更具吸引力。因此，在长期世界价格水平保持了稳定的水平(Roy J. Eichengreen, 1987)。由于世界价格水平决定于世界市场上的黄金供求状况，而在黄金输送点制约下形成的世界范围内的固定汇率使得包括英国在内的各国国内货币供给事实上地内生决定了，这等于削弱甚至剥夺了各国货币当局执行独立货币政策的能力,各国实质上在执行着共同的货币政策。因此,国际金本位制所蕴涵的运行规则将对称性地适用于所有的参与国,这一点与第二次世界大战后布雷顿森林体系下货币规则的不对称性形成了鲜明的对比。在国际金本位制下,只要所有国家对称性地保持其本币对黄金的固定平价,世界价格水平也就内生地决定了,这并不需要哪个特别的国家去扮演锚定世界价格水平的角色。事实上,依赖于黄金,成功地解决了蒙代尔所指出的国际货币体系中存在的"第 N 个国家"的问题,即所谓的"多余的问题",而这也正是国际金本位制在宏观经济方面的最大优点(Ronald Mckinnon,1993)。

　　由于国际货币体系中的大多数重要问题最终都取决于国家之间政策的一致性,因此,考虑如何通过各种安排来确保事先一致性或最大限度减少对均衡机制的阻碍,以使在国际货币体系内矛盾和潜在的不稳定性最小化将有着重要的意义(David T. Llewellyn)。对于这一点,国际金本位制很好地做到了:由于限制了各国货币当局运用相机货币政策影响本国以及世界价格水平,或者根据外部通货膨胀冲击调节国内货币政策的能力,蒙代尔不可能三角所揭示的独立货币政策、资本国际自由流动及固定汇率制度三者之间无法共存的矛盾在这里自然地得以消除,宏观政策上的时间一致性问题得到了完美地解决(Michael Bordo and Finn Kydland,1990)。国际金本位制所具备的内在对称性在确保其具有相当稳定性的同时,也使得国家间国际收支不平衡的调节更具自动性。对于国际金本位制下的国际收支调节机制,David Hume(1752)提出的"价格—黄金流动机制"给了最初的描述,这种机制有时也被称之为"李嘉图—穆勒调节机制"。该理论指出,黄金流动本身通过对净贸易的影响而会对国际收支不平衡产生自动的调节作用。即当一国出现国际收支逆差时,黄金将会流失到国外,这将迫使国内出现通货紧缩,由此导致出口上升和进口下降,国际收支不平衡的状况将自动恢复;而当一国出现国际收支顺差时,相反的情形将会出现,黄金的流入将使得顺差消失,国际收支得以平衡。

然而，我们需要注意的是，"价格—黄金流动机制"这一国际收支调节的古典理论源自实质的金本位制，而在 1879 年后的国际金本位制下，信用货币已经占据了更大的份额，而黄金基础已相对不足，加之这一时期国际资本流动的完全自由化，以英国伦敦为中心的巨大而复杂的国际资本市场已经形成，外国人可以像英国人一样购买短期贸易汇票、长期债券和股票（Arndt and Drake 1985），当各国之间出现了巨额的真实资本净转移之后，并不必然需要净黄金的流动。这样一来，国家间巨额真实资本的净转移将改变资本输出国和资本输入国国内的吸收水平（总支出），由此自然地造成了资本输出国的贸易顺差和资本输入国的贸易逆差，国际收支平衡因此得以实现。在国际资本市场和国际贸易品市场高度一体化的背景下，可信赖的固定汇率制度使得"价格—黄金流动机制"这一国际收支调节的古典理论并不适用，因为国际净资本的转移带来的是国家间吸收水平的变化，而并不是如古典理论所强调的国家相对价格水平（即贸易条件）的突然改变。当然，如果贸易顺差国的顺差数额不足以弥补其净资本的流出，比如英国的贸易顺差数额如果小于美国铁路债券发行的总收入，那么就会由此引起对冲性短期资本流入英国，这种短期的资本流入通常也被称为剩余平衡项目。通过短期利率的充分调整，以存款方式留在英国伦敦的资金随着时间推移而"平滑"流出，为美国的贸易逆差提供融资支持。

由于到了 19 世纪末期，西欧一些核心工业化国家（主要包括英国、法国、德国和荷兰等国家）已经积累了大量的资本，资本的趋利性使得这些核心工业化国家亟待为其积累的巨额资本寻求出路；而与此同时，海外一些发展迅速的殖民地国家（诸如北美、南美、澳大利亚及新西兰等）有着建设国内铁路和其他基础设施的强烈愿望，而这些基础设施的建设也能为资本投资带来较高的回报，因此，大量的私人资本由这些核心工业化国家流向了这些殖民地国家。而在国际金本位制的内在稳定性及在其对称、平滑的国际收支调节机制作用下，这一时期资本输出国向资本输入国巨额的真实资本净转移,同资本输出国产生的贸易顺差和资本输入国产生的贸易逆差形成了自然的匹配,国际收支平衡得以实现。这一时期,英国的贸易顺差曾一度占到了其 GDP 的 9%,法国、德国及荷兰的贸易顺差也占到了其 GDP 相近的规模;与此对应,阿根廷、澳大利亚和加拿大等国贸易逆差的规模平均来讲也超出了其 GDP 的 5%。另外,由于这些殖民地国家国内经济发展对资本需求的持久性,平衡其资本流入而产生的贸易逆差也必然会显示出持久的特征,这一点在 Bordo,Eichengreen 和 Kim(1998)所做的实证研究中得到了证实。

### 三、金本位的崩溃

毋庸置疑,19 世纪末形成的国际金本位制在促进世界经济的一体化发展上取得了前所未有的成功,并且在自身并没有显示出巨大问题的时候,在 1914 年由于第一次世界大战的爆发而宣告了结束。如果国际金本位制真的是促进世界经济发展的伊甸园,为什么人类离开了它便再也无法回归到那里?事实上,当我们再次审视国际金本位制的时候,我们不难发现,它其实并非完美无缺。虽然依赖于黄金,国际金本位制成功地解决了国际货币体系中的"第 N 个国家"的问题,而恰恰因为此,便不再会有哪个国家负责采取相机抉择行动去对冲货币性黄金在供给或需求方面的随机变化,该体系也因此容易出现世界范围内流动性的突然紧缩,这无疑会导致世界价格水平在短期和中期内的剧烈波动。更重要的是,从更长远的视角来看,世界经济的快速发展必将导致对货币性黄金的需求无法被货币性的黄金供给所满足。国际金本位制的夭折使我们无法看到人类将如何在该体系之内去解决由于货币性黄金供给不足所带来的国际支付困难的问题,一种合乎逻辑的推测是,某个核心国家(比如英镑)的主权货币会悄然地成为主导性的国际支付手段,而在这个过程中,国际货币体系中的"第 N 个国家"问题也将随之萌生,古典的国际金本位制在享受着

"安乐死"的同时,另外一个死神的幽灵——特里芬难题[①]——也将不期而至,对于这一点,我们在布雷顿森林体系的诞生和崩溃中得到了最好的理解。

## 第二节 二战后的布雷顿森林体系

### 一、布雷顿森林体系的设计理念

在1914年第一次世界大战爆发之后,除美国之外,所有的参战国都放弃了本国货币对黄金自由兑换的承诺,古典的国际金本位制也因此寿终正寝。由于战争对世界经济的破坏,一战结束后,只剩下美国、英国及法国等少数几个国家具备实力来保证其货币与黄金的自由兑换,在这样的背景下,到1926年一种被称之为金汇兑本位制的国际货币制度得以确立。在金汇兑本位制下,美国、英国及法国持有黄金,而其他成员国持有美元、英镑和法郎作为其主要的外汇储备,成员国将其货币钉住储备货币,而储备货币国以固定的比价保持其货币与黄金的自由兑换。然而战后对恢复本国经济的渴望使得参战国在面对外部平衡和内部平衡的冲突时,通常会更加关注国内经济目标的实现,因此古典国际金本位制下成员国共同的货币政策规则,在1926年确立的金汇兑本位制下事实上并不存在。因此,英国在1926年后为重建金本位制而保持其外部金平价的努力,带来的只能是紧缩性的货币政策和由此造成的国内工业的大萧条。各参战国对本国货币政策自主权的追逐,事实上使得这一时期的金汇兑本位制处于一种"无体系"的不稳定状态,汇率波动、竞争性贬值、进攻性

---

[①] 有关特里芬难题的问题,我们将在后文对布雷顿森林体系的分析中给予详细的讨论。

保护主义以及总体上的缺乏国际货币协调成为这一时期的特点。1929年，世界性的经济危机爆发，该体系也自然随之土崩瓦解。

第二次世界大战后，为了寻求战后稳定的国际货币秩序，从1943年到1945年间，美国和英国的专家团进行了反复谈判。1944年7月，国际社会在美国新罕布什州的布雷顿森林城召开了有44个国家参加的"联合和联盟国家国际金融会议"，通过了以美国提出的"怀特计划"为基础的《国际货币基金组织协定》和《国际复兴开发银行协定》，总称《布雷顿森林协定》，布雷顿森林体系由此得以确立。

20世纪30年代的经济崩溃改变了人们对古典自由主义经济哲学的信仰，由凯恩斯创立的新的经济学说(John Maynard Keynes, 1936)受到了普遍的追捧，该学说强调了各国自由驾驭宏观经济的重要性，这导致维护本国宏观经济的自主权成为各国行事的最高原则。在凯恩斯经济学思想的影响下，以汇率的充分浮动来保证国内可选择的通货膨胀和就业目标得到了许多经济学家的支持(James Meade, 1951)。然而，20世纪30年代汇率波动及竞争性贬值给世界经济带来严重损害的痛苦经历，让人们同时认识到了稳定汇率水平以恢复正常的世界贸易的极其重要性。因此，布雷顿森林体系成为一个相互妥协的设计方案，在汇率的安排上选择了固定但可以调节的汇率制度。此外，一个被称之为国际货币基金组织(IMF)的永久性机构也得以建立，其主要作用即是来确保布雷顿森林体系下货币规则的贯彻实施，同时也为处于国际收支短期逆差的国家提供短期融资便利。在布雷顿森林体系下，最为核心的在于其固定汇率制度的安排，为此协议要求其成员国以黄金或者钉住黄金的货币作为计价标准，把本国货币同外国货币固定在官方平价上，短期内，汇率波动不应超过平价水平的1%，同时在所有私人交易中废止了黄金的通货用途。此外，为了确保汇率制度具备一定的弹性，在长期中如果成员国出现了国际收支的"根本性失衡"，经过IMF的同意，成员国可以单边调整其汇率平价。在国际收支调节方面，布雷顿森林体系要求其成员国运用本国外汇储备以及来自 IMF 的信贷应对短期性的国际收支失衡,外汇市场干预给国内货币供应带来的冲击由国内冲销政策予以应对。同时,布雷顿森林体系还制定了"稀缺货币条款",以力求国际收支失衡的调节压力在顺差国和逆差国得到合理的分担。另外,为了保证成员国宏观经济自主权的有效性,布雷顿森林体系除了允许成员国长期内可以单边调整其汇率平价外,也允许成员国对其资本项目实行外汇管制,以抑制投机性货币攻击,但在经常项目下的支付中,货币可以自由兑换。可能是出于对古典国际金本位制度下货币规则对称性的眷恋,布雷顿森林体系最初的设计理念也是希望其所有的规则和协议条款都能对称性地运用于所有的成员国。因此,在布雷顿森林体系建立之初,从其条约的精神中我们似乎还看不到美元在整个体系中"关键"货币的角色。

## 二、固定汇率美元本位制的形成

第二次世界大战使得欧洲国家和日本的经济遭受了前所未有的重创,而美国却因为战争而一跃成为世界头号经济强国,二战后美国的黄金储备占到了世界总量的 2/3 以上。为了支持欧洲国家经济的重建,美国推出了马歇尔计划(Marshall Plan),到 1950 年 9 月,马歇尔计划促成了欧洲支付联盟(European Payments Union)的建立。美元也因此自然成为记账单位和结算工具,在欧洲内部进行多边支付清算。而在 1949 年至 1950 年,日本根据道奇计划(Dodge Plan)也实施了类似的以美元为基础的价格稳定措施。为了更有效地缓解通货膨胀的压力和保持更低的失业率水平,欧洲国家和日本发现,依靠美国良好的金融声誉,通过固定本国货币对美元的汇率水平来锚定本国的货币政策和价格水平,这成为它们最为便利的选择。实际上,在 1949 年之后的 20 年间,欧洲国家和日本一直维持着本国货币对美元汇率的固定,期间很少出现汇率平价的调整行为。比如法国只在 1957 年至 1958 年间调整了两次,德国和英国分别在 1961 年和 1967 年对汇率平价进行过轻微的调整,而日本更是将 360

日元兑换1美元的汇率平价从1949年保持到了1971年。因此,从结果上看,布雷顿森林体系自1950年开始直到其在1971年最终崩溃,已经在事实上演变成了固定汇率的美元本位制度,美元在国际货币体系中的"关键"货币角色也从此确立了(Ronald Mckinnon,1993)。

在这种固定汇率的美元本位体系下,美国按照35美元兑换1盎司黄金的固定比价,承诺其外围国家可以随时用美元向其兑换黄金;而其他国家也有义务在外汇市场上买卖美元来维持各自货币与美元的固定比价。通过这种安排,美国成为体系的中心国家,欧洲和日本等国则构成了其外围地区。通过保持其本国货币与美元的汇率固定,外围国家得以输入美国的金融信誉,而美国也因此可以有能力执行独立的货币政策,美元自然地扮演了蒙代尔所谓的国际货币体系中"第N种货币"的角色。这样一来,美元事实上成为汇率的标准和几乎唯一的干预货币,世界其他国家也因此将美元作为其最主要的国际储备和国际交易媒介。原本构建布雷顿森林体系之初所追求的货币规则对称性,就这样在实际经济的运行中被悄无声息地抛弃了,美国独立的货币政策成为世界价格水平的名义锚,而其外围国家需将其国内货币供应的长期增长从属于固定汇率的安排,服从于美国具有支配性的通货膨胀率水平。因此,固定汇率的美元本位制事实上具备了内生的不对称性。

由于美元替代黄金而成为事实上唯一的国际货币,世界其他国家对国际流动性的需求自然要求美国保持其国际收支处于逆差的状态。从1950年到1970年固定汇率美元本位制有效运行的一段时期中,美国基本上保持了其经常项目的持续顺差,但由于美国对其外围国家进行了大量的资本输出,其国际收支总体上保持了逆差状态。由于美国国内黄金存量巨大而拥有良好的金融声誉,所以外围国家的货币当局乐于积累起附息的美元债权,而不是用它们向美国兑换黄金。然而,这是不是意味着在固定汇率美元制的呵护下,美国可以无所顾忌地向其外围国家无休止地"输出"其国际收支逆差呢?事实上,对于这个问题,早在20世纪60年代初,美国经济学家特里芬教授就已经给出了明确的答案。

## 三、"特里芬难题"与固定汇率美元本位制的崩溃

1960年,特里芬教授在其《黄金和美元危机:可兑换性的未来》一书中,深刻洞察了以美元和黄金挂钩为基础的固定汇率美元本位制所存在的内在矛盾,即所谓的"特里芬难题"。"特里芬难题"表明,在固定汇率美元本位制下,为了满足由于世界经济增长和国际贸易发展对国际货币不断增加的需求,美国必须保持其国际收支逆差规模的不断扩大,因为这是该体系中外围国家美元储备的唯一来源。然而,由于世界黄金产量和美国国内黄金储备的有限性,各国美元储备的不断积累必将动摇各国中央银行对美国维持1盎司黄金兑换35美元固定比价能力的信心。随着时间的推移,如果各国美元储备的积累与美国有限黄金存量的背离进一步增大时,对美元的挤兑将会在所难免。因此,"特里芬难题"为我们揭示了固定汇率美元本位制所固有的一个不可调和的矛盾,即世界经济不断增长和保持美元稳定之间的冲突。由此可见,"特里芬难题"实质就是一个信心问题,这个信心问题的核心即在于美国是否有能力用其黄金储备赎回美元以维持固定平价。

在整个20世纪60年代中,欧洲国家和日本为了尽快恢复国内经济,刻意地保持了其货币实际汇率的低估,以此促进出口的增长,由此带来的结果是积累了越来越多的美元储备。尽管从1951年到1967年间,美国的货币政策很好地锚定了世界价格水平,其年均通货膨胀维持在了1%的低水平上。然而,1968年以后,美国货币当局出于本国自身利益的考虑,开始执行更具通货膨胀倾向的货币政策,美国的生产价格指数也因此平均每年上涨了3.5%,借助固定汇率美元本位制的安排,美国开始向其外围国家输出通货膨胀。由于欧美和日本等国将其货币钉住美元的初衷在于进口美国良好的金融信誉,而现在美国提供给它们的却是通货膨胀这一味苦药。美国通货膨胀的货币政策因此受到了其他国家特别是德国

的抵制,它们执行了相对紧缩的货币政策,把国内通货膨胀率水平限制在了美国之下,导致了美元严重的高估,由此产生的一个结果是国际社会对美国保持美元稳定平价水平的信心开始动摇。1970年至1971年间,大量的游资开始流出美国,其他国家因此进一步积累起超额的美元外汇储备,美国的国际收支逆差也一度达到了其GDP的0.5%的水平。这样的一个逆差水平从今天的经济背景来看,可能根本算不上什么问题,但在美元与黄金挂钩的固定汇率美元本位制下,美国国内的黄金储备已经无力赎回这一逆差水平所对应的流出美国的美元数额,在"特里芬难题"的作用下,在1971年,布雷顿森林体系这一事实上的固定汇率美元本位制最终不可避免地崩溃了。

## 第三节 布雷顿森林体系崩溃后的牙买加体系

### 一、牙买加体系的形成

自布雷顿森林体系崩溃以后,国际货币金融领域经历了一个结构变化、市场适应和前所未有的金融创新时期,各国为建立一个新的国际货币体系进行了长期的讨论和斗争,事实上,这种讨论和斗争即使到了今天也仍然在继续着。1976年1月8日,IMF的临时委员会在牙买加首都金斯敦召开了会议,各国通过妥协就国际货币体系的一些基本问题达成了共识,签署了协议。同年4月,IMF理事会对该协议进行了修正,通过了《国际货币基金组织协定》第二次修正案,从而形成了新的国际货币格局,通常称该协议为"牙买加协议",因此,国际上也一般把"牙买加协议"后的国际货币制度称之为牙买加体系。

牙买加体系与古典的国际金本位制和布雷顿森林体系有很大的不同,其结构和运作在很大程度上缺乏官方统一的和清楚界定的货币规则,这体现了牙买加体系对经济和金融环境中重大变化的市场适应的考虑。由于认识到美元与黄金挂钩所产生的"特里芬难题"对维持布雷顿森林体系有效运行所带来的困境,牙买加体系割断了黄金与货币的联系,实行了黄金非货币化政策。与此同时,布雷顿森林体系下的固定汇率制被抛弃,IMF 允许其会员国根据自身的情况自行安排汇率制度,浮动汇率制度得到了认可。这样一来,在牙买加体系下,各国不再具有明确界定的政府权利和义务,它们在选择经济发展战略上也具备了更多的自由,市场机制的作用在各国的汇率决定和国际收支调节方面也因此显得更加突出。

## 二、美元本位制的延续

我们前文已经分析过,布雷顿森林体系事实上就是一种固定汇率的美元本位制度,然而,随着 1971 年到 1973 年布雷顿森林体系的最终崩溃,美元本位制并没有因此而退出历史的舞台,美元依然保持着其作为主要国际货币的地位。尽管随着欧洲和日本等工业化国家经济的迅速成长,其货币也恢复到了更高的可兑换程度,德国马克、日元等可自由兑换货币也因此开始进入各国的国际储备之中,但美元依然是国际经济活动中最为主要的计价货币,哪怕这些经济活动与美国并不直接相关。事实上,美元不但仍是各国最为主要的国际储备资产,也是国际银行间清算的主要交易通货,在私人外汇交易市场上,90%的现期和远期交易也都是用美元进行清算的。除此之外,欧洲美元市场及以美元计价的欧洲债券市场的惊人增长也进一步巩固了美元作为支配性国际货币的地位。无论是在商品贸易还是在证券交易中,美元都被用作计价单位和融资工具,私人和官方机构的借贷活动中,美元都处在了国际资本市场的核心位置。

在布雷顿森林体系崩溃后,美国除了不再承诺美元按固定平价自由兑换黄金外,其他方面似乎变化并不明显。美国依然保持着其货币政策的独立性,其货币政策的执行并不受外汇市场美元平价以及其他工业化国家货币增长率的影响,只是不再锚定任何共同的价格水平。其在外汇市场上仍保持了消极的态度,奉行自由贸易,既不考虑国际收支平衡也不考虑汇率目标,因此美国不持有大量的官方外汇储备,对其他国家进行外汇干预带来的影响,国内进行自动的冲销干预。与此同时,美国的资本市场也对外国政府和私人居民继续开放,允许资本的自由出入。而对于欧洲和日本等工业化国家而言,由于放弃固定汇率制度转而采用浮动汇率制度,这满足了这些国家追求其宏观经济自主权的愿望,使得它们可以独立决定本国价格水平的长期增长和货币供应,可以针对美元汇率进行相应的长期调整。当然,这些工业化国家也并非任由其汇率自由波动,它们仍然使用美元作为干预货币,在外汇市场上来平滑本国货币对美元汇率的短期波动,其官方外汇储备则主要以美国国债的方式持有。此外,在保持货币在经常项目下自由兑换的基础上,不断深化金融自由化的程度,以最终清除资本项目保留的各种管制。因此,在布雷顿森林体系崩溃后,国际货币体系事实上演化为了浮动汇率的美元本位制(Ronald McKinnon,1993)。

在浮动汇率的美元本位制下,金融创新得到了巨大发展,特别是面对国际融资需求的快速增长,银行进行不断创新,并在国际业务方面改变自己的资产组合偏好和战略。由于浮动汇率的美元本位制更加重视市场机制的作用,因此私人部门在国际货币体系中扮演了日渐重要的角色。在经济内部结构和国际环境的这些变化驱动下,缺乏官方统一的和清楚界定的货币规则的浮动汇率美元本位制所带来的一个直接结果,即是国际收支不平衡规模的扩大。在布雷顿森林体系时期,由于各国对其资本项目下的资本流动通常施加较为严格的限制,这样一来,在出现持续的经常项目逆差或顺差时,通常缺少如古典国际金本位制下的那种"自动"的私人融资机制。此外,各国负有维持本国货币和美元固定平价的法定义务,只有本国国际收支出现"根本性失衡"的情况,经得IMF的同意,方可通过改变本国货币与美元的平价水平来消除国际收支的不平衡。因此,这些情况的存在无疑限制了各国保持巨额经常项目逆差或顺差的能力。而对于美国来讲，由于其负有按固定平价将美元兑换为黄金的义务，其有限的国内黄金储备导致了无法回避的"特里芬难题"，要维持布雷顿森林体系的有效运行，美国的国际收支逆差也就不可能保持过大的规模。进入浮动汇率的美元本位制后，由于浮动汇率制增强了各国货币美元价值的短期波动，私人交易者为了节约存货成本以及最小化浮动汇率带来的信息不确定，美元作为国际交易中的计价标准、价值贮藏和交易媒介便成为最佳选择，因此，在浮动汇率制下，各国私人部门持有美元的需求大幅增加了。同时，浮动汇率制的采用，使得欧洲和日本等工业化国家的货币当局在执行货币政策时有了更多相机抉择的自由，通过在外汇市场上的冲销干预而将本国货币汇率维持在一个更合意的水平之上，可以有效地支持更具出口导向的经济发展战略。金融自由化的进程使得世界资本市场一体化程度加深，欧洲美元和欧洲债券市场发展迅猛，这有效地支撑了欧洲和日本等国经常项目下顺差的积累。由于黄金不再具有货币的角色，美国因此摆脱了必须按照固定平价将美元兑换为黄金的桎梏，"特里芬难题"所带来的困境在浮动汇率的美元本位制下似乎不再具有威胁，美国国际收支逆差的规模也因此不再受到其国内黄金存量的束缚。20世纪80年代，美国与欧洲和日本等工业化国家之间经常项目顺差累计超过了8 000亿美元，在1987年时，美国经常项目逆差更是占到了其当年GDP的3.4%，与此对应，德国和日本的经常项目顺差则累计超过了5 500亿美元。事实上，与20世纪60年代末国际收支逆差的规模相比，美国即使在1987年其经常项目逆差规模达到前所未有的高位时，也没有发生类似于1971年美元危机的事情。

由于在浮动汇率的美元本位制下，"特里芬难题"不再是美国政府需要直接面对的难题，其财政纪律也因此变得松弛起来。在20世纪80年代最初的几年里，美国的联邦财政预算赤字超过了2 000亿美元，这几乎占用了所有的私人储蓄，并带来了美国实际利率的上升。高利率吸引了来自欧洲、日本等其他国家的金融资本流向美国，这进一步推动了美元的升值,阻碍了美国出口的增长。美国大规模的财政赤字在导致其巨额贸易逆差的同时,由此带来的高利率也严重影响到了国内产业,贸易保护主义倾向开始出现。为了有效降低美国经常项目赤字和缓解美元高估给美国经济带来的不利影响,美国转变了其在外汇市场上保持消极态度的做法,国际收支平衡和美元汇率开始成为其货币政策关注的对象。1985年9月,美国、德国、日本、英国和法国等五个工业化国家在美国纽约的广场饭店召开了会议,以求各国官方部门在外汇市场上采取共同干预行动,纠正美元存在的高估现象,此次会议的成果即是著名的"广场协议"。"广场协议"就五国在外汇市场的联合行动达成了一致意见,协议要求各国对称性地持有其他国家货币作为官方外汇储备,当美元汇率的波动超出合意的界限时,美国、德国和日本的货币当局有义务采取公开的联合干预来发出集体行动的信号,以逆转美元汇率的短期趋势。"广场协议"带来了美元的不断贬值,随后美国的经常项目逆差也开始趋于减少,到了1991年,甚至出现了轻微的经常项目顺差(占当年GDP的0.8%)。

## 第四节  牙买加体系与21世纪以来的全球不平衡现象

### 一、全球不平衡与"复活的布雷顿森林体系说"

美国在经历了1991年短暂的经常项目顺差之后,其逆差规模又开始迅速扩大,到2000年时,美国经常项目逆差达到了4 160亿美元,2004年继续扩大到了6 659亿美元,而2006年更是达到了8 642亿美元,占到了当年GDP的6.4%。从全球的视角来看,美国的经常项目逆差规模在2006年时已经占到了全球逆差总额的72%。美国经常项目逆差规模自20世纪90年代,特别是进入21世纪以来迅速扩张的现象引起了国际社会的普遍关注,早在 2002 年,IMF 在其《世界经济展望》的报告中就已经开始注意到这种世界经济失衡的现象。到 2005 年 2 月,国际货币基金组织总裁拉托在题为"纠正全球经济不平衡——避免相互指责"的演讲中正式使用了"全球不平衡"(global imbalance)一词。拉托在演讲中指出,全球不平衡是这样一种现象,即一国拥有大量贸易赤字,而与该国贸易赤字相对应的贸易盈余则集中在其他一些国家。拉托进一步指出,当前全球不平衡的主要表现是,美国经常账户赤字庞大、债务增加迅速,而日本、中国和亚洲其他主要新兴市场国家对美国持有大量贸易盈余。

事实上,当回顾历史,我们不难发现全球不平衡并非是 21 世纪所独有的一种现象,在国际货币体系不断演化的各个阶段中,全球不平衡都曾出现过,只是程度有所差别。在古典的国际金本位时期,西欧国家输出资本而拥有贸易顺差,北美和南美国家输入资本而持有贸易逆差,其相对规模(用贸易顺差或逆差占 GDP 的比例来衡量)甚至高于今天的水平。但由于国际金本位制具备对称性的货币运行规则和自动的国际收支调节机制,北美和南美国家因此得以保持持久的贸易逆差。然而有一点我们必须清楚,由于世界货币黄金供给的有限性,古典金本位制终因无法适应世界经济的不断增长而被抛弃,这也决定了古典金本位制下的全球不平衡的绝对规模与今天相比是微不足道的。对于这一点,我们可以在其后布雷顿森林体系的运行中得到理解,由于美元与黄金的挂钩,"特里芬难题"便不期而至了。在 1971 年,美国的国际收支逆差也仅仅达到了其当年 GDP 的 0.5% 的水平,美元危机却因此而发生了,布雷顿森林体系这一事实上的固定汇率美元本位制也随之轰然倒塌了。其后的牙买加体系摆脱了黄金的束缚,更加注重市场机制的作用,但也因此缺乏官方统一的和清楚界定的货币规则,事实上,随着世界经济环境的不断变化,牙买加体系下的货币规则也在不断发生着变化。在 20 世纪 80 年代中期,美国出现了大规模的经常项目逆差,与此对应的是德国和日本等国家大规模的经常项目顺差。为了改变工业化国家这一时期面临的不平衡问题,1985

年,五个主要的工业国家在美国纽约签署了"广场协议",就外汇市场上的共同干预行动达成了一致意见,这意味着工业国家之间开始重视彼此之间政策的协调,"广场协议"之后的浮动汇率美元本位制下的货币规则也因此变得更具对称性了。"广场协议"取得了很好的效果,20世纪80年代末,工业化国家间的不平衡问题变得不再明显了。然而,是什么原因导致了美国经常项目逆差在20世纪90年代后又开始迅速地增加?由此产生的全球不平衡是否可以持续?如果不能持续,不平衡的调节机制又将会是怎样的呢?

这些问题引起了经济学家和社会各界人士的深刻思考,人们试图从均衡汇率、储蓄—投资缺口、国际分工等各个不同的角度来寻求问题的答案。在众多的研究中,一种基于国际货币体系视角的分析产生了广泛影响,这就是2003年由Dooley、Folkerts-Landau及Garber等学者(简称DFG)提出的所谓"复活的布雷顿森林体系"说(the revived bretton woods system)。

"复活的布雷顿森林体系"通常也称为BWⅡ(布雷顿森林体系Ⅱ),为区别起见,这里我们将传统意义上的"布雷顿森林体系"称之为BWⅠ(布雷顿森林体系Ⅰ)。在随后的一系列研究中,DFG又对BWⅡ假说做了进一步的论述,在他们看来,BWⅠ时期美国由于其雄厚的经济实力而处于体系的"中心",欧洲和日本等国家则构成了美国的"外围地区"。由于"外围地区"在二战之中深受重创,战后经济亟待恢复重建,因此"外围地区"选择了出口导向型经济发展战略——低估本币、对资本项目实施管制、积累外汇储备,同时还通过维持本币与美元的固定平价,从"中心"国进口"金融信誉"。BWⅠ的这种国际货币安排支持了欧洲和日本等国家的战后经济重建,使它们的角色完成了从"外围地区"向"中心"的转化,实行固定汇率和资本管制便不再必要,因此BWⅠ随即解体。从20世纪90年代后,亚洲国家和地区也选择了出口导向型的经济发展战略,逐渐成为了新的"外围地区",此外,前苏联和东欧一些经济转轨国家也相继加入了

"外围地区"的行列,而美国依然保持了"中心"国家的地位。新的"外围地区"中,东亚地区的经济成就最引人注目,尽管它们没有根据黄金或美元为固定平价做出保证,但是通过央行干预限制了本币对美元汇率的波幅,并借助货币低估促进出口和吸引 FDI,从而促进经济增长,缓解就业压力。它们从干预外汇市场以及贸易顺差中积累的美元,通过购买美国国债又回流到美国金融市场。因此,DFG 认为,现行的国际货币体系实际上就是 BWⅠ沉寂了数年以后的"复活",体系的运行机制没有改变,只是"外围地区"和"中心"的具体对象发生了变化。在 BWⅡ体系下,"外围地区"通过有目的地压低本国货币对"中心"国家货币的汇率,由此支持了"外围地区"出口导向型的发展战略,带来了经济和就业的快速增长,并维持了社会的稳定。而由于"外围地区"大量购买美国国债,这使得资本又回到了作为"中心"的美国,保持了美国储蓄和投资的均衡。在 DFG 看来,BWⅡ体系的形成对作为"中心"国家的美国和"外围地区"都将是有益的,BWⅡ将会在中期甚至更长时期中保持稳定,因此目前的全球不平衡现象也将持续下去。

在这样一个复活的布雷顿森林体系下,牙买加体系与布雷顿森林体系相比,实际上没有本质差异,无论在哪一个体系下,美元都是国际货币体系的中心货币,在全球范围内发挥货币的功能,美国向世界发行美元,也就是信用货币。区别在于,布雷顿森林体系是一个有明确制度和规则约束的体系,在这个体系内,美国发行美元的最终约束就是承担按照固定价格美元兑换黄金的义务;而其他国家则负有维护美元本位制度稳定的责任。而在复活的布雷顿森林体系下,已经没有明确的规则和制度约束,选择美元作为国际货币是一种市场选择,或者说是美国以外的国家自愿、单方面选择美元作为国际货币,赋予美元国际货币的各种功能,所以,美国没有任何约束和纪律保持美元的价格稳定。传统的布雷顿森林体系中存在固有的"特里芬难题",该难题揭示了美元作为国际货币的内在矛盾性:要充分履行国际货币职能,就必须向世界提供充足的美元流动性,而向世界提供美元流动性的手段就是美国经常项目逆差;美国经常项目逆差的积累(也就是世界流动性的积累)必然对美元信用产生影响,美国经常项目逆差的扩张,也即美元流动性的扩张,积累到一定程度必然产生美元信用危机,也就是美元危机。布雷顿森林体系崩溃的历史已经证明了特里芬这一学说的伟大。如果说传统的布雷顿森林体系由于赋予美国发行世界货币的同时,也赋予其美元兑换黄金的义务,这一制度性规定成为美国发行货币的纪律和约束,使得美元泛滥和美元危机的形成还需要相当时间的话,那么,在牙买加协议下,由于缺乏任何针对美国发行世界货币的纪律约束,美元危机和美元泛滥就变得根本无法控制了。这就是1992年以来美国经常项目逆差持续扩大、美国对外债务持续扩张、全球不平衡规模无序扩张的根本原因所在。

## 二、美元本位支撑的全球不平衡是否可以持续?

在 DFG 提出 BWⅡ假说后,经济学家就"外围地区"的范畴和 BWⅡ 是否能在中长期中保持稳定等问题展开了深入的讨论(白晓燕 2008)。Goldstein 和 Lardy(2005)就认为中国的经济现实并不符合 BWⅡ下"外围地区"的特征,而其他亚洲经济体也与 BWⅡ的模式难以契合。这是因为,第一,中国一半以上的出口是输往美国以外的国家或货币不与美元挂钩的国家。第二,人民币贸易加权实际汇率的走势并不支持货币低估促进中国出口竞争力和就业增长这一结论。第三,中国的货币显著低估仅仅发生在2002年初以后。第四,DFG 认为,货币低估造成中国的 FDI 和资本存量增加,但他们忽略了过去数年外国投资只为中国不到5%的固定资产投资提供了资金。第五,DFG 认为,汇率低估导致国内资本积累更多地偏向出口部门,这有助于建立世界级的资本存量。事实上,中国出口商品仅仅用6%的固定资产存量生产出来,其中一半是国内企业。第六,BWⅡ低估了中国和其他亚洲国家的冲销成本,包括与金融抑制相关的成本。第七,美国在华企业出口大量产品到美国获得高额利润,使得他

## 第八章 国际货币体系与特里芬难题

们有动机和资本去游说美国实行贸易开放这一论点不成立,美国公司在华投资的最主要目的是抢占市场而非面向美国出口。而日本尽管是美国最大的国债持有者,但劳动力过剩在日本并不突出,其 FDI 也非常有限并且早已不是发展中国家。虽然印度和孟加拉国有大量过剩劳动力,但没有为美国的外部赤字提供大量融资。印度在这方面的重要性不及中国、日本和中国台湾。中国台湾、中国香港、韩国、马来西亚、新加坡、泰国、菲律宾 2003、2004 年的储备大幅度增加(总计 2 420 亿美元),但这些经济体相互之间有差别,没有哪一个显示出总体上 BWⅡ 模式的特征。此外,经济学家对于 DFG 关于 BWⅡ 将会在中期甚至更长时期中保持稳定的观点也提出了质疑。在 Eichengreen(2006)看来,与 BWⅠ 体系下欧洲国家主导的"外围地区"相比,由亚洲国家构成的"外围地区"是一个数量较多且不同质的集团,很难就集体钉住美元达成有约束力的协议。另外,在当前的国际经济环境下,欧元和日元的国际货币地位在不断上升,同时美国也存在较大的储蓄缺口,加之资本项目的开放使私人部门资本国际流动管理变得越来越困难等原因的存在,BWⅡ 势必难以持久维持。

尽管 DFG 提出的 BWⅡ 假说受到了普遍的重视,但目前的国际货币体系是否已经演化为或正在向 BWⅡ 体系转变却并没有得到学术界一致的认可,对全球不平衡的认识也存在相当的差异。但不管怎样,美国经常项目逆差不可能无限制地膨胀,却是一个不争的事实。BWⅠ 体系固有的"特里芬难题"虽然在目前的国际货币体系下变得有些模糊不清,但"特里芬难题"的幽灵并没有因此散去。这是因为,从本质上讲,"特里芬难题"体现出的不过是国际社会对美元的信心问题,这一点,是不会因为美元割断了与黄金的联系而自然趋于消失,其他国家也不会愚蠢到能够容忍美国依靠印钞机就能轻松享有它们劳动成果的地步,当美国由于经常项目逆差而导致其外债规模不断增长时,国际社会最终会对美元价值的稳定失去信心,金融市场也将不再会对美国持续的真实资源净吸收提供融资便利,美国的整体经济表现终将构成其经常项目逆差膨胀的上限。但是,

我们也需要看到,今天的牙买加体系实质上仍然是一种以美元为主导的国际货币本位制度,尽管欧元和日元的国际货币功能在不断地增强,但想做到与美元分庭抗礼还需待时日。世界经济的快速发展对国际流动性的需求在不断增长,世界需要美国保持逆差来创造出必需的国际货币,这无疑为美国经常项目逆差的不断膨胀提供了前提。此外,当重新审视国际货币体系发展演化的历史进程时,我们不难发现,各国出于自身经济发展的需要而不断追求独立货币政策的努力始终伴随其中,而牙买加体系的确立从某种意义上讲不过是对这种努力的一种认可罢了。在牙买加体系下,各国具有了更大的自由去实施独立的货币政策,为此,欧洲和日本等工业化国家选择了更具弹性的汇率制度。而诸如亚洲等发展中国家,由于其国内金融体系的落后及金融信誉的缺乏,通过钉住美元或其他工业国货币(主要是钉住美元)以"进口"其金融信誉,这成为这些发展中国家的一种便利选择。然而,"蒙代尔不可能三角"蕴涵的理论逻辑让我们认识到,在保持固定汇率和国际资本自由流动(资本项目的完全开放)的同时,追求独立货币政策的最终结果只能是固定汇率的崩溃,对于这一点,我们已经在20世纪80年代后发展中国家和新兴市场经济国家不断发生的货币危机中得到了最好的理解。在20世纪90年代,特别是1997年亚洲金融危机之后,由于汲取了危机的经验教训,发展中国家特别是东亚国家乐意保持较高规模的外汇储备(主要是美元储备)。而由于国际分工格局的变化和出口导向型发展战略的选择,这些国家经常项目顺差开始不断增长,其货币当局为维持固定汇率并追求独立货币政策而进行的外汇市场冲销干预行动,也自然导致了外汇储备的不断积累。另外,20世纪90年代后,由于金融创新的不断加速,国际金融一体化的程度和范围都得到了空前的扩展,发达的金融市场使得美国很容易为其大规模的经常项目逆差求得融资支持。因此,在目前的国际货币体系和国际经济环境下,美国在中长期中保持相当规模的经常项目逆差,将成为我们最有可能看到的结果。

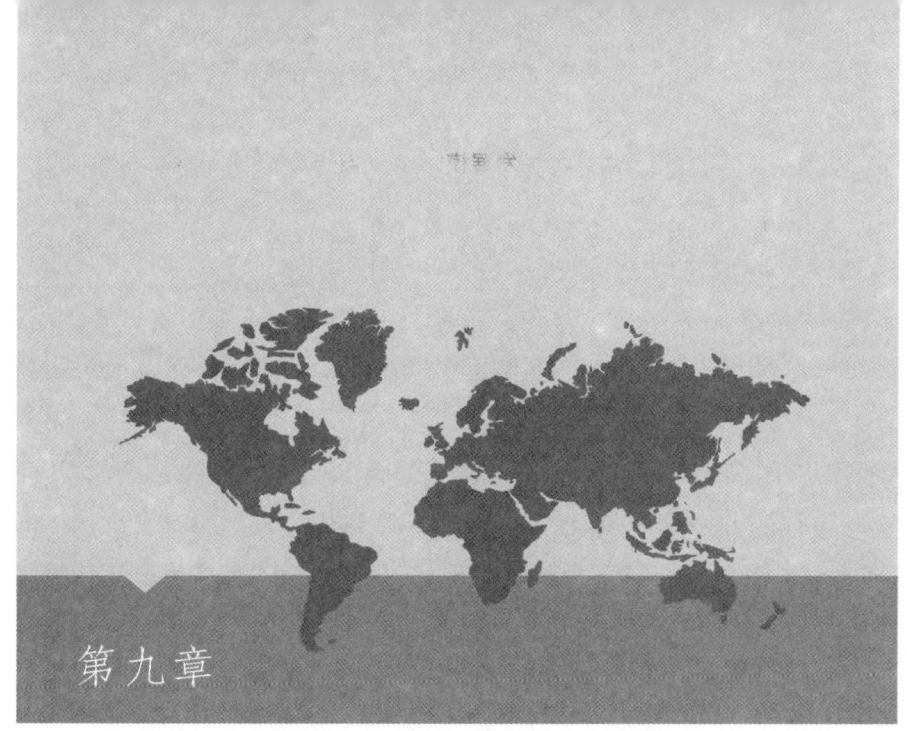

# 第九章

# 可持续与不可持续之争

# 第九章 可持续与不可持续之争

全球不平衡发展模式已经成为现实。多年来经济学家们激烈争论这种不平衡发展模式的合理性与可持续性。美国凭借世界货币发行国的地位,是否可以永久地维持债务型经济的发展模式,是否可以永久地无成本地剥夺世界人民的财富,进行夜夜狂欢?而作为世界传统制造业基地和现代制造业基地的东亚是否愿意无限地向世界提供价廉物美的消费品,而只是换取一贬再贬的美钞?石油输出国是否能够永久地维系单一石油开采的经济结构,永久地向世界提供石油资源?所有这些问题,既是合理性问题,又是客观可持续性问题。本章抛开不平衡发展模式的合理性问题,深入剖析这种模式的客观可持续性问题:美国双循环经济增长模式的可持续性。美国经济增长模式是全球不平衡发展模式的核心。判断可持续性就是判断美国经济增长模式的可持续性。

## 第一节 可持续论的思辨

在全球失衡是否可持续这一问题的争论上,可持续论的观点并不占主流,但也不乏较多著名学者的论断。比较有代表的观点是世界知名经济学家蒙代尔的国际货币体系论、麦金农的美元本位论与美国的预算软约束理论,以及 Dooley、Folkerts-Landau 和 Garber 等人的新布雷顿森林体系理论。

## 一、蒙代尔的国际货币体系论：美元作为太阳的体系

罗伯特·蒙代尔对全球经济学界的人来说，并不陌生。任何一本国际宏观经济学都不可能忽略的一个模型就是蒙代尔—弗莱明模型。蒙代尔是美国哥伦比亚大学教授，1999年获得过诺贝尔经济学奖，是"最优货币区理论"的奠基人，享有"欧元之父"、"最优化货币理论之父"的美誉。蒙代尔一生写过很多著作，比如《国际货币制度：冲突和改革》、《国际经济学》、《货币理论：世界经济中的利息、通货膨胀和增长》、《新国际货币制度》等。蒙代尔教授一直倡导利用货币方法来解决国际收支的失衡问题。中国金融出版社2003年出版的《蒙代尔经济学文集》(第四卷和第六卷)比较系统地介绍了他对全球经济失衡的基本看法和论证逻辑。

蒙代尔认为，在一个国家的货币作为国际货币的国际货币体系下，国际储备提供者的国际收支问题最好作为特殊情况进行分析。因为一定规模的国际储备是一国进行正常的国际经济交往所必需的。在金本位制度下，非黄金生产国需要通过国际贸易的顺差而获取黄金储备，在信用货币本位制度下，非国际货币发行国同样需要通过国际贸易的顺差而获取国际货币储备。因此，一般来说，增长中的国家希望也应当实现国际收支顺差，以满足增加外部流动性(非通货膨胀的外部流动性)的需要。金本位制让所有国家同时出现贸易顺差，在信用货币本位制下，世界其他国家可以实现贸易收支顺差，数量等于它们所积累的储备中心国的货币供应量。但是，对于其货币已经成为国际储备货币的那个国家来说，随着时间的推移，它的国际收支出现逆差就无法避免。由此可见，由于国际储备的存在，世界各国的国际收支会出现不同的格局，非黄金生产国或非国际货币发行国一定的国际收支顺差和国际货币发行国一定的国际收支逆差是可以理解的，也是合理的。蒙代尔还进一步指出，世界其他国家不仅对美元储备有着持续的需求，而且对美元的盈利性资产同样有着强大的需求。无论是对于美元储备或美元资产的需求都会影响美国的国际收支。同

时,蒙代尔还创建了一个简单的模型来估计美国经常项目逆差的合理规模。即:美国的经常项目逆差应该等于世界储备的增长加上世界其他国家和地区对美元的盈利性资产需求,用数学公式可表达为:

$$B=P+A=k^* ny^* + c^* ny^* =(k^* +c^* )ny^*$$

其中 $B$ 代表美国经常项目逆差,$P$ 代表世界其他国家对储备资产的需求,$A$ 代表世界其他国家对美国盈利性资产的需求,$k^*$ 代表世界其他国家希望以美元余额持有的总资产的比例,$c^*$ 代表世界其他国家对美国盈利性资产需求占其总产出的一个固定比例,$n$ 代表世界其他国家的名义产出的增长率,$y^*$ 代表世界其他国家的名义产出。

一方面,世界其他国家和地区对主导国家资产的稳定需求,必然通过其国内储蓄高于国内投资来实现。另一方面,整个国际货币体系的均衡又要求主导国家愿意而且能够管理好国际收支逆差。当主导国家自愿借贷的净值等于世界其他地区自愿放款的净值之时,国际货币体系便达到均衡。因此,美国贸易收支逆差是外部资本净流入美国、外部世界以美元作为储备资产的结果。只要美国贸易收支逆差保持在国际货币体系均衡的水平上就是合理的。蒙代尔还指出,不顾国际货币体系特征,为追求美国经常项目的平衡而进行的国际收支调节的政策主张被实践证明是错误的。

蒙代尔还曾经用太阳系形象地比喻美元的崛起及作为核心货币的合理性。他认为,在太阳系里,各大行星围绕太阳运动,太阳主导着太阳系的运行,但是如果太阳消失了,这个体系就会崩溃。这就像是几十年前世界货币体系的格局。太阳系中有个最大的行星叫木星,如果木星越来越大,甚至超过了太阳,会发生什么呢? 太阳将会反过来围绕木星运行,木星将会成为这个系统的中心。于是,我们得出一个结论,这个行星大小的变化改变系统的运行就像经济规模的改变将会改变世界货币格局一样。1914 年前,黄金就像太阳一样,所有人都愿意持有黄金,世界各国都实行金本位制。黄金是货币体系的基础,黄金的供给取决于其价格的变动,而英镑是世界的支柱货币,伦敦是世界信息中心同时也是资本市场的中心。而第一次世界大战在改变世界经济势力的同时也彻底改变了世界货币体系的格局。20世纪初英国在世界经济中占有名义上的领导地位,但美国的经济实力已日趋强大。一战前,美国经济发展迅速,逐渐超越英国和其他国家,成为世界最大的经济体。而第一次世界大战的战场在欧洲,当时的世界最强经济体英国不可避免地陷入战争之中,然而美国则远离当时的战场。在战争期间,所有欧洲国家都在输出黄金,只有美国在储备黄金。于是,在第一次世界大战后,美国成为最主要的黄金储备国,也成为世界货币体系中唯一具有主导力的国家,同时美元的地位也因此开始提升,美联储开始成为世界经济的管理者。此时的美国就像太阳系中的木星,而且这颗木星越变越大,改变了整个系统的运行。

目前的蒙代尔游学于世界各国,非常热衷于中国问题的研究。在对待未来的国际货币体系改革上,他一直认为,需要建立一种世界各国都认可的世界货币,但是短期内是不可能实现的。不过,他预言,将来美元、欧元和人民币可能成为新国际货币体系的基础。

## 二、麦金农的美元本位论:美国的预算软约束

除了蒙代尔教授之外,另外一位著名的美国经济学家罗纳德·麦金农教授也从国际货币制度的角度论证全球不平衡的合理性。

对于麦金农教授,中国学者并不陌生。这位金融抑制和金融深化理论的创始人对于发展中国家的经济和金融改革具有重大贡献。麦金农1935年生于加拿大的埃德蒙特。1956年获埃尔伯塔大学文学士学位,1961年获明尼苏达大学博士学位。他长期执教于美国斯坦福大学经济系,并为国际货币基金组织、世界银行、亚洲发展银行以及广大发展中国家政府提供货币政策和经济金融发展的专业咨询。麦金农教授是世界上首先分析"金融压抑"对经济发展构成严重阻碍的经济学家。他的第一本著作《经济发展中的货币和资本》成功地分析了金融压抑的危害,成为金

## 第九章 可持续与不可持续之争

融发展理论的奠基之作。

麦金农教授对于国际区域货币汇率安排也造诣颇深。他在1997年亚洲金融危机后,提出"东亚货币锚定美元"的主张,引起强烈反响。在《东亚汇率两难和世界美元本位》一书中,麦金农教授更是明确表明了美元作为东亚货币本位的主张以及该主张对于减小汇率波动、维持金融稳定的作用和意义。麦金农教授的经济理论在西方经济学理论中占据着重要的地位,并对发展经济学作出了有益的贡献。他揭示了当代以美元为本位货币制度的内在必然性。他对当今的国际货币体系和美国经常项目逆差的分析基于对当今国际货币体系特征的判断——美元本位。

麦金农认为,自布雷顿森林体系崩溃之后,黄金非货币化,美元取代黄金成为本位货币或权威性(definitive money)货币,从而美元摆脱了布雷顿森林体系下遭受投机性攻击的状况。而其他国家的货币从世界范围看是一种临时性的货币,一方面对内对外价值需要以美元为驻锚,另一方面,当国内外经济形势发生变化的时候,它就可能会被替代或遭受投机性的攻击。这种国际货币体系的不对称性决定了其他国家的金融脆弱性和美国特殊的地位和权力。对于美国经常项目逆差原因的分析,麦金农(Mckinnon,2001)不同于那些一味强调世界其他国家储备需求影响了美国国际收支的经济学家,他认为美国的经常项目逆差并非美国满足世界其他国家的流动性所必需。在布雷顿森林体系下,美国存在巨大的经常项目顺差一样满足了世界流动性需求。美国的经常项目逆差是美国凭借美元的国际货币地位,不断进行过度的国际借贷的结果。

对于美国经常项目逆差的可持续性问题,麦金农(Mckinnon,2001)从美元本位出发,认为美国的经常项目逆差的可持续性不是问题,因为美国可以通过美元的国际发行轻而易举地为经常项目逆差融资。但他认为美国经常项目逆差在满足了美国人的消费狂欢的同时,也存在着一些负面的影响,比如:美国金融体系信用环境的恶化(即美国家庭及小公司信用等级下降,因为它们一般只能通过金融中介向外国人融资,而不能取得外国人的"权益性融资")和贸易保护主义的膨胀。因此,他认为美国最好采取一定措施改善其经常项目巨额逆差的状况。但他同时认为,在资本自由流动的国际背景下,美国经常项目逆差不可能通过美元的贬值而得到改善。另外,麦金农(Mckinnon,2003,2004)还从美元本位出发,分析了外围国家,尤其是东亚国家在对外经济政策上所面临的困境,即高储蓄两难的问题,并由此提出美国不要以其经常项目逆差为借口强迫亚洲新兴经济体货币升值,压制东亚各国共同钉住美元的货币政策和主张。

### 三、中心—外围论:后布雷顿森林体系

从事国际分工或区域经济研究的学者,对于中心—外围论可能会产生错误理解。因为这一提法最早由普雷维什于1949年提出。当时,他向联合国拉丁美洲和加勒比经济委员会(简称拉美经委会)递交了一份题为"拉丁美洲的经济发展及其主要问题"的报告,系统和完整地阐述了国际分工的"中心—外围"理论。

但是我们这里所说的中心—外围理论,是从国际货币制度的角度,来探讨全球不平衡问题的理论。该理论认为,全球不平衡发展是合理的,不平衡可能存在较长的一段时间。这一理论最早由德国银行经济学家Michael P. Dooley, David Folkerts-Landau 和 Peter Garber 等提出。自2003年以来,他们相继联合发表了系列论文(Dooley, Folkerts-Landau 和 Garber, 2003, 2004a, 2004b, 2004c, 2005)阐述当今国际货币体系与经常项目逆差之间的关系。这一理论又被称为"布雷顿森林体系Ⅱ"或"复活的布雷顿森林体系"。

中心—外围论依据世界各国在国际货币体系中所处地位不同而将它们分为外围国家和中心国家。中心国家的基本特征是,保持贸易、资本的自由流动;外围国家的基本特征是,由于缺乏具有国际竞争力的资本存量,实行贸易和资本管制,汇率低估,累积储备,金融市场相对落后,需要

以中心国家作为金融中介。在布雷顿森林体系下，欧洲和日本由于在二战中耗尽了资本，从而成为外围国家，美国成为中心国家。欧洲、日本通过储备的累积来为美国的国际收支逆差融资。随着欧洲、日本竞争性资本不断累积，它们逐步融入中心（放松贸易、资本管制，实行浮动汇率等），从而导致了布雷顿森林体系的解体。进入20世纪90年代，苏欧巨变和东亚经济体的崛起，使原来的社会主义国家和东亚新兴经济体融入世界市场，但因缺乏竞争性资本而成为国际货币体系中新的外围，它们与布雷顿森林体系下的欧洲、日本一样，实行贸易和资本管制，并通过低估汇率实行出口导向型的经济发展战略，以累积竞争性资本。因此，这些学者们认为当今的国际货币体系是布雷顿森林体系的复活，与原布雷顿森林体系的区别仅在于外围国家发生了更替，即原来的外围（欧洲和日本）由亚洲新兴经济体所替代。在分析当今的经济格局时，他们将整个世界分为三个区，即中心区、资本账户区和经常账户区。其中美国是中心；欧洲、加拿大、澳大利亚及一部分拉丁美洲国家组成资本账户区；中国、日本、韩国、中国香港、中国台湾、马来西亚等亚洲国家和地区组成经常账户区。资本账户区的共同特点是：资本账户开放、汇率浮动，政府储备几乎不变，主要是私人部门通过资本账户为美国融资，它们关注美国经常账户赤字带来的风险，从而可能通过汇率的浮动进行调整。经常账户区的共同特点是：实施出口导向战略、资本账户管制、汇率固定，在经常账户持续顺差的情况下，官方储备累积，因而主要是官方部门通过官方储备的形式为美国经常账户赤字融资。在货币经济体系中，上述三者可能的运作模式是：当美国经常账户赤字扩大、风险增加时，资本账户区会抛售美元资产，其本币相对美元升值，导致其在美国市场的竞争力下降（其份额由经常账户区取代），从而经常账户区不仅为美国的经常账户赤字融资，而且为资本账户区的经常项目赤字融资。因而，只要有愿意为美国的经常账户赤字融资的外围国家存在，美国的经常账户赤字就是可持续的。他们还进一步分析了亚洲地区官方储备的累积对美国宏观经济可能造成的后果：压低美国的利率水平;使美国的政府债券的利率低于其他有价证券利率。他们还提出了所谓的抵押物理论,即亚洲国家之所以累积美元储备并将其投资于美元资产,是将其作为引进美国直接投资以支持其经济发展战略的一种资产抵押,从而将亚洲地区储备累积与东亚各国的经济发展战略、美国的金融中心地位有机结合起来。他们认为目前现有的外围国家已经处于一种可能转向中心的状态,其发展方向取决于这些国家的政策选择。即使这些国家转向中心,也会有新的国家比如印度接着成为新的外围,从而现有的国际货币体系和美国日益扩大的经常项目逆差仍然具有较强的稳定性。

### 四、"暗物质"论:神奇的力量

Hausmann 和 Sturzengger(2005)提出了暗物质论。所谓"暗物质"是借用天文学的一个概念,在宇宙大爆炸的前期,宇宙处于极高温、极高压的状态,每个粒子都含有一种能够反射光、发射光的粒子(称为介粒子)。宇宙中心的温度极高,达到要发光的状态。由于这种介粒子可以自由地进入粒子,且粒子对它的束缚力不相同,所以,在任何粒子中含量有很大区别。这时,介粒子流动集中到宇宙中心,使周围的空间的介粒子含量相对减少。大爆炸开始时,宇宙在不断膨胀,那些介粒子减少的物质就是现在的行星等不发光的但可反射光的物质,而那些含介粒子最少的粒子组成的物质就成了暗物质。因此,暗物质不发光且不反射光。该假说借用天文学的这一概念试图论证美国经常项目逆差中可能存在一些能够创造收益但看不到的一种东西。而这种东西的存在恰恰表明美国经常项目逆差有一定合理性。

"暗物质"假说的基本逻辑是:尽管美国的净国际投资头寸(net international investment position,简称 NIIP)从 1989 年开始转为负值,2005 年已经达到—2.7 万亿美元,但是美国经常项目中的"收益"却始终为正,这说明存在某种"暗物质"使得美国能够廉价甚至免费地使用外国的融资。"暗物质"是弥补美国贸易赤字的重要力量。他们分析暗物质可能来自三种途径：(1)美国企业海外直接投资过程中在东道国融资带来的投资收益，但是这种收益不反映在美国海外直接投资统计内，这相当于美国企业出口了一种"技术诀窍"(know-how)。(2)美元的世界货币地位带来的铸币税(seigniorage)收益。美国债务源于其他国家对美元强大的需求，这等于美国以债务形式向世界出口了流动性，从而获取了美元的铸币税收益。(3)投资收益差异，美国投资海外资产的收益率高于外国投资于美国资产的收益率。这是因为美国投资海外以股权投资为主，而外国投资美国以债权投资为主。这种差别收益相当于美国向世界出口了一种保险。Hausmann 和 Sturzengger 认为，由于这种暗物质的存在，全球经济失衡根本就是一个伪命题。

## 五、其他观点

认为美国经常账户逆差可持续的观点还有很多。Cooper(2005)认为当前美国大量逆差是正常的、可维持的，其理由是：(1)美国的储蓄率并不低。传统的储蓄定义忽视了带有储蓄功能的耐用品消费、教育、研发开支，若前面三者加上美国现在的储蓄率，美国的储蓄率可以达到 GDP 的 1/3。(2)美国资本市场具有吸引外国资本流入的诸多优越性。美国资本市场无论是交易总量和种类，还是市场水平、创新能力、规范化程度等都在全球占据主导且具有其他市场无法比拟的优势，而欧盟、日本面临着人口老龄化和国内投资市场有限的局面，其储备资本必然大量流向美国。(3)美国金融市场产品多，收益稳定。前美联储主席格林斯潘(2004)和现任的副主席弗格森(R. W. Ferguson,2005)也乐观地认为由于全球资本市场已经相当发达和深入，并且诸如中国这样的亚洲国家面临着就业压力，长期内美国再大的贸易赤字也能够轻易地获得融资，因而美国赤字是可持续的，不需要任何干预。现任的美联储主席伯南克早在 2005 年就认定出口到其他国家的美元，因为没有更好的投资机会和全球储蓄过剩，这部分美元必然会回流至美国。因此这种吸收国际储蓄过剩的美国经常账户赤字必然是可持续的。或许正是基于这一想法,美联储才曾三度启动量化宽松的货币政策。这一政策的一大功效,是加速全球流动性过剩的同时,也使得美国的投资收益率处于相对优势的地位。Gourinchas & Rey(2007)、Lane & Milesi-Ferretti(2007)和Kitchen(2006)用不同时期的样本计算发现美国在国外资产的收益率明显高于外国在美国资产的收益率。正因如此,即使美国的净国际投资头寸(NIIP)为负,但投资收入账户仍然为正。这使美国经常项目赤字得以维持。

国内也有不少学者对全球失衡的可持续性抱有充分的信心。黄海洲(2006)认为只要"中心国"美国能保持稳定适度的经济增长,世界经济将会继续增长,这对世界及美国从失衡走向新的动态平衡具有积极的意义。严志辉(2008)运用1986—2005年的相关数据估算了美国服务品进出口的收入弹性系数,估算结果显示美国服务品出口的收入弹性系数大于进口的收入弹性系数。这与美国商品贸易品进出口收入弹性系数中存在的"豪斯克—麦奇不对称效应"(H-M效应)相反,因此该文认为美国服务品出口贸易的发展,能够改善当前的美国经常项目赤字、对当前美国日益恶化的经常项目赤字的持续性有积极意义。

### 六、可持续论的思辨

可持续的论据很多,究其根本,不外乎是美元特殊的国际地位、美国发达的金融市场与稳定的经济和政治环境对国际资本的吸引力。美元特殊的国际地位确保美国债务的可偿还性(印钞票就可以了),而美国发达的金融市场、稳定的经济和政治环境则确保国际资本源源不断地流向美国,维持着美元的国际货币地位。换言之,美国全球经济和政治霸主的地位支持的美国信用可以支持一定程度的经常项目逆差,也就是一定程度的美国对外净债务;美国信用的媒介物就是美元,是作为国际货币的美元。然而,所有这些可持续论都没有回答一个根本问题,那就是,如果不平衡的规模持续扩大,也就是美国的对外债务规模持续扩张,不平衡仍可持续吗?事实撕破了可持续论的面纱,那就是,持续扩张的美国经常项目逆差和美国对外净债务规模,引爆了2008年美国金融危机。正如蒙代尔所说,太阳系中的太阳出现了问题,整个太阳系出现撼动,那就是美国金融危机引发的全球金融和经济危机,至今,全球依然在危机的泥潭中挣扎。

经济和金融学的基本理论,也是一个基本常识是,任何一个经济主体,其净债务都不可能无限地扩张,一个主体债务规模要受到其可偿付力的约束。我们怎么能够相信,美国的对外净债务规模可以无限扩张呢?

美国的对外净债务无限扩张到一定程度,必然会超过美国的对外偿付能力;在一定的时期内,债务规模超过偿付能力的事实被各种虚假的现象掩盖,债权人没有采取任何行动,显示出似乎美国债务规模可以无限扩张。然而,假象终究不是事实,终究会有一天债权人意识到自己的权益事实上不可实现,权益会随着美元的贬值而缩水,此时债权人会采取用脚投票,抛弃美国的债权;抛弃美国债权的过程意味着世界抛弃美元,美元必然下跌;美元的持续下跌,意味着美元国际地位的下降。在美元贬值的过程中,伴随着美国债务危机(包括私人债务危机和政府债务危机)。如此反复,加速美元国际地位的弱化,国际货币体系发生变革,以美元为太阳的太阳系会发生质变,新的国际货币秩序便产生了。

理论上这样一个过程已经在发生。2008年美国次贷危机,本质上是住房贷款人无力偿付住房贷款的债务危机;次贷危机迅速演化为金融危机,表明整体的债务危机的出现;金融危机和经济危机的加剧,又进一步引发了美国的政府债务危机。我们同时看到了美元在2001年以来持续的下跌趋势。如果美国负债式的经济发展模式不改变,全球不平衡的发展模式不改变,全球性的金融危机和债务危机就不会根除,美元贬值的趋势也不会改变。

## 第二节 不可持续论的逻辑

相对于可持续论,不可持续论的观点可谓是铺天盖地、汗牛充栋、目不暇接。绝大部分文献都是从静态的角度或者指标(如 NIIP/GDP 或者是经常账户逆差/GDP)分析的角度来推断美国经常账户逆差的不可持续性。

不可持续论推断的逻辑大同小异:当 NIIP/GDP 或者是经常账户逆差/GDP 的比例达到一定的极限值(而这一极限值大部分文献都是主观推断的)时,其他国家对美国经济很可能失去信心,对流入美国的资本会追求更高的风险收益率回报,或者其他国家出现更高的风险收益率时,这些顺差美元很可能就不再流入美国。为维持美国经常赤字逆差,美国不得不发放和输出更多的美元,美元的国际储备地位就可能动摇。美国经常账户逆差可维持的根本支柱就会倒下,经常账户逆差就不可维持。这类观点的关键点就是对指标极限值的分析和推断。大部分文献并没有分析适用该类指标的合理性及是否还存在其他可替代的指标,也没有文献科学地分析这些指标的极限值能否达到? 如果达到,达到的路径是如何的? 主张这一观点的,除了部分学界人士之外,更多的是实务界和政界的人士。在这种逻辑和论证的影响下,美国经常账户巨额逆差不可持续论主导了全球。

不可持续论的代表人物都试图寻找出美国债务或者是美国经常账户赤字规模扩张中断的临界点。

### 一、净债务规模约束论

这类观点代表人物和代表观点最多。基本逻辑是,美国的净债务规模扩张到一定程度(临界点),会导致美国信用下降,外国人持有美国外债的意愿下降,美国外债规模很难持续扩张,美国不断增长的经常项目逆差没有外债来维持,就失去了存在和扩张的基础;同时美国会发生金融危机和美元危机。

Roubini 和 Setser(2004)指出,随着 NIIP/GDP 的不断提升,外国对美国经济的信心下降,一方面导致美国对外融资成本提高,另一方面使得外国持有美国债务的意愿逐步降低。因此,美国的经常账户逆差将难以继续通过对外借贷来维系。Mussa(2004)认为如果经常账户逆差依然保持在现有水平上,NIIP/GDP 将最终超过 100%,从而导致美元价值崩溃和全球性金融动荡。Obstfeld 和 Rogoff(2004,2005)认为 NIIP/GDP 在 50%以内是合理的,但美国经常账户逆差的累积将使其 NIIP/GDP 在 25 年内创下世界最高,这如同是悬在全球金融市场头上的"达摩克利斯之剑",为避免这一情况,美元应至少贬值 1/3。Cline(2005)认为要避免美元危机就必须使美国的 NIIP/GDP 控制在 50%以内,而这个比例在 2004 年已经达到 22%,预计到 2010 年将上升至 55%,因此美国经常项目赤字尚能维持 5~6 年,之后必须调整。Mussa(2005)从美国的净外债占 GDP 的比重在长期中会发生的情况来说明,当美国经常项目差额达到一个临界点时,在这个点上,外国人不再愿意持有对美国的债权,而美国居民也不再增加对外负债,失衡也不再可持续。基于大量的计量模型结果,他认为削减 1%的美国经常账户赤字,相应得有真实汇率 10%的贬值。

很多中国学者也加入到这一队伍。施建淮(2005)认为美国的经济增长率难以满足 NIIP/GDP 比率不变的条件,即贸易逆差/GDP＝NIIP/GDP×(实际 GDP 增长率－实际利率)。姚枝仲(2006)通过分析债务/GDP 是否处于稳定水平或将收敛于某一个稳定水平,以及外国资本是否有流入的意愿来考察美国贸易逆差的可持续性。通过分析和数据论证,其结论为美国的债务/GDP 是不稳定的,而资本流入意愿也不乐观,所以贸易逆差是不可持续的。余永定(2007)认为随着 NIIP/GDP 不断上升,外国投资者所要求的风险贴水会更高,并最终超过美国资本市场所能提供的资本回报率,此时,外国资金就会停止或减缓流入,美元会面临贬值压力。持有类似观点的学者还有 Mann(2004,2005);Edward(2005);Alan 和 William,Kyung(2007)等。

## 二、经常账户赤字比率约束论

这种理论主要是通过经常账户赤字余额与 GDP 的比例来分析推断全球经济失衡的不可持续性。Neill & Hatzious(2002)从全球资本市场角度探讨了美国经常项目赤字的持续性。他们认为美国不可能持续地以极低的利率吸引世界其他国家的资金继续购买美国的资产。因此,他们认为美国经常项目赤字是不可能持续的,美国必须通过美元汇率对经常项目赤字进行调整。他们测算如果使美国经常项目赤字下降到 GDP 的 2%,要求美元的实际汇率贬值至少在 43% 以上。Obstfeld & Rogoff(2000)建立模型对美国经常项目的赤字、赤字的调整与实际汇率的变化进行了研究。研究认为美国经常项目赤字(2000 年为 GDP 的 4.4%)已经达到不可持续的界限,面临着一定程度的调整,并分别就激进调整与温和调整两种调整方式下的美元汇率的调整幅度进行了测算。

Edward(2004)对经常项目赤字、经常项目不可持续、资本流入突然"停滞"三者间的关系进行了研究。研究的主要结论认为:其一,多数的经常项目不可持续与资本流入突然"停滞"与"逆转"有关。其二,经常项目赤字占 GDP 的比例、外债占 GDP 的比例等指标对多数的经常项目能否持续具有预警作用。其三,经常账户"逆转"的冲击对经济增长有一定的负面影响,影响的大小程度视该国开放程度的大小而定,越开放影响越小。

Mussa(2005)认为美国经常项目逆差占其 GDP 的比率已经超过 5%,美国以及世界其他国家的调整即将来临,以防止美国国际收支严重失衡的状况长期恶化。毕吉耀(2006)认为,从经济、金融全球化的角度看,在以美国为主导的全球分工体系下,虽然美国贸易逆差不断扩大,但它却能凭借其在金融方面的优势吸引国际资本大量流入,以弥补经常项目的逆差和国内储蓄的不足,这进一步强化了全球经济失衡的格局。然而,逆差规模的持续扩大和国际收支失衡的加剧,势必形成对美元汇率有可能大幅贬值的预期,进而引发美元贬值、资本外逃和经济衰退,美国的经常项目逆差也就不再可持续。

### 三、批判逻辑

其余的论断,由于内容较多且杂,本节将其统一归为第三类。这类观点主要是批判可持续论的论证和论据。Eichengreen(2004)、Obstfeld、Rogoff(2004,2005)等人驳斥了"新布雷顿森林体系"的逻辑。他们认为目前已经和布雷顿森林体系下的环境不同,并不存在一套完整的固定汇率机制。任何国家都没有义务使本国货币与美元保持稳定的关系。美元已经不再具有作为世界货币的唯一性。另外,贸易顺差国能否承受不断扩大的对美贸易顺差和美元储备也正成为一个风险来源。Roubini 和 Stetser(2005)探讨了以美元为中心的国际货币体系下美国经常项目赤字的持续性。该研究认为美元的低利率无法补偿世界各国持有美元资产所承担的风险,因而美国无法继续吸引更多的资金为其赤字融资,因而美国巨额的经常项目赤字无法持续。Eichengreen(2004)将美国经常账户逆差可持续性的问题放在一个博弈论的框架内去阐述。他认为,顺差国的中央银行就像一个卡特尔组织,由于都持有巨额的美元资产,所以,它们最优的策略是共同维持美元汇率的稳定,防止资产缩水,而同时,每一国又各有自己的利益,如果一国率先对美元贬值,那么他国也会纷纷效仿,从而打破这一平衡。

不可持续论其实是坚持了一个基本的经济学常识:任何主体的债务都不可能无限、无条件扩张;因为债务的形成都涉及债权人和债务人两个主体,两个主体的和谐统一是债务可持续的基础;单一方向的、规模无限的债务扩张会打破债权人和债务人的和谐统一,债务链条断裂,债务危机爆发。所以,不可持续论者认为,美国债务和经常账户逆差规模扩张的不可持续性无需新的理论来论证,不可持续是一个经济学常识。需要研究的问题是,债务扩张或者是经常账户逆差规模扩张的断裂点在哪里？尽管这个断裂点的指标选择不同,断裂的数值也不同,但是从本质上来看,全球债权债务和谐关系的保持需要一定的条件,这些条件必须保持在一定的水平以内,才不会断裂。接下来的问题便成为,全球发展和全球债务债权和谐的条件有哪些？

## 第三节　可持续条件分析

### 一、一个简单描述

从世界经济的发展历史来看,世界经济一直是在平衡—不平衡—平衡的模式中发展,不平衡是世界经济发展的一种常态。当前的经济失衡,根源就是只靠信用支撑而无贵金属约束的美元本位制,是对金本位时期英镑作为中心货币时的全球失衡以及布雷顿森林体系下美元作为中心货币时的全球失衡的重演,是一个老问题的现代版。

细细想来,各阶段的世界经济失衡,虽然各有各的背景,但某种程度上都有一致的内在逻辑,任何单一国别货币在国际货币体系中占据绝对优势时,都会面临"特里芬难题"。中心货币霸权膨胀下中心国家和外围国家的利益不平衡,造成国际货币体系具有内生脆弱性,进而对全球经济失衡调节失效。

从这个意义上讲,全球经济失衡的持续论和不可持续论都是相对的,都是一定条件下的可持续或不可持续,没有绝对的不可持续或绝对的可持续。前两节提及的文献也几乎都印证了这一点。比如,蒙代尔国际货币体系论的条件是"美国贸易收支逆差保持在国际货币体系均衡的水平上",不可持续论的 NIIP/GDP 或者经常项目逆差/GDP 的指标值的限度等。当这些条件变化后,可持续也就变成了不可持续,不可持续的问题也可能变成可持续。

理解这些条件,实际上也并不困难。就像家庭的收支一样,一个家庭(比如美国)能通过借债维持生存,至少具备以下条件:(1)该家庭必须具备可靠的偿债能力,使得其他家庭愿意借钱;(2)该家庭具有特别的融资优势;(3)其他家庭存在可借资金;(4)该家庭有足够的债务利息偿还能力。偿债能力可以是通过该家庭未来的预期收入贴现值保证每期净债务余额的偿还,也可以通过该家庭的净资产实力体现,即该家庭虽然没有每期的预期收入,但每期的净资产增幅远远大于外债增加的额度。

事实上,第五章和第六章已经说明:东南亚国家为避免"原罪"和维持出口导向型的经济发展模式,通过自身的比较优势持有大量的"逆差美元",欧洲部分国家由于人口老龄化趋势明显以及国内投资机会匮乏等原因而"大量储蓄",资源性逆差来源国持有大量的"石油美元"。这些逆差美元、大量储蓄以及石油美元形成其他国家的过剩储蓄,为美国经常账户逆差提供了大量的融资来源。第(3)个条件得以满足。

第七章和第八章的讨论说明美国具备高度发达的金融机构和市场,及金融产品的创新能力,且存在以美元为核心的后布雷顿森林体系。这两个特点是其他国家无法替代的优势,也是其他国家大量的贸易顺差形成的美元储备回流美国的重要原因。显然美国具备第(2)个条件。

第五章的分析表明,美国利用其他国家投入的资本在全球范围内进行有效配置,不仅保证了国内经济的快速增长,而且利用对外投资收益偿付巨额的外债利息。显然美国具有足够的债务利息的偿付能力。第(4)个条件也是满足的。

事实上,(2)、(3)和(4)三个条件是美国经济失衡中的经济增长双循环模式存在的必要条件。而该模式能否得以持续,最关键的条件就是第(1)个条件,即美国是否有足够的偿债的能力。

传统的国际收支平衡理论认为,任何一个国家偿债能力都必须受到跨时预算约束,即净外债的余额必须等于未来贸易余额流的现值。这意味着债务国的净外债余额最终必须靠贸易顺差来支付,而不能永远靠借新债来偿还旧债(所谓的蓬齐博弈)。但是美国一直处于贸易逆差,且逆差额度越来越大,显然,美国短期内不存在保证外债偿还的、可预期的贸易顺差收入。

那么美国未来的偿债能力如何体现呢?或者说长期的偿债能力如何体现呢?如果短期内美国根本不具备现实的偿债能力,那么,支撑债权人继续给美国提供债务的东西又是什么呢?一个可能的信用基础就是美国净资产的增长率。也就是美国的资产增值能力。这其中的内在逻辑是:一个国家可以一直呈现贸易逆差(从而债务一直在增长),将贸易顺差的实现推迟到遥远的未来(美国的贸易逆差是一种结构性逆差,短期内不可能扭转),而不违反跨时预算约束,只要债权人相信美国未来可以偿还债务。相信美国未来可以偿还债务的前提是美国借入资本的增值能力很强,经济增长能力很强。为保证债务国能持续不断地借债融资,该国必须利用借到的债务加速经济增长,使得债务的增长率小于一国财富或资本存量的增长率,或者说债务增长率小于 GDP 增长率,那么 NIIP/W 或 NIIP/K(W、K 分别表示财富和资本的绝对量)的值就会不断地缩减,债权国就不会因为债务国债务的不断增长而要求更高的风险报酬率,债务国也就不会失去进一步融资的能力。

也就是说,只要美国的净债务与国内生产总值的比值,或者是净债务与国民财富的比值,低于某个数值,美国的信用就不会消失,借债能力就不会消失。

如果净债务与国民生产总值的比率或者是净债务与国民财富的比率超过一定的水平,则美国的偿债能力受到挑战;当偿债能力受到限制之后,美国偿还债务利息的能力也会受到限制,进而美国的融资优势会丧失,可以持续地获得借入资本的可能性就消失了。可持续融资的几个前提基础此时都消失了。所以,我们观察美国债务和经常项目逆差的可持续性就要观察美国的偿债能力指标。

## 二、描述性统计——净外债余额比率

从表 9.1 中可以看出,美国近几年经常账户逆差一直在增加,净外债余额也处于增长态势。NIIP/GDP 的比值和 NIIP/财富净值的比值在 2002 年达到一个高点之后有所回落,2007 年到达一个低点,2007 年发生了美国次贷危机。2008 年全球金融危机爆发,美国的外债比率瞬间上升到一个高点,之后稍有回落。

表 9.1 美国净外债/财富净值等指标的相对变化

| | 2000 | 2001 | 2002 | 2003 | 2004 | 2005 | 2006 | 2007 | 2008 | 2009 | 2010 |
|---|---|---|---|---|---|---|---|---|---|---|---|
| 现值 GDP (10 亿美元) | 9 951 | 10 286 | 10 642 | 11 142 | 11 853 | 12 623 | 13 377 | 14 029 | 14 292 | 13 939 | 14 527 |
| NIIP (10 亿美元) | 1 337 | 1 875 | 2 045 | 2 094 | 2 253 | 1 932 | 2 192 | 1 796 | 3 260 | 2 396 | 2 471 |
| 财富净值 (10 亿美元) | 53 584 | 53 708 | 53 118 | 58 980 | 65 673 | 74 725 | 81 942 | 84 281 | 70 673 | 70 806 | 75 019 |
| NIIP/财富净值(%) | 2.5 | 3.49 | 3.85 | 3.55 | 3.43 | 2.59 | 2.68 | 2.13 | 4.61 | 3.38 | 3.29 |
| NIIP/GDP (%) | 13.4 | 18.2 | 19.2 | 18.8 | 19.0 | 15.3 | 16.4 | 12.8 | 22.8 | 17.2 | 17.0 |

数据来源:根据美联储网站、美国统计局和 BEA 的数据整理而成。

从外债比例的变化,我们可以观测到资本流动的状况。2002 年美国的外债规模比率达到一个高点之后,开始平缓下降,同时美元指数也在平缓下跌。反映的是资本流出美国,或者说是美国的净资本流入增加速度开始放缓,美元资产的需求下降,美元步入下行通道。美元贬值与美国净资本流入减速相互作用,直至 2007 年美国次贷危机爆发。尽管我们无法判断外债比率指标在什么水平上和什么区域内属于安全和可持续的范畴,但是 2002 年至 2007 年美国外债比率水平和美元指数变动的一致性,反映了外债比率指标到达一定程度后,会出现美元资产需求的下降,资本会自动流出,美元指数下跌,美元贬值。美元资产需求的下降,美元指数的下跌,会使美国债务依赖型的经济增长受挫。这首先表现为次贷市场上的偿还危机,进一步引发金融整体危机,金融危机实质上是债务危机,是债务链条由于偿还危机出现断裂的现象。美国金融危机是国际资本不能持续地维持美国债务经济的表现,是美国债务规模比率达到红线警示的标志。

美国 NIIP/GDP 和 NIIP/W 比率在 2002 年之后出现平缓下降的原因还可以从以下两点来分析。

首先通过资本账户流入美国的资本与美国国内补偿性逆差、资源性逆差释放出来的劳动力及高端技术有效结合,加速国内生产率的提高;同时资本流入刺激了美国资产价格的提高,美国财富和 GDP 大幅增长。这可见第六章第一节的分析。

其次,美元贬值具有大幅降低对外负债的效应。根据 $B_t - B_{t-1} = CA_t + BG_t(E, P)$($B$ 为净外债,$CA$ 为经常账户余额,$BG$ 为资产和债务存量的价值变动,$E$ 为汇率,$P$ 为资产价格)。尽管美元短期单方贬值难以大幅改善经常账户结构性逆差,但是可以使美国以美元标价的对外债务减少和以外币标价的对外资产升值,从而减少对外净债务。美元独特的国际储备货币地位使得众多发展中国家持有大量的美元资产,部分发达国家也将美元作为重要的储备之一。然而,美国约 2/3 的对外资产却以欧元、加元和澳元等币种计值(Tille,2005)。当美元贬值时,以美元标值的外国资产价值不变,而以非美元计值的美国资产会升水,从而改善美国净外债头寸。此外,资产价格 $P$ 的相对变化也会改善美国外债净头寸。美国外国资产(FDI 和证券)价格上升将使得对外总资产价值提高,外国拥有的美国资产价格上升将使得对外总负债价值提高。图 9.2 清楚表明随着 1996 年以来美国经常账户逆差的持续扩大,美国资产和债务存量价值的变动抵消了部分经常账户逆差,使得对外净债务的增加小于当年经常项目赤字,这一点在 2003 年表现得最为明显,资产和债务存量价值的增加几乎拉平了经常项目赤字。2005年欧洲和亚洲股市的表现远好于美国本土,因此这一年美国净外债余额的增加较少。

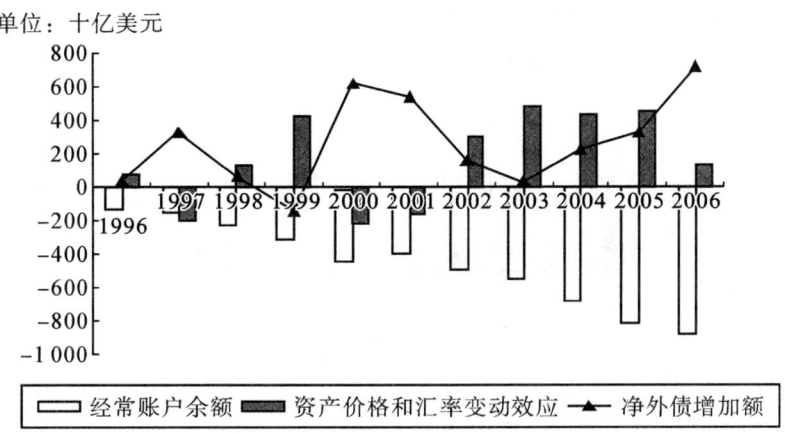

图9.2 美国净对外债务余额变化构成

上面的分析表明,在对外债务的可偿还力上,美国和其他国家不同。对于一般国家来说,对外债务比率达到一定水平,会出现信用下降,自动抑制债务规模的扩张,使债务比率下降。这一点,我们从欧债危机的若干个国家都可以看出来。但是,由于美元是世界第一货币,美元具有标价、交易媒介、流通手段、国际储备手段等功能,对美元货币的需求与世界经济增长联系在一起。世界经济增长速度越快,对美元的需求就越大。对美元的需求表现为对美元资产的需求,也就是美国对外债务的扩张。从这一点上分析,对美元的需求和美国对外债务的扩张具有一定的路径依赖特性和固化特性。同时,也是十分重要的一点,美国可以通过发行货币从两个渠道缓解自己的对外债务负担。其一,发行货币相当于向全世界征收铸币税,通过制造全球通货膨胀,缓解美国的政府债务负担。其二,美元贬值可以自动降低美国的对外债务负担,因为美元贬值提高了美国对外资产的美元价值(对外资产以外币计值),致使美国的对外净债务水平下降。

所以,对美国来说,由于美元的特殊地位,对外净债务水平的红色预警线应该远远高于其他国家。这也使得很多人进而坚持美国的经常账户逆差和美国的净债务头寸可以无限持续。但是,金融危机爆发的事实和基本的经济学理论告诉我们,美国对外债务规模扩张的约束是客观存在的,只是一个量的问题,不是一个质的问题。

## 第四节 美国外债依赖型经济增长可持续的基础:一般均衡分析

### 一、三部门均衡模型

(一)消费者

假设美国消费者的目标是在预算约束下追求自身的效用最大化。由于美元的国际货币地位,美国消费者能获得为保证其他国家流动性需要的美元储备的铸币税收入,并为此承担相应的债务成本,因此美国消费者的效用函数和预算约束不同于封闭经济条件下的效用函数和预算约束。

1.假设美国消费者的效用函数为 $U(c,x)$,其中 $c=\dfrac{C}{L}$,$x=\dfrac{X}{L}$,$C$ 为消费者的实际消费总量,$X$ 为消费者得到的实际铸币税收入,$L$ 为劳动力数量。之所以将铸币税收入纳入消费者效用函数主要是考虑到:这里的铸币税收入实际上类似于美联储对内发行货币的铸币税收入,其差别就是这些发行的货币用于维持美国对外经常账户逆差后又通过资本账户回流美国,其表现就是美国消费者用这种铸币税收入可以购买更多的商品消费。这里的 $X$ 是体现美元国际货币地位的一个重要的内生变量。效用函数满足:

$U'_c(c,x)>0, U''_c(c,x)<0, U'_x(c,x)>0, U''_x(c,x)<0, U''_{cx}(c,x)=U''_{xc}(c,x)\geqslant 0$ 和 Inada 条件，即：

$$\lim_{c\to+\infty}U'(c,x)=0, \lim_{c\to 0}U'(c,x)=+\infty$$
$$\lim_{x\to+\infty}U'(c,x)=0, \lim_{x\to 0}U'(c,x)=+\infty$$

Inada 条件表示当消费充分多时，边际效用就会充分小，反之，当消费很少时，边际效用就会充分大，Inada 条件保证消费的单增性。

2. 美国消费者预算约束

美国消费者的收入来源于：

(1)国内资产收入 $rA$，其中 $A$ 为国内资产，$r$ 为国内资产的实际回报率；

(2)劳动收入 $\tilde{w}L$，$\tilde{w}$ 为工资水平；

(3)国外净负债收入 $r^\vartriangle B$，其中 $B$ 为国外净负债($B\leqslant 0$)，$r^\vartriangle$ 为净负债实际回报[①]；

(4)铸币税收入 $X$，并假设 $X=-\dfrac{\nu B}{P}$；

(5)汇率 $E$ 或国内价格 $P$ 调整得到的存量收益 $BG(E,P)$。

由于美国具有国际货币地位，且摆脱了布雷顿森林体系下的双挂钩约束，因此美国可单方面改变美元与其他国家货币比值，2002 年至 2004 年间和 2006 年以来美元的大幅贬值都是美国单方面实施的。尽管美元贬值对改变美国贸易逆差的作用很小，但对改善美国净外债的作用非常明显[②]。债务的改善意味着美国消费者收入的增加。这里 $BG(E,P)$ 作为体现美元国际货币地位的一个重要的外生变量。

消费者的收入用途是：消费 $C$ 和增加财富 $W$。开放经济条件下的消

---

① 一般而言，对外负债应对外支付利息，但对美国是特例。虽然美国对外净负债很大，但是每年的收入账户仍然为正，这是典型的债权国给债务国支付利息的案例。

② 具体论述参见第五章的第一节和本章的第四节。

费者的财富总量为:$W=A+B$,财富变化量为:

$$\dot{W}=\dot{A}+\frac{\dot{B}}{P}=rA+r^{\Delta}\frac{B}{P}+\tilde{w}L-C+BG(E,P)+X$$

$$\Rightarrow \dot{W}=\dot{A}+\frac{\dot{B}}{P}=rA+r^{\Delta}\frac{B}{P}+\tilde{w}L-C+BG(E,P)-\frac{\dot{v}B}{P}$$

效用函数则为:$U(c,x)=U(c,-\nu\eta b)$,其中 $\eta=\frac{\dot{B}}{B}$。

3. 人口增长率为 $n, \dot{L}=nL$

(二)厂商

1. 厂商的生产函数 $Y=HF(K,L)$,其中 $Y$ 表示产出、$H$ 和 $K$ 分别表示技术和资本。生产函数满足古典的六个假设:

(1)$Y=HF(0,L)=HF(K,0)=0$,说明资本或劳动投入不可能生产出产品;

(2)$\lambda Y=HF(\lambda K,\lambda L)$;

(3)$F'_K(K,L) \geqslant 0, F'_L(K,L) \geqslant 0$;

(4)生产函数对变量是凹性,即生产函数的 Hesse 矩阵是负定的;

(5)Inada 条件为:

$$\lim_{K\to+\infty} F'_K(K,L)=0, \lim_{K\to+0} F'_K(K,L)=+\infty$$
$$\lim_{L\to+\infty} F'_L(K,L)=0, \lim_{L\to+0} F'_L(K,L)=+\infty$$

(6)$Y=HF(K,L)$ 连续可微,且欧拉定理成立,即

$$Y=HF(K,L)=HF'_L(K,L)L+HF'_K(K,L)K$$

说明在完全竞争下,具有常数规模报酬回报的厂商的所有收益被资本回报和工资所瓜分,因此它的极大化利润为零。

2. 生产函数的密集形式

$$Y=HF(K,L) \Rightarrow y=Y/L=(1/L)HF(K,L)=HF(K/L,1)=HF(k,1)$$
$$=Hf(k)$$

### 3.厂商追求利润最大化

$$\text{Max} \prod = HF(K,L) - (r+\delta)K - \tilde{w}L$$

F. O. C：

$$\begin{cases} HF'_K(K,L) - (r+\delta) = 0 \\ HF'_L(K,L) - \tilde{w} = 0 \end{cases} \Rightarrow \begin{cases} f'(k) = r+\delta \\ f(k) - kf'(k) = \tilde{w} \end{cases}$$

为便于推导，先假设 $H=1$ 和 $\delta=0$。

### (三)政府

美国政府发行货币部分用于购买国外用品(净额)，获得铸币税收入 $X$，并将得到的铸币税收入全部转移给消费者。

### (四)市场均衡

由于在新布雷顿森林体系下，各国都非常重视内部市场的均衡。由于美元取得了国际货币地位，美国更是把内部均衡远远置于外部均衡之上。当美国内部均衡时，所有需求等于供给，即 $A=K$。此时，消费者预算约束：

$$\dot{W} = \dot{A} + \frac{\dot{B}}{P} = rA + r^\triangle \frac{B}{P} + \tilde{w}L - C + BG(E,P) - \frac{\nu B}{P}$$

$$\Rightarrow \dot{K} = rK + r^\triangle \frac{B}{P} + \tilde{w}L - C + BG(E,P) - (1+\nu)P$$

将 $k = \dfrac{K}{L}, b = \dfrac{B}{PL}$ 代入人均消费者预算的约束式：

$$nk + \dot{k} + (1+\nu)(\pi b + nb + \dot{b}) = \tilde{w} + rk + r^\triangle b - c + bg(E,P),$$
$$\left(\pi = \frac{\dot{b}}{p}, bg(E,P) = \frac{BG(E,P)}{L}\right)$$

将 $\begin{cases} f'(k) = r \\ f(k) - kf'(k) = \tilde{w} \end{cases}$ 代入得：

$$\dot{k} + (1+\nu)\dot{b} = f(k) - nk - c + [r^\triangle - (1+\nu)(\pi+n)]b + bg(E,P)$$

## 二、模型计算过程

$$\text{Max} \int_0^{+\infty} U(c, -\nu\eta b) e^{-\beta} dt$$

$$\text{s. t. } \dot{k}+(1+\nu)\dot{b}=f(k)-nk-c+[r^\Delta-(1+\nu)(\pi+n)]b+bg(E,P)$$

$$k(0)=k_0, b(0)=b_0, c(0)=c_0$$

求解:引入控制变量 $y$,使得 $y=\dot{b}$,则 Hamilton 函数为:

$$\widetilde{H}(k,b,t,y,c)=U(c,-\nu\eta b)+\lambda\{f(k)-nk-c+[r^\Delta-(1+\nu)(\pi+n)]b-(1+\nu)y+bg(E,P)\}+uy$$

其中,$\lambda, u$ 是 Hamilton 乘子,分别表示 $k$ 和 $b$ 的边际值,也就是 $k$ 和 $b$ 的影子价格。

F. O. C:

$$\begin{cases} \dfrac{\partial \widetilde{H}}{\partial c}=U'_c(c,-\nu\eta b)-\lambda=0 \\ \dfrac{\partial \widetilde{H}}{\partial y}=-\lambda+\mu=0 \end{cases} \Rightarrow \begin{cases} U'_c(c,-\nu\eta b)=\lambda \\ \lambda=\mu \end{cases} \tag{9.1}$$

表明边际消费等于资产和债务的影子价格。

$$\begin{cases} \dot\lambda=\beta\lambda-\dfrac{\partial \widetilde{H}}{\partial k}=-\lambda(f'(k)-n-\beta) \\ \dot\mu=\beta\mu-\dfrac{\partial \widetilde{H}}{\partial b}=\beta\mu+\nu\eta U'_b(c,-\nu\eta b)-\lambda[r^\Delta-(1+\nu)(\pi+n)] \end{cases} \tag{9.2}$$

$$\begin{cases} \dot{k}=\dfrac{\partial \widetilde{H}}{\partial \lambda}=f(k)-nk-c+[r^\Delta-(1+\nu)(\pi+n)]b-(1+\nu)y+bg(E,P) \\ \dot{b}=\dfrac{\partial \widetilde{H}}{\partial u}=y \end{cases} \Rightarrow$$

$$\dot{k}+(1+\nu)\dot{b}=f(k)-nk-c+[r^\Delta-(1+\nu)(\pi+n)]b+bg(E,P) \tag{9.3}$$

TVC 条件:

$$\lambda(T)e^{-\beta T}=0, \mu(T)e^{-\beta T}=0 \tag{9.4}$$

TVC 条件说明,为保证资本存量路径和消费水平路径是最优的,必须保证当且仅当在终点时刻消费的边际效用为零。否则,由于在经济结束时对资本存量没有限制,消费者总可以通过借贷来满足消费水平的提高,从而将不会有最优的路径。

S. O. C

$$\begin{cases} \dfrac{\partial^2 \widetilde{H}}{\partial c^2} = U''_c(c, -\nu\eta b) \leqslant 0 \\ \dfrac{\partial^2 \widetilde{H}}{\partial y^2} = 0 \end{cases} \tag{9.5}$$

由因为 $b = \dfrac{B}{PL}$,所以 $\dfrac{\dot{b}}{b} = \dfrac{\dot{B}}{B} - \dfrac{\dot{P}}{P} - \dfrac{\dot{L}}{L} = \eta - \pi - n$ \hfill (9.6)

得到:

$$\begin{cases} \dot{k} + (1+\nu)\dot{b} = f(k) - nk - c + hb + bg(E, P) \\ \dot{b} = (\eta - \pi - n)b \\ \dot{\lambda} = -\lambda[f'(k) - n - \beta] \\ U'_c(c, -\nu\eta b) = \lambda \\ \nu\eta U'_b(c, -\nu\eta b) = \lambda[f'(k) - n - h] \end{cases} \tag{9.7}$$

其中 $h = r^\Delta - (1+\nu)(\pi + n)$

(9.7)中五个方程可以决定 $c, k, b, \lambda, \pi$ 五个变量。为不失一般性,先赋具体的生产函数和效用函数。首先由(9.7)最后两个方程式得:

$$\begin{cases} U'_c(c(\lambda, k, b), -\nu\eta b) = \lambda \\ U'_b[c(\lambda, k, b), -\nu\eta b] = \lambda[f'(k) - n - h(\lambda, k, b)] \end{cases} \tag{9.8}$$

对(9.8)全微分得:

$$\begin{bmatrix} U''_c & 0 \\ U''_{bc} & -\lambda \end{bmatrix} \begin{bmatrix} dc \\ d\pi \end{bmatrix} = \begin{bmatrix} 1 \\ f'(k) - n - h \end{bmatrix} d\lambda + \begin{bmatrix} 0 \\ \lambda f''(k) \end{bmatrix} dk + \begin{bmatrix} \nu\eta U_{cb} \\ \nu\eta U_{tb} \end{bmatrix} db$$

所以:

$$\begin{cases} c_\lambda = \dfrac{-\lambda}{-\lambda U_c''} < 0 \\ \pi_\lambda = \dfrac{U_c''(f'(k)-n-h) - U_{cb}''}{-\lambda U_c''} < 0 \end{cases}$$

$$\begin{cases} c_k = 0 \\ \pi_k = \dfrac{\lambda f''(k)}{-\lambda} > 0 \end{cases}$$

$$\begin{cases} c_b = \dfrac{U_{cb}''}{U_c''} > 0 \\ \pi_b = \nu\eta \dfrac{U_{cb}'' U_{bc}'' - U''bb U_{cc}''}{\lambda U_c''} < 0 \end{cases}$$

因此得到：

$$\begin{cases} c = c(\lambda, k, b) \\ \pi = \pi(\lambda, k, b) \\ \dot{b} = [\eta - \pi(\lambda, k, b) - n] b \\ \dot{\lambda} = -\lambda [f'(k) - n - \beta] \\ \dot{k} + (1+\nu)\dot{b} = f(k) - nk - c + hb + bg(E, P) \end{cases} \quad (9.9)$$

长期均衡时，当且仅当：$\dot{\lambda} = \dot{k} = \dot{b} = 0$，得：

$$\begin{cases} f(k^*) - nk^* - c^*(\lambda, k, b) + hb^* + bg(E, P) = 0 \\ \theta - \pi^* - n = 0 \\ f'(k^*) - n - \beta = 0 \end{cases} \quad (9.10)$$

稳定性分析：

$$\begin{cases} \dot{k} = f(k) - nk - c(\lambda, k, b) + [r^\Delta - (1+\nu)\eta] b + bg(E, P) \\ \dot{b} = [\eta - \pi(\lambda, k, b) - n] b \\ \dot{\lambda} = -\lambda [f'(k) - n - \beta] \end{cases} \quad (9.11)$$

$$\begin{cases} \dot{k}=\dfrac{\mathrm{d}\dot{k}}{\mathrm{d}b}\bigg|_{(\lambda^*,k^*,\pi^*)}(b-b^*)+\dfrac{\mathrm{d}\dot{k}}{\mathrm{d}\lambda}\bigg|_{(\lambda^*,k^*,\pi^*)}(\lambda-\lambda^*)+\dfrac{\mathrm{d}\dot{k}}{\mathrm{d}k}\bigg|_{(\lambda^*,k^*,\pi^*)}(k-k^*) \\ \dot{b}=\dfrac{\mathrm{d}\dot{b}}{\mathrm{d}b}\bigg|_{(\lambda^*,k^*,\pi^*)}(b-b^*)+\dfrac{\mathrm{d}\dot{b}}{\mathrm{d}\lambda}\bigg|_{(\lambda^*,k^*,\pi^*)}(\lambda-\lambda^*)+\dfrac{\mathrm{d}\dot{b}}{\mathrm{d}k}\bigg|_{(\lambda^*,k^*,\pi^*)}(k-k^*) \\ \dot{\lambda}=\dfrac{\mathrm{d}\dot{\lambda}}{\mathrm{d}b}\bigg|_{(\lambda^*,k^*,\pi^*)}(b-b^*)+\dfrac{\mathrm{d}\dot{\lambda}}{\mathrm{d}\lambda}\bigg|_{(\lambda^*,k^*,\pi^*)}(\lambda-\lambda^*)+\dfrac{\mathrm{d}\dot{\lambda}}{\mathrm{d}k}\bigg|_{(\lambda^*,k^*,\pi^*)}(k-k^*) \end{cases}$$

(9.12)

得：

$$\begin{Bmatrix} \dot{k} \\ \dot{b} \\ \dot{\lambda} \end{Bmatrix} = \begin{Bmatrix} \beta & -c_b+r^\Delta-(1+\nu)\eta & -c_\lambda \\ -b^*\pi_k & -b^*\pi_b & -b^*\pi_\lambda \\ -\lambda^* f'(k^*) & 0 & 0 \end{Bmatrix} \begin{Bmatrix} k-k^* \\ b-b^* \\ \lambda-\lambda^* \end{Bmatrix}$$

(9.13)

由于矩阵的行列式 $=\lambda^* f'(k^*)[-c_\lambda(-b^*\pi_b)-c_b b^*\pi_\lambda]<0$，所以：三个特征根中至少有两正一负，鞍点稳定，即经济能以某一均衡路径收敛到某一稳定值 $(c^*, k^*, b^*, \lambda^*, \pi^*)$，也就是在外国债务不断增长的条件下，美国经济仍然能收敛到一个稳定的水平。

### 三、模型均衡点的特征

根据上述证明，美国经济达到均衡点时，$(c^*, k^*, b^*)$ 必须满足：

$$\begin{cases} f(k^*)-nk^*-c^*(\lambda,k,b)+hb^*+bg(E,P)=0 \\ \theta-\pi^*-n=0 \\ f'(k^*)-n-\beta=0 \end{cases}$$

(9.14)

同时根据：

$$\begin{cases} U'_c[c(\lambda,k,b),-\nu\eta b]=\lambda \\ U'_b(c(\lambda,k,b),-\nu\eta b)=\lambda[f'(k)-n-h(\lambda,k,b)] \end{cases}$$

(9.15)

得到：

$$\begin{cases} k^* = k[\eta, \beta, n, h, bg(E, P)] \\ b^* = b[\eta, \beta, n, h, bg(E, P)] \\ \pi^* = \pi[\eta, \beta, n, h, bg(E, P)] \\ c^* = c[\eta, \beta, n, h, bg(E, P)] \\ \lambda^* = \lambda[\eta, \beta, n, h, bg(E, P)] \end{cases} \tag{9.16}$$

## 四、债务增长率对各均衡变量的影响

利用(9.16),分别就各最优变量对 $\theta$ 求导,并代入(9.14)和(9.15)得到：

(1) $\frac{\partial \pi^*}{\partial \eta} > 0$,说明债务增长率越大,美国的通货膨胀率越高。其内在机制是,现行的国际货币体系的基础是美元本位,即美元取得了类似于19世纪的黄金在国际货币体系中的地位,成为一种国际货币,或者是一种权威性货币。正是基于美元的这种地位,美联储取得了类似世界中央银行的地位,它通过美国经常账户逆差为其他国家提供流动性需求,其他国家又通过资本账户逆差和对美国净债权的形式向美国回流美元。其实质是美国以"曲线"的形式调整本国的货币供给量。对外负债的增加意味着美国货币供给量的增加。在货币乘数增大或不变的前提下,如果美国没有相应的产出增加与之配合,货币供给量的增加只意味着美国通货膨胀率的提高。而其他国家由于美元储备或美元资产的增加,部分国家如中国本币的供给量相应扩张。这样,整个世界货币的供给总量增长加快,最终导致美国,乃至世界性的通货膨胀。难怪美国著名经济学家麦金农提出美国应以汇率水平的变动来决定美国货币供应量,从而抑制通货膨胀的政策主张。

(2) $\frac{\partial c^*}{\partial \eta} > 0$,说明债务增长率越高,美国消费者的最优消费水平越高,消费者的福利也跟着改善[因为 $U'_c(c, x) > 0$]。其内在的逻辑是：美国债务水平增加主要是美国经常账户逆差形成的,经常账户的逆差意味着美国消费者不仅获得更多物美价廉的消费品,而且资源性逆差和补偿性逆差释放出来的劳动力与回流美国的资本生产出更多的消费品可供消费,消费者的福利得到改善。

(3) $\frac{\partial k^*}{\partial \eta} > 0$ 和 $\frac{\partial \lambda^*}{\partial \eta} < 0$,说明债务增长率对美国资本存量存在正向影响,债务增长率越高,资本存量越大,经济增长也就越快[因为 $f'(k) > 0$],但资本的边际效率增长减速。其内在的逻辑是:债务增加率越高,美国可实现全球分配的资本就越多,国内的资本留存量也就越大,经济增长率也就越高。

(4) $\frac{\partial (-b^*)}{\partial \eta} > 0$,说明债务增长率对美国债务水平的绝对值存在正向影响,美国消费者福利也因而得以改善[因为 $U'_x(c,x) > 0$]。由于债务增长率越高,债务的绝对水平提高,消费者因而获得的铸币税也就越多,可用于购买消费品的资源也就越丰富。

(5) $\frac{\partial (-b^*)}{\partial \eta} < \frac{\partial k^*}{\partial \eta}$,这意味着债务增长率对债务水平的拉升作用要小于对资本存量的促进作用。也就是说,如果基期的债务水平要远远小于美国的资本存量水平,即 $-b_0 < k_0$,那么均衡状态下的 $-b^* < k^*$,或者说债务水平与资本存量水平的比率会随着时间而不断地变小,美国无限期的蓬齐博弈将得以继续。

通过上述分析得到,债务增长率的提高有利于美国经济增长和消费者福利的提高,但同时也导致美国,乃至世界性的通货膨胀。通货膨胀的压力直接影响到美元国际储备地位,进而影响到美国经济增长的双循环机制。显然债务增长率应该有个极限值,可惜由于模型自身受限,无法得出极限的债务增长率 $\theta^*$,这是本模型今后需要改进的地方。总之,在债务水平没有达到最优值之前,美国债务增长率的提高是有利于美国经济增长和消费者福利提高的。

## 第五节 可持续条件的进一步分析：
## 内生经济增长模型

假设生产函数为 AK 型的，而非古典型的。AK 型生产函数不满足古典型生产函数特点，为简单起见，设为 $f(k)=Ak$，此时 $f'(k)=A$，$f''(k)=0$。此时，经济增长会出现内生经济增长的模式。所谓内生经济增长指的是人均资本积累路径、消费水平路径等内生变量不再收敛到各自的均衡值，而会出现一个持续的增长的路径，它们的增长率会收敛到一个均衡值。

由于其他假设不变，模型的一阶条件改为：

$$\begin{cases}\frac{\partial \widetilde{H}}{\partial c}=U'_c(c,-\nu\eta b)-\lambda=0 \\ \frac{\partial \widetilde{H}}{\partial y}=-\lambda+\mu=0\end{cases} \Rightarrow \begin{cases}U'_c(c,-\nu\eta b)=\lambda \\ \lambda=\mu\end{cases} \tag{9.17}$$

表明边际消费等于资产和债务的影子价格。

$$\begin{cases}\dot{\lambda}=\beta\lambda-\frac{\partial \widetilde{H}}{\partial k}=-\lambda(A-n-\beta) \\ \dot{\mu}=\beta\mu-\frac{\partial \widetilde{H}}{\partial b}=\beta\mu+\nu\eta U'_b(c,-\nu\eta b)-\lambda[r^\Delta-(1+\nu)(\pi+n)]\end{cases} \tag{9.18}$$

$$\begin{cases}\dot{k}=\frac{\partial \widetilde{H}}{\partial \lambda}=Ak-nk-c+[r^\Delta-(1+\nu)(\pi+n)]b-(1+\nu)y+bg(E,P) \\ \dot{b}=\frac{\partial \widetilde{H}}{\partial \mu}=y\end{cases}$$

$$\dot{k}+(1+\nu)\dot{b}=Ak-nk-c+[r^\Delta-(1+\nu)(\pi+n)]b+bg(E,P) \tag{9.19}$$

TVC 条件：

$$\lambda(T)\mathrm{e}^{-\beta T}=0, \mu(T)\mathrm{e}^{-\beta T}=0 \qquad (9.20)$$

S. O. C

$$\begin{cases} \dfrac{\partial^2 \widetilde{H}}{\partial c^2}=U''_c(c,-\nu\eta b)\leqslant 0 \\ \dfrac{\partial^2 \widetilde{H}}{\partial y^2}=0 \end{cases} \qquad (9.21)$$

由(9.17)(9.18)得：

$$\nu\eta U'_b(c,-\nu\eta b)=U'_c(c,-\nu\eta b)[A-n-h]$$

综合得：

$$\begin{cases} \dot{k}+(1+\nu)\dot{b}=Ak-nk-c+hb+bg(E,P) \\ \dot{\lambda}=-\lambda(A-n-\beta) \\ U'_c(c,-\nu\eta b)=\lambda \\ \nu\eta U'_b(c,-\nu\eta b)=\lambda[A-n-h] \end{cases} \qquad (9.22)$$

因为 $\dot{\lambda}=U''_c(c,-\nu\eta b)\cdot\dot{c}=-\lambda(A-n-\beta)$

所以 $g_c(c)=\dfrac{\dot{c}}{c}=-\dfrac{U'_c}{cU''_c}(A-n-\beta)$

令：$U(c,-\nu\eta b)=\dfrac{c^{1-\theta}}{1-\theta}+\dfrac{(-\nu\eta b)^{1-\theta}}{1-\theta}$，则：$U'_c=c_t^{-\theta}, U''_c=\theta c_t^{-\theta-1}$，

$$g_c(c)=\dfrac{\dot{c}}{c}=\dfrac{(A-n-\beta)}{\theta}$$

所以 $c_t=c_0 \mathrm{e}^{\frac{(A-n-\beta)}{\theta}}$

又因为 $\nu\eta U'_b(c,-\nu\eta b)=U'_c(c,-\nu\eta b)[A-n-h]$

所以 $(-\nu\eta b)_t^{-\theta}=c_t^{-\theta}(A-n-h)$

所以 $b_t=-\dfrac{1}{\nu\eta}c_0(A-n-h)^{-\frac{1}{\theta}}\mathrm{e}^{\frac{(A-n-\beta)}{\theta}}$

所以 $g_b(b)=\dfrac{\dot{b}}{b}=\dfrac{(A-n-\beta)}{\theta}$

因为 $\dot{k}+(1+\nu)\dot{b}=Ak-nk-c+hb+bg(E,P)$，得：

$$\dot{k}-(A-n)k=[(1+\nu)\dfrac{A-n-\beta}{\theta}-h][-\dfrac{1}{\nu\eta}c_0(A-n-h)^{-\frac{1}{\theta}}\mathrm{e}^{\frac{(A-n-\beta)}{\theta}}]-$$

$$c_0 e^{\frac{(A-n-\beta)}{\theta}} + bg(E,P)$$

$$\Rightarrow \dot{k} - (A-n)k = \vartheta c_0 e^{\frac{(A-n-\beta)}{\theta}} + bg(E,P), \text{其中 } \vartheta = \left[(1+v)\frac{A-n-\beta}{\theta} - h\right]\left[-\frac{1}{v\eta}(A-n-h)^{-\frac{1}{\theta}}\right] - 1$$

通过求解得到：

$$g_k(k) = \frac{\dot{k}}{k} = \frac{A-n-\beta}{\theta}$$

从内生经济增长模型来看，美国资本存量、债务以及消费的增长速度都恒等于 $\frac{(A-n-\beta)}{\theta}$，只要保证初期的资本存量水平远远大于债务水平，那么 $b/k$ 将随着时间的增长而不断缩小。另外，从模型中看出，内生经济增长模型实际上已将债务内生化，这是本模型与前模型的一个很重要的区别。

这里内生增长模型的关键问题是，美国是否适合内生经济增长模型的假设，美国是否具有内生经济增长的动力源。一般来说，内生经济增长模型包括几种内生经济增长源，即人力资本内生、技术创新内生、制度创新内生。具有以上内生的增长源，可以做到要素报酬递增或者是不变，替代古典经济学要素报酬递减的规律，可以实现经济的可持续增长。内生经济增长模型的分析说明，美国债务依赖型经济增长模式的可持续前提是美国内生的经济增长模式可以实现，换言之，具有内生可持续增长的条件。

一般均衡模型和内生经济增长模型说明：由于其他国家巨额的贸易逆差美元、部分国家的内需不足以及人口老龄化趋势加重而出现的过剩储蓄以及资源型国家大量的石油美元储蓄的存在，保证美国为经常账户逆差可融资的资金源，同时由于美国强大的经济实力、发达的金融体系以及由此决定的美元国际货币地位，使得美国具有先天的融资优势，这些资金通过资本和金融账户源源不断地流入美国，即出现了美国资本账户的顺差为经常账户逆差融资的双循环机制。美国依靠这种双循环机制俨然成为全球资本分配的中心国。保证这种双循环机制或美国全球资本分配的中心国地位持续的重要条件就是美国必须在全球范围内有效地分配资本,一方面要应国内经济发展之需,把部分资本留在国内与补偿性逆差释放的劳动力和国外移民相结合,从而有力地促进美国国内经济的快速发展,使得财富或资本存量的增长率超过债务增长率,保证债务/资本存量($b/k$)的比例不断缩减或保持一个均衡的水平,同时为保证美元的国际货币地位提供坚实的经济基础,美国将持续拥有其他国家无可替代的融资优势——美元的国际货币地位。另一方面从全球资源配置的角度将过剩的资本以直接投资的形式与其他国家低廉的生产要素相结合,从而获取高额的利润,以保证巨额债务的利息支付。美国国内劳动生产率等指标大幅提升,经济实力大幅增强;国外资产快速增长,投资的净收益率保持合理的正区间内(表现为经常项目下的收入账户大于零)。事实和理论模型均证明,美国完全能达到相关条件,其经常账户逆差以及经济增长的双循环机制能够得以持续。

## 本章小结

本章在充分分析美国贸易逆差可持续论和不可持续论等相关文献的基础上,从定性和数理模型上探讨了美国贸易逆差的可持续性问题,即美国经济增长的双循环机制的可持续性问题。本章小结如下:

1.美国贸易逆差存在可持续论和不可持续论之争。可持续论主要包括国际货币体系论,包括蒙代尔的国际货币体系论和麦金农的国际货币体系论以及中心—外围论。不可持续论的观点多而纷杂,但主要讨论依据就是静态指标值的设计,如 NIIP/GDP,或者美国经常账户余额/GDP 的值。

2.美国贸易逆差的可持续性问题,某种意义上就是美国失衡中的经济增长的双循环机制的可持续性问题。而该问题主要依赖于美国的偿债能力的保证。本章构建了一个涵括美国经济特殊性——美元的国际货币地位以及由此导致的铸币税等各种收益的经济增长模型，证明了债务增长有利于美国资本存量提高、国内生产总值的增加以及消费者福利的改善，但不利于通货膨胀的治理。显然在债务增长比例达到极限前，美国贸易逆差是可以持续的，也就是说在经济全球化条件下，美国经济增长的双循环机制在一定条件下是可以持续的。也就是美国经常账户逆差的持续性是有条件的——债务增长率不能达到极限值。

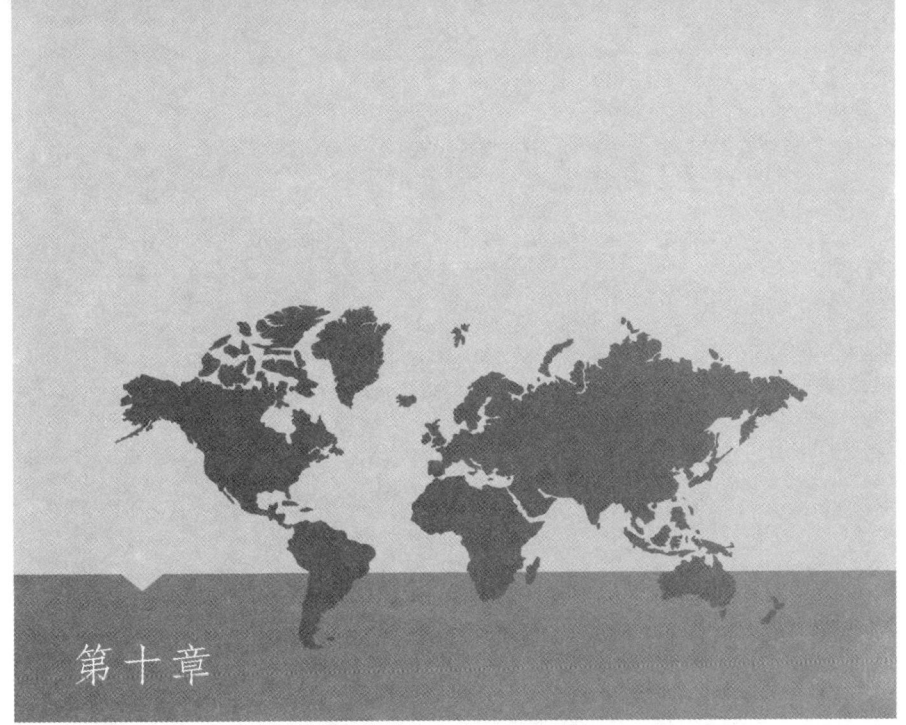

第十章

# 不平衡调整：美国变革进行时

# 第十章 不平衡调整:美国变革进行时

全球不平衡根源于美国的经济发展模式,美国负债型的经济发展模式基于美国金融发展和金融创新的推动,源于美元本位的国际货币体系。美国金融危机的爆发揭示了全球不平衡增长模式的不可持续性,走出危机的唯一出路是变革全球不平衡的经济发展模式,走向更加均衡、更加持续的全球经济发展模式。对于这一点,世界各国基本达成共识。美国作为不平衡的主要责任国,在金融危机后,大力推动向更加均衡和可持续的经济发展模式转变。

## 第一节 华尔街革命:重塑金融体系

从2007年的美国次贷危机到2008年席卷全球的金融危机,三十多年来美国建立的全世界最为先进的金融体系几乎崩塌,由于对金融服务业的过度依赖,这使得美国经济陷入了严重的衰退。美国过度的信贷扩张、金融创新以及金融自由化是这次危机爆发的根源,也是全球失衡的重要原因之一,因此,对美国目前金融运作体系进行全面的检讨和改革、重塑美国金融体系是美国经济乃至全球经济复苏、全球再平衡的重要议题之一。

重塑金融体系首先要从法律入手。对美国而言,其重大金融改革或者法规的出台往往是与金融危机的爆发紧密联系在一起的:1933年的经济大萧条后出台了《格拉斯—斯蒂格尔法案》;2001年的安然与世界通信的财务事件后出台了《萨班斯—奥克斯利法案》；2007年的次贷危机爆发则促使奥巴马政府出台了自20世纪30年代以来最为严厉的《多德—弗兰克华尔街改革与消费者保护法》。

2007年肇始于美国的次贷危机，成为美国金融市场乃至全球金融市场的一场大地震，使美国的金融监管无论是在监管理念层面，还是在监管范围与构架等层面均暴露了诸多问题，世人们开始倾向于关注自由市场、政府监管以及二者之间的消长关系，对当前监管法案的修改就成为临危受命的奥巴马政府的必然选择。因此，美国国会众议院和参议院分别在2009年12月以及2010年5月通过了各自的金融监管法案修改版本。2010年6月25日，经过多次讨论与多方博弈，在美国国会长达20小时的会议后，《多德—弗兰克华尔街改革与消费者保护法》成为两院统一的版本，并于7月份经奥巴马签署后成为生效法律。这部新的金融法律的主要内容包括：

1. 设立新的监管机构

作为次贷危机发源地监管反思的产物，该金融监管法案的出台旨在有效防范系统性金融风险并提供消费者金融保护。一方面，在防范系统性金融风险上，该法案设立了新的监管机构——金融稳定监管委员会，负责监测、识别并应对系统性风险。同时，该委员会强调避免金融机构的过度增长与复杂化，对金融机构在资本金以及流动性等方面提出了更为严格的监管要求。另一方面，在美国联邦储备委员会下成立消费者金融保护局，制定保护消费者并适用于各个金融机构的政策，并对提供信用卡、抵押贷款和其他贷款等消费者金融产品及服务的金融机构实施监管。

2. 扩大监管职能范围

该法案将原本缺乏监管的场外衍生品市场纳入监管范畴之中，并将场外衍生品移入交易所与清算中心；赋予美联储对企业的高管薪酬进行监管的权力，以避免追求过度高薪而导致的过度追求高风险业务，并有权对不合适的薪酬设置予以否决；同时，美联储自身也将在执行利率政策、发放贷款、公开市场操作等方面受到美国政府更为广泛和严格的监管。

3.实施明确的保护法令

为了防止国内商业银行规模过于巨大,规范银行业务,该法案中实施了沃尔克法则,强调单一的金融机构不能在储蓄存款市场中占据过大份额,同时在非存款领域中,该规定也将适用,这样就起到了限制金融机构规模,防止其过度增长与恶意合并等作用。另外,颁布了《林肯修正案》,强调金融机构将不再被允许经营诸如能源、农产品以及金属等行业的掉期业务等极具风险的业务,该类业务必须拆分到附属公司中进行。

4.设置新的破产清算程序

鉴于本次次贷危机中,金融机构倒闭后,纳税人需要付出巨大代价以完成对其的救助。因此,该法案制定了新的破产清算程序。在新程序下,各大型金融机构要在美国联邦储蓄保险公司的监督下,为自身提前预留一定的风险拨备,以应对将来可能面临的风险。

在这些具体的措施背后,要致力于建立一个旨在为实体经济服务的金融体系,改变金融体系自我膨胀、自我循环的状态;通过对宏观金融风险和微观金融风险的监督和管理,根除金融机构与金融体系虚拟创造需求与繁荣的功能,从根本上消除金融风险无限扩张的内在源泉。一句话,金融体系重塑的目标是建立一个与经济发展相互促进、相互协调、充分为经济发展服务的金融体系,摆脱过度金融发展状态,适度降低金融体系规模,通过建立金融体系微观和宏观审慎监管制度防范过度金融创新推动的不可偿还的信用支撑的需求的过度扩张,从而抑制社会金融风险的积聚,从根本上消除金融危机和金融动荡。

## 第二节 工业与贸易复兴之路:再工业化

上个世纪 50 年代以来,美国一直在"去工业化"的历程中。前面的分析已经看到,美国服务业在美国经济中的比重在2007年已经达到89%,第一产业和第二产业的比重已经很小了。这便是美国服务业支持的消费型经济模式。后危机时代,美国政府意识到在"去工业化"进程中,实体经济逐步萎缩,以金融创新支撑的消费型增长模式最终给经济带来了诸多问题,而通过"再工业化"重塑实体经济、刺激出口、增加就业,借此扭转虚拟经济与实体经济发展不平衡的格局,才能使美国经济走向健康的发展模式。

事实上,美国国内"工业复兴"的呼声很早就有了。在2008年美国金融危机爆发前,美国很多学者针对美国制造业就业和产出比重持续降低、国际竞争力下降、大量投资转向海外而国内投资相对不足等问题,就纷纷提出过再工业化的主张,甚至有人提出改变中国制造、美国消费的经济格局。2003年美国劳工联合会发布了《复兴美国制造业》的报告。报告指出,制造业是美国生产率提高、技术创新和经济增长的主要推动者,也是维持国防和国土安全不可缺少的基础。金融危机后美国工业复兴的呼声就成为以奥巴马为代表的美国政府的声音了。2009年11月,美国总统奥巴马在一场演说中指出,美国经济要从过去维系在金融信贷之上的高消费模式,转向出口推动和制造业推动的成长模式。奥巴马指出,金融危机过后要重新平衡制造业和服务业,美国制造业不断会有新的机会。他强调,任何国家未来要在经济上领先世界,必须依赖于数学和科学,特别是能够将最新科学转化为技术生产力的能力。毫无疑问,美国已经把再工业化确定为未来一个时期经济发展的重要战略。与中国经济增长模式调整中调整内需与外需、投资与消费结构不同,美国则要调整服务业,尤其是金融服务业与制造业之间的结构。

在美国"再工业化"的战略中,我们可以清晰地看到美国的战略手段和战略步骤。

## 一、先进制造业振兴

回归制造业,以科技创新振兴先进制造业是美国再工业化的核心。

## 第十章 不平衡调整：美国变革进行时

2010年8月11日《美国制造业振兴法案》正式生效。该法案旨在帮助美国制造业降低生产成本，增强国际竞争力，提振实体制造业，创造更多就业岗位。

完善先进制造业创新政策是美国制造业振兴的核心手段。先进制造业创新政策是美国国家战略的核心原则，需要采取一系列措施促进研究、开发和应用。美国理想的目标是重新塑造美国全球科技创新和研究开发大国的地位，继续引领世界新科技革命的方向。

加强"产业公地"建设是复兴制造业的重要举措。"产业公地"是指许多制造商，尤其是中小企业所共享的知识资产和有形设施。这些共同的资源，有助于加速创新，加快后续市场渗透。这些是某一个公司无法独自完成的。公共部门，特别是联邦机构，可以在产业公地中扮演先进制造商合作投资者的重要角色。

优化政府投资并发挥政府在协调民间投资结构中的作用。加强先进制造业投资组合，重点在先进材料、生产技术平台、先进制造工艺及设计与数据基础设施等四个领域创建协调联邦政府的投资组合。美国政府超越任何一个机构或私营部门，协调和管理跨领域的机构投资，降低市场创新的时间。加大研发投资力度。加强研究和试验（R&E）税收减免，使之成为永久化措施；扩大制造流程创新和先进工业材料的研发活动，使美国公司削减生产成本，提高产品质量，加快产品开发。

"再工业化"的实施需要促进企业在新兴技术产业的投资，推动新兴产业领域的集群化发展。加强公共和私营部门联合投资，确保所有部门参与标准制定并加快应用，鼓励企业对应用研究和示范设施进行投资；扩大对制造业早期产品的政府采购，加强总务管理局和国防部在重点行业领域的采购，以帮助企业获取规模经济和生产经验。

劳动力的规模与质量是"再工业化"战略的基础保障。及时更新制造业劳动力，在短期内提高他们的技能；强化先进制造业工人培训，为先进制造业开发和维护具有竞争力的劳动力；为未来工人提供教育和培训，通过国家与地方的由联邦政府提供支持的职业教育和学徒培训计划来增强工人的技能;加强对下一代的教育,转变对制造业的传统观念。重振美国教育体系在人力发展和人力资源培育中的核心地位,同时不断完善吸引全球高端人力资源的体制,是确保美国劳动力充裕和再工业化的基础。

## 二、贸易保护主义

振兴先进制造业、提升制造业竞争力,是美国解决贸易逆差的重要手段;与此同时,为了给美国制造业创造一定的复苏空间,美国大力推行各种各样的贸易保护主义措施。

历史经验证明,历史上任何一次世界经济危机,都会带来一轮全球性的贸易保护主义浪潮。2008年至今的世界经济危机也是如此。

1. 购买美国货条款

2009年2月在美国众议院批准的经济救援方案中,就附加了购买美国货条款,明确政府救援资金中的一部分,只能用于购买美国货。尽管该附加条款引起了世界自由贸易主义者的高度关注和美国国内反贸易保护主义者的反对,但美国国会最终还是通过了《2009年美国复兴与再投资法》中的"购买美国货"条款。

2009年参众两院通过了美国政府高达8 000亿美元的经济救济计划,在该计划中,"购买美国货"条款涉及的金额约1 500亿美元,占全部救济金额的19%。购买美国货条款在该法案中这样明确的:

凡受到救济计划支持的公共建筑和公共工程的建造、改建、维护或修理必须使用美国生产的钢铁及其制成品,除非:联邦政府认定购买美国钢铁产品不符合公共利益;美国钢铁产品数量不够,质量不好;购买美国钢铁产品成本超出项目总成本的25%。除此之外,法案中还包括了要求美国国土安全部购买美国生产的纺织品和服装的内容。

购买美国货条款,是一个彻头彻尾的贸易保护主义条款,也正是这个条款,是美国危机后贸易保护主义的启动器,并由此引发了世界范围的贸易保护主义浪潮。

2. 频繁"双反"与"337"调查手段

危机之后美国启动和频繁使用反补贴和反倾销调查,并使用"337"调查手段,借保护知识产权的幌子大行贸易保护主义之道。2009年6月17—26日,仅仅10天的时间美国启动了三次对华"双反"调查,分别对中国金属丝网托盘产品、中国钢绞线和钢格栅板实施反倾销和反补贴立案调查。之后,美国针对中国的贸易保护主义不断升温,到了2012年,美国大选之年,更加加强了对中国的贸易保护主义措施。2011年美国针对中国的"337"调查发生了16起,2012年2月下旬到3月底,就有15家企业涉及"337"调查。以保护知识产权为由的"337"调查比反补贴和反倾销的惩罚更加严厉,最严重的结果是取消该企业进入美国市场的资格。

美国的贸易保护主义措施还有很多,诸如"雇佣美国人条款",要求凡是接受美国政府救济的银行必须增加雇佣美国人的比例。奥巴马上台之后,就重新审议美国的多边和双边自由贸易协定,取消美国对外投资的税收优惠,等等。

3. 对人民币汇率制度改革与人民币升值施加压力

由于美国经常项目逆差的主要贡献国是中国,所以针对中国的贸易保护主义就更加突出了。干涉中国汇率制度、对中国人民币升值施压是美国金融危机以来试图恢复美国产品竞争力、改善经常项目逆差的重要手段。

美国政府和一部分美国学者坚持认为,由于人民币汇率制度刚性导致人民币价值低估是中国产品具有竞争力的主要原因,人民币升值是解决美国对中国经常项目逆差的可行手段。这种观点随着美国金融危机的爆发、危机后复苏乏力而越演越烈。2009年5月,美国民主党众议员蒂姆·瑞安等议员提出《汇率改革促进公平贸易法案》,该法案试图修改美国贸易法,以赋予美国商务部更大权限,使之能够在特定条件下把所谓"货币低估"行为视为出口补贴,进而对相关国家输美商品征收反补贴税。

2010年9月24日美国众议院筹款委员会投票通过了该法案。9月30日美国众议院投票通过了该法案。2011年10月美国参议院投票通过了旨在迫使人民币升值的《2011年货币汇率监督改革法案》。尽管由于美国参众两院的矛盾及中国政府和人民的强烈反对致使针对人民币汇率的两项法案都没有最终通过，但是美国国内迫使中国人民币升值的呼声一直没有停息。2011年底美国财政部最终没有将中国列为汇率操纵国，但是却明确指出中国人民币汇率制度改革进程过于缓慢，人民币升值速度也过于缓慢。

从本质上来讲，美国金融危机之后的贸易保护主义是为了提升美国产品的世界竞争力，给美国制造业复兴提供时间和空间，促进美国经济结构的调整，改善经常项目不均衡的现状，恢复美国在全球的经济领导力。但在经济全球化的今天，美国贸易保护主义的行为遭到了世界各国，尤其是中国的强烈反对。美国的贸易保护主义已经遭到或者正在遭到世界各国的报复，推动全球贸易保护主义氛围的形成。

振兴先进制造业战略，使美国经济前景充满光明。然而前途是光明的，道路是曲折的。一个严重依赖负债消费、依赖发行国际货币、依赖虚拟经济增长的国家，在短期内恢复到自己生产、量入为出、实体经济健康发达的理想状态，几乎是不可能的。在迈向世界先进制造业大国的路途上，美国将会遭遇想像不到的困难；巨大的困难或许会使制造业复兴的大计搁浅甚至终结，前景如何，我们将拭目以待。

## 第三节　政府去债务化

美国在过去的近十年里，公共债务迅速上升，而金融危机的到来，使得美国政府在财政收入大幅萎缩的情况下，还必须要扩大开支来刺激经济增长，这更使得债务问题雪上加霜。而面对如此境地，奥巴马政府也只能通过不断地提高债务上限来从短期缓解"财政断崖"的风险,但是如果不能从真正意义上去削减赤字,美国必将面临债务违约,这不仅会撼动国际货币体系中美元的地位,使美国利益受损,对持有大量美债的其他国家也会造成不可估量的损失。因此,美国的去债务化是恢复全球平衡、促使美国经济乃至世界经济健康有序地发展的重要议题之一。

## 一、美国政府去债务化的路径

一般来说,解决债务问题无非就是"开源节流",但是在就长期削减政府债务的计划上,美国民主和共和两党分歧严重。因此,首先美国民主和共和两党必须就削减财政开支问题尽快达成一致。美国两党在债务问题上的争吵只是关注自己的党派利益,维护自己利益集团利益,并没有真正考虑振兴美国疲软的经济。共和党的立场主要有三个方面:一是坚决反对增加对大企业和富人的税收;二是大幅削减政府开支,包括削减医疗保险、医疗补助和社会保险等方面的费用;三是要大量减少政府赤字。共和党寻求的目标是,迫使奥巴马政府维护大企业和富人的利益,减少联邦政府对市场的干预,使其形成"小政府"的功能。民主党的立场是,减少政府赤字必须通过增加政府税收来实现平衡,特别是增加对大企业和富人的税收。奥巴马在谈判期间曾表示,不能把减少赤字的负担让老人、学生和中产阶级来承担,而那些在经济衰退中仍然获利的大企业却在享受税收优惠,这样做既不合理也不正当。两党分歧的实质是今年美国大选谁能胜出,根本没有考虑到国家的长远利益,真正的问题和实质性决定都被搁置一边,因此,两党能否真正就财政平衡达成一致将是美国去债务化的前提条件。

其次,税收政策的结构化调整。在当前经济复苏缓慢,失业率居高不下的情况下,税收政策应该进行结构性调整,对低收入人群和企业进行减税,减轻他们负担,而对高收入人群和企业应该增加赋税、减少税收优惠,总体达到增加财政收入的目的。另外,此前美国由于刺激消费,消费税率很低，也可以通过提高消费税以及其他低费率税种来增加财政收入。最后，需要削减公共开支，减少社会福利支出。美国的社会保障、医疗保险以及军费开支在财政支出中都占到了较大比重，因此在当前经济前景不确定的情况下，削减这方面的开支，维持预算平衡是非常重要的。以社会保障和医疗保险为例，随着人口老龄化和人口寿命延长，人们不断试用成本很高的新药和新的治疗方法，支出可能还会继续增加，而这方面也可以通过延迟退休年龄等措施来降低成本，达到减少财政支出的目的。

## 二、美国政府去债务化的困境

如何控制高居不下的政府债务和财政赤字？

就控制开支来说，美国政府目前的空间的确很小。从美国政府支出的基本结构上看，前面我们的分析已经看到，用于社会福利、医疗保障、教育保障、养老保障等社会保障体系的开支占到财政支出的59%，加上军费开支与政府债务利息支出的18%，这些类别的开支总共是77%。很显然，要缩减这些类别的支出，对于美国政府是十分困难的。在世界经济与政治格局剧烈变革的今天，美国要保持和强化美国在国际舞台上的政治经济控制力，就必须加强军事力量。近年来的伊拉克战争、叙利亚冲突、利比亚动乱、伊朗核问题、朝韩冲突，甚至近期的中国南海争端、中日钓鱼岛冲突等都无不带有美国的影子，如此战线绵长的军事和政治战略意图，必然会不断加大美国军事开支的规模，要降低军费开支几乎是不可能的。那么，是否可以降低其他社会保障开支呢？从实践上来看，任何一项社会保障开支的降低都会遭到来自社会的强烈反对，美国的民主选举制度固化了美国政府领导人对社会民众和社会民意的趋从倾向。总统竞选时期，竞选人要加大对民众抛福利的承诺，以获取更多的政治选票；总统上台后，要继续履行承诺，获取选民的支持，提高选民满意度，巩固任内的统治地位；四年的时间瞬间过去，总统的宝座还没有坐稳，就要面临新的大选考验，为了连任，继续向选民投掷面包牛奶……如此循环往复，政府的财政开支如何能降下来？所以，美国的军费开支和社会保障开支呈现持续增长的刚性。要降低政府开支，谈何容易？

如何增收？

增收的途径有两个，一是提高税率，扩大税种；二是增大税收基础，也就是增大经济规模。经济增长从根本上可以增加政府税收收入。但是，在经济增长乏力的背景之下，这两个途径是根本冲突的。提高税率、扩大税种，在提高财政税收收入的同时，抑制了经济主体的增长动力，降低经济增长率，减小税收收入的基础。在美国经济整体复苏乏力、失业压力没有根本缓解、制造业尚未显示生命力的背景下，作为经济刺激主要动力的政府要实施增收节支的紧缩性财政政策是十分困难的。紧缩性财政政策的实施无疑会减缓美国经济复苏的动力，进一步弱化财政收入增加的基础，强化美国解决长期政府债务问题的困境。奥巴马上任以来屡次提出的对富人征税的提议都由于遭到国内各方的反对而最终没有通过。美国国会预算办公室发表最新数据表明，如果美国2013年实施增税减支计划，将会使美国经济增长大大放缓。国际货币基金组织在2012年7月的《世界经济展望》中进一步调低了2012年的世界经济增长预期，明确指出了世界经济减速的风险，并指出世界经济增长的风险之一就是美国减债压力与刺激经济动能之间的矛盾，这一矛盾使得美国的经济复苏充满不确定性，从而使世界经济增长充满不确定性。

综上，在美国经济增长乏力、国际环境风云变幻、美国军费开支难以控制的背景下，如何协调刺激经济增长与缩减政府财政赤字之间的矛盾，是美国政府去债务化进程中的最大难点。

## 第四节 科技创新：可持续经济成长之路

从历史的经验来看，任何一个国家经济的持续、稳定、协调发展，都依赖于该国产业结构的升级。产业结构的升级意味着高技术的产业化,传统技术得到适当的更替和改造;意味着劳动生产率和产出投入比例的不断提高。产业结构的升级,以科技创新为前提和动因,因为每当有科技创新出现和创新不断扩散到生产领域的各个方面,劳动对象、生产手段、生产结果都会发生质的变化,生产要素、生产条件、生产组织都要重新组合,其结果会进一步形成积累效应,必然造就、培育出新的高新技术组合,或者取代某些传统部门,从而使一个国家的产业结构趋于高级化。而全球性经济危机往往催生重大科技创新突破,依靠科技创新创造新的经济增长点和创新发展模式,是摆脱危机的根本出路,1857年与1929年两次大的世界经济危机之后,就分别爆发了电气革命和电子革命两次技术革命。因此,科技创新是推动美国经济乃至全球经济走向复苏与繁荣的源泉和根本。

### 一、奥巴马的科技创新战略

1. 完善科技管理体制,加大基础研究投入

奥巴马成立总统科学顾问委员会,任命政府首席科学技术官。奥巴马多次强调,对基础研究的持续投入是确保美国未来有更健康生活、更好能源、高级军事力量和高收入工作职位的根本所在;当前美国对科学和工程学中几乎所有学科的投入都明显不足,已经威胁到美国许多核心科学领域的领导地位。奥巴马政府承诺对基础性研究资助将"持久而可预见地增加"。

2. 确立未来科技重心

第一,加快将生物医学研究成果转化为治疗手段。第二,严格限碳减缓全球气候变暖,保持传统能源供给的自主和安全,支持有助于解决气候变化问题的新技术研究,投资绿色能源,倡导"绿色就业",确保美国能源安全。第三,大力支持拓展干细胞的研究。第四,关注航空航天领域的科技发展,支持空间研究项目。第五,加强国防建设,提高反恐能力。第六,

进一步发展宽带网络,恢复美国在电子通信技术上的世界领导力。包括部署新一代宽带,开放全国无线频谱,将宽带接口推广到各个社区;保护互联网的开放性和竞争性。

3.战略措施

奥巴马强调,为了使美国在科技上处于全球领先地位,要对21世纪新一代创新者进行投资和授权,确保他们拥有足够的资源在全球市场上竞争,同时创造就业机会,带动美国经济成长。奥巴马鼓励在科技创新和科技研发上政府和民间机构的合作,也鼓励科技研发和创新中的国际合作。同时,奥巴马强调教育领域改革,尤其是加大在教育不同阶段数学、科学的培育;改革专利体系,加大对专利的保护和向应用阶段的转化。

## 二、美国能否引领新一轮世界科技革命?

如果说美国引领了世界第二次和第三次科技革命,因而创造了长达100多年的"美国时代",那么如今美国在全球的科技竞争力现状如何?美国能否引领世界第四次科技革命?

美国为什么能够引领世界二次科技革命?比较一致的解释归因于美国有利于科技创新的制度体系。

首先,美国建立了官、产、学、研紧密结合的科技创新体制。美国政府始终将高科技产业作为第一大经济支柱,不断提高对科技研究和开发的支持力度;在扩大对科学教育和研究直接投资的同时,通过资助研究项目和政府采购合同影响科研机构的研发活动;政府大力调动工业企业的研发积极性,通过制定投资和技术标准,减少研发中的过度竞争和盲目性。美国政府鼓励建立产、学、研合作机构以及合资创办高新企业,由企业出资,高校、科研机构出技术,政府提供风险资本、低息贷款并实行税收减免,还制定有关法案为产、学、研合作提供有效的保障。美国四所一流的研究型大学——加州大学伯克利分校、哈佛大学、麻省理工学院和斯坦福大学的合作研究中心,是官、产、学、研成功的范例。

其次,美国通过各种措施刺激科技投资。美国政府直接投资只是全国科技投资的一小部分,但是,政府的投资主要集中在风险大、周期长、民间投资不愿选择的科研项目,尤其是集中在基础科学研究项目上,这类项目对于科技发展具有长期的促进作用。对于民间在科学研究上的投资,政府采取各种财政资助和补贴政策,进行鼓励和支持。美国政府对于高新技术企业、高新技术产品采取各种各样的税收减免和优惠。各级政府建立各种各样的科研基金,促进民间科学研究的发展。

美国发达的金融市场是美国科技创新的物质基础。作为重要的金融创新产品——风险投资基金极大地促进了高新科技产业的投资。为了大力发展风险投资基金,美国建立了发达的纳斯达克市场,为风险投资提供通畅的退出渠道和融资渠道。同时,美国政府鼓励商业银行建立风险投资基金,各级政府建立半官方的风险投资公司。对风险投资提供项目引导、项目咨询和各种服务;对风险投资进行各种税收减免和优惠。以上措施使美国成为世界上最大的风险投资聚集地,也使美国成为科技创新投资中风险投资比例最高的国家。风险投资对美国的科技创新作出了重大贡献。

再次,美国针对科技创新的法律保障是美国科技创新蓬勃发展的基础。美国早在1787年颁布的《宪法》中就明确规定了有关知识产权保护的条款,"保障作家及发明家对其作品及发明于限定期间内的专有权,以奖励科学及实用技艺的进步",美国是世界上第一个将科技创新纳入宪法保护的国家,这也是美国引领了第二次和第三次世界科技革命的根本原因。在宪法的指引下,1790年美国颁布了专利法,保护知识进步和科技创新。在美国宪法中,还明确规定了有关科技进步和创新的权利限定,明确界定了几类既不属于联邦政府,也不属于州政府,而是属于人民的权利。除了在宪法和大法层面上规定科技创新与科技进步的支持和保护,美国还出台了一系列政府行政管理法规促进科技进步。1980年美国颁布《史蒂文森—韦德勒技术创新法》,同年国会通过《大学和小企业专利程

## 第十章 不平衡调整:美国变革进行时

序修正案》,1989年颁布《国际竞争技术转让法》,等等,都是用于保护知识产权,促进科技进步。另外,美国还颁布了一系列科学技术研究法案,用于规范和促进科学技术研究。比如《国家宇航法》、《重组DNA分子研究准则》、《网络及信息技术研究法》,等等,这些法案都对于具体科学技术项目的发展起到极大的推动作用。修改税法,不断对科技创新提供税收优惠,是美国通过法律制度推动科技发展的重要方面。

奥巴马执政以来将科技创新和科学技术进步赋予国家战略地位,实际上是美国政府一贯重视科技进步的体现。在新一轮科技创新竞争和科技革命浪潮中,美国上述制度优势依然会使美国的科技创新在全球拥有无可比拟的竞争力。2007年瑞士洛桑商学院推出的世界科技竞争力排名中,美国稳居第一。2010年英国《经济学人》发布全球66个国家信息科技竞争力排名,美国蝉联第一。2008年美国兰德公司发布研究报告《美国在科技方面的竞争力》,报告结论是,美国在科技领域依然处于世界领先地位,美国的科技实力在诸多方面发展快于日本和欧洲国家,中国和印度在科技产品和科技创新中发展迅猛,但由于这些国家起点很低,在全球科技产品和科技创新中占比仍然很低。美国研发开支占世界研发开支的40%,在经合组织中,美国申请专利的技术发明占到38%,科研人员比重占到经合组织的37%,出版物数量占到世界出版物的35%,在引用的出版物中,美国占到49%,引用频率很高的出版物中,美国占到69%,引用频率最高的个人中,66%在美国生活,70%的诺贝尔奖得主在美国生活,全世界顶尖20名和40名大学的75%在美国,世界顶尖100名大学中,58%在美国。

对于美国在全球科技竞争中霸主的地位,也存在一些争议。这些争议指出,美国的研发开支增长速度正在下降,而中国、韩国等发展中国家正在迅速提升;美国的科研人员数量增长速度在下降,中国、印度等国的数量却在加速提高;美国的教育水平正在下降,尤其是在科学和数学上的教育水平,而中国和印度等国的科学与数学教育水平很高,这意味着美国提供科学技术工作者的能力出现问题;总之,美国正在出现科技危机。美国佐治亚理工学院的科技竞争力报告就是这种观点的代表。

2008年美国佐治亚理工学院关于科技竞争力的研究报告指出,中国将很快超过美国成为世界经济的新引擎,而在科技方面,近一个世纪以来世界将首次出现两个国家平分秋色的局面。报告研究数据表明,中国将很快在发展科技并将技术转变成可在全球销售的产品和服务能力上超过美国。研究报告对33个高科技产品出口国的有关资料进行研究,对4个因素,即国家对科技竞争力的引导、社会经济基础设施、经济基础设施和生产力进行了评估,最近15年的数据清楚显示了中国的惊人进步。在2007年的科技竞争力排名上,中国在综合得分方面已经超过了美国,两国分别为82.8分和76.1分,其次是德国(66.8分)和日本(66分)。而1996年中国还只有22.5分,而美国的分数则高达95.4分。

尽管美国在科技创新的很多方面都处于优势,但中国、印度以及韩国在科技进步与科技创新中日益显露的竞争力也是无可置疑。我们认为,美国在世界科技领域中的独霸地位正在遭到挑战,中国、印度、韩国等新兴国家在以下方面的科技竞争力将发挥越来越大的作用:

第一,新兴国家庞大的科技市场规模是科技进步和科技创新的重要基础。尽管发展中国家科技标准和专利保护制度比较完善,发展中国家还处于低级阶段,但是大型国家巨大的科技需求市场能够使科技创新和科技产品迅速地投入市场,通过市场对科技创新技术进行检验和试验,缩短科技创新周期,推动科技创新发展。

第二,中国和印度等国的科学与数学教育在全球都处于领先地位,这将源源不断地为科技进步提供人才基础,这对于这些国家长久的科技进步具有重大意义。人力资本,是经济发展的基础,更是科技创新的基础。中国和印度作为世界上人口第一大和第二大国家,本来就拥有廉价科技劳动力的优势,加之两国都重视科学和技术教育,丰富、优质而相对廉价的科技人力资源是新兴大国在未来科技竞争中的主要优势。

第三,政府对科技创新的鼓励支持政策。中国早已确立了建立创新型国家的国家战略,并将这一战略具体落实到教育、科研、产学研结合、科研成果转化、高新技术产品生产、新技术市场开拓等各个领域,一批新技术成果正在各个行业加速推进市场化。

美国在世界科技创新中的地位毋庸置疑,而新兴国家的科技竞争力与日俱增;未来的科技革命应该是世界各国科技创新和发展的共同产物,世界各国科技创新合作才是世界科技革命的必由之路。一个国家独霸世界高新科技舞台的局面将发生根本转变。

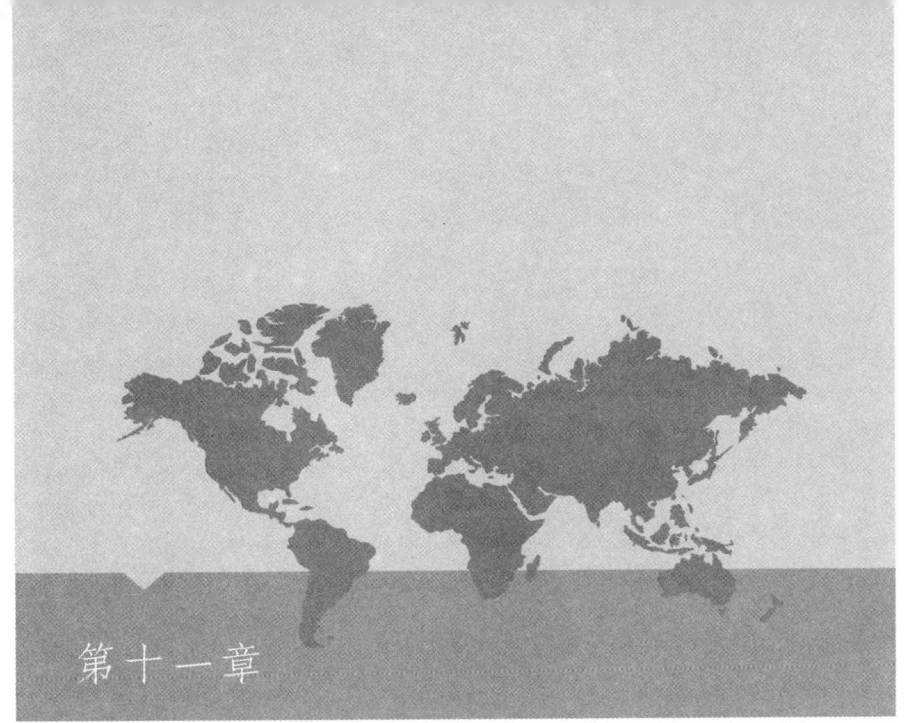

# 第十一章

# 全球不平衡调整中的中国战略

# 第十一章 全球不平衡调整中的中国战略

## 第一节 发展模式转换:从外向型走向内生增长型

### 一、外向型战略的终结

1. 外向型发展战略的历史性

在过去的 30 多年中,外向型经济战略使中国创造了经济发展的奇迹,我国的国内生产总值和出口一直保持着高速增长的状态,许多经济学者评价,外向型经济战略是中国改革开放 30 多年来带动经济取得伟大成就的"引擎"。

改革开放以来,中国经济一直持续高速增长,中国 GDP 年均增长率高达 9%以上,截止到 2010 年底,中国 GDP 总量已经超过日本,成为全球第二大经济体,国民经济、综合国力和国际影响力实现了由弱到强、举世瞩目的巨大转变;经济的快速发展和规模的扩大,同时带来了国家财力的增加,国家财力的增加对促进经济发展、加强经济和社会中的薄弱环节、切实改善民生、有效应对各种风险和自然灾害的冲击提供了有力的资金保障;外汇储备实现由短缺到富足的历史性转变,1978 年,我国外汇储备仅 1.67 亿美元,人均只有 0.17 美元,短缺是当时外汇储备的基本特征,出口创汇是发展对外贸易的基本动力,但随着我国对外经济的发展壮大,经常项目贸易盈余不断积累,外汇储备的短缺迅速成为历史,目前我国的外汇储备已稳居世界第一位;而外向型战略最直接的就是增加了进出口贸易总额和利用外资规模,改革开放头10年,我国进出口总额由1978年的206亿美元迅速扩大到1988年的1 028亿美元,此后速度还在不断加快,到2009年,中国出口规模达到12 017亿美元,超过德国成为世界第一出口大国;另外利用外资规模也在不断扩大,为了弥补国内资金、技术、设备、管理以及人才方面的不足,利用外资迅速进入扩张时期,而且外资进入领域不断拓展,贡献也不断提高。

改革开放以来,鉴于中国存在大量闲置劳动力,加之中国工业化进程中从农村向城市转移的规模巨大的劳动力,同时当时中国存在相对丰富和廉价的自然资源,由于这样的资源禀赋,按照比较优势原理,中国选择了适合自身的外向型经济发展模式。客观地讲,这一阶段中国经济发展模式较好地利用了国际有利条件和发挥了自身比较优势,实现了经济的高速增长,增强了国家经济实力。然而,随着经济发展规模的增大,经济发展水平的提高,中国成为世界第二大经济强国,中国的比较优势也在发生巨大变化。

2. 中国人口红利正在消失

人力资本是经济增长的重要推动力。过去30余年的快速经济增长得益于我国劳动力资源相对丰富、人力成本低廉、人口红利优势。人口红利在多大程度上解释了中国的快速经济增长?学者们的观点稍有差异。蔡昉、王德文等学者认为,中国20世纪最后20年人均收入增长的四分之一归因于人口红利(王德文、蔡昉,2004)。美国夏威夷大学和东西方中心经济学家梅森和王丰使用有效抚养比方法计算得出的结论是,1982—2000年间,人口红利对中国人均收入增长的贡献约为15%。人口红利成为中国经济快速增长的关键要素。而在中国计划生育这一政策和人口生长环境变化的影响下,中国的人口红利正在消失。人口红利的下降将会直接影响劳动密集型产业的发展。如果寻找不到新的发展动力,经济增长就会受到冲击。

有数据显示,中国人口的自然增长率已经低于 0.09%,65 岁以上的老人人口比重已经达到 7.6%,高出国际上公认的人口老龄化的指标。中国出生人口的性别比例已经达到 117:100,超出正常水平 105:100 很多,这些指标都预示着中国的人口结构正在发生根本性变化。王丰(2010,王丰)研究指出,由于人口老龄化,中国有效消费者人数将持续上升,中国的人口红利即将在 2013 年由正转负。人口学家蔡昉也认为人口红利在 2013 年之后下降,2015 年之后基本消失(2011,蔡昉)。

人口红利的消失,伴随着劳动力供给由过剩和充足转化为紧缺。2010 年以来东部沿海地区企业"招工难"现象的产生就是这一趋势的体现。人口红利的消失会在以下几个方面影响经济成长。

其一,劳动力供给会出现相对短缺,尤其是普通劳动力供给会出现短缺。劳动力供给短缺会导致劳动力成本上升,进而增加投资成本,抑制投资形成。与 2000 年相比,2010 年中国 20 岁至 29 岁年轻劳动力的规模已缩减了近 15%。在未来 20 年内,这个人群组的规模还会进一步缩减近 20%(王丰,2010)。

其二,劳动力密集型的行业面临结构性的挑战。劳动力成本提高、招工难会在相当长的时间里困扰劳动力密集型产业的存在和发展;劳动力密集型产业的产品会出现结构性的价格上扬,这是一个中长期趋势。而劳动力密集型行业涉及基本生活资料,包括粮食食品(吃)、房地产(住)、交通(行),这些基本生活需求行业的产品和服务价格会出现中长期上扬趋势;这进一步会提高劳动力的成本,强化劳动力供给短缺和成本上扬对经济增长的约束。

其三,全社会抚养负担将会加重,我们进入"上有老、下有小"的时代。养老问题和社会保障问题将成为社会的突出问题,社会负担加重,经济发展的人口动力渐渐消失。如果没有新的经济增长的动力源,中国的中长期经济增长将面临严重挑战。

### 3. 中国自然资源:严重稀缺

中国作为一个新兴的世界工厂、一个快速成长的巨大经济体,正处于由传统经济快速向现代经济转型的战略机遇期,也是社会经济发展与资源环境矛盾凸显期。由于作为世界工厂向世界输送产品,而所生产的产品技术水平较低,单位能耗高,生产总量大,致使我国的资源消耗量十分巨大。由于很多资源是不可再生的,资源的过度消耗将会剥夺后代使用资源的权利,所以,长期来看其具有不可持续性。

中国经济增长过度依靠资源投入和消耗,依靠大量资源和能源投入实现经济增长,属典型的粗放型经济增长模式,这不仅经常性地诱发一系列所谓经济"过热"现象,而且导致我国劳动生产率的低下,加速我国资源枯竭速度,使经济可持续发展面临严峻的资源瓶颈和环境问题。而金融危机爆发后,我国依靠投资拉动经济保持增长的效果十分显著,然而在巨额投资带动下所引致的问题也日渐显现,大量重复建设不仅耗费了巨额资本,而且消耗了大量的资源和能源。目前,我国已成为世界钢铁、煤炭、铜等资源第一消费大国,石油和电力等资源第二消费大国。中国还是世界资源利用效率较低国家,万元GDP能耗是世界平均水平的3～4倍,万元GDP用水量高达世界平均水平的4倍。不仅如此,我国人均自然资源占有量和环境容量低:淡水资源为世界人均值的25％,耕地不到40％,人均森林面积仅为20％,人均矿产资源仅为58％,石油、天然气、煤炭的人均储量分别为11％、4.5％和79％。这些都使中国经济发展面临日益严峻的资源供求矛盾,严重影响和制约经济的可持续发展。

人口红利的消失,自然资源的日益枯竭,使中国要痛定思痛,彻底告别粗放式发展、源源不断向世界提供低附加价值、高投入低产出、严重依赖外需的外向型经济发展模式,向新的可持续的、以内向型经济为主的经济发展模式转变。

## 二、区域平衡战略:内部循环的建设

### 1. 从东部—海外循环转向内部大循环

## 第十一章 全球不平衡调整中的中国战略

近年来,随着全国统一大市场的逐步形成和要素成本的全面提升,珠三角、长三角和环渤海等沿海地区传统产业的发展优势在减弱,外延型发展方式难以为继,竞争优势趋于弱化。加之受国际金融危机的严重冲击,国际市场需求急剧下降,制成品高度依赖出口的珠三角、长三角等东部地区订单大幅减少,出口增速迅速回落,经济增速明显下降,加快经济转型和结构调整刻不容缓。而广大中西部地区交通、通讯和能源基础设施逐步完善,制度环境、投资环境、市场环境大大改观,加上低廉的土地、劳动力成本和丰富的资源,成为产业转移的理想承接地。在此背景下,加快东部沿海地区的产业升级以及传统产业向中西部地区转移,形成更加合理、有效的区域产业分工格局,这既是国家促进区域协调发展、保证经济增长的政策取向和重要任务,也是市场经济规律作用下的产业梯度转移的必然结果。

首先,沿海东部地区一方面应该实现制造业的产业升级以及制造业服务化。这是加快一般制造业转型提升的重要方向,也是逐步降低国际化大都市制造业比重的重要途径。其次,在发展先进制造业的基础上,要实现本区域内一二三产业融合发展。在发展先进制造业和现代服务业的同时,一些传统优势产业,比如钢铁、石油、化工、汽车等在全国具有引导作用的行业,也要在现有基础上逐步增加研发力量,继续取得新的发展,实现一二三产业融合发展。最后,继续提升东部地区的消费能力,作为拉动内需增长的主要"引擎"。金融危机后,东部地区核心大城市的产业融合正在不断进步,即积极运用信息技术、高新技术提升传统制造业的自主创新能力和国际竞争力,推动制造业从量的扩张向质的提升转变,大力发展新能源、新材料、生物医药、新一代信息技术、高端装备制造等战略性新兴制造业。与此同时,坚决将不具备竞争优势的一般制造业转移出去或直接淘汰。另外大力发展现代服务业,提升服务业在经济总量中的比重,注重制造业与现代服务业的融合,大力发展生产性服务业,将制造业中的高附加值服务环节(如研发、营销、总部职能等)加快剥离、独立发展,将低附加值的制造环节加快外包或转移。

中西部地区要发挥自己的要素优势,承接好东部地区转移的产业,逐步形成自己的产业规模和优势,与东部经济良好互补,逐步减小和东部经济发展的差距,真正做到产业结构、投资结构、贸易结构、消费结构的内部均衡发展,进而走出外部循环的困局,实现国内经济的内部大循环。

2. 西部发展战略

自西部大开发战略实施以来,我国西部地区经济社会发展取得长足进步,西部地区的经济增长速度一改滞后局面,基础设施建设取得突破性的进展,青藏铁路、西气东输、西电东送等标志性的工程相继建成;并且,当地已经集中了一批重点航天军工、电子信息、装备制造、新能源设备等具有雄厚实力的产业。但与东部地区发展的绝对差距仍在扩大,交通基础设施落后、水资源短缺和生态环境脆弱的瓶颈制约仍然存在,经济结构不合理、自我发展能力不强的状况仍然没有根本改变,贫困面广量大、基本公共服务能力薄弱的问题仍然突出,西部地区仍然是我国区域发展的"短板"。"十二五"时期,西部地区处于大有作为的重要战略机遇期。从国外看,世界经济格局正在发生深刻变化,全球区域经济一体化深入推进,生产要素在全球范围内加快流动和重组,这将有利于西部地区积极参与国际分工,全面提升内陆开放型经济发展和沿边开发开放水平。从国内看,我国经济发展方式加快转变,扩大内需战略深入实施,经济结构深刻调整,有利于西部地区充分发挥战略资源丰富、市场潜力巨大的优势,积极承接产业转移,构建现代产业体系,增强自我发展能力。

西部发展战略就是要承接好东部地区的产业转移,形成优势互补。对西部地区来说,承接产业转移是为了增强本地产业的实力和核心竞争力,绝不是为了实现一般意义的就业和企业代工。西部地区地方政府要做好宏观决策和引导,使西部地区在承接转移产业的过程中坚持走环保和可持续发展之路,避免在承接转移产业中继续走以牺牲资源、环境为代价的层次不高、水平又低的老路。另外,产业转移和承接的目的就是通过产业转移或承接带来更大的市场、更明显的竞争力和经济效益。就区域经济而言，由于地理位置、资源状况、生产力布局、人口素质、文化传统等方面存在的差异性，决定了各地区经济发展不可能采取一个模式，必须从本地实际出发，利用自身优势，培育特色经济。西部地区在资金、技术、管理方面相对不足，但在资源、环境生态等特色禀赋方面有一定的优势，所以，要更好地承接东部地区产业转移，必须因地制宜、因时制宜，结合自己的实际，找准区域特色，发挥比较优势，培育发展区域特色产业，逐步实现与发达地区的错位发展，避免产业同构和恶性竞争，形成合理的与东部、中部互补的区域经济结构。

### 三、从投资型增长向消费型增长转换

1. 消费需求是经济增长的根本动力

经济大国，一般指在一定历史时期中经济实力比较强大，在世界经济中占有重要地位的国家，在考虑一个国家的经济实力时，首先就会考虑一国的 GDP 总量、人均 GDP 值以及 GDP 的构成。通常作为经济大国的 GDP 总量和人均 GDP 都应是处于世界比较领先的水平，而 GDP 构成中的投资、消费以及净出口会维持在一个比较均衡的水平上。一般来说，经济增长带动居民收入水平提高，进而带动消费需求增加，同时也导致消费结构改变，从而带动经济进一步增长。

GDP 按照支出法可以分为消费、投资和净出口三个部分，于是消费、投资和净出口也就成为 GDP 增长的三大贡献要素。投资，从本质上来看，是一种延迟消费，目的是为了未来更好地消费。净出口，当期来看是为国外主体提供消费，本质上也是为了赚取利益换取未来更好地消费。也就是说，一国经济发展的终极目标是在一定时期内，满足本国人的消费需求，实现时期内总体消费效用最大化。投资，如果不带来未来更多更好的消费，这样的投资就是浪费和无效的；出口，如果不带来本国人未来更多更好的消费，这样的出口是无益于本国人民的。所以，消费需求是一国

经济增长的根本动力。一个国家,由于经济发展阶段和经济发展战略不同,在GDP的三大贡献要素中,每一种要素的贡献度是不同的。一般来说,在经济发展的低收入阶段和高收入阶段,消费率都很高,储蓄率和投资率都比较低。美国是典型的高收入阶段的消费主导型的经济模式,美国的消费需求对GDP的贡献达到了三分之二的水平,西方发达国家的最终消费需求在经济增长中的贡献都远远高于我国的最终消费需求贡献。我国是比较典型的投资驱动型的经济增长模式,投资始终是经济增长的第一大推动力。这是由中国的经济发展水平和经济发展战略决定的。首先,长期以来,中国处于经济发展的起飞阶段,在这个阶段,消费率比较低,储蓄率和投资率比较高,反映了经济体系快速增长和赶超的内在需求。其次,政府投资在中国的经济增长中发挥十分重要的作用,中国政府对经济调控的重要手段就是政府投资。为了应对2008年爆发的国际金融和经济危机,2009年中国政府启动了4万亿的救助计划。该计划带动了政府投资和与政府相关的投资规模的迅速增长,在使中国经济免于陷入危机与衰退的同时,进一步固化了投资依赖型的增长模式。在成功地使中国经济最低限度地受到世界经济危机的影响和拖累之后,当前摆在中国政府和人民面前的任务是摆脱对投资的过度依赖,实现消费推动型的经济增长。

2. 消费型经济体系的构建

此次金融危机的爆发,使中国经济发展模式面临严峻挑战,转变经济发展模式、提高内需来适应外部经济环境的变化,是唯一正确的方向。长期以来,中国消费率比世界平均水平低20%以上,投资率比世界平均水平高20%以上,虽然东亚新兴国家在工业化和经济起飞过程中都曾经历过投资率高、消费率低的发展阶段,但中国投资率明显高于当时多数东亚国家的水平。而未来消费是保持中国经济稳定增长的核心,因为消费能带动国内产业结构的变化,而产业结构变化可以拉动技术创新,技术创新又可以改变贸易出口结构,因此建立消费型经济体系对未来的经济可持续增长有着至关重要的作用。

首先,提高劳动者收入水平是发展消费型经济体系的关键。建立消费主导型经济模式的核心就是提高劳动者收入,尤其是提高中低收入者的工资收入水平,这里需要有效调节收入分配关系,调整国家、企业、个人之间的收入分配关系,增加城乡居民可支配收入的份额,缩小居民内部收入分配差距。要加强对高收入者的税收征管,强化累进税功能;扩大中等收入阶层的范围,进一步提高个税起征点,实行有差别的累进所得税制,有利于增加中低收入阶层的相对收入;给低收入者提供更多的就业机会,通过增加就业机会增加收入,同时加大财政政策中的转移支付,完善社会保障体系,增加对低收入人群的补助,增强公众对未来的安全感,提高现期消费。

其次,应该调整税收政策。加快增值税转型,部分产业的"生产型"增值税改为"消费型"增值税;提高个人所得税起征点;内外资企业所得税合并;对中小企业实行税收优惠和激励,比如前三年减征或免征各种税费,促进其发展;调整部分消费税,促进相关产品消费;开征社会保障税以促进居民即期消费等税收改革措施。这些措施一部分是减少企业税负的,一部分是增加居民可支配收入的,还有一部分是刺激节约型消费的,这些对增加总需求都会起重要的促进作用。

最后,建立有效的社会保障制度,改善政府支出结构,增加医院和学校等公共产品的投资,提高社会福利。第一,加大医疗保障的投入,加快建立基本卫生保健制度。继续推进新型农村合作医疗,扩大城镇居民基本医疗保险试点,加快医疗体制改革,减少药品流通环节。国家或地方政府还应划拨专项资金扶助公立医院的正常运营,确保为低收入群体减轻负担。第二,加强在教育上的投资力度。政府应稳定教育经费来源,同时要加强义务教育特别是农村义务教育,两年内实现农村与城市贫困人群的免费九年义务教育。改革高等教育管理体制,进一步完善大学生助学贷款制度。充分利用、发展、推广网上免费共享的教育资源,减轻更多居民接受教育的成本。第三,增加廉租房、经济适用房的供应,解决低收入者住房困难问题。

3. 投资体制变革

改革开放以来,我国投资体制改革不断推进,取得了非常巨大的成就,投资也一直保持高速增长态势,但由于长期以来实行的传统的投资体制的影响根深蒂固,投资体制中涉及的利益关系也十分错综复杂,计划经济对投资的束缚依然存在,还没有真正解决资源由市场优化配置的问题,政府投资效益也还不高,投资规模、投资结构一直难以得到有效的控制和约束,结构不合理现象较为突出,主要表现在:第二产业特别是制造业投资规模较大,而第一产业和第三产业投资相对不足;城市固定资产投资增长较快,而农村固定资产投资增长相对较少;房地产投资较多,而医疗卫生、文化教育等公共事业投资相对较少。以2009年为例,生产性服务业固定资产投资只占总投资额的12%,远远低于房地产投资比重23%,说明大量资金都投向具有投机性的房地产业。这种投资结构的不合理导致的直接后果就是钢铁、水泥等重化工业增长过快,能源环境压力加大,在产业结构升级及增长方式转变缓慢的情况下,就会出现产业结构失衡的现象。因此,转变投资体制、优化投资结构也是优化资源配置、升级产业结构、转变经济发展模式的重要路径之一。

变革投资体制就是要充分发挥市场配置资源的基础性作用,实行政企分开,减少行政干预;确立企业在投资活动中的主体地位,实行企业自主投资,自负盈亏,银行自主审贷,自担风险;合理界定政府投资职能,通过制定发展规划、产业政策,运用经济和法律的手段引导社会投资;改进政府投资项目的决策规则和程序,提高投资决策的科学化、民主化水平,建立严格的投资决策责任追究制度。

首先,改造国有投资主体,大力培育非公有经济投资主体。国有投资是投资体制改革的重点和难点,因为无论是政府投资,还是国企投资,长期以来一直存在投资主体责任虚化问题,其根本原因在于"投资主体不明确,投资活动的利益不清晰,收益和风险不对称,产权对投资活动不能形成根本性的约束",因此必须对国有投资主体加以改造;在抓紧做好国有投资主体改造的同时,要大力培育非公有经济投资主体,非公有经济投资主体比国有投资主体更容易做到投资责、权、利的统一,这里需要尽快消除民营企业市场准入方面的制度障碍,最大限度地拓宽民营资本进入的空间,在消除体制性障碍和放宽行业的市场准入基础上,积极发展非公有经济,使其成为重要的投资主体,改变国有投资主体唱主角的格局。

其次,减少政府的行政干预,完善政府的服务职能。市场经济发达的国家经验已表明,政府不但不干预企业的投资活动,而且要为企业投资服务。具体而言,其主要基本职能:一是要依据国家中长期经济发展规划,制定产业政策,引导企业投资方向;二是及时收集、发布各种投资信息,为企业投资提供信息服务;三是规范市场准入,制定投资方面的法律、法规,保护投资者的利益,抑制无序竞争和重复建设;四是提供公共产品和准公共产品,为企业、社会投资提供必要的基本条件;五是为中小企业提供投融资保障,扩大和提升中介组织的功能,为社会投资提供优质服务。

## 第二节　理解中国经济增长减速

2010 年欧洲主权债务危机的爆发和深化结束了欧美经济复苏的进程,以主权债务危机为特征的新一轮金融危机重新席卷了欧美市场,对经济复苏形成新的威胁。2011 年美国债务危机的爆发延续了此次全球性主权债务危机,使全球经济复苏遭遇新的困境。在多事之秋的 2011 年中,中心的问题是主权国家信用级别遭遇降级危机。各国经济都经历了一个痛苦的调整过程。新兴工业化国家在通货膨胀和资产泡沫的威胁下不得不采取了货币紧缩政策,以防止经济出现泡沫并进而崩溃。2011 年总体全球经济增长的动力明显减弱。对于 2012 年的全球经济增长预测,各大国际机构都持比较悲观的态度，一致认为2012年世界经济增速将进一步下降调整，一些国家和地区再次陷入危机的概率极大。

在这样一种国际背景下，中国的经济增长在经历2010年快速增长、2011年持续增长之后进入2011年第四季度后也开始减速，各级国内和国际机构都调低了对中国2012年经济增长率的预期，甚至有人认为经济硬着陆的风险很大。中国"两会"期间温家宝总理明确指出，2012年中国经济增长的目标是GDP增长率7.5%，相对于2011年中国实际GDP增长率9.3%，下调了近2个百分点。足可见中国官方对今年经济增长率下调的预期。

如何认识在全球经济调整过程中的中国经济增长减速？对这个问题的正确认识，将关系到中国经济发展战略和宏观调控政策的制定方向。

## 一、经济增长模式调整

首先从引致中国经济增长的三大需求动力来分析。

外部需求处于一个持续下降的过程中。依靠全球债务规模不断扩大、不平衡增长模式而形成的外需，在全球不平衡增长模式调整的过程将会迅速下降，我国长期依赖外需的经济增长模式也要尽快改变。外部需求的持续下降主要源于两个方面，其一全球经济增长减速，尤其是以美国为首的发达国家经济增长减速和经济衰退；其二全球不平衡发展方式调整，美国负债型的经济增长方式主动或被动调整，都会导致对中国产品和服务需求的减少。我国净出口对快速经济增长的贡献将趋于零甚至为负。从这一点上来讲，我们一方面需要积极应对来自美国、欧洲和其他国家的打着"反倾销、反补贴"招牌的贸易保护主义，另一方面，也要加大内需，降低对外需的依赖性，促进经济增长方式的转变。

内需结构也处在调整和变化过程中。长期以来形成、2008年危机救助强化的投资拉动的增长模式在调整过程中。投资拉动引致的环境污染、资源短缺、重复建设、低效浪费等问题愈益严重，控制固定资产投资规模、提高投资效率、促进消费成为经济结构调整的重要内容。在未来的主动性结构调整中,投资对经济增长的贡献和拉动力也会是一个趋于下降的过程。尤其是,2009年以来很多领域的投资已经造成产能严重过剩,从钢铁、煤炭、水泥这些传统产业到太阳能、风能这些新兴产业,都已经贴上了投资和产能过剩的标签,亏损已经成为很多行业的常态。依赖投资追求经济增长的状态不改变,中国的经济增长根本不可能持续。

最后一个引致增长的需求因素便是消费了。提高最终消费需求与我国的国民收入分配结构变革密切相关。真正将消费需求提高到主导的经济增长因素高度还依赖于很多配套的结构性改革措施,如分配制度改革、财政体制改革等等。所以,提高消费需求需要一个长期过程。在国民经济初次分配中,劳动者分配比例过低、国家税收收入占比过高是我国国民经济初次分配中的最大问题,这个问题严重制约消费需求的增长,同时制约民间投资的扩张。在二次分配中,财政支出过多进入投资或引导投资领域,进一步提高消费需求的效应很小。提高消费需求,必须先提高消费者可支配收入,同时要完善社会保障制度,让百姓"无忧消费"。要实现这一点,需要国民经济收入分配体系、财政税收体系进行深刻变革,而这些改革在短期内很难完成。所以,促进消费,提高消费对经济增长的贡献,在短期内很难见效。

总需求对经济增长的拉动将会在全球和国内经济增长模式调整的过程中趋弱。而总供给对经济增长的推动力也会在中国结构调整中减弱。

## 二、人口红利与资源优势枯竭

详见本章第一节有关论述。

## 三、体制变革红利消失

体制改革对经济增长的促进作用越来越弱,制度性障碍成为困扰经济持续发展的主要因素。过去30多年我国的经济增长,得益于我国的改革和开放政策,中国的改革和开放解放了生产力,摆脱了长期困扰经济发展的体制性桎梏,创造了世界经济增长的"中国奇迹"。然而,近年来,我国的经济和政治体制改革遭遇瓶颈,一些重大的制度性问题成为制约中国长期经济发展的根本障碍,诸如土地问题、民营经济发展问题、利率和汇率市场化问题、分配体制改革问题、财政体制改革问题,更重要的是政治体制改革问题。近年来在这些重大制度性问题上缺乏改革方略,停滞不前,经济增长告别了受益于改革开放的时代,进入经济和政治体制制约经济可持续发展的时代。

一系列重大制度问题困扰中国可持续发展,表现为以下几个方面。

其一,金融抑制战略。利率管制、汇率管制、金融业准入管制、信贷配给等都是典型的金融抑制战略,这些战略历史上对中国的经济发展都曾经发挥过正面作用;然而今天,这些制度都成为制约经济发展的障碍。金融抑制战略带来中国金融的国有垄断特征和非市场化特征,造成银行业和政府之间的"父子"关系,政府信用成为银行业的隐性担保;银行业也成为政府实现社会目标的手段。实际存款利率为负成为常态,所谓"非法集资"的法律规定限制居民储蓄使用的多元化,从制度上保证储蓄者遭受实际利率为负的隐性剥削。同时,民营企业无法得到正常的金融支持,金融约束成为民间投资和发展的主要障碍。

其二,社会收入分配制度。社会收入分配制度体现在两个层面。一是初次分配。初次分配中劳动者、企业、政府三方的分配比例不合理,体现为劳动者收入分配比例过低。而劳动者收入中高收入和低收入的差异过大,体现为贫富分化严重。二是在二次分配中,社会保障体系建设还存在相当大的缺口。社会收入分配制度的变革是我们当前改革中一项重要任务。社会收入分配不公、贫富分化现象严重、政府税收增长超过经济增长速度和人民生活水平提高速度,这些问题,都是经济体制一些根深蒂固的矛盾,动摇经济长期稳定发展的基础,引致社会不稳定情绪,甚至会带来政治冲突。

另外,财政体制问题、土地问题等都是当前制约经济稳定快速发展的重大因素。除了经济体制之外,政治体制改革滞后成为突出矛盾。在党的十七大报告中明确要深化政治体制改革,指出政治体制改革是我国全面改革的重要组成部分,必须随着经济发展不断深化。经济领域中的很多重大问题都不只是经济问题,事实上都和政治体制密切连接在一起。而政治体制不变革,经济体制中的重大问题都不能得到根本解决,就会出现一味推迟,甚至错失改革良机。

总之,过去经济和政治改革的成果促进了经济快速发展,而当前经济和政治体制中一些根深蒂固的问题成为制约我国经济增长的主要矛盾。重大经济和政治体制改革都需要时间,也会产生一定的摩擦和冲突,势必会对经济增长带来一定影响。不改革,中国经济发展没有出路;要改革,在短期和中期都会产生一定的社会矛盾和摩擦,短期对经济增长的负面作用也是显而易见的。

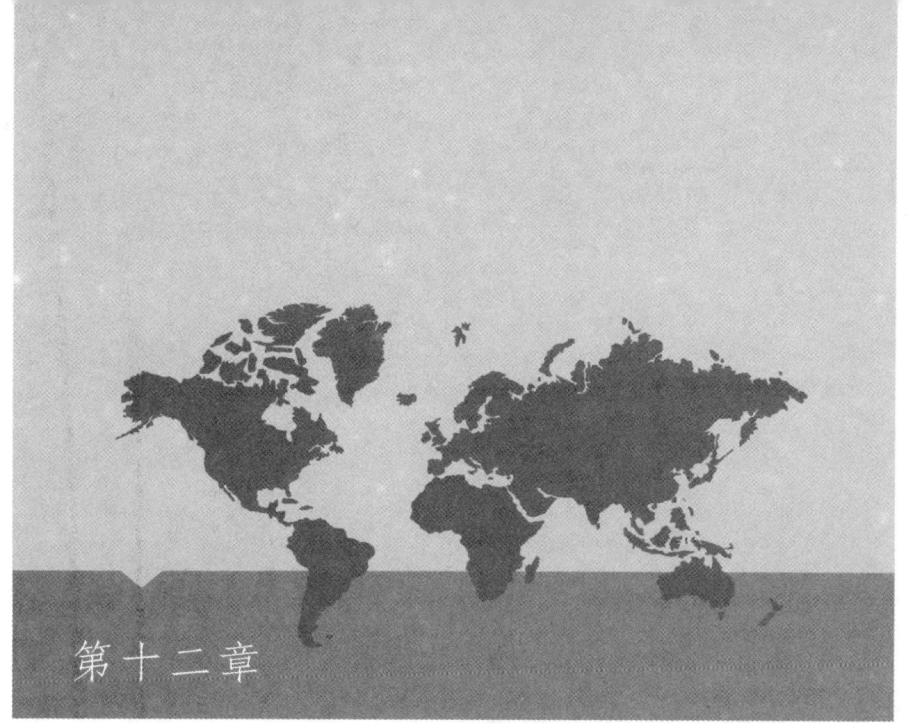

第十二章

# 欧洲内部再平衡
## ——欧元生存的基础

# 第十二章 欧洲内部再平衡——欧元生存的基础

## 第一节 福利制度变革

福利国家制度是德国历史学派和欧洲社会主义思潮的产物,该制度在缓解市场经济引致的贫富分化、阶级矛盾、社会摩擦方面起到重要作用。而该制度的刚性和欧元区统一后各成员国福利水平的攀比和趋同,则造成一些国家政府债务高企、陷入债务不可偿还的境地。政府财政赤字是欧洲不平衡发展的原因也是不平衡发展的结果。要改善当前欧洲巨额财政赤字,走出欧洲不平衡的经济发展模式,就必须进行福利制度改革。

### 一、福利制度改革内容

退休养老制度是福利制度的核心。在人口老龄化日益严重的欧洲,退休养老制度的公共开支构成福利开支的重要部分。改革退休养老制度,降低公共支出负担,鼓励劳动和就业,提高经济活力,是解决养老负担的主要方向。首先,延长退休年龄,提高养老金提取年龄,同时延长养老金缴纳期限,在可能的情况下,降低养老金领取金额。

劳动与失业救济制度是社会保障体系的重要内容。鼓励人口就业和工作是该制度变革的核心。欧洲各国在固有的失业救济制度下,人们习惯于懒散、重休闲与消费、劳动和工作动力不足的生活和工作模式。各国应该出台具体的政策改革这种抑制劳动力就业的制度,包括鼓励自愿延长劳动时间、创造再就业机会、鼓励再就业、失业人口再教育与培训,减少失业救济项目,降低失业救济金额,加大对自愿失业的惩罚,等等。我们看到,欧洲很多国家在政府财政赤字压力下已经开始改革失业救济制度,虽然遭遇到民众的强烈抗议,我们认为,只有坚定不移地坚持这样的改革方向,欧洲债务危机才有根本出路。

医疗体系改革是福利制度改革的另外一个重要内容。彻底改革"全民免费医疗"的不可持续的局面。一方面,进一步加大医疗保障体系的市场化,促进该领域的竞争,增强灵活性。包括加大私人医疗保险基金在医疗保障体系中的比重,提高医疗商业保险的地位,从而有效降低政府公共开支的压力。另一方面,严格控制医疗费开支增长,提高公共医疗服务的效率,降低公共医疗服务中的浪费。最后,要加大个人在医疗保障体系中的缴入比例,降低政府和企业的缴入比例,有效降低企业和政府负担,同时起到促进工作和就业的目的。

社会福利制度改革的目标是建立一个有利于社会公平、生产力提高、促进劳动与就业、实现收支平衡、高效、人民医疗保障水平提高的社会医疗保障体系。

除了在上述福利制度方严格福利享受条件、控制福利支出、降低政府福利开支红字之外,还有一个重要的问题是提高福利制度的效率。这一点,北欧国家可以作为福利制度改革的典范。北欧国家税率和福利开支占GDP的比重与美国差不多,但是北欧国家的政府债务和财政赤字却与美国大相径庭。其中一个重要的原因就是北欧国家的福利制度高效率。在提高福利制度效率方面,要加强政府透明度和政府廉洁自律,要推动福利制度市场化。

## 二、福利制度改革困境

改革社会福利制度,降低社会福利开支,增加福利体系收入,彻底解决政府的福利收支赤字,是欧洲国家实现内部平衡的唯一出路。然而,社会福利制度改革涉及所有民众的利益,增收节支的改革方向遭遇普通民众前所未有的抗议和反对。

2010年10月,法国政府提出将法定退休年龄从60岁延长至62岁并提高缴费比例,以减轻政府在退休金支付方面的压力。法国各反对党派与法国八大工会联合会联手,举行了规模空前的"可延续"游行示威,坚决保卫原有退休制度。2011年11月30日约200万英国人走上街头,开始举行"世纪大罢工",以抗议政府进一步提高养老金保障门槛的计划。就在同一天,保加利亚两大工会组织发起万人大游行,抗议政府的养老制度改革。此前不久,意大利新政府出台包括退休金制度改革在内的财政紧缩法案时也引发了大规模的群众抗议示威活动。

债务危机的重心国西班牙2011年5月15日举行了大规模的反政府财政紧缩的运动,2012年5月为纪念前一年的反政府运动,又发生了大规模的抗议活动。2012年7月间,西班牙多次发生抗议游行示威运动,9月15日马德里又爆发了由西班牙工会组织与100多个机构联合组织的更加激烈的游行示威活动。与西班牙抗议政府紧缩的示威活动遥相呼应,葡萄牙也于2011年与2012年多次发爆发规模庞大的游行示威活动。

欧元岌岌可危,欧洲大陆的政治稳定岌岌可危。欧洲福利制度变革的最大障碍在于政治动荡与政治危机。依靠借债度日已经不可持续了,紧缩福利开支是一个无可奈何的选择。如何在面临政治动荡的形势下,还要顺利地完成福利制度的改革,实现自我积累的、可持续的福利制度,是欧洲各国领导人面临的严峻挑战,这考验着欧洲政治家的智慧。

## 第二节 财政一体化改革

制约欧元区健康发展的一个根本问题是分散的财政体系。统一的欧洲中央银行和统一的货币政策目标有利于物价稳定。而各成员国的经济增长与稳定目标则落在成员国分散的财政政策上。欧洲的财政政策功能在欧洲经济和政治同盟和成员国政府两个层面上实现。在欧洲同盟层面上，财政政策功能被定义为"辅助性原则"。保证欧元区成员国财政纪律的《马斯特里赫特条约》和《稳定与增长公约》则对于成员国财政赤字和财政纪律缺乏约束力、缺乏操作性，没有真正发挥协调和统一财政功能的作用。这种货币统一而财政分散的矛盾性导致落后成员国政府倾向于低收入高公共支出带来的赤字与高债务，并由于财政溢出效应干扰其他成员国的稳定。欧债危机便是这样一种矛盾的产物。走出欧元区的不平衡发展模式和主权债务困境的根本在于建立一个统一的财政体系。

## 一、统一财政机构的建立

欧洲的财政一体化改革首先要尽快建立一个欧元区统一的财政机构，负责欧元区统一的财政政策。目前欧元区和欧盟内部存在的机构都不具有独立的、实施统一财政政策的功能。目前在欧盟内设有欧洲经济与财政部长理事会，负责协调各成员国的财政与税收政策。首先这是一个超出欧元区范畴的机构，并非独立针对欧元区成员。欧盟与欧元区还不同，欧元区具有统一货币和货币政策功能，需要统一财政，而欧盟则不同，欧盟还没有发展到统一财政的阶段。所以，欧洲经济与财政部长理事会允许在该框架下欧元区国家单独协商欧元区内的财政与税收协调问题。但是，这样一个松散的机构没有真正发挥，也不可能真正发挥统一财政的所用。所以建立一个统一的财政机构是十分必要的。

统一的财政机构负责欧元区统一的税收政策和公共支出政策，换句话说，各成员国的财政权力上交给欧盟财政机构，让渡独立的财政政策。这是一个终极的目标，只有这样，才能与统一货币与统一的货币政策相一致，实现共同欧洲的目标。在短期，要实现真正的财政统一是过于理想化的，应该有一个过渡时期。在短期内，这样一个财政机构可以接受成员国部分让渡的财政和税收权力,在集中财政和分散财政两个层面上,加大集中财政的比例,降低各成员国分散财政的比例。中期目标是基本实现全部财政权力的集中化,保留成员国财政机构的少量财政收入,用于留存部分国家机关的财政支出。在长期,要实现全部财政的集中,这就意味着全部公共机构的欧元区统一。这也就是真正的政治和社会联盟。

## 二、财政一体化路径

一劳永逸的财政一体化对于当前的欧洲来说,是根本不可能的。为了实现统一财政的最终目标,目前欧元区应该实施渐进式的、分步走的财政体系改革。在短期,应该成立一个财政基金,主要用于欧债危机中重灾国家的救助与欧元区机构发展支出。中期,应该致力于统一各成员国的税收政策和政府预算赤字,控制成员国公共开支规模。同时将财政权力向统一财政机构让渡。在长期,成员国将各国的财政权力全部让渡给统一的欧元区财政机构,各成员国丧失所有的财政与货币自主权,事实上,在这样情况下,欧洲基本实现了经济与政治统一。

在欧洲的财政体制改革中,有两个重大障碍。其一,如何渡过目前的欧洲主权债务危机。危机的解决需要欧元区成员共同努力,既需要希腊这样的国家严格财政纪律,改革社会福利制度,从内部解决自身的债务困境;也需要德国这样的国家,调整过于严格的救援方案,平衡经济增长与物价稳定的双重目标。其二,欧洲财政统一和财政让渡的重大障碍是社会和政治制度统一的障碍。进入新世纪以来,欧洲很多国家已经在推行旨在增加收入和控制开支的财政体制改革,一些国家取得了成功,尤其是北欧的丹麦、荷兰和芬兰等国;而另外一些国家,尤其是南欧和西欧,则遭遇到强烈的社会反对,新的财政计划难以推行,或者成效甚微。要解决这个不平衡,需要不断加强欧元区各国对于统一欧洲的认识,提高欧洲凝聚力。在社会和政治体制改革中,加强政治协同性。总之,一个统一的欧洲是欧洲的根本出路。

### 三、强化财政纪律

在短期,强化财政纪律,是摆脱欧元危机的重要手段。欧元区财政纪律在欧元区《稳定和增长公约》中有明确规定。该公约规定,成员国政府财政赤字必须控制在其 GDP 的 3% 之内,否则将被施以最高占 GDP 0.5% 的罚款。然而,直至 2010 年,欧元诞生的 11 年间,没有任何一个成员国真正遭到惩罚,尽管很多成员国都出现了破坏财政纪律行为和财政困境。在德国多次倡议下,2010 年 10 月欧元区财政部长会议通过了加强财政纪律的"五点方案"。该方案明确指出,当成员国财政赤字接近但未突破 3% 限制时,如果赤字水平没有下降趋势,该国也将会受到欧盟委员会的警告;若在之后 6 个月内,该国仍未采取适当措施降低赤字水平,亦将受到欧盟惩罚。五点方案还计划设立一套广泛的经济预警机制,以及时发现潜在的宏观经济风险;一套监督机制,以评议成员国年度预算方案;一个专门机构,以独立评估各国政府财政;以及一套更有效的危机应对机制。2011 年 12 月,欧盟领导人会议通过了 23 个国家(17 个欧元区国家和 6 个未加入欧元区的欧盟国家)放弃修改《里斯本条约》、另立条约强化财政纪律的议案。这一行动,被认为向统一财政联盟走近了一步。

在短期,欧洲重债国摆脱债务危机的关键是获得国际组织和欧盟内部的金融财政援助,而无论是欧元区内部的金融援助,还是欧元区外部来自国际货币基金组织或者是世界银行的援助,都以当事国"减赤"为援助的附加条件。所以,强化财政纪律,降低财政赤字和政府债务规模,是走出欧元区债务危机的迫不得已的出路。减赤,强化财政纪律,重债国没有其他选择。而对于德国、奥地利、荷兰等财政状况比较好的、经常项目顺差的国家来说,逼迫债务危机国强化财政纪律是避免欧元危机恶化的唯一出路。

# 第十二章 欧洲内部再平衡——欧元生存的基础

## 第三节 货币政策：兼顾成员国间的差异

欧元区作为统一货币的典范，在欧元区 17 个国家中，由欧洲银行发行统一货币欧元，欧洲银行在欧元区内实施统一的货币政策。《欧盟条约》中明确规定，货币政策的首要目标是保持价格稳定，同时兼顾经济增长、就业以及社会福利提高等宏观经济目标。2003 年欧洲的货币政策目标进行了微调，中长期目标是价格稳定，具体标准值是年通货膨胀率低于并接近 2%；货币政策短期针对产出波动、就业态势进行相机抉择。而统一货币和统一货币政策却在欧元区爆发主权债务危机后遭遇历史挑战。

### 一、统一货币之困境

欧元区作为最优货币区理论的一大实践，成为国际经济学领域中政策实践的壮举。但是，最优货币区是建立在生产要素流动性准则的基础之上的，即生产要素在区域内的流动可以替代汇率弹性对国际收支的调节作用，从而稳定区域内的就业水平和物价水平，为此要素流动性是最优货币区的基础性条件。最优货币区及固定汇率制度需要考虑的主要指标包括经济开放程度、经济发展水平、进出口贸易的商品结构和地域分布、金融市场深度、广度及其与国际金融市场的一体化程度以及通货膨胀率。但是，不管是从要素自由流动还是其他指标看，欧元区扩张之后其成员国经济周期、经济结构和宏观经济指标差异较大，生产要素尚未能全部自由流动，尤其是劳动力，因此就造成了货币区内成员国资源无法实现最优配置。这更是欧元区和欧盟出现经济结构和政策取向难以趋同的重大原因。

自欧盟成立以来，欧元区内部实行统一的货币政策，而各成员国实行自主的财政政策。为降低货币政策带来的经济波动并促进增长与就业，各成员都具有扩大财政支出的倾向,这也是欧元区公共债务居高不下的主要原因。财政政策和货币政策的政策效果在经济周期不同阶段具有差异性,在经济衰退和萧条阶段,财政政策的效果一般更加明显。在应对经济波动中,与其他国家相比,欧元区的货币政策需要谈判协调,其政策的时效性较差。而且欧洲央行的政策框架主要来自德国央行的通胀目标制,即使在全球金融危机的应对中,欧洲央行对过度宽松的货币政策一直保持警惕。在货币政策受到约束的时候,为了增强政策效果和提高政策的及时性,欧元区成员国就发挥财政政策的"主动权",扩大财政支出促进经济增长和就业。其中的一个结果就是公共支出过度膨胀,赤字大幅上升,进而出现债务不断累积和主权信用问题。

## 二、统一货币政策与成员国冲击的非对称性

欧元区统一货币政策是否具有现实基础?这个问题的回答要基于对欧元区成员国短期产出趋同性和长期通胀率趋同性的实证检验结果。也就是说,欧洲统一货币政策在短期根据产出和就业状态进行相机抉择,那么短期各成员国的产出波动和就业态势是否具有趋同性,就决定了统一货币政策的合理性和有效性。在长期,欧洲货币政策的目标是物价稳定,实现2%以下的通货膨胀率。那么,成员国在长期是否具有物价水平波动的趋同性就决定了统一货币政策的长期合理性和可行性。有研究表明,欧元区内各成员国的产出波动趋同性很高,反映了欧元区成员国经济周期同步的特性;而长期通货膨胀指标,德国、法国、意大利、卢森堡、芬兰、奥地利和比利时7国的总体水平波动在欧元区均值的0.5%范围内(见表12.1),这7个国家的经济总量占据了整个欧元区的78%。应该说,总体来说,欧元区统一的货币政策具有合理性和可行性。

如果进一步进行更加深入细致的分析,我们也发现了欧元区内部的局部不对称。欧元区内部四个外围国家,希腊、爱尔兰、西班牙和葡萄牙,甚至包括意大利,经济发展水平普遍落后于欧元区其他国家,在统一货币

政策的驱动下,这些国家享受着低利率带来的经济刺激动力,实现了高于其他国家的经济增长率,同时也促成了高通胀。也就说,在欧元区出现二元现象:中心国家"低通胀、低增长",外围国家"高通胀、高增长"。欧洲统一货币政策基本上是参照德国的产出波动和通胀预期来确定的,这样的货币政策使欧元区的外围国家游离于统一货币政策关注的视野之外,被动地接受一种不利于其宏观调控需要的逆向货币政策环境,从而不断推高其通货膨胀倾向。

表 12.1　1999—2004 年间欧元区各成员国通胀率与区内平均通胀率的偏离

单位:%

| 国家 | 离差 | 国家 | 离差 | 国家 | 离差 | 国家 | 离差 |
| --- | --- | --- | --- | --- | --- | --- | --- |
| 德国 | −0.5 | 西班牙 | 1.0 | 荷兰 | 0.8 | 芬兰 | −0.3 |
| 法国 | −0.3 | 希腊 | 1.1 | 比利时 | −0.2 | 爱尔兰 | 1.7 |
| 意大利 | 0.3 | 卢森堡 | 0.4 | 葡萄牙 | 1.1 | 奥地利 | −0.4 |

资料来源:欧洲银行

## 三、兼顾二元国家的统一货币政策

基于上面的分析,我们认为,在存在二元国家、财政尚未一体化的客观现实下,欧元区统一货币政策的实施要兼顾核心与外围两类非对称国家的产出波动与通胀预期,使所有欧元区国家都纳入统一货币政策的眷顾范围内。

首先,货币政策长期目标、中期目标和短期目标的确定,尤其是量化指标的确定,要兼顾不同国家的宏观经济状况。合理的情形是,确立一个将各成员国经济指标纳入自变量的目标函数,成员国经济指标对目标变量形成的影响要依据成员国的经济规模。也就是说,在确定货币政策目标时,要确定各国的权重来体现各成员国经济状况对目标的影响力,权重由其经济规模大小来决定。考虑到外围国家经济规模相对于核心国家比较小,在确定权重时,可以考虑规定最低权重,防止成员国由于经济规模过小,而被抛在统一货币政策之外。

其次,货币政策实施过程中,当核心国家与外围国家出现经济周期非对称时,要兼顾两类国家的宏观经济状况进行货币政策操作。2001年德国的经济增长率在美国互联网泡沫崩溃的影响下只有0.6%,而爱尔兰的增长率当年高达5.7%。避免欧洲经济衰退的降息的货币政策直接推动了爱尔兰的通货膨胀率。从这个角度来说,外围国家高通胀的罪魁祸首应该不只是外围国家自身,统一货币政策难辞其咎。为了避免统一货币政策加剧欧元区内的非对称性,统一货币政策一定要兼顾不同类型国家的情况而制定和实施。

最后,提高统一货币政策的灵活性和针对性。这是有效避免货币政策区域差异效应对整体经济目标造成损害的重要保证。如可以实行差别存款准备金率,实行非对称的利率调整政策,针对不同国家开展有针对性的窗口指导等等,应该充分体现出区域的差异性。同时,有选择性地对部分货币政策工具进行区域差别化调控。

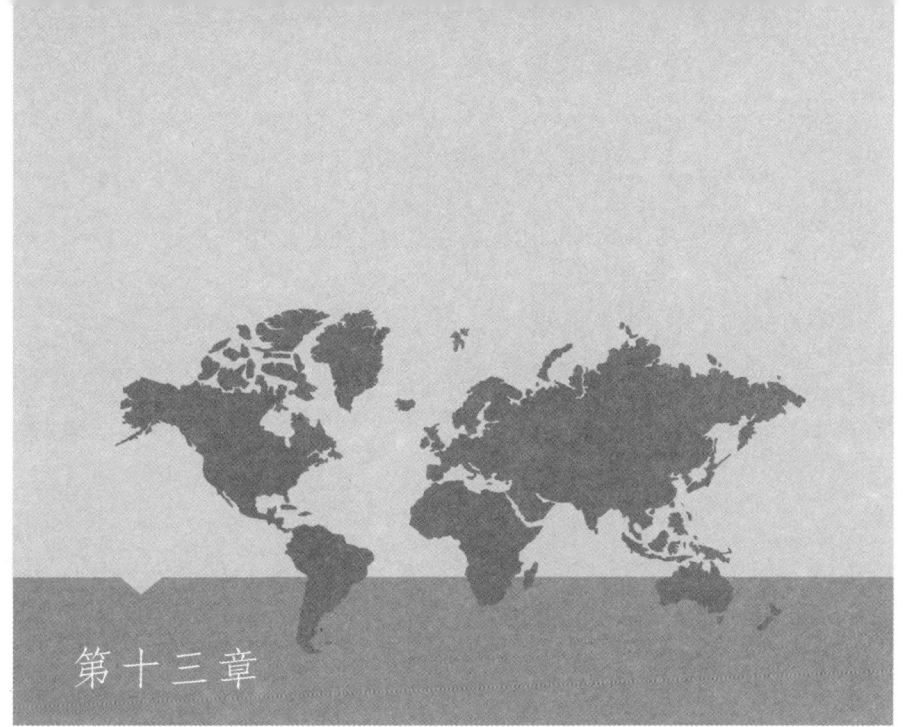

# 第十三章

# 走出全球不平衡

# 第十三章 走出全球不平衡

2007年根源于全球不平衡发展固化特性的美国金融危机爆发,危机蔓延至世界各国,并迅速演化为一场历史上最为严酷和最为漫长的经济危机。痛定思痛,各国领导人深刻认识到,全球不平衡发展模式是不可持续的,修正全球不平衡发展模式,向更加均衡的经济发展模式迈进,是真正走出金融和经济危机的唯一出路。

为此,各国都开始了针对不平衡发展模式的经济发展战略调整,各国都在修正自己的经济发展模式,进行经济结构调整。美国制定了制造业促进法案、美国竞争力法案、金融监管法案等等,意在复兴美国的制造业,提升美国制造在全球的竞争力,促进出口,同时抑制金融业的泡沫和风险,实现更加均衡的经济增长。欧洲国家在主权债务危机和欧元危机的重创下,开始了艰难的"减赤"与结构调整之路。尽管反对政府财政紧缩的呼声铺天盖地,主权债务危机国仍坚持向增收节支的财政政策方向迈进,欧元区财政纪律正在得到强化。中国正在进行一场具有历史意义的经济大变革:经济增长模式转变和经济结构调整,告别外向型经济增长模式向内外驱动型的经济增长模式转变。

这是一场全球性的变革,这场变革是在世界经济危机和缓慢复苏中各国无奈和被迫的选择,这场变革伴随着经济冲突、政治冲突、社会动荡,甚至局部战争,使这场变革的前景充满不确定性。一个更加均衡、更加合理、更加持续和更加健康的全球经济发展模式是否能够真正到来,至今依然是一个未知数。

## 第一节 美国变革的未来:突破财政悬崖

美国,作为全球不平衡发展模式的主要制造者,虽然在迈向去债务化、去杠杆化和制造业复兴的路途上取得了一定的成绩,但是也遭遇到前所未有的困境。

### 一、走向平衡发展模式的成就

美国供应管理协会 2012 年 5 月 1 日公布的报告显示,2012 年 4 月美国制造业活动连续第 33 个月扩张,显示美国制造业持续复苏的势头。制造业出口占比自 2008 年起逐渐增加,制造业新增就业人数在稳步增加。2010 年起,美国制造业净增工作岗位累计 32.8 万,居主要工业国之首。与其他主要工业国相比,美国制造业就业人数增长了 2.9%,德国和加拿大分别增长了 2.4%和 1.9%,日本、英国、意大利和法国的制造业就业人数都有所下降。美国消费品巨头佳顿、卡特彼勒等世界 500 强企业,将部分产品从中国多家代工工厂撤回本土生产;美国福特汽车公司将 1.2 万个工作岗位从中国和墨西哥迁回美国;星巴克也把其陶瓷杯制造从中国撤回美国。一些"中国制造"正逐渐变成"美国制造"。2012 年 7 月,国际体育用品巨头阿迪达斯宣称,将在今年年底前关闭其在华最后一家直属工厂。2012 年 6 月波士顿咨询公司一项调查显示,总部设在美国的制造业高管有超过 1/3 的人计划将生产从中国转回美国,或正考虑这种做法。

美国产业结构调整也正在进行中。2010 年实体经济(包括农林渔、制造业、建筑业)实现了 5.6%的增长率,超过了服务业和国内生产总值的增长率,制造业增长了 11.2%,其中耐用品增长了 17%;2011 年在欧债危机的影响下,美国实体经济虽然出现了回调,但也实现了 2.5%的增长,超过服务业的 1.6%和国内生产总值的 1.7%,制造业实现了 4.3%的增长,耐用品实现了7.9%的增长(见图13.1)。尽管存量结构上还没有显示出明显的结构变动(见图13.2),这是由于美国经济规模存量十分庞

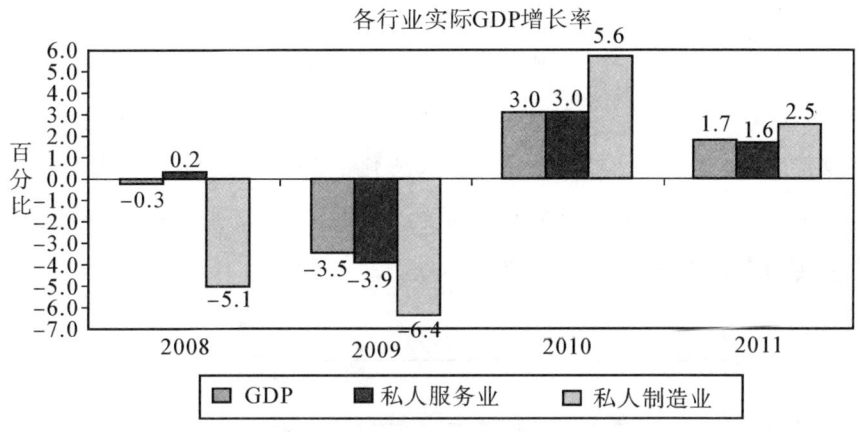

图 13.1 美国产业结构①的调整

资料来源:美国经济分析局

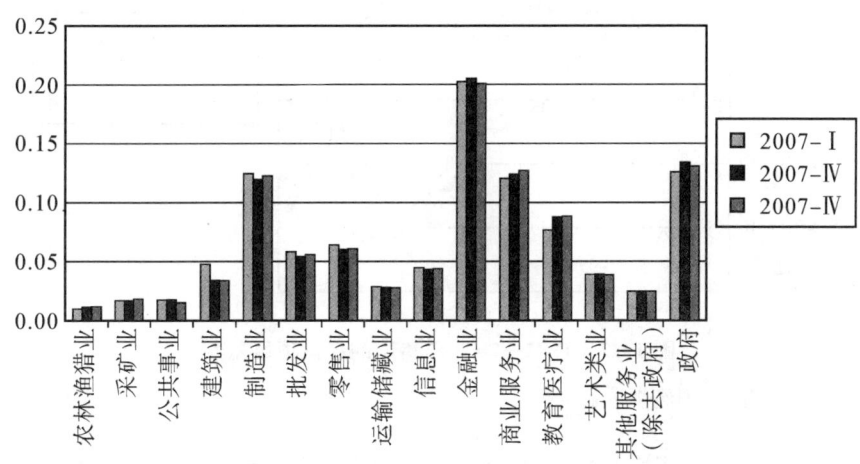

图 13.2 美国经济增加值的产业结构

资料来源:美国经济分析局

---

① 美国的产业分类中,服务业包括公用事业、批发贸易和零售贸易、交通运输、信息产业、金融保险和地产、研发与管理服务、教育、医疗与社会救助、艺术、娱乐与餐饮服务、其他服务业。农业与制造业包括农林渔、矿业、制造业、建筑业。

大,5年的结构变动不足以改变存量结构;从增量上我们可以明确地说,制造业以及实体经济已经重新成为美国经济增长的主动力。

## 二、困境与出路

然而,调整并不尽如人意。美国的经常项目逆差在2009年出现了明星改善以后,进入2010年又重新步入恶化的趋势。2011年更是延续了这一基本趋势。虽然2012年中止了经常项目逆差扩张的趋势,但是,趋势逆转的态势也没有出现(见图13.3)。

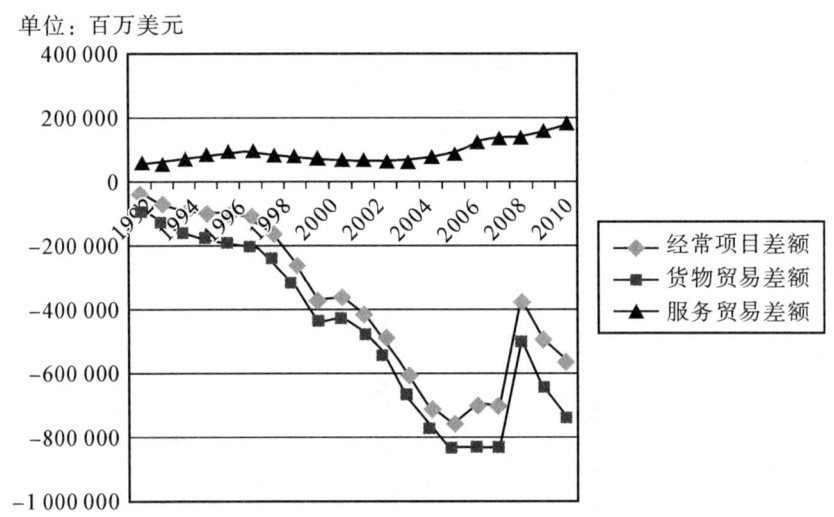

图 13.3  1992—2011 年美国的经常项目差额

资料来源:美国经济分析局

在迈向新经济增长模式的道路上,美国遭遇的最大挑战是如何协调当前经济复苏乏力与长期经济增长模式调整之间的关系。具体表现在政府"减赤"压力与刺激经济复苏压力之间的矛盾。

2008年以来的美国经济复苏一定程度上得益于政府投资和政府开支的扩张。2008年奥巴马政府8 000亿美元的刺激计划将政府财政赤字与国内生产总值的比例推高到10%以上,使美国政府债务规模到达一个新的历史阶段。政府开支的扩张又依赖于美国量化宽松货币政策的实施。于是,我们看到美国联邦储备银行资产规模的扩张与美国政府债务规模的扩张几乎同步。美联储量化宽松货币政策的制约来自未来通货膨胀和美元国际地位弱化的担忧,而美国政府债务的制约在于美国法定的政府债务限额,也就是所谓财政悬崖,以及国际评级机构调低美国政府信用的担忧。如果肆意扩张货币发行,将在推高全球通货膨胀的同时,侵蚀美元作为国际货币的信用基础;而一旦美元丧失国际货币地位,美国仅仅依靠货币发行就能向其他国家转嫁危机和债务的渠道将彻底堵塞。如果任由政府债务规模扩张,政府财政国内赤字扩张,即使美国共和党和民主党在不断提高债务上限上达成一致,国际信用评级机构调低美国政府信用评级,也将会使美国政府在国际市场低成本借债来弥补财政赤字和债务困境的途径变得十分艰难,长远来看美国的长期信用将严重受损。所以,滥发美元,债务泛滥,将会通过动摇美元的信用基础和美国政府的信用基础而动摇美国世界经济大国的地位,这一点,与美国的长期发展战略严重冲突。

然而,在短期,美国经济投资不振、结构调整缓慢、欧债危机溢出效应增大、中国等新兴国家主动性经济减速,所有这些都在削弱美国经济复苏的动力,一句话,复苏乏力。为了提振经济,宽松的货币和财政刺激政策无法退出。

所以,美国当前面临的问题是短期目标与长期目标的矛盾。加之国际形势动荡,世界反美情绪高涨,美国要维持世界警察的地位,就必须加大国防与安全投入和开支;美国国内党派的斗争和总统竞选运动,在野党针对执政党滥发货币和债台高筑的抨击,都会在一定程度上恶化美国政府当前的两难处境。2011年8月在最后关头,也就是美国政府即将违约的前夜,美国两党相互妥协,就提高债务限额2.4万亿美元、十年内减赤2.1万亿美元的方案达成协议。美国债务危机暂时得以缓解。然而,进入2012年5月份,政府债务逼近16万亿美元,逼迫政府自动减债计划实施。然而,如果2012年实施减债,会导致美国经济在2013年陷入衰退。

具体而言，自动减债一旦启动，美国经济 2013 年上半年将缩减 1.3%，下半年再缩减 2.3%。财政悬崖出现了：经济复苏走上悬崖，如果不减债，将会触顶；如果减债，经济复苏则会开倒车。彻底的两难！

摆脱两难困境是十分艰难的，在相当长的一段历史时期内，美国将会在这个两难困境中挣扎。低速增长，结构调整，振兴实业，政府去债务化，寻求新的均衡增长模式，将会贯穿于美国未来若干年的经济发展。但是我们相信，一个更加健康和更加均衡的美国经济成长模式一定会实现。

# 第二节 中国大国经济平衡成长之路：跨越"经济减速"

如果说，当前美国经济面临财政悬崖的两难与量化宽松货币政策两难，那么中国的两难表现为结构调整需求与经济增长减速的矛盾与两难：要实现长期可持续、健康、均衡的经济发展亟须进行经济增长模式的转换与经济结构的调整，这种转换和调整需要大规模降低粗放型投资与过剩产能的投资，刺激消费的扩张和持续。投资规模的缩减将直接损害高速经济增长的基础——投资拉动的经济增长模式，而出现显著的经济减速。中国经济的两难是一个增长模式悬崖：维持投资拉动和高速增长，将会掉进危机的悬崖；控制投资，经济增长则会开倒车。

解决两难的出路只有一个：正确认识经济减速，积极步入平稳、重质量的中速发展阶段。

## 一、坚定不移地进行经济增长模式转换

中国传统的经济增长模式在过去 30 多年取得了巨大成功，使中国经济增长率 1979—2010 年维持在平均 9.9% 的增速上，1991—2010 年则保持了 10.5% 的增速，这一经济增长成就为世界瞩目，并使中国经济增长

成为世界经济增长的引擎之一。然而,在高速增长的同时,我们也看到高速增长的巨大代价:资源消耗巨大、环境破坏严重、土地资源严重不足,直接侵蚀中国长期经济发展的基础;内部经济分割、对外依赖严重、区域经济发展失衡,局部的外部循环破坏了国内经济的区域一体化循环;劳动力成本长期低估,人民收入水平提高落后于国家财政收入提高速度,劳动者没有充分享受到高速经济增长的收益,消费长期疲软;收入分配差距越来越大,社会矛盾日益紧张,严重影响社会与政治稳定。所有这些都严重损害中国长期的经济发展和社会发展。中国传统的经济发展模式已经不可持续,调整经济结构,转换经济增长模式,探寻更加均衡、更加健康、更加可持续的经济发展模式,是一条中国长期繁荣昌盛的必由之路。

结构调整和模式转换的过程都是痛苦的,因为涉及社会利益的调整和重新分配。劳动力成本提高、人民币升值、世界经济低迷引致外需不足,客观环境推动的出口增速下滑与结构调整推动的出口依赖度下降都会使出口部门遭受巨大打击,众多的出口加工企业会减产、停产,甚至倒闭,众多工人失业。劳动力成本提高、资源价格提升、土地价格上涨等等生产成本的刚性提高使一些微利企业、低附加价值企业无法生存,关门停业。中小企业的生存遭遇巨大挑战。中小企业对我国就业的贡献是巨大的,中小企业的调整意味着就业机会的减少,失业扩大。与此同时,大力发展服务业,则会创造大量就业机会,吸收大量就业,承接制造业变革中淘汰下来的大批劳动力。但是在劳动力产业转换中,会出现摩擦性失业。总之,经济结构的调整,一般会带来不同程度的失业率提高,恶化贫困人口生存状况。于是,社会保障体系的建立和完善就变得十分必要了。经济结构调整必须与重视发展民生同步,解决贫困人口和弱势群体的生存问题,保障人民生活水平的稳步提高。社会保障体系的建设和完善,是我国能够顺利实现结构调整和模式转换的保障。

应该说,中国在经济增长模式转换和经济结构调整的道路上已经取得了一定成绩。

## 二、中速高质经济发展

过去30余年10%的高速经济增长,固化了全社会对高速经济增长的依赖,也使高速经济增长成为一种惯性。今天,是该告别高速增长的时候了,中国人需要调整这种惯性,建立新的思维——中速、高质发展思维。

中速、适度经济增长的判断基于以下三点:

其一,中国已经成为世界第二大经济体,国内生产总值规模超过了日本,仅次于美国。对于这样一个庞大的经济体,基数已经很大,再保持10%的增长速度已经十分困难,也很不现实。中国已经保持了30多年的近于10%的高增长。日本曾经创造了世界经济增长的奇迹。从1950年到1960年日本经济平均增长率为15.5%,这是日本经济起飞的时期。1970年到1980年平均为4.6%,1990年到2000年,平均增长率降至1.75%。韩国从20世纪60年代经济开始起飞,连续30年保持了9%以上的经济增长率,使韩国成为世界第13大经济体。而在经济起飞阶段结束后,伴随着经济规模的提高,高速经济增长也就结束了,2003年韩国的经济增长率仅为3.1%。一个国家,在结束其经济起飞时期之后,会进入一个相对低速的、平稳的发展时期。

其二,高速增长的基础——充裕而廉价的劳动力、丰富而廉价的自然资源、低估的人民币汇率、国外需求的稳定持续增长、体制改革和创新的推动力,所有这些,在进入21世纪之后,尤其是2008年世界金融危机之后,都发生了很大变化。中国的人口红利正在消失,充裕而廉价的劳动力优势已经或者正在消失,自然资源枯竭已经成为中国经济发展的巨大挑战。人民币兑美元汇率从2005年汇率改革至今,持续升值了20%以上,人民币低估的状态已经根本改变、持续单向升值的趋势已经结束。2008年世界金融与经济危机结束了上个世纪90年代以来全球高速稳定增长的周期,进入一个低速、世界经济结构调整的时期,对于中国出口产品来说,外部需求持续萎缩的趋势短期很难改变。基于此,从一个投资驱动、出口驱动、廉价劳动力驱动、资源消耗型驱动的经济增长模式向一个消费与投资共同驱动、内需与外需共同驱动、资源节约与科技驱动的可持续的健康的经济增长模式转换,是一个客观的、必然的选择。在新的经济增长模式形成过程中,中速、适度的经济增长必然替代传统经济发展模式的高速经济增长。

其三,追求高质量的经济增长应该成为未来中国经济增长的主要方向。高质量的经济增长包含以下几个方面的内容。第一,经济增长更加有效率,体现投入小、产出高的特征。这类指标包括万美元国内生产总值能耗、每个就业者创造的国内生产总值等。第二,经济增长不以环境恶化为代价,体现为绿色增长。这包括二氧化碳排放量、甲烷排放量、氮气及其他温室气体排放量、有机水污染物排放量、国家保护区面积及濒危物种、每立方米空气颗粒物含量等指标。第三,经济增长具有稳定性特征,具有抵御内外部冲击,尤其是外部冲击的能力。这表现为对外部经济的依赖度较低、对单一产品和单一产业的依赖度较低、具有多元化、多层次的产业结构、经济创新能力较强。第四,经济增长要使广大人民受益,而不是加剧贫富分化的趋势。这包括基尼系数、社会福利和社会保障水平、贫困化人口的比例等等指标。之所以说,未来中国经济发展的目标应该是提高经济增长的质量,实现高质量经济发展,是因为我们在上述各项质量指标上都表现不佳。

就投入—产出的增长效率来讲,每个就业者创造的国内生产总值(见表13.1),美国居于世界首位,为65 480美元,其次是法国,55 052美元,加拿大位于第三,49 071美元。中国是10 378美元,既低于世界平均水平16 964美元,也低于中等收入国家的11 036美元,与中低收入国家的水平相当。与其他金砖四国相比,中国低于俄罗斯的18 072美元和巴西的13 230美元,仅比印度(7 445美元)高一些。而中国周边的日本、韩国、马来西亚、泰国、新加坡,甚至是印度尼西亚,都高于中国的水平。更不要说欧洲的整体水平了。法国、德国、意大利、荷兰,甚至是西班牙,都远远高于中国的水平。

表 13.1　每个就业者创造的国内生产总值(购买力平价法,1990 年不变价美元)

单位:美元

| | | | | | | | |
|---|---|---|---|---|---|---|---|
| 世界平均 | 16 964 | 美国 | 65 480 | 荷兰 | 47 017 | 韩国 | 40 261 |
| 高收入国家 | 49 981 | 法国 | 55 052 | 新加坡 | 45 768 | 西班牙 | 39 463 |
| 中等收入国家 | 11 036 | 加拿大 | 49 071 | 日本 | 45 587 | 马来西亚 | 25 590 |
| 中低收入国家 | 10 071 | 意大利 | 45 932 | 德国 | 42 588 | 墨西哥 | 19 633 |
| 俄罗斯 | 18 072 | 泰国 | 15 548 | 印度尼西亚 | 10 671 | 中国 | 10 378 |

资料来源:中国国家统计局,国际统计年鉴,2010 年

而另外一项体现投入产出比的指标是万美元国内生产总值能耗,这项指标,中国表现就更差了。我们选取了金砖四国、中国周边的日本和韩国、能源比较丰富的澳大利亚和新西兰、北美的美国和加拿大、欧洲的法国、德国、意大利和英国,与中国的水平进行比较。我们发现,在这些国家中,除了俄罗斯的能耗为 16.5,高于中国的能耗水平之外,其他所有国家都低于中国的能耗水平,中国显然也高于世界平均水平,见表 13.2。

表 13.2　主要能耗指标国际比较

| 国家 | 二氧化碳排放年均增长率(1990—2006)(%) | 甲烷排放量年均增长率(1990—2005)(%) | 万美元国内生产总值能耗(2007 年)(吨标准油/万美元) |
|---|---|---|---|
| 世界 | 1.7 | 9.9 | 2.94 |
| 中国 | 5.1 | 32.6 | 7.79 |
| 印度 | 4.8 | 10.5 | 7.69 |
| 巴西 | 3.5 | 57.4 | 2.89 |
| 俄罗斯 | −2.4 | −17.1 | 16.5 |
| 日本 | 0.6 | −32.9 | 0.99 |
| 韩国 | 4.2 | 296.3 | 3.03 |
| 澳大利亚 | 1.3 | 8.3 | 2.38 |
| 新西兰 | 2.1 | 3.6 | 2.57 |

续表

| 国家 | 二氧化碳排放年均增长率(1990—2006)(%) | 甲烷排放量年均增长率(1990—2005)(%) | 万美元国内生产总值能耗(2007年)(吨标准油/万美元) |
|---|---|---|---|
| 美国 | 1.2 | −3.4 | 2.04 |
| 加拿大 | 1.5 | 27.5 | 3.05 |
| 法国 | −0.3 | 6.3 | 1.75 |
| 德国 | −1.1 | −46 | 1.6 |
| 意大利 | 0.7 | −13.9 | 1.5 |
| 英国 | −0.3 | −43.2 | 1.2 |

资料来源：中国国家统计局，国际统计年鉴，2010年。

至于反映环境破坏程度的有害气体排放指标，中国的状况可谓堪忧。1990—2006年间二氧化碳排放量的年均增长率，在我们选取的国家中，中国位居第一，以5.1%的增长率远远高于世界平均水平的1.7%，更高于其他三个金砖国家。而1990—2005年甲烷的排放年均增长率，在所选取的国家中，仅有巴西和韩国高于中国的增长率，日本、俄罗斯、美国、英国、德国、意大利都呈现甲烷排放量迅速减少的趋势。

降低经济增长速度，提高经济增长质量，实现又好又快的经济发展，是中国领导者智慧的集中体现，客观上顺从了全球经济平衡发展的大趋势，也符合中国人民的根本利益。

### 三、中国"十二五"发展规划：稳健而现实

在中国刚刚颁布的"十二五"发展规划中，我们清楚地看到了未来五年中国的发展战略中，中国领导人坚定结构调整和经济增长方式转变的决心，也看到了中国领导人处理经济减速与结构调整之间关系的智慧。

在"十二五"规划中明确了七项经济发展目标，包括经济增长率目标、结构调整目标、环境改善目标、科技进步目标、人民生活水平目标、社会建设目标和体制变革目标。在经济增长目标中明确了7%的增长率目标，

并强调国际收支趋向均衡、提高经济发展的效益和质量。在经济结构调整目标中明确了提高消费率和服务业比率，以及城镇化率的具体目标。在资源节约目标中明确了水消耗目标、单位国内生产总值能耗指标、二氧化碳排放指标和其他污染物排放指标。为了实现这些具体目标，"十二五"规划还确定了明确的战略措施和战略步骤。

将经济增长率目标降低到7%，反映了中国政府主动性调低经济增长率的意向。而明确提出提高消费率、平衡国际收支、提高服务业比重、降低能耗、提高劳动生产率，反映了向消费驱动型、外部平衡型、资源节约型经济发展模式转换的方向。

我们相信，只要中国坚定不移地坚持"十二五"规划的基本目标和基本方向，一个健康的、更加均衡的、更加和谐的、更加节约的、可持续的经济发展模式一定能够实现，而中国经济增长模式的转变也将为全球不平衡增长模式的调整作出重大贡献。

## 四、人民币国际化：中国走向平衡发展的真正之路

在中国传统的出口导向型的经济发展模式中，一个重要的支撑就是人民币兑美元相对固定的汇率制度。稳定的人民币兑美元汇率制度，在两个方面促成了中国出口导向型的经济发展模式。其一，稳定的汇率规避了汇率风险，降低了对外经济贸易的风险成本。尤其是当中国金融市场比较落后、缺乏规避汇率风险手段的时候。其二，人民币兑美元汇率固定，当中国的经济增长速度持续超过美国的经济增长速度，中国的出口持续扩张的时候，一定程度上会造成人民币币值低估。人民币币值低估有助于提高中国出口产品的竞争力，也使中国劳动力成本和资源价格更加便宜，促进了外商来中国投资设厂，而后产品投向国际市场，这便强化了中国出口导向型的经济增长模式。当人民币汇率制度改革走上快车道、向自由浮动的汇率制度迈进的时候，出口导向型经济的汇率制度红利便消失了。

钉住美元的人民币固定汇率制度存在多种挑战。固定汇率制度带来中国货币政策的"不可能三角",即汇率固定、资本自由流动和独立货币政策三者之中只能选择两个。当稳定汇率和推动资本自由流动成为硬性约束的时候,货币政策就放弃了自身的独立性。中国人民银行货币政策缺乏独立性的一个重要标志就是外币资产在央行的资产负债表中占据资产的绝大比例,也就是说,货币发行主要是通过购买外币资产来实现的。

接下来的问题更加纠结,那就是,如此庞大的外汇储备如何消化?中国事实上钉住美元的汇率制度(戴金平,2005)决定了中国央行的外汇储备以美元资产为主。2001年美国互联网泡沫破裂和"9·11"危机以来的美元持续和快速的贬值使中国外汇储备资产遭受重大损失。中国政府成为美国国债的最大持有国。2011年美国国债信用危机的爆发牵动着中国政府的神经。维持对美元相对稳定的人民币汇率制度遇到极大的讽刺:中国央行不断、主动地接受着量化宽松货币政策下美联储不断印制的美钞。中国或许是美国量化宽松货币政策事实上的最大支持者!

这是一个债务人绑架债权人的经典模式——中国政府和中国央行被美国政府和美国央行绑架了:为了手中的美元资产保值,中国必须致力于维护美国国债信誉、帮助美国走出金融和经济危机!更荒唐的是,中国还要不断接受美国发起的针对中国刚性汇率制度的各种各样的贸易制裁!

走出这一困境的出路只有一个:放弃美元,使用自己的货币,也就是人民币国际化。

人民币国际化可以彻底解决中国对美元的依赖,可以摆脱中国央行纠结的两难或三难,可以真正实现中国货币政策的独立自主,也可以纠正人民币币值非市场化带来的中国产业结构和市场结构的扭曲,使中国未来经济发展获得汇率制度改革和货币国际化的巨大红利。

人民币国际化可以推动国际货币体系的变革,人民币的崛起,联合欧元的振兴,能够根本改变美元独霸国际货币体系的格局,抑制美元的滥发和超发。一个更加健康、更加稳定和更加合理的国际货币体系将由于人民币的加入而建立和完善。

人民币国际化可以根本改变中国债权积累式的经济发展模式,可以极大地促进国内消费率的提高,使全体中国人都能享受中国高速经济发展带来的收益,一个更加协调、更加均衡、更加繁荣的中国经济将会再次令世界瞩目。

## 第三节 欧洲复兴之路:实现大同

欧洲的发展不平衡,也就是核心国家与外围国家的不平衡发展,带来欧洲的主权债务危机,使金融危机日益深化;也使欧元面临灭顶之灾。走出主权债务危机,就是要走出欧洲不平衡的发展模式:债务国减赤、降低经常项目逆差;债权国增支,降低经常项目顺差。欧洲的复兴与欧元的振兴紧密连接在一起,要实现真正统一的欧元,出路只有一个:真正实现欧洲统一。

### 一、欧元的信用基础

货币信用决定世界货币地位的高低。欧元与美元在国际货币体系中的竞争,实际上就是欧元和美元信用基础的竞争。如果说,一种货币在本国边界内使用时,其信用基础是该国的货币法律规范,那么,当这种货币跨越国界使用时,也就是行使世界货币功能时,其信用基础应该是货币发行国的偿付力与国家主权信用。世界货币的信用基础具体包括该国的经济发展规模、对外贸易规模、资金流出入规模、金融市场发达程度、财政与货币政策稳定性等等,当然社会惯例和网络外部性也是决定一种货币国际地位的重要因素(戴金平,2010)。

在2007年金融危机之前的年份里,欧元诞生以后在国际货币体系中的地位一路攀升,金融危机爆发之前,欧元的地位仅次于美元,在国际货币体系中占据了30%以上的份额。欧元的诞生使美元在国际货币体系中的份额逐年下降,从56%下降到50%以下。欧元和美元的这种差异主要来源于美元先入为主的优势,也即社会惯例和网络外部性的优势,毕竟美元作为黄金之外的唯一世界货币在布雷顿森林体系下统治国际货币体系长达20多年。美元在国际货币体系中的影响是根深蒂固的。撇开美元在社会惯例和网络外部性上的先天优势,在货币信用基础方面,欧元具有绝对的挑战美元的实力。

欧元区17个国家的国内生产总值与美国相当,2009年美国的国内生产总值是142 563亿美元,欧元区是124 560亿美元。2008年人均国民收入美国是47 580美元,欧元区是38 821美元。即使在主权债务危机越演越烈的2011年第四季度,欧元区政府债务占GDP的比重是87.3%,而美国2011年12月份的政府债务比重接近100%。美国的主权债务负担要远远高于欧元区!欧元区1999—2010年的平均通货膨胀率是2.0%,美国1999—2009年的平均通货膨胀率是2.53%。美国的经常项目逆差在国内生产总值的比重2006年超过6%,金融危机之后虽然有所降低,但依然保持了很高的水平。欧元区作为一个整体,基本上保持着经常项目均衡状态,有些年份出现规模很小的逆差,而有些年份出现小规模的顺差,基本上说,欧元区的经常项目处于动态均衡状态。所以,从财政和货币纪律方面来说,以及对外债务规模和经常项目差额的情况,欧元区的债务负担和赤字水平远远低于美国,财政和货币纪律也强于美国。所以,欧元的信用基础一定程度上来说,要强于美元的信用基础。

欧元区发行货币的机制与美国联邦储备委员会发行货币的机制相比,也有更强的纪律约束。在美国的货币政策目标中,由泰勒规则我们可以清晰地看到,美国货币政策兼顾产出与物价的稳定,而到了格林斯潘年代,我们更是看到了货币滥发的趋势。美联储的决策委员会由美国各州的联储出席组成,虽然每个委员都会考虑到各州的非对称性就货币政策发表意见,但是,最终会服从美国的整体利益。正是因为这样,我们看到了美国金融危机之后的第一轮量化宽松、第二轮量化宽松,以及刚刚通过的第三轮量化宽松;如果美国经济复苏一直乏力,美国政府债务到期负担一直不能缓解,量化宽松货币政策会持续下去,我们会看到第四轮、第五轮……而在欧洲中央银行货币发行机制中,明确了物价稳定作为货币政策的首要目标和长期目标,只是在短期要兼顾产出的稳定性。尤其是,在欧洲央行决策体系内,始终存在着德国、荷兰、芬兰、奥地利这样推崇物价稳定和良好财政纪律的国家,这些国家成为欧元区滥发货币的强有力的阻隔。所以,面对一些成员国主权债务岌岌可危,欧元区内就是否通过发行货币(直接购买主权国家的债券)来拯救主权债务危机,迟迟不能达成统一意见。而美国联邦储备委员会早已这样做了。

既然欧元有良好的信用基础,为什么欧元会遭遇如此严重的危机,以致很多知名人士,包括前美联储主席格林斯潘,都宣称欧元区会最终解体?

欧元区最大的问题是背后没有形成一个统一的国家。美元是由美联储12个分行共同发行的一种统一货币,其背后有着强大而统一的美国作信用保障(虽然美国是一个分权的、联邦制国家)。而欧元背后的基础是17个独立的成员国家,欧元区建立在成员国之间条约和承诺的基础之上,这些条约和承诺都没有根本性的约束。虽然经济和政治上高度联盟,但尚未成为一个统一的国家。成员国具有独立的行政、立法、司法、财政、外交等权力,这些独立性意味着,欧元区成员国保有退出欧元区的权力,欧元区的范围和规模都是不确定的。成员国独立性严重影响了欧元的信用基础。也就是说,欧元的信用危机在于欧元区的解体风险。这便是在面对日益严重的欧元危机之时,欧洲的政治家们呼吁建立更加紧密的政治联盟,向统一欧洲迈进的原因所在。

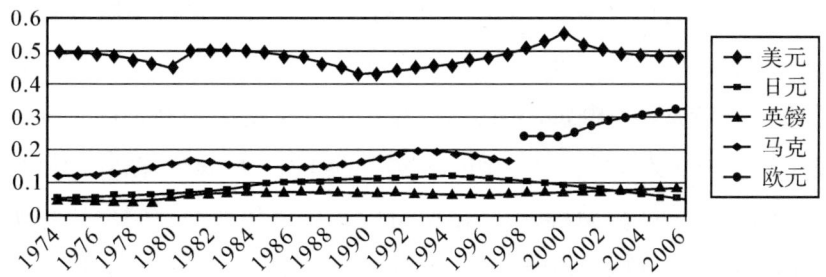

**图 13.4　世界主要货币国际化水平的度量：国际货币功能占比**

资料来源：魏昊、戴金平，"货币国际化的测度、决定因素与人民币国际化的对策"，贵州社会科学，2010 年第 9 期。

## 二、欧洲统一的未来：困境与希望

德国总理默克尔指出，欧元区正在面临欧洲 1957 年《罗马条约》签署以来最大的挑战，欧元面临诞生 10 年以来最大的危机，欧元如果失败就是欧洲最大的失败。欧元区的解体将对整个欧洲联盟和国际货币体系造成重大冲击。尽管国际上对欧元的未来存在种种预测，包括解体、分裂和动荡，但是专门研究欧洲货币统一的美国经济学家 Eichengreen 坚持认为，欧元区解体或者分裂几乎是不可能的。

为了欧元区的未来，欧洲各国都在做最大的努力来摆脱这场前所未有的债务危机。欧元区已经通过了建立银行业联盟、建立永久性救助基金（欧洲稳定机制）、新国债购买计划等重大协议，这标志着欧元区各国领导人在共同推动欧元区的财政一体化和政治一体化。欧元区内目前最大的矛盾——德国与希腊的矛盾也正在缓解，这个矛盾的实质是希腊如何承担自己的责任，德国是否有义务帮助自己的伙伴——责任与义务的权衡问题。

如果说欧元真正强大和稳定取决于欧元区统一的未来，那么欧元区的统一取决于以下因素。

首先，主权国家的权力让渡是否通畅。欧元区统一的路径是逐步将主权国家的权力让渡给欧元区统一机构,当前首要的让渡是财政权力的让渡。银行业联盟就是将主权国家的诸多财政权力让渡给欧洲中央银行。权力让渡是一个渐进的过程,一体化深入也是一个渐进的过程。伴随着这个过程,要逐渐强化各国欧洲统一的意识。应该说,欧债危机是欧洲一体化深入的绝好契机:核心国家可以趁机迫使外围国家尽快让渡权力,促成欧元区一体化深入。2011年11月欧盟委员会推出《实施稳定债券可行性》报告,提出了发行欧元债券的三种方案,试图通过各国信用共担来帮助欧洲渡过债务危机。德法领导人便明确提出,发行欧元债券的前提是成员国让渡部分财政预算权力,强化欧元区的财政纪律。2012年9月德国宪法法院放行欧洲永久性救助基金(ESM,又叫欧洲稳定机制),在遏制主权债务危机和稳定欧元区的道路上,欧洲扫清了一些关键的障碍。与此同时,德国《明镜》周刊说,德国宪法法院的判决做出后,克服欧元危机完全成为一项纯粹的政治作业,也宣告欧洲的"政治时间"开始了。欧盟主席巴罗佐在一年一度的"国情咨文"中,呼吁建立欧盟"联邦",以期在政治一体化上更进一步,以配合成员国为协调经济和财政政策更紧密合作。以德国为首的核心国家以救援为砝码推动欧元区各国主权权力的让渡,推进欧洲一体化;债务危机国要摆脱危机必须争取欧元区的救援,退出欧元区的政治成本和经济成本都太大,不得已通过让渡某些权力换取救援资金。核心国家和外围国家在欧洲一体化深入与主权独立上进行动态博弈,博弈的结果取决于核心国家是否高度一致,尤其是德国和法国能否保持高度一致。德法始终是欧洲一体化的领导者和推动者,当前,能否乘欧债危机的东风,德法联手将欧元区推向更加统一的欧洲,就要看德国和法国的凝聚力了。

其次,欧元区成员国经济结构趋同化的进程与平衡增长模式的建立和完善。欧洲统一的经济障碍在于成员国在经济发展水平、经济发展阶段、经济结构、经济增长模式、宏观调控政策体系方面的巨大差异。这些差异造成各国面临冲击的非对称性与应对冲击对策的差异性。欧洲内部巨大的不平衡是欧洲一体化向纵深发展的最大障碍。事实上,经济发展水平与经济发展结构的差异是客观存在的,关键的问题是要在通货膨胀水平、政府财政赤字与政府债务规模、货币流动性状态(利率水平)、税负负担等经济发展模式的各项指标上趋同。如果欧元区实现充分的资本、劳动力等生产要素的自由流动,在上述各项指标趋同的基础上,劳动生产率、失业率等也会向趋同方向发展。其实,各成员国严格的财政纪律和均衡的增长模式是促进生产要素合理、高效流动的基础。我们可以看到,在当前核心国家推动一体化向纵深发展的过程中,首先采取以救援为砝码强化成员国财政纪律的手段,迫使各成员国实现更加均衡的经济发展模式。一言以蔽之,成员国平衡的经济发展是欧元区一体化深入的基础。

无人能够否认德法同盟在欧洲一体化历程中的重大作用,今天,欧元统一的未来,仍然建立在德法同盟的基础之上。

欧债危机以来,德国总理默克尔和法国总统萨科齐在危机救援与欧元稳定方面的高度一致,被世人称为"默克齐"联盟,使德法联盟进入一个新的阶段。"默克齐"联盟坚持财政纪律约束、债务平衡约束、货币纪律约束,并推动欧洲一体化向财政一体化和政治同盟发展。然而2011年5月法国总统大选法国左翼奥德朗击败了萨科齐成为法国总统,给一度稳定的德法同盟蒙上了一层阴影。虽然奥德朗更加重视通过经济刺激实现经济增长,对德国强硬的财政纪律和货币纪律存在不同意见,但是面对欧洲联盟历史上最大的挑战和危机,与德国联手,稳固德法联盟是奥德朗唯一的选择。奥德朗上台后就接连表现了与德国亲盟的态度,向世人宣布了德法联盟的稳定性。同时,我们也看到,德国在坚守财政纪律和货币纪律的同时,也开始对稳定经济增长目标表示关注。德法联盟出现了新趋势:在财政纪律、货币纪律与经济增长目标上达成了较为中性的一致,即德国在货币政策刺激经济增长目标上作出让步,而法国则在强化财政和货币纪律上与德国高度统一。德法联盟的新态势给欧洲债务危机国注入了一针强心剂,也带来了走出欧债危机的曙光。

我们相信,一个稳定的德法同盟对于未来的欧洲至关重要,而德法两国领导人和德法民众都充分认识到了这一点。德法同盟瓦解的可能性很小,德法同盟强化是一个大概率事件,这也是欧洲统一的希望所在。

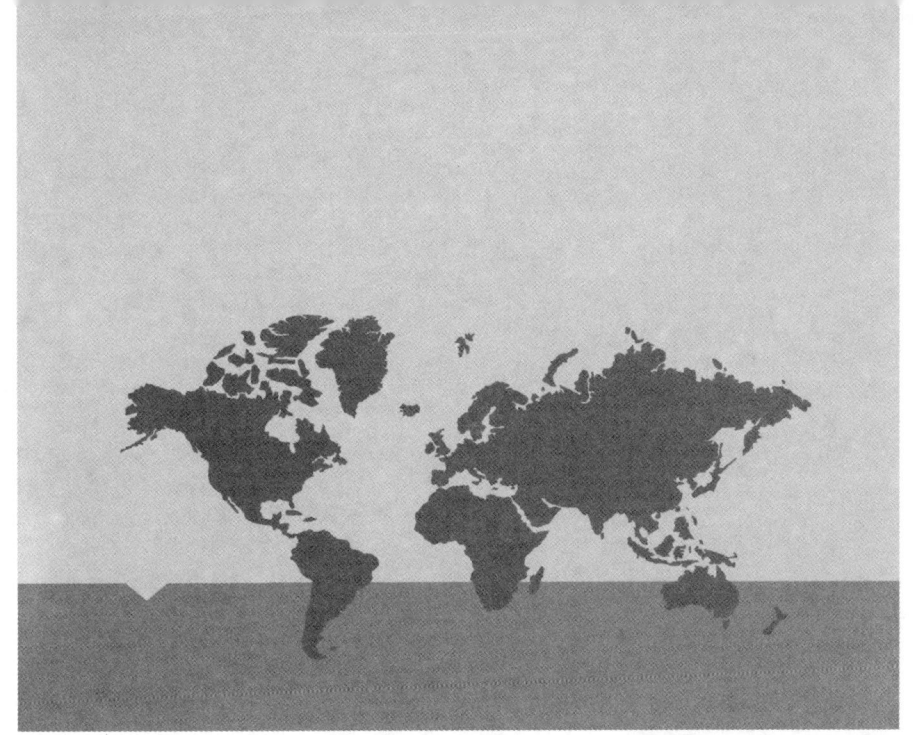

参考文献

[1]安格斯·麦迪森著,伍晓鹰等译. 世界经济千年史. 北京:北京大学出版社,2003

[2]巴曙松. 投融资体制:经济体制改革深化的核心环节. 中国投资,2004,(1)

[3]戴金平,杨迁,邓郁凡. 国际货币体系变革中的人民币国际化. 南开学报(哲学社会科学版),2011,(3)

[4]魏昊,戴金平. 货币国际化测度、决定因素与人民币国际化对策. 贵州社会科学,2010年第9期

[5]戴金平,杨迁. 全球不平衡发展的历史思辨. 南开学报,2010年第2期。

[6]戴金平. 如何认识全球不平衡发展模式调整过程中的中国经济增长减速——一种长期和结构的视角. 甘肃金融,2012年第4期

[7]戴金平. 人民币汇率形成机制的渐进式改革与发展分析. 太平洋学报,2010年第10期

[4]杜厚文,李小牧,王广中. 欧元:区域货币一体化的矛盾与挑战. 北京:中国金融出版社,2003.11

[5]杜莉,于辉. 欧洲中央银行统一货币政策的内外制约与协调改进. 经济纵横,2004,(1)

[6]福克纳著,王银译. 美国经济史. 北京:商务印书馆,1989

[7]高煜,刘志彪. 改革30年我国产业发展演进的历史回顾与前瞻. 西北大学学报(哲社版),2008,(2)

[8] 郭丽. 欧洲主权债务危机的理论演绎与现实警示. 价格理论与实践,2010,(7)

[9] 何帆. 从金融危机到主权债务危机. 国际经济评论,2010,(3)

[10] 何帆. 希腊债务危机的结局. 国际经济评论,2010,(4)

[11] 黄晖. 欧洲中央银行的独立性分析. 金融投资,2004,(7)

[12] 李樟. 投资体制改革:真正落实尚需配套措施. 中国改革,2004,(9)

[13] 彭福永. 美国贸易逆差原因探析. 世界经济研究. 2005(5)

[14] 孙海霞,斯琴图雅. 欧元区主权债务危机:一个理论分析框架. 欧洲研究,2010,(5)

[15] 孙杰,余剑. 开放经济条件下中国产业结构调整. 北京:经济管理出版社,2007

[16] 田江海. 投资体制改革30年. 经济研究参考,2008,(6)

[17] 王辉. 欧洲主权债务危机的根源、影响与启示. 财政研究,2010,(5)

[18] 吴进红. 开放经济与产业结构升级. 北京:社会科学文献出版社,2007,3

[19] 姚枝仲. 美国贸易逆差的可持续性:调整及其影响. 国际经济评论. 2006.3—4

[20] 余永定. 欧洲主权债务危机的起源与演进. 浙江金融,2010,(8)

[21] 余永定. 后危机时期的全球公共债务危机和中国面临的挑战. 国际经济评论,2011,(1)

[22] 约翰·哈罗德·克拉潘著,姚曾廙译. 现代英国经济史. 北京:商务印书馆,1977

[23] 赵志君. 面临美国债务危机的中国战略. 中国发展观察,2011,(8)

[24] 张汉亚. 投资体制改革的主要成就. 中国投资,2008,(11)

[25]朱民,边卫红.危机挑战政府——全球金融危机中的政府救市措施批判.国际金融研究,2009(2)

[26]朱乃新.世界经济的增长、结构变化与"全球失衡".世界经济导刊,2007,(5)

[27]Alan Greenspan. Current Accounts. Remarks Given at Advancing Enterprise 2005 conference,London,England. February 4,2005

[28]Allan Meltzer. A History of the Federal Reserve. Vol I,1913—1951. Chicago:University of Chicago Press,2003

[29]Allan Meltzer. U. S. Policy in the Bretton Woods Era. Federal Reserve Bank of St. Louis Review 73 (May/June) pp. 54—83,1991

[30]Balassa,B. ,The Theory of Economic Integration,Homewood,Illinois:Richard D. Irwin,1961

[31]Baldwin,Richard,ed. 2009. The Great Trade Collapse:Causes,Consequences and Prospects. VoxEU. org Ebook.

[32]Barry Eichengreen. *Golden Fetters*. New York:Oxford University Press,1992

[33]Barry Eichengreen. Global Imbalances and the Lessons of Bretton Woods. NBER WP 10497,2004

[34]Ben S. Bernanke. The Global Saving Glut and the U. S. Current Account. The Sandridge Lecture,Virginia Association of Economics. Richmond,Virginia. March 10 2005

[35]Blanchard,O,Francesco Giavazzi& Filipa Sa(2005),The U. S. Current Account and the Dollar. MIT working paper 05−02,January 26,2005

[36]Bruce A. Blonigen,2005,"A Review of the Empirical Literature on FDI Determinants",the paper was written for an International Atlantic Economic Society Session at the 2005 ASSA conference in Philadel-

phia,PA.

[37] Charles W. Calomiris, Raymond Fisman, Yongxiang Wang. Profiting from Government Stakes in a Command Economy: Evidence from Chinese Asset Sales. *Journal of Financial Economics*,2010,5

[38]Cline, William R, 1989. "United States External Adjustment and the World Economy", Washington D. C. :Institute for International Economics.

[39]David Evans. Hedge Funds in Swaps Face Peril With Ris-ing Junk Bond Defaults. Bloomberg,2008,May,20

[40]Derick Boyd, Gugielmo Maria Caporale and Ron Smith,2001. *International Journal of Finance and Economics*,6,P187—200.

[41]Economic Report of the President. United States government printing office,2010

[42]Eichengreen,B. Europe,the Euro and the ECB:Monetary Success,Fiscal Failure. *Journal of Policy Modeling*,2005,27

[43]Eurostat. Economy-wide Material Flow Accounts and Dervied Indicators: a Methodological Guide. Luxembourg:Office for the Official Publications of European Communities,2001

[44]European Central Bank. Fiscal Sustainability and Policy Implications for the Euro Area,2009,January

[45]Feldstein,M. The Euro and the Stability Pact. *Journal of Policy Modeling*,2005,27

[46]Freund,Caroline. 2009. "Demystifying the Collapse in Trade." VoxEU. org.

[47]Gail Triner, Kirsten Wandschneider. International Capital and the Brazilian Encilhamento,1889—1892:An Early Example of Contagion among Emerging Markets. *Financial History Review*,2005

[48]Goldstein Morris and Khan MS,1978. the Supply and Demand for Exports: A Simultaneous Approach. *Review of Economics and Statistics* 60,No. 2,P275—286.

[49]Goldstein Morris and Khan MS,1985,Income and price effects in foreign trade. In *Handbook of International Economics*,Jones RW, Kenen. PB (eds). North-Holland:Amsterdam;1041—1105.

[50] Hein, E. , Truger, A. , European Monetary Union: Nominal Convergence, Real Divergence and Slow Growth? *Structural Change and Economic Dynamics*,2005,16

[51]H. S. Houthakker,Stephen P. Magee,1969. Income and Price Elasticities in World Trade. *The Review of Economics and Statistics*, Vol. 51,No. 2.

[52]Jaime Marquez and Carlyl McNeilly,1988. Income and Price Elasticities for Exports of Developing Countries. *The Review of Economics and Statistics*,Vol. 70,No. 2.

[53]Jaime Marquez, 2000. The Puzzling Income Elasticity of US Imports. Econometric Society in its series Econometric Society World Congress 2000 Contributed Papers,No. 1128.

[54]Jaime Marquez, 2002, Estimating Trade Elasticities, Kluwer Academic Pub. ,Boston.

[55]Jan Joost Teunissen, Age Akkerman. Global Imbalances and the US Debt Problem: Should Developing Countries Support the US Dollar? Published December 26,2006 by Korea Institute for International Economic Policy

[56]Jean Pisani-Ferry, AndréSapir. The Best Course for Greece is to Call in the Fund,Bruegel:Feb 2010

[57]Jeffrey Frankel. Twin Deficits and Twin Decades. Harvard

mimeo. May,2004

[58]Johnston,Louis D. and Menzie Chinn, 1996. How Well Is America Competing? A Comment on Papadakis. *Journal of Policy Analysis and Management* 15(1)(Winter),pp. 68—81.

[59] Karolina Ekholm, Rikard Forslid and James R. Markusen, 2003. Export-Platform Foreign Direct Investment. NBER Working Paper 9517.

[60]Kiff,J. ,Mills,P. ,Money for Nothing and Checks for Free:Recent Developments in U.S. Subprime Mortgage Markets,IMF Working Paper,2007,07(188)

[61] Levchenko, Andrei A. , Logan Lewis, and Linda L. Tesar. 2009. The Collapse of International Trade During the 2008—2009 Crisis:In Search of the Smoking Gun. Research Seminar in International Economics Discussion Paper 592. University of Michigan(October).

[62]Mann,C. L. 2003. How Long the Strong Dollar? Institute for International Economics,Washington,D. C. .

[63] Mann, C. L. 2004a. Managing Exchange Rates: To Achieve Global Re-balancing or As Evidence of Global Co-Dependency? *Business Economics*.

[64]Mann, C. L. 2004b. The US Current Account, New Economy Services,and Implications for Sustainability. *Review of International Economics*. Vol 12:2,May.

[65]Mann,C. L. 2005a. Breaking Up Is Hard To Do:Global Co-Dependency, Collective Action, And The Challenges Of Global Adjustment. Paper of CESITO Forum 1/2005

[66]Mann, C. L. 2005b. The US Trade Deficit: A Disaggregated Perspective. Working Paper Serials Number WP 5—6.

[67] Margaret Polski, Sarah Nutter. Truth and Consequences: A Guide to Understanding U. S. Government Debt and Deficits. Mercatus Center of George Mason University Working Paper 2010,10(76)

[68] Mario Marazzi, Nathan Sheets, and Robert Vigfusson, 2005. Exchange Rate Pass-through to U. S. Import Prices: Some New Evidence. Board of Governors of the Federal Reserve System, International Finance Discussion Papers.

[69] Maurice Obstfeld, Alan Taylor. *Global Capital Markets: Integration, Crisis and Growth*. Cambridge: Cambridge University Press, 2004

[70] Maurice Obstfeld and Kenneth Rogoff, 2004. The Unsustainable US Current Account Position Revisited. NBER Working Paper, No. 10869.

[71] Maurice Obstfeld. The Adjustment Mechanism. NBER WP, 2005

[72] Menzie D. Chinn. Incomes, Exchange Rates and the US Trade Deficit, Once Again. 2002, Center for Global, International and Regional Studies. Paper CGIRS—2002—4.

[73] Mervyn King. The International Monetary System. Remarks at Advancing Enterprise 2005 Conference London, February 4, 2005

[74] Michael Bordo, Ehsan Choudhri, Anna J. Schwartz. Was Expansionary Monetary Policy Feasible During the Great Contraction? *Explorations in Economic History*, January, 2002

[75] Michael Bordo. The Bretton Woods International Monetary System: A Historical Overview. (Eds.) M. D. Bordo and B. Eichengreen, A Retrospective on the Bretton Woods System, University of Chicago Press, Chicago, 1999

[76] Michael Bordo. The Gold Standard: The Traditional Approach. In Michael D. Bordo and Anna J. Schwartz (eds.) *A Retrospective on the*

*Classical Gold Standard*, 1821—1931. Chicago: University of Chicago Press, 1984

[77] Michael Bordo, Hugh Rockoff. The Gold Standard as a Good-Housekeeping Seal of Approval. *Journal of Economic History* 56, pp. 389—428, 1996

[78] Michael Bordo, Barry Eichengreen. Is Our Current International Economic Environment Unusually Crisis Prone?. in David Gruen and Luke Gower(eds), *Capital Flows and the International Financial System*, Sydney: Reserve Bank of Australia, pp. 18—75, 1999

[79] Michael Bordo, Antu Murshid. Are Financial Crises Becoming More Contagious: What is the Historical Evidence on Contagion?. in Stijn Claessens and Kristin J. Forbes (eds), *International Financial Contagion*, Boston: Kluwer, pp. 367—403, 2001

[80] Michael D. Bordo, Barry Eichengreen, Daniela Klingebiel. Is the Crisis Problem Growing More Severe?. *Economic Policy*, Vol. 32 (April), pp. 53—82, 2001

[81] Michael Hudson. *Super Imperialism: The Economic Strategy of American Empire*. Pluto Press: 2nd edition, 2003

[82] Michael Mussa, 2005. Exchange Rate Adjustments Needed to Reduce Global Payments Imbalances. from www.iie.com

[83] Michael P. Dooley, David Folkerts-Landau, Peter Garber. An Essay on the Revived Bretton Woods System. NBER WP 9971, September, 2002

[84] Mundell, R. A. A Theory of Optimum Currency Areas. *The American Review*, 1961, Sep

[85] Mundell, R. A. Capital Mobility and Stabilization Policy under Fixed and Flexible Exchange Rates. *Canadian Journal of Economics*,

1963,Nov

[86]New Growth Strategy(Basic Policies) Towards a Radiant Japan. 日本政府网站. 2009

[87]Nigel Pain and Katharine Wakelin, 1998. Export Performance and the Role of Foreign Direct Investment. The Manchester School Supplement,66.

[88]Nigel Pain and Desirée van Welsum, 2003. International Production Relocation and Exports of Services. NIESR Discussion Papers, No. 237.

[89]Nouriel Roubini and Brad Setser,2004. The US as a Net Debtor: The Sustainability of the US External Imbalances. www.stern.nyu.edu/globalmacro.

[90]Olivier Blanchard,Francesco Giavazzi,Filipa Sa. The U.S. Current Account and the Dollar. NBER WP 11137,February,2005.

[91]Otmar Issing. Europe Cannot Afford to Rescue Greece. *Financial Times*,2010,February(15)

[92]Peter Hooper,Karen Johnson,and Jaime Marquez,1998. Trade Elasticities for G7 Countries. International Finance Discussion Papers, No. 609 Board of Governors of the Federal Reserve System.

[93]Philip R. Lane,Gian Maria Milesi-Ferretti. Financial Globalization and Exchange Rates. IMF Working Paper 05/03,2005

[94]Pierre-Olivier Gourinchas, Helene Rey. International Financial Adjustment. NBER WP 11155,2005

[95]Rachman Gideon. Greece Threatens More Than the Euro. *Financial Times*,2010,February(22)

[96]Richard Cantor. Effects of Leverage on Corporate Investment and Hiring Decisions. *Federal Reserve Bank of New York Quarterly*

Review, 1990, 3

[97] Robert Barsky, Latz Kilian. Oil and the Macroeconomy since the 1970s. NBER WP 10855, October, 2004

[98] Robert Solomon. *The International Monetary System* 1945—1981. New York: Harper and Row, 1982

[99] Rodrigo de Rato, Correcting Global Imbalances-Avoiding the Blame Game. IMF News, 2005, Feb(23)

[100] Roger W. Ferguson, Jr. (2005). U. S. Current Account Deficit: Causes and Consequences, Fed speechs, http://www.federalreserve.gov.

[101] Ronald Mckinnon. Private and Official Money: The Case for the Dollar. Princeton Essays in International Economics. Princeton University. International Finance Section, 1969

[102] Rose, Andrew and Janet Yellen, 1989. Is There a J-Curve? *Journal of Monetary Economics* 24, P53—68.

[103] Rose, Andrew, 1991. The Role of Exchange Rates in a Popular Model of International Trade: Does the 'Marshall-Lerner' Condition Hold? *Journal of International Economics*, 30: 301—316.

[104] Sawyer and Sprinkle, 1996. the Demand for Imports and Exports in the US: A Survey. *Journal of Economics and Finance*, Vol 20, Spring, P147—178.

[105] Simon Wren-Lewis and Rebecca Driver, 1998. Real Exchange Rates for the Year 2000. Policy Analyses in International Economics, Institute for International Economics.

[106] Stefan Schneider, 2004. Global Imbalances: The US Current Account Deficit. *Deutsche Bank Research*, June 10.

[107] Yi Wu, 2004. Growth, Expansion of Markets and Income Elasticities in World Trade. Job Market Paper, Georgetown University.

## 图书在版编目(CIP)数据

全球不平衡发展模式:困境与出路/戴金平著. —厦门:厦门大学出版社,2012.10
(国际金融新趋势/戴金平总主编)
ISBN 978-7-5615-4444-0

Ⅰ.①全… Ⅱ.①戴… Ⅲ.①世界经济-经济发展模式-研究 Ⅳ.①F113.4

中国版本图书馆 CIP 数据核字(2012)第 243671 号

厦门大学出版社出版发行
(地址:厦门市软件园二期望海路 39 号 邮编:361008)
http://www.xmupress.com
xmup@xmupress.com
厦门集大印刷厂印刷
2012 年 10 月第 1 版 2012 年 10 月第 1 次印刷
开本:720×1000 1/16 印张:23.5 插页:3
字数:390 千字 印数:1~3 000 册
定价:45.00 元
本书如有印装质量问题请直接寄承印厂调换